uniscope. Publikationen der SGO Stiftung

Reihe herausgegeben von

Markus Sulzberger, SGO-Stiftung, Glattbrugg, Schweiz

Stephanie Kaudela-Baum · Jacqueline Holzer ·
Pierre-Yves Kocher

Innovation Leadership

Führung zwischen Freiheit und Norm

2., überarbeitete und erweiterte Auflage

Stephanie Kaudela-Baum
Hochschule Luzern – Wirtschaft
Luzern, Schweiz

Jacqueline Holzer
Hochschule Luzern – Design & Kunst
Luzern, Schweiz

Pierre-Yves Kocher
Hochschule Luzern – Wirtschaft
Luzern, Schweiz

ISSN 2626-0581 ISSN 2626-059X (electronic)
uniscope. Publikationen der SGO Stiftung
ISBN 978-3-658-41282-1 ISBN 978-3-658-41283-8 (eBook)
https://doi.org/10.1007/978-3-658-41283-8

Die Deutsche Nationalbibliothek verzeichnet diese Publikation in der Deutschen Nationalbibliografie; detaillierte bibliografische Daten sind im Internet über http://dnb.d-nb.de abrufbar.

© Der/die Herausgeber bzw. der/die Autor(en), exklusiv lizenziert an Springer Fachmedien Wiesbaden GmbH, ein Teil von Springer Nature 2014, 2023

Das Werk einschließlich aller seiner Teile ist urheberrechtlich geschützt. Jede Verwertung, die nicht ausdrücklich vom Urheberrechtsgesetz zugelassen ist, bedarf der vorherigen Zustimmung des Verlags. Das gilt insbesondere für Vervielfältigungen, Bearbeitungen, Übersetzungen, Mikroverfilmungen und die Einspeicherung und Verarbeitung in elektronischen Systemen.
Die Wiedergabe von allgemein beschreibenden Bezeichnungen, Marken, Unternehmensnamen etc. in diesem Werk bedeutet nicht, dass diese frei durch jedermann benutzt werden dürfen. Die Berechtigung zur Benutzung unterliegt, auch ohne gesonderten Hinweis hierzu, den Regeln des Markenrechts. Die Rechte des jeweiligen Zeicheninhabers sind zu beachten.
Der Verlag, die Autoren und die Herausgeber gehen davon aus, dass die Angaben und Informationen in diesem Werk zum Zeitpunkt der Veröffentlichung vollständig und korrekt sind. Weder der Verlag noch die Autoren oder die Herausgeber übernehmen, ausdrücklich oder implizit, Gewähr für den Inhalt des Werkes, etwaige Fehler oder Äußerungen. Der Verlag bleibt im Hinblick auf geografische Zuordnungen und Gebietsbezeichnungen in veröffentlichten Karten und Institutionsadressen neutral.

Planung/Lektorat: Ulrike Loercher
Springer Gabler ist ein Imprint der eingetragenen Gesellschaft Springer Fachmedien Wiesbaden GmbH und ist ein Teil von Springer Nature.
Die Anschrift der Gesellschaft ist: Abraham-Lincoln-Str. 46, 65189 Wiesbaden, Germany

Geleitwort zur 2. Auflage

Speziell in der heutigen Zeit, geprägt von Dynamik, Unsicherheit, Komplexität und Globalisierung wird Innovation für die Mehrzahl von Unternehmen immer mehr zu einem der kritischen Erfolgsfaktoren. Die entsprechenden Anforderungen an Leader, Fachleute und Mitarbeitende sind hoch und verlangen die Nutzung von Erfahrung, Mut, Weitblick, verlässliche Kooperation und Offenheit für Neues, sei es bei Produkten, Prozessen, Führungsansätzen oder Formen der Zusammenarbeit.

Der Erfolg der ersten Auflage des Buches „Innovation Leadership" von Stephanie Kaudela-Baum, Jacqueline Holzer und Pierre-Yves Kocher macht erfreulicherweise eine zweite, überarbeitete und erweiterte Auflage notwendig. In den vergangenen Jahren wurde das Werk zu einem Klassiker in den breiten Themenbereichen Innovation und Leadership, basierend auf einer umfassenden inhaltlichen Darstellung, einem Fundus an Positionierungen und Orientierung sowie an vielfältigen Verbindungen zur Praxis und benachbarten Disziplinen in der Wissenschaft.

Dem Autorenteam spreche ich meinen großen Dank für das ungebrochene Interesse am Thema, für die unermüdliche Arbeit und das erzielte Resultat aus. Die SGO-Stiftung ist stolz, dass aus dem ursprünglichen Forschungsprojekt ein Werk entstanden ist, das nicht nur Bestand hat, sondern Türen öffnet, Ansätze und Vorschläge zur Bewältigung aktueller Herausforderungen bietet und den Dialog zwischen Wissenschaft und Praxis lebendig erhält.

Ich wünsche dieser zweiten Auflage die verdiente Aufnahme bei interessierten Leserinnen und Lesern aus der Wissenschaft und der Praxis.

Glattbrugg
im Februar 2023

Dr. Markus Sulzberger
Präsident der SGO-Stiftung

Vorwort zur 2. Auflage

Um auf den heutigen Märkten zu bestehen, müssen viele Unternehmen disruptive Strategien entwickeln. Wir befinden uns in einer modernen industriellen Revolution, bei der Innovation eine entscheidende Rolle für den Unternehmenserfolg spielt. Innovationsverantwortliche Führungskräfte, d. h. Innovation Leaders, entwickeln dafür Zukunftsvisionen, leiten Innovationsstrategien ab und sorgen für einen Arbeitskontext, in dem diese Strategien wirksam umgesetzt werden können. Der Begriff „disruptiv" wird definiert als radikale und unerwartete Innovation, die typischerweise einen bestehenden Markt untergräbt und neue Märkte hervorbringt oder die Art und Weise, wie Dinge praktiziert werden, radikal verändert. Disruptive Strategien sind im heutigen, digitalen Zeitalter für alle Unternehmenstypen von entscheidender Bedeutung, da sie helfen, in einer sich ständig verändernden Welt, wettbewerbsfähig zu bleiben. Zu solchen Strategien gehören z. B. neue Ansätze zur Optimierung des Kundenerlebnisses, innovative Produkte und Dienstleistungen, die in ihrer Branche neue Maßstäbe setzen, die Optimierung betrieblicher Abläufe durch eine Kombination von neuen Strukturen, Abläufen und neuen Technologien, datengesteuerte Prozesse, die bisherige Modelle übertreffen, Automatisierung, die Kosten senkt und die Effizienz steigert oder veränderte Unternehmenskulturen, Arbeitsplätze und Arbeitsabläufe.

Mehr und mehr Unternehmen integrieren Technologien wie künstliche Intelligenz, Machine Learning und Data Science in ihre Innovationsprozesse. Diese Technologien werden als „Game Changer" betrachtet und setzen viele Unternehmen zusätzlich unter Zugzwang. Diese müssen sich heute rasch an neue Bedingungen anpassen und vor allem Mitarbeitende rekrutieren und entwickeln, die diese neuen Technologien beherrschen und anwenden können.

Die Rolle der Führung ist entscheidend bei der Gestaltung dieser Transformationsprozesse. Die organisationale Innovationsfähigkeit muss konstant auf einem hohen Level gefördert werden. Die richtigen Wissensträger und Wissensströme müssen kunstvoll miteinander verbunden werden. Innovationsfähigkeit kann nicht rasch erzwungen oder befohlen werden, sondern erfordert einen Arbeitskontext, der die Mitarbeitenden, aber auch die Kunden und Lieferanten konstant zum Innovieren inspiriert. Dabei spielt psychologische Sicherheit eine bedeutende Rolle, die Förderung von Mitsprache, Kreativität und

Wissensaustausch. Innovation Leaders sollten die kreativen und innovatorischen Potenziale ihrer Mitarbeitenden erkennen und wissen, wie man diese erweitern und fördern kann.

Das vorliegende Buch basiert einerseits auf einer Erarbeitung theoretischer Grundlagen zum Thema Führung und Innovation und andererseits auf mehreren empirischen Forschungsprojekten, die an der Hochschule Luzern in den letzten Jahren durchgeführt wurden. Die mehrheitlich qualitativen Forschungsprojekte haben sich zum Ziel gesetzt, mehr über das *Wie* der Führung im Rahmen der Gestaltung von Innovationsvorhaben zu erkunden, zentrale „Good Practices" für verschiedene Unternehmenstypen herauszuarbeiten, aber auch einem kritischen Ansatz zu folgen, d. h. etablierte Theorien kritisch zu hinterfragen. Innovationsförderung stellt die Führung immer wieder vor weitreichende Probleme, da sie dabei ein strategisches „Zukunftsspiel" spielen muss, das durch rationale Planung allein nicht zu gewinnen ist. Durch theoretische Vorarbeit lässt sich Führungswissen zur Innovationsförderung zwar im Sinne von generellen und wiederkehrenden Chancen und Problemlagen ableiten. Aber Erfolgsrezepte für wirksame innovationsfördernde Führung gibt es wenige. Das ist nicht verwunderlich, denn Führung ist an sich ein komplexes Geschehen und Führung, die die Innovationsfähigkeit einer Unternehmung fördert, ist eine noch komplexere Begebenheit. Insbesondere in hochinnovativen Unternehmensbereichen stößt man auf sehr spezifische Formen der Führung. Auch dieses Buch liefert keine universellen Rezepte, sondern entfaltet neben grundlegenden Theorien und Konzepten zu Führung und Innovation ein mehrdimensionales Führungsmodell, welches Führungspersonen mit Innovationsverantwortung Orientierung bietet und zur Reflexion ihrer Praxis befähigt.

Innovation Leadership, d. h. innovationsfördernde Führung ist ein Thema, das in den letzten Jahren stark an Bedeutung gewonnen hat und das parallel zum Themenbereich Innovationsmanagement vermehrt Eingang in die Forschung, Lehre und Beratung gefunden hat. Wir schließen uns dem weit verbreiteten Postulat, dass der Mensch im Mittelpunkt der Innovation steht, vorbehaltlos an.

Und wir nehmen in diesem Buch die Implikation aus diesem Postulat ernst, nämlich den Fokus auf die Beziehungsgestaltung zwischen Führenden und Geführten zur Förderung der Innovationsfähigkeit, und führen sie systematisch in einem Innovation Leadership-Modell (kurz: InnoLEAD-Modell) zusammen. Es gibt zahlreiche Bücher zum Thema Innovationsmanagement. Meistens beinhalten diese auch Unterkapitel zu den Themen „Führung" und „Innovationskultur". Wir möchten hier eine andere Perspektive einnehmen und die Führung von Mitarbeitenden ins Zentrum der Betrachtung rücken. Dieses Buch behandelt vordergründig das Thema Innovation Leadership und beinhaltet auch Unterkapitel zu den Themen innovationsfördernde Unternehmensführung und Innovationsmanagement. Das heißt nicht, dass wir mit dieser stärkeren Gewichtung des Themas „Führung" zur Förderung der Innovationsfähigkeit das Rad neu erfinden, aber wir wollen das Rad aus einer Führungsperspektive konsequent neu betrachten und vordergründig

Vorwort zur 2. Auflage

Führungsthemen und nicht Managementthemen beleuchten, weil eine wirksame Gestaltung von Innovationsvorhaben mit einer ausschließlichen Managementperspektive heute immer schwieriger wird.

Dieses Modell unterstützt Führungspersonen dabei, zentrale Stärken und Schwächen in Bezug auf die Innovationsorientierung zu identifizieren und Entwicklungsfelder in Bezug auf die Organisations- und Personalentwicklung abzuleiten. Das Buch soll Führungspersonen in innovationsgetriebenen und globalen Unternehmen inspirieren, ihre Führungspraxis kritisch zu hinterfragen und integriert zu betrachten. Die Teileelemente bzw. Dimensionen des hier vorgestellten InnoLEAD-Modells werden mit Praxisbeispielen illustriert und vor dem Hintergrund der gewählten Theorien kritisch reflektiert.

Das Buch ergänzt verschiedene organisationswissenschaftliche und führungstheoretische Ansätze mit Ansätzen aus der psychologischen Kreativitätsforschung zur Erläuterung und Diskussion handlungsorientierter Führungsphänomene. Als Resultat der theoretischen Auseinandersetzung steht am Ende nicht eine in sich geschlossene Theorie, sondern ein durch verschiedene Theorien inspiriertes praxisorientiertes Führungsmodell. Im Zentrum dieses Modells steht neben den klassischen Kontextfaktoren der Innovationsförderung wie Strategie, Struktur und Kultur eine anwendungsbezogene Auseinandersetzung mit der Frage, wie Führungskräfte die Balance zwischen öffnenden und schließenden Logiken im Führungsalltag halten, indem sie Freiräume proaktiv gestalten. Daneben findet eine Fokussierung auf die Frage statt, wie Führungskräfte die Beziehung zu Innovationsteams, zu innovierenden Mitarbeitenden und zu sich selbst kompetent aufbauen.

Wir haben in der 2. Auflage einerseits eine Reihe an neuen Fallbeispielen zusammengestellt, andererseits haben wir die Kapitel mit aktuellen Theorien und Konzepten erweitert. Die Adressaten dieses Buches sind innovationsverantwortliche Führungspersonen, Professionals aus den Bereichen Technologie- und Innovationsmanagement, Professionals aus den Bereichen Organisation und Personalmanagement, Forschende aus den Bereichen Innovationsmanagement, Kreativitätsmanagement, Führung und Personalmanagement, Beratende, Dozierende und Studierende (Stufe Master). Dieses Buch entstand in Zusammenarbeit mit vielen Institutionen und Menschen. Uns ist es wichtig, diese zu nennen: Ein großer Dank geht an die Stiftung der Schweizerischen Gesellschaft für Organisation und Management (SGO) und insbesondere an den Präsidenten der SGO Stiftung, Dr. Markus Sulzberger. Vielen Dank für die Förderung und Begleitung des Buchprojektes. Ein ebenso großer Dank geht an die Innosuisse, die schweizerische Agentur für Innovationsförderung, die den Großteil der Aktionsforschung, auf welcher das Buch basiert, finanziert hat. Ein großer Dank geht auch an das gesamte Forschungsteam am Competence Center Business Development, Leadership & HR am Institut für Betriebs- und Regionalökonomie, das in vielfältiger Weise am Forschungsprojekt beteiligt war. Für die 2. Auflage des Buches hat insbesondere Julien Nussbaum viele wertvolle Beiträge geleistet. Ebenfalls danken möchten wir Matthias Zabel aus Freiburg (D) für sein hervorragendes Lektorat. Er stand uns als Germanist und Sprachwissenschaftler bei der Vorbereitung beider Auflagen zur Seite und lieferte zahlreiche wertvolle Kommentare und Anregungen.

Auch dem Springer Gabler Verlag sei ausdrücklich gedankt, insbesondere Frau Ulrike Lörcher für die gute Betreuung und für das Lektorat seitens des Verlags.

Luzern
im März 2023

Prof. Dr. Stephanie Kaudela-Baum
Prof. Dr. Jacqueline Holzer
Prof. Pierre-Yves Kocher

Inhaltsverzeichnis

1	**Führen im Innovationskontext**		1
	1.1	Innovationen in forschungs- und wissensintensiven Organisationen: Ausgangspunkt des InnoLEAD-Modells	2
	1.2	Innovationen als kollektive Lernprozesse	6
	1.3	Lean Management: natürlicher Gegner von Innovation?	8
	1.4	Open Innovation und Netzwerke	12
	1.5	Globale Vernetzung	14
	1.6	Beschleunigung von Innovationszyklen	16
	1.7	Gestiegene Komplexität	19
	1.8	Innovationsfördernde Führung zwischen Öffnung und Schließung	20
	Literatur		22
2	**Das innovative Unternehmen und Innovationsförderung: Grundlagen**		27
	2.1	Der Innovationsbegriff	27
		2.1.1 Innovation: Ursprung des Begriffs	27
		2.1.2 Innovation: Per se positiv?	28
		2.1.3 Innovation: Objektiv messbar?	29
		2.1.4 Gegenstand der Innovation	30
		2.1.5 Innovationsgrad	33
		2.1.6 Exploration vs. Exploitation	37
	2.2	Der Kreativitätsbegriff	39
		2.2.1 Kreativität: Ursprung des Begriffs	39
		2.2.2 Kreativitätsebenen	40
		2.2.2.1 Ebene Individuum	41
		2.2.2.2 Ebene Team	43
		2.2.2.3 Ebene Organisation	44
		2.2.3 Kreativität im linearen Innovationsprozess und ihr soziokulturelles Umfeld	47
		2.2.4 Kreativität und Bewertung	51
	2.3	Das innovative Unternehmen als soziales System	52

		2.3.1	Führung aus einer systemisch-konstruktivistischen Perspektive betrachtet	53
		2.3.2	Selbstorganisation und Veränderung	53
		2.3.3	Gemeinsam neue Wirklichkeiten schaffen	55
		2.3.4	(Ent-) Lernen und Routinen hinterfragen	56
	2.4	Das innovative Unternehmen und Paradoxien der Innovation		57
		2.4.1	Der Umgang mit Paradoxien als Mechanismus der Innovation	58
		2.4.2	Inhaltliche Dimensionen von Paradoxien	61
			2.4.2.1 Zukunftsparadox	62
			2.4.2.2 Risiko vs. Sicherheit – Risiko vs. Gefahr	63
			2.4.2.3 Konforme und nichtkonforme Innovationen	64
			2.4.2.4 Zufall vs. Steuerung	65
			2.4.2.5 Öffnung vs. Schließung	66
	2.5	Wege der Innovationsförderung: Das „3-Säulen-Modell"		67
	Literatur			70
3	**Innovationsförderung und Führung: Innovation Leadership**			**75**
	3.1	Führung und Innovation: Ein integriertes Forschungsfeld?		76
	3.2	Innovationsfördernde Führung als Beziehungsgestaltung		77
	3.3	Innovationsfördernde Führung als Impulsgeber in komplexen sozialen Systemen		79
	3.4	Innovationsfördernde Führung zwischen Öffnung und Schließung: Ein Balanceakt		82
	3.5	Innovationsfördernde Führung vs. Innovationsmanagement		87
	3.6	State-of-the-Art-Forschung		90
		3.6.1	Transformational-charismatische Führung	90
		3.6.2	Delegativ-partizipative Führung und Empowerment	99
		3.6.3	Unternehmerische Führung	102
		3.6.4	State-of-the-Art: Eine kritische Reflexion	106
	Literatur			108
4	**InnoLEAD: integrierte innovationsfördernde Führung**			**115**
	4.1	Paradoxie-Management zwischen Theorie und Praxis		115
	4.2	Empirische Grundlagen des InnoLEAD-Modells		119
		4.2.1	Einleitung	119
		4.2.2	Fallstudiendesign	120
			4.2.2.1 Sample: forschungs- und wissensintensive Industrieunternehmen	120
			4.2.2.2 Forschungsprozess und Forschungsmethoden	122
			4.2.2.3 Forschungsergebnisse: Ausblick, Chancen und Grenzen	123
	Literatur			124

5	**InnoLEAD-Gestaltungsfeld 1: Gestaltung innovatorischer Freiräume**	125
	5.1 Einführung	125
	5.2 Innovatorische Freiräume: Grundlagen und begriffliche Abgrenzung	129
	5.2.1 Freiräume im Interesse der innovativen Organisation: Ein Widerspruch?	129
	5.2.2 Führung und Freiraum	131
	5.2.3 Führung und Autonomie	134
	5.2.4 Innovation und Freiraum	137
	5.2.5 Organizational Slack, Freiraum und Innovation	139
	5.2.5.1 Organisationale Pufferressourcen zur Eröffnung von kreativen Freiräumen	141
	5.2.5.2 Slack als Reaktionspotenzial	143
	5.3 Innovatorische Freiräume – eine Typisierung	143
	5.3.1 Das Freiraumdreieck	143
	5.3.2 Fremdorganisierter Freiraum seitens der Unternehmensleitung	145
	5.3.2.1 Prinzip „Future Day"	145
	5.3.2.2 Prinzip strategische Freiraum-Projekte	148
	5.3.3 Selbstorganisation von Freiräumen	150
	5.3.4 Freiräume durch Macht- und Fachpromotoren	152
	5.3.5 Zeitliche Freiräume	154
	5.3.6 Methodische Freiräume	158
	5.3.7 Kooperationsfreiräume	159
	5.4 Fazit und Reflexionsfragen	160
	Literatur	162
6	**InnoLEAD-Gestaltungsfeld 2: Strategische Dimension der innovationsfördernden Führung**	165
	6.1 Perspektiven aus der Praxis	165
	6.1.1 Strategieverständnis: suchende Innovatoren	167
	6.1.2 Strategische Führungsebene und die Bedeutung von Freiräumen	170
	6.2 Innovationsstrategie und Grundlagen der Unternehmenssteuerung	172
	6.2.1 Innovationsorientierte Steuerung des Unternehmens	173
	6.2.2 Innovationsakteure strategiegeleitet definieren	179
	6.2.3 Innovationsstrategien entwickeln: Strategietypen und -instrumente	184
	6.2.3.1 Strategieentwicklung zwischen Wissen und Nichtwissen	184
	6.2.3.2 Strategietypen	187

		6.2.3.3	Innovationsstrategien und Lebenszyklus-Modelle	189

	6.3	Fazit und Reflexionsfragen	191
	Literatur		194

7 InnoLEAD-Gestaltungsfeld 3: Strukturelle Dimension der innovationsfördernden Führung 197

- 7.1 Innovationsfördernde Strukturen: Grundlagen 199
  - 7.1.1 Mechanische versus organische Systeme 199
  - 7.1.2 Flache Hierarchien 200
- 7.2 Gestaltung innovationsförderlicher Strukturen als Führungsaufgabe 204
  - 7.2.1 Führung zwischen zwei Betriebssystemen 204
  - 7.2.2 Umgang mit Zielkonflikten im Hintergrund 208
  - 7.2.3 Aufbau von Netzwerkstrukturen 209
- 7.3 Innovationsprozesse 212
  - 7.3.1 Zentrale Herausforderungen 212
  - 7.3.2 Klassische Prozessmodelle 213
  - 7.3.3 Klassische Prozessmodelle und Implikationen für die Führung 216
- 7.4 Fazit und Reflexionsfragen 220
- Literatur 223

8 InnoLEAD-Gestaltungsfeld 4: Kulturelle Dimension der innovationsfördernden Führung 227

- 8.1 Grundlagen: Innovationsfördernde kulturelle Bedingungen 229
  - 8.1.1 Definition der Unternehmenskultur 229
  - 8.1.2 Innovationsfördernde Unternehmenskultur 233
  - 8.1.3 Führungskulturelle Bedingungen 238
- 8.2 Fazit und Reflexionsfragen 240
- Literatur 244

9 InnoLEAD-Gestaltungsfeld 5: Relationale Dimension der innovationsfördernden Führung 247

- 9.1 Perspektiven aus der Praxis 249
- 9.2 Theoretische Grundlagen 254
  - 9.2.1 Führungsbeziehungen, Führungsrolle und Eigenschaften: Ein Rahmenmodell 254
  - 9.2.2 Dimension Individuum: Ich und meine innovationsfördernde Rolle 256
  - 9.2.3 Dimension Dyade: Ich und innovative Mitarbeitende 258
    - 9.2.3.1 Ich und der kreative Mitarbeitende 258

		9.2.3.2	Ich und der/die innovative Mitarbeitende mit Umsetzungspotenzial	263
	9.2.4	Dimension Gruppe: Ich und Innovationsteams		265
		9.2.4.1	Zentrale Herausforderungen	265
		9.2.4.2	Teaminnovation und Innovationsteam	266
		9.2.4.3	Der innovationsorientierte Teamgeist	268
		9.2.4.4	Innovationsfördernde Teamzusammenstellungen und -prozesse	269
		9.2.4.5	Die Rolle der Teamführung	270
		9.2.4.6	Rollen im Innovationsteam	272
		9.2.4.7	Teamführung zwischen Öffnung und Schließung	275
9.3	Dimension Selbstführung und Kompetenzentwicklung			276
	9.3.1	Selbstführung		276
	9.3.2	Kompetenzentwicklung		278
9.4	Gestaltung von Führungsbeziehungen jenseits der Norm			282
9.5	Implikationen für das Personalmanagement			284
Literatur				292

10 Die eigene Praxis befragen und selbst beschreiben ... 297
- 10.1 Die eigene Praxis befragen: Das Führungs- und Innovationsverständnis erkunden ... 297
- 10.2 Fallstudien ... 301
  - 10.2.1 Das neue Duo ... 301
  - 10.2.2 Der freie Halbtag ... 304
  - 10.2.3 Die Insellösung ... 309

Abbildungsverzeichnis

Abb. 1.1	Schiebepuzzle mit leerem Feld	10
Abb. 1.2	Schiebepuzzle ohne leeres Feld	11
Abb. 1.3	InnoLEAD: Integriertes Modell zur innovationsfördernden Führung	21
Abb. 2.1	Die 4 Ps im Innovationsfeld. (Quelle: in Anlehnung an Tidd & Bessant, 2021, S. 28)	30
Abb. 2.2	Innovationsportfolio. (Quelle: Johnsson, 2022, S. 6)	34
Abb. 2.3	Organisationale Kreativität: Ein Mehrebenenmodell. (Quelle: in Anlehnung an James & Drown, 2012, S. 19)	41
Abb. 2.4	Beispiele Treiber, „Entweder-oder"-Faktoren und Treiber organisationaler Kreativität. (Quelle: in Anlehnung an Blomberg et al., 2017, S. 90)	47
Abb. 2.5	Zirkulärer Zusammenhang von Routine und Innovation. (Quelle: De Vries, 1998, S. 78)	58
Abb. 2.6	Die innovative Organisation im Spannungsfeld widersprüchlicher Anforderungen. (Quelle: in Anlehnung an Bouchikhi, 1998, S. 224; zitiert in Gebert, 2002, S. 153)	62
Abb. 2.7	Pyramiden-Modell: Drei theoretische Perspektiven der Innovationsförderung	68
Abb. 3.1	Führung als Beziehungsgestaltung. (Quelle: in Anlehnung an Müller et al., 2006, S. 191)	78
Abb. 3.2	Beziehung zwischen Führungskraft und System	80
Abb. 3.3	Innovationsfördernde Führung als Balance-Management	85
Abb. 4.1	InnoLEAD: Integriertes Modell zur innovationsfördernden Führung	116
Abb. 5.1	InnoLEAD, Gestaltungsfeld 1: Gestaltung innovatorischer Freiräume	126
Abb. 5.2	Integration als Puffer der Risiken innovationsförderlicher Führung. (Quelle: Gebert, 2002, S. 190)	136

Abb. 5.3	Zusammenhang zwischen Slack und Innovation. (Quelle: in Anlehnung an Nohria & Gulati, 1997, S. 608)	140
Abb. 5.4	Das Freiraumdreieck	145
Abb. 6.1	InnoLEAD: Gestaltungsfeld 2: Strategische Führungsebene	166
Abb. 6.2	Der Spielraum von Innovation Governance. (Quelle: in Anlehnung an Deschamps, 2013a)	177
Abb. 6.3	Innovation Leadership Akteure. (Quelle: in Anlehnung an Deschamps, 2013b)	180
Abb. 6.4	Grundaufbau der Portfoliotechnik. (Quelle: Macharzina, 1999, S. 262)	187
Abb. 6.5	Timing in Bezug auf den Produktlebenszyklus. 2003 (Quelle: Gelbmann und Vorbach, zitiert in Strebel, S. 170)	188
Abb. 6.6	Technologielebenszyklus. (Quelle: Ford & Ryan, 1981)	190
Abb. 7.1	InnoLEAD-Gestaltungsfeld 3: Strukturelle Führungsebene	198
Abb. 7.2	Duale Betriebssysteme und Anforderungen an die Führung und Kommunikation	205
Abb. 7.3	Divergierende Zielhierarchien der Funktionsbereiche. (Quelle: Lühring, 2007, S. 148, in Anlehnung an Song et al., 1997, S. 38)	209
Abb. 7.4	Kombination von Hierarchie und Netzwerkstruktur. 2008 (Quelle: in Anlehnung an Weidmann, 2005, zitiert in Weidmann und Armutat, S. 81)	211
Abb. 7.5	InnoDev-Prozess mit den Methoden Design Thinking. (Quelle: Dobrigkeit et al., 2019)	216
Abb. 7.6	Führungslogiken in der Kreativitäts- und Umsetzungsphase	217
Abb. 8.1	InnoLEAD-Gestaltungsfeld 4: Kulturelle Führungsebene	228
Abb. 8.2	Ebenen der Unternehmenskultur. (Quelle: in Anlehnung an Schein, 2010, S. 23 f.)	230
Abb. 8.3	Vertrauensbildung durch persönliche Faktoren und Werte der Organisationskultur. (Quelle: Stahl, 2013, S. 119)	238
Abb. 8.4	Führungsselbstverständnis und Führungskultur. (Quelle: Kaudela-Baum et al., 2018, S. 17)	240
Abb. 9.1	InnoLEAD und das Führungsbeziehungsmodell	248
Abb. 9.2	Typische innovationsfördernde Führungsmuster	253
Abb. 9.3	InnoLEAD Führungsbeziehungsmodell	255
Abb. 9.4	Eigenschaften innovationsfördernder Führungskräfte	257
Abb. 9.5	Zweidimensionales Konstrukt „innovationsorientierter Teamgeist". (Quelle: in Anlehnung an Gebert, 2004, S. 24)	268
Abb. 9.6	Dimensionen eines innovationsförderlichen Teamklimas. (Quelle: in Anlehnung an Anderson & West, 1998; Hülsheger et al., 2009)	270

Abb. 9.7	Drei Führungsrollen des erfolgreichen Teamleiters von Innovations-, Forschungs- und Entwicklungsprojekten. (Quelle: in Anlehnung an Mann, 2005)	273
Abb. 9.8	Rollen im Innovationsteam. (Quelle: In Anlehnung an Kelley & Littmann, 2006)	274
Abb. 9.9	Handlungsfelder des Personalmanagements	285

Tabellenverzeichnis

Tab. 2.1	Einteilung von Prozessinnovationen nach Gegenstandsbereichen. (Quelle: in Anlehnung an Kaudela-Baum et al., 2008)	31
Tab. 2.2	Zwölf Wege der Geschäftsinnovation. (Quelle: Sawhney et al., 2006, S. 78)	32
Tab. 2.3	Innovationsgrad der Innovation	35
Tab. 2.4	Übersicht Ansätze der Kreativitätsforschung. (Quelle: in Anlehnung an Heber, 2010)	40
Tab. 2.5	Die kreative Persönlichkeit/der kreative Denkstil. (Quelle: Gupta & Banerjee, 2016)	42
Tab. 2.6	Kognitive Fähigkeiten, Denkstil und Kreativität. (Quelle: Soriano de Alencar, 2012)	43
Tab. 2.7	Paradoxiebegriff und begriffliche Abgrenzung	59
Tab. 2.8	Differenzierungskriterien der Organisation und ihr Verhältnis zur Dualität von Öffnung und Schließung. (Quelle: Arndt, 2007, S. 229)	67
Tab. 3.1	Spannungen in ambidextren Kontexten. (Quelle: in Anlehnung an March, 1991; He & Wong, 2004; Raisch & Birkinshaw, 2008)	84
Tab. 3.2	Generative vs. fokussierte Führungsmodi. (Quelle: in Anlehnung an Hohn, 2000, S. 190 und Rosing et al., 2011)	86
Tab. 3.3	Unterschiede zwischen Innovation Leadership und Innovation Management	88
Tab. 3.4	Die vier Komponenten der transformationalen Führung. (Quelle: in Anlehnung an Bass, 1999)	90
Tab. 3.5	Studien zur transformationalen Führung. (Quelle: in Anlehnung an Heber, 2010)	93
Tab. 3.6	Die vier Dimensionen des Intrapreneurship. (Quelle: in Anlehnung an Antoncic & Hisrich, 2001, S. 498 f.)	104
Tab. 3.7	Einflussfaktoren auf die unternehmerische Einstellung von Mitarbeitenden. (Quelle: in Anlehnung an Urbano & Turró, 2013, S. 382 ff.)	105

Tab. 4.1	Strukturdaten der untersuchten Unternehmen	121
Tab. 4.2	Forschungsprozess und -methoden	122
Tab. 5.1	Ausgewählte Widersprüche in der Organisationsgestaltung. (Quelle: Müller-Christ, 2007, S. 141)	132
Tab. 7.1	Phasenmodelle des Innovationsprozessmanagements. (Quelle: in Anlehnung an Derenthal, 2009, S. 44)	215
Tab. 8.1	Chancen und Gefahren starker Unternehmenskulturen. (Quelle: in Anlehnung an Bleicher, 2004; Pittrof, 2011)	233

Führen im Innovationskontext 1

Sich verstärkt mit „Innovation Leadership" zu beschäftigen – im Sinne einer langfristigen und unternehmerischen Führungsaufgabe – scheint sich zu lohnen. Davon zeugt nicht nur die reichhaltige Literatur zum Innovationsmanagement. Hier werden etwa Führungsaufgaben, wie Innovation zu gestalten ist, thematisiert (Hauschildt et al., 2023; Tidd & Bessant, 2020): Sie wird meist als linearer Prozess von der Ideenentwicklung über die -selektion, die -umsetzung bis hin zu deren Vermarktung interpretiert. Der Führungskraft obliegt dabei die Aufgabe, die Kompetenzen der Innovatorinnen und Innovatoren zu erkennen, zu fördern und die vom Innovationsprozess ausgelösten Widersprüche und Konflikte zu regulieren (Hauschildt et al., 2023). Diese Führungsaufgaben, die vor allem zum Ziel haben, organisationsinterne Innovationsbarrieren zu überwinden, um rational geplante Innovationsprozesse umzusetzen, sind sicher zentral. Sie reichen aber nicht aus.

Die Unternehmungen befinden sich heute in sehr volatilen und sich verändernden Umgebungen. Sie sehen sich konfrontiert mit neuen Paradigmen im Innovationskontext wie „Sustainable Innovation", „Digital Innovation", „Open Innovation und Innovationsplattformen" oder „Circular Innovation", der Globalisierung der Innovationstätigkeit sowie der zunehmenden Unübersichtlichkeit von Wissensströmen. Innovationsmanager haben sich immer wettbewerbsintensiveren globalen Märkten, konkurrierenden Technologien und sich dramatisch verändernden politischen Bedingungen zu stellen. Dabei stehen Unternehmen heute Informationen in einem umfangreichen Ausmaß zur Verfügung. Und tatsächlich sind heute Organisationen nur wettbewerbsfähig, wenn es ihnen gelingt, Informationen und Problemstellungen effizient zu verarbeiten beziehungsweise zu lösen. Darüber hinaus zeigt sich außerdem, dass die Kosten für Innovationen in den letzten Jahren enorm angestiegen sind.

Innovationen erfordern also immer größere Anstrengungen von Unternehmen. Eine Reaktion auf diese Tatsache ist es, künstliche Intelligenz (KI) und maschinelles Lernen für die Verarbeitung der Informationen einzusetzen, um Kosten zu sparen (Haefner et al.,

2021). Allerdings ist das Wissen über die Möglichkeiten und Grenzen von KI im Kontext von Innovation noch recht gering. Denn der Einsatz von KI und maschinellem Lernen im Bereich Kreativität und Innovation unterscheidet sich sehr von den etablierten Bereichen, in denen KI das traditionelle Management bereits ergänzt oder ersetzt hat. Doch wie man diese zukunftsträchtigen Technologien in der Entwicklung von Innovationen einsetzen kann, ist noch nicht ausreichend erforscht.

Doch eines ist klar: Die Prozessperspektive allein und die damit verbundenen „unterstützenden" Führungspraktiken entlang von zeitlich definierten Etappen reichen für eine erfolgreiche Innovationsentwicklung nicht mehr aus. Innovationsvorhaben zu gestalten ist eine komplexe Führungsaufgabe und eine integrative organisationale Leistung. Daraus leiten sich auf einer breiten organisatorischen Ebene Führungs- *und* Managementansätze ab, um Innovationen langfristig zu fördern. Deshalb ist eine stärkere Auseinandersetzung mit „Innovation Leadership" notwendig. Aus diesem Grund werden in den nachfolgenden Kapiteln die Ausgangslage dieses Buches sowie die zentralen Aspekte des gegenwärtigen Innovationskontextes beschrieben.

1.1 Innovationen in forschungs- und wissensintensiven Organisationen: Ausgangspunkt des InnoLEAD-Modells

Ausgangspunkt der Konzipierung des InnoLEAD-Modells sind umfassende empirische Studien in globalen forschungs- und wissensintensiven Industrieunternehmen, insbesondere qualitative Fallstudienanalysen (vgl. Kap. 4). Dieser Organisationstyp zeichnet sich vor allem dadurch aus, dass die Forschungs- und Entwicklungsabteilung (F&E) mit anderen betrieblichen Bereichen, insbesondere der Produktion eng zusammenarbeiten. Für die Innovation verantwortliche Führungspersonen müssen sich mit diesen komplexen Wissensprozessen auseinandersetzen. Zudem sehen sie sich mit vielen Widersprüchen konfrontiert: Die F&E verlangt nach *Exploration*, nach kreativen Momenten und Problemlösungen. Das operative Geschäft verlangt nach *Exploitation*; in Produktionsprozessen sind Effizienzdenken und eine Null-Fehler-Kultur vorherrschend (O'Reilly & Tushman, 2011; Vedel & Kokshagina, 2021). Dieser gegensätzliche Kontext ist außerordentlich herausfordernd für die Führungspersonen. Ihr Arbeitskontext erfordert differenzierte, situative und vielschichtige Führungsansätze – für die Innovationsforschung ein interessantes Feld.

Die Auseinandersetzung mit den im vorliegenden Buch beschriebenen „Innovation Leadership"-Themenfeldern basiert auf der Forschung im industriellen F&E-Umfeld. Interviews mit Führungspersonen aus F&E-Abteilungen sowie mit Innovations- und Technologiemanagern bilden die Grundlage dazu (vgl. Kap. 4). Die zweite Auflage des Buches knüpft daran an, integriert jedoch neu auch Herausforderungen, Beispiele und Führungsansätze aus anderen Sektoren und eröffnet so Führungswissen für ein breiteres Spektrum.

Konzipiert ist das Buch generell für innovationsorientierte, wissens- und forschungsintensive Organisationen. Die Leistungsfähigkeit der europäischen Wirtschaft beruht maßgeblich auf wissensintensiven Industrie- und Dienstleistungsunternehmen (Belitz & Gornig, 2019). Rohstoffarme Hochlohnländer wie beispielsweise Deutschland oder die Schweiz stützen ihre nationalen Wettbewerbsvorteile auf Prozesse der Wissens- und Kompetenzentwicklungen. Diese sind wiederum eine Vorstufe für wertschaffende Innovationen (Kels & Kaudela, 2019; Rasche & Braun von Reinersdorff, 2016, S. 227).

Um sich in einem hochkompetitiven Umfeld zu bewähren, setzen sowohl kleine und mittlere Unternehmen (KMU) als auch Großunternehmen im globalen Wettbewerb auf forschungs- und wissensintensive, maßgeschneiderte Produkte und Dienstleistungen. Diese Strategie ist jedoch mit hohen Kosten verbunden (Sørensen, 2018).

Forschungs- und wissensintensive Unternehmen erschließen über Innovationen neue Märkte und machen traditionelle Branchen global wettbewerbsfähig. Wissen ist in den vergangenen Jahren daher immer mehr zur Grundlage des nachhaltigen Wettbewerbsvorteils für Unternehmen geworden. Damit ist auch die **Bedeutung von innovativer Wissensarbeit** gewachsen (Alvesson, 2004; Carleton, 2011; Palmer & Blake, 2018). Indem die Unternehmen versuchten, Wissen effektiv zu verarbeiten, stand lange die Entwicklung von Wissensmanagementprozessen im Vordergrund. Viele dieser Prozesse wiesen jedoch nur begrenzt Erfolge auf, denn Wissen ist nicht als eine beobachtbare und übertragbare Ressource zu verstehen. Wissen zu verarbeiten ist vielmehr eine zielorientierte Aktivität, welche es erlaubt, ein neues Verständnis von einer effektiven Innovationsentwicklung zu gewinnen (Reinhardt et al., 2011, S. 151). Dementsprechend gewannen in den letzten Jahren die Fragen, wie wissensintensive Unternehmen geführt werden, wie Wissensarbeit gestaltet wird und wie Wissensarbeiter motiviert werden, ihr Wissen zu teilen, um die Innovationsfähigkeit zu steigern, immer mehr an Relevanz.

Forschungs- und wissensintensive Unternehmen richten ihre Prozesse konsequent darauf aus, bestehendes Wissen effektiv anzuwenden und neues Wissen zu generieren. Ziel ist es, nachhaltig sicherzustellen, dass die verschiedenen Unternehmensbereiche ihr Wissen effektiv austauschen und dass insbesondere das Erfahrungswissen langfristig im Unternehmen bestehen bleibt. Gleichzeitig zielen Maßnahmen darauf ab, die Erzeugung von neuem Wissen zu erleichtern, indem die Unternehmen Möglichkeiten und Anreize zum Experimentieren und Lernen schaffen. Dabei sind die Grenzen der Unternehmen nicht mehr unbedingt maßgebend. Großes Potenzial, neues Wissen hervorzubringen, wird in den täglichen Interaktionen mit Kunden, Lieferantinnen, Partnern und Konkurrentinnen gesehen. Dem Schutz beziehungsweise der Bewahrung firmeninternen Wissens messen diese Firmen einen geringeren Stellenwert zu als dem Wissensaustausch und der Generierung neuen Wissens.

Effektive Wissensmanagement-Prozesse garantieren aber noch nicht per se den Unternehmenserfolg. Dazu bedarf es einer Unternehmensvision, -strategie, -struktur und -kultur, welche die Bedeutung von Wissen für das Unternehmen deutlich machen.

Ein wesentliches Merkmal forschungs- und wissensintensiver Unternehmen besteht darin, dass sie häufig im Zentrum von Innovationsökosystemen stehen und daher in der Lage sind, von dem Wissen zu profitieren, das von verschiedenen Quellen produziert wird – einschließlich Wettbewerbern, Zulieferern und Interessengruppen (Liu & Uzunidis, 2021). Die Forschungsintensität eines Unternehmens lässt sich auf den ersten Blick leichter messen als seine Wissensintensität. Nach Nusser (2006) macht bei forschungsintensiven Unternehmen der F&E Aufwand mindestens 3.5 % des Gesamtaufwandes aus. Grundsätzlich spricht man von forschungsintensiven Unternehmen, wenn die Größe und die strategische Bedeutung der Forschungsabteilung für das Unternehmen erheblich sind (Alvesson, 2004). In die Arbeit der F&E-Abteilung fließt daher besonders viel wissenschaftlich geprägtes Wissen ein; sie hat meistens den höchsten Anteil an akademisch hoch qualifizierten Mitarbeitenden.

F&E-Teams sind folglich dafür verantwortlich, wissenschaftliche und technologische Informationen zu sammeln, sie in technologische Innovationen in Form von Produkten oder Dienstleistungen umzuwandeln und für die Umsetzung und Vermarktung an andere Unternehmensbereiche weiterzugeben (Elkins & Keller, 2003). In Bezug auf die Personalführung stellen sich in forschungsintensiven Organisationen drei grundsätzliche Herausforderungen:

- Erstens gestalten sich die Kommunikation und das Reporting von Forschungsleistungen und -resultaten oftmals schwierig. Denn die Kennzahlen fallen in der F&E-Abteilung deutlich anders aus als in anderen Unternehmensbereichen, die den markt- und finanzorientierten sowie zeitnahen Kennzahlen wie Rentabilität vertrauen. Tatsächlich sind messbare Forschungsresultate wie zum Beispiel Patente oftmals von zeitverzögerter, sporadischer und marktunabhängiger Natur. Leistungsbeurteilungen von F&E werden daher meist anhand von stellvertretenden Kennziffern wie Projektfortschritten gemessen und sind oftmals von einem hohen Unsicherheitsgrad geprägt (Elkins & Keller, 2003).
- Zweitens sehen sich Forschende oftmals mit widersprüchlichen Anreizen konfrontiert, das eigene Wissen zu teilen oder zu horten. Schließlich bilden das Wissen und insbesondere neue Erkenntnisse das zentrale Kapital für die eigene Karriere inner- und außerhalb des Unternehmens (Thompson & Heron, 2006). Führungskräfte sind daher vermehrt mit Fragen der individuellen Freiheit in der Forschung konfrontiert (Bakker et al., 2006, S. 296).
- Drittens hat der Austritt von Schlüsselpersonen oftmals schwerwiegende Folgen. Ein solcher Abgang bedeutet meist einen Verlust von unternehmenskritischem Wissen, und

nicht selten folgen ganze Teams der Schlüsselperson, wenn diese das Unternehmen verlässt (Kels & Kaudela, 2019; Alvesson, 2000).

Wissensintensive Unternehmen, die diesen Herausforderungen begegnen, zeichnen sich durch die folgenden Merkmale aus (Alvesson, 2000, 2004; Carleton, 2011; Edenius & Styhre, 2009; Nusser, 2006; Robertson & Swan, 2003):

- Die wissensbasierte Arbeit beinhaltet die Fähigkeit, komplexe Sachverhalte fachkundig zu analysieren und zu beurteilen, um innovative Lösungen für einzigartige Probleme zu entwickeln.
- Ein überdurchschnittlich hoher Anteil der Arbeitskräfte verfügt über einen Hochschulabschluss und/oder ist primär mit Forschungs- und Entwicklungstätigkeiten beschäftigt.
- Die Fähigkeit, Informationen zu analysieren, zu verarbeiten und neues Wissen zu generieren, steht im Vordergrund. Der Prozess der Problemanalyse und der Entwicklung innovativer Lösungen bedingt neben den technischen Qualifikationen auch unternehmerische Fähigkeiten, das heißt ein grundlegendes Verständnis für Strategie-, Marketing- und Finanzfragen, sowie die Kompetenz, erfolgreich in Projektteams zu arbeiten.
- Die Produkte und Dienstleistungen der Unternehmen basieren vorwiegend auf der erfolgreichen Vermarktung von hoch spezialisiertem Fachwissen. Ein besonders stark ausgeprägter Kundenfokus zeigt sich oftmals dadurch, dass innovative und maßgeschneiderte Lösungen für einzelne Kundinnen und Kunden entwickelt werden. Dies verschafft wissensintensiven Unternehmen oftmals einen Wettbewerbsvorteil, birgt jedoch auch große Risiken aufgrund der starken Abhängigkeit ihrer Kunden.
- Weiterhin zeichnet sich die Arbeitsweise in wissensintensiven Unternehmen durch einen hohen Grad an Autonomie aus. Die organisationalen Hierarchien haben demgegenüber eine geringe Bedeutung. In diesem Unternehmenstyp herrschen mehrheitlich flexible, anpassungsfähige Organisationsformen vor.

Wissensintensive Innovationen können also kaum mit hierarchischen Strukturen und linearen Prozessmodellen gestaltet werden. Vielmehr stehen Modelle zielgerichteter Wissens- und Innovationsnetzwerke im Vordergrund (vgl. Caspers et al., 2004; North & Kumta, 2020, vgl. Kap. 7). Diese Netzwerke setzen sich aus allen am Innovationsprozess beteiligten Akteurinnen und Akteuren zusammen, welche das Ziel verfolgen, gemeinsam wissensintensive Innovationen zu entwickeln. Dies wird heute unter anderem durch die Einrichtung von Innovation Labs, Future Labs oder Innovationsinkubatoren gefördert, wo Unternehmen mit internen Ressourcen oder in Zusammenarbeit mit externen Partnern wie etwa Kundinnen oder Forschungsinstitutionen Innovationen auf den Weg bringen. In diesem Kontext herrschen heterarchische Organisationsformen und kollektive Führungsansätze vor (Kaudela-Baum, 2022).

Die strategische Unternehmensführung in wissensintensiven Organisationen ist also chancengetrieben und von Emergenz geprägt. Die Strukturen verändern sich oft dynamisch. Der nicht routinemäßige, meist projektbasierte und komplexe Charakter von Wissensarbeit bewirkt flexible Arbeitsbedingungen für die Mitarbeitenden. Direktive Führungsweisen sind in diesem Kontext eher dysfunktional. Organisationsziele werden vielmehr erreicht über das Gefühl einer gemeinsamen Mission, Zugehörigkeit oder Formen der indirekten/normativen Kontrolle, wie beispielsweise das Bekräftigen von gemeinsamen Wertvorstellungen.

Hochqualifizierte Mitarbeitende erwarten im Zeitalter von **New Work** einen hohen Grad an Vertrauen und Aufgabenautonomie. Das heißt aber nicht, dass sie sozial und zeitlich nicht an ihre Teams gebunden sind – man kann über eine hohe Autonomie verfügen und gleichzeitig gebunden sein. Doch gilt es zu beachten, dass gerade unsynchronisierte Zeitstrukturen zu fragmentierter Arbeit, hoher Arbeitsbelastung und einem höheren Risiko für psychische Erkrankungen führen können. Deshalb ist es Aufgabe der Führung, solche Zeitstrukturen zu etablieren, die Überschaubarkeit und Vorhersehbarkeit schaffen (Väänänen et al., 2020). Wissensarbeit erfordert Kompetenzen wie Selbstorganisation und Selbstverantwortung von den Mitarbeitenden.

Alvesson (1993) bezeichnet wissensintensive Unternehmen als **„ambiguitätsintensive" Unternehmen** (S. 1007). Die hohe Komplexität und Unsicherheit der Aufgaben und Situationen von Wissensarbeit, die hohe Anzahl an gut ausgebildeten, meinungsstarken Spezialistinnen und Spezialisten und die oftmals nicht direkt greifbaren Resultate erzeugen **mehrdeutige Entscheidungssituationen** und damit ein herausforderndes Führungsumfeld. Es gilt vor diesem Hintergrund, kompetent mit Paradoxien umzugehen und diese sorgfältig auszubalancieren (vgl. Alvesson, 1993, S. 1007; Robertson & Swan, 2003; Alvesson, 2004, S. 48, Abschn. 3.2).

1.2 Innovationen als kollektive Lernprozesse

Innovation erscheint heute oft als große „Marketingformel". Tatsächlich kommt man – auch als Unternehmen mit inkrementellen oder auch sehr erklärungsbedürftigen, technologisch sehr komplexen Innovationen im B2B-Bereich – nicht umhin, Innovativität als eine solche Marketingformel einzusetzen. Schließlich vertrauen auch die Mitarbeitenden im Unternehmen diesem stark medial geprägten Begriff. Doch wenn Innovationsaufgaben ausschließlich an die Expertinnen und Experten im Unternehmen delegiert werden, werden sie ausschließlich im kleinen Kreis von „Professionals" gelöst. Die restlichen Organisationsmitglieder sind ausgeschlossen. Damit wird die Chance verpasst, dass organisationale Lernprozesse entstehen. Es sind ausschließlich die Expertinnen und Experten, das heißt die Innovationsmanager, die konstant die Innovationskennziffern kontrollieren und die Innovationsarbeit mit all den Managementinstrumenten bewirtschaften, die auch für die Produktion oder den Vertrieb gelten.

1.2 Innovationen als kollektive Lernprozesse

Im ungünstigsten Fall bekommen alle Mitarbeitenden die Aufgabe, pro Jahr genau drei Verbesserungsvorschläge oder Ideen in eine Ideenplattform einzuspeisen, die der Innovations- oder Technologiemanager einsammelt und an seine vorgesetzte Person rapportiert. Falls Mitarbeitende zum Beispiel nur zwei Ideen einspeisen, gibt es mitunter eine „Fehlermeldung" und die Betreffenden werden aufgefordert, die fehlende Idee nachzureichen. Innovationsmanagement passiert so nicht innerhalb des eigenen Handlungssystems, sondern außerhalb, irgendwo in einem Expertengremium, das sich damit beschäftigt, Ideen auszuwählen und umzusetzen. Der Sinn von Innovationsmanagement erschließt sich nur einem kleinen, ausgewählten Kreis von Innovationsteams. Die restlichen Unternehmensmitglieder gewinnen keine klare Vorstellung, was Innovation für ihren Bereich genau bedeutet.

Innovation ist Teil jeder Geschäftsstrategie, insbesondere jeder Marketingstrategie, und hat in vielen Unternehmen auf einer organisationalen Ebene auch etwas Unantastbares. Gerade kleinere und mittlere Unternehmen erkennen vermehrt, dass sie neben Rationalisierungsinnovationen auch (wenn auch nur in ausgewählten Teilbereichen) radikale Innovationen vorantreiben müssen, auch wenn das mit „aufgesetzten", allenfalls von Beratungsunternehmen fremdorganisierten Innovationsmanagement-Formeln nicht so einfach geht.

Auch gibt es insbesondere in KMU oft keine ausgewiesenen Expertinnen und Experten für Innovationsmanagement beziehungsweise offiziell berufene Innovationsagenten, an die man die Führungsaufgabe, Innovation zu fördern, delegieren könnte. Gerade in diesem Kontext bleibt der Unternehmensführung oft nichts anderes übrig, als Führungskräfte in der Linie zu entwickeln, die **Innovation als kollektiven Entwicklungs- und Lernprozess** (Abschn. 2.3.4) verstehen: Innovationsförderung ist nicht ausschließlich Sache von Vorgesetzten oder Spezialistinnen im Bereich von Innovations- und Technologiemanagement, sondern hat mit der Kultur des Unternehmens, also mit den Grundeinstellungen aller Mitarbeitenden zu tun. Diese integrierte Perspektive muss sich in einer durchdachten Steuerung und Leitung der unternehmensweiten Innovationstätigkeit (Abschn. 6.2) widerspiegeln.

Die Anforderung an die Führung lautet also, die Mitarbeitenden vor dem Hintergrund ihrer jeweiligen Organisations- und Innovationskultur vom Sinn und der Notwendigkeit von Innovationsprojekten zu überzeugen. Dazu gehört, dass Führungspersonen Regelbrüche bewusst in Kauf nehmen und vor allem Entwicklungsfreiräume einrichten, damit diese überhaupt geschehen. Wenn alle kreativen und innovativen Köpfe im Unternehmen hastig von einem Projekt zum anderen jagen und ihnen nicht bewusst Freiräume eingerichtet werden, wird ein Unternehmen nicht über eine „geordnete" und damit auch überraschungsfreie Innovationspraxis hinauswachsen.

Wenn Innovationsförderung als Expertenaufgabe verstanden wird, besteht jedoch die Gefahr, dass sich unter den Linienvorgesetzten das *Not invented here*-Syndrom verbreitet und dass die Unternehmungsführung von der Linie langfristig ausgerichtete, strategische Innovationsaufträge mit einer großen Distanz zum operativen Geschäft betrachtet. Eine

Studie von Audia et al. (2000) zeigt auf, dass mit zunehmendem Erfolg die Zufriedenheit der Manager und auch ihr Glaube, dass ihre Handlungen angemessen sind, steigen. Dagegen sinkt allerdings ihre Neigung, die eigene Praxis kritisch zu reflektieren und festgetretene Pfade zu verlassen. So werden wichtige Innovationsaufträge unweigerlich von dringlichen Geschäftsaufträgen verdrängt. Innovationsaktivitäten schlafen ein und bleiben Ausnahmehandlungen, die Expertinnen und Experten verantworten. Innovieren muss insbesondere vor dem Hintergrund der dynamischen Entwicklung digitaler Technologien als eine dauerhafte, strategische und systemische Führungsaufgabe auf verschiedenen Organisationsebenen verstanden werden.

1.3 Lean Management: natürlicher Gegner von Innovation?

Prozesse als handlungsleitende Maximen sind in den meisten international tätigen Unternehmen zu einem nicht zu hinterfragenden Paradigma geworden. Routinehafte, kontinuierliche Verbesserungsprozesse werden meist als zentraler Veränderungsmotor betrachtet. Egal, ob in der Produktion, in Dienstleistungen, im Marketing, in der Innovation – die ständige Suche nach Verbesserungen hat sich als Denkstil nicht nur bei der Führung, sondern auch bei den Mitarbeitenden durchgesetzt. Dies bedeutet, dass sie alle Handlungen dahingehend überprüfen, ob sie diese möglicherweise noch einfacher, schlanker („lean") gestalten können. Inkrementelle Innovation ist in diesem Denkstil selbstverständlich möglich. Doch wie steht es mit der radikalen Innovation?

Wenn sich ein Unternehmen radikale Innovationen zum Ziel setzt, gilt es, die Kontingenz, das heißt die Zufälligkeit von Handlungen, zu erhöhen, um neue Entscheidungschancen zu ermöglichen: „Modernes Innovationsmanagement hat grundsätzlich die Aufgabe, einen geeigneten Rahmen (Strategie, Regeln) für Entfaltung und Lernen zu schaffen, eine passende Atmosphäre (Kultur, Evokation) zu entwickeln und Anregungen (Initiative, Provokation) zu geben" (Bergmann & Daub, 2006a, S. 9). Oder mit anderen Worten: Es ist für die Akteure eine entsprechende Lernumgebung zu schaffen. Eigeninitiative und Querdenken müssen erlaubt sein. Denn letztlich neigen Unternehmen eher dazu, bestehende Strukturen und Prozesse zu erhalten oder allenfalls noch zu verbessern, als sie grundsätzlich zu erneuern. Eine radikale Innovation bedeutet immer auch ein Risiko für eine Firma, einen „Aufbruch zu neuen Ufern", dessen Ausgang nicht vorhersehbar ist.

Das **Lean Management** birgt demzufolge Gefahren. Es hat „teilweise dazu geführt, eine erstarrte Replikation des Bestehenden zu bewirken" (Bergmann & Daub, 2006a, S. 10). Die Kompetenz der Mitarbeitenden, alles kontinuierlich zu verbessern, lässt sie blind werden für die Erkenntnis, dass radikale Veränderungen möglich sind. Tatsächlich neigen Unternehmen dazu, das Bestehende zu verfestigen, weil sie sich aus bestehenden Kommunikationsmustern immer wieder neu bilden. Radikal Neues nehmen sie nicht wahr.

1.3 Lean Management: natürlicher Gegner von Innovation?

„Lean" steht für die absolute Kundenzentrierung. Alle Aktivitäten werden auf die Kundinnen und Kunden ausgerichtet und alle übrigen Aktivitäten optimiert beziehungsweise eliminiert. Im Vordergrund steht die Schaffung von Kundenwerten ohne jegliche Verschwendung (Kieviet, 2019). Welche Herausforderungen ergeben sich in Zeiten der rasanten Digitalisierung von Organisationen und Industrien beim Übergang vom klassischen „Lean" zum digitalen „Lean"?

Das **digitale Lean Management** rückt, um Kundenmehrwert zu schaffen und zu optimieren, die zielgerichtete Generierung, Verarbeitung und Nutzung von Informationen ins Zentrum. Mithilfe von digitalen Technologien werden Prozessoptimierung und Komplexitätsreduktion neu gedacht. In digitalen „Lean"-Prozessen kommen digitale Werkzeuge zum Einsatz, um Probleme in der Produktion zu identifizieren, wie etwa Verschwendung, Überproduktion oder Maschinenausschuss. Dabei werden Instrumente von der digitalen Modellierung von Produktionsabläufen, -anlagen und -standorten bis hin zur Nutzung von Big Data für virtuelle Bewertungen eingesetzt, um die Wertschöpfungskette der Produktion eines Unternehmens zu verbessern. Digitale Instrumente simulieren etwa Abläufe noch effizienter, erstellen Testszenarien oder führen virtuelle Finanzbewertungen durch.

Im Rahmen von digitalen Geschäftsmodellen geht es bei einer Verschlankung jedoch weniger um die reine Effizienzsteigerung, sondern immer auch um die Frage, was das eigentliche Grundbedürfnis der Kundinnen und Kunden ist und wie man diese Bedürfnisse eventuell auch einfacher und ressourcenschonender befriedigen kann – das heißt z. B. mit neuen Geschäftsmodellen, mit neuen Marktteilnehmenden, mit neuen Technologien wie etwa KI (Kieviet, 2019). Es geht also nicht nur darum, die Ineffizienz in Geschäftsprozessen durch digitale Lösungen zu vermindern, sondern auch darum, den Kundenmehrwert durch effizienz- und effektivitätssteigernde digitale Innovationen zu erhöhen. So können laufend und flexibel neue Chancen zur Erhöhung der Kundenorientierung eruiert werden.

Unabhängig vom Charakter der „Lean"-Aktivitäten gilt: Um radikal innovativ zu werden, benötigen Unternehmen **innovatorische bzw. innovationswirksame Freiräume** im Sinne von Puffern, Doppelspurigkeit und Redundanzen. Es geht um die „Einrichtung von innovativen Reservaten und die irritierende kommunikative Störung", die „ein Unternehmen in Veränderung bringen und ein Lernen ermöglichen" (Bergmann & Daub, 2006b, S. 11). Innovatorische Freiräume sorgen dafür, dass das Unternehmen nicht „betriebsblind" wird.

Letztlich handelt es sich um eine eigentümliche Divergenz: Das Lean Management hat die Organisation in das Korsett einer rigiden Handlungslogik gezwungen, in welchem sämtliche noch vorhandenen Freiräume abgeschafft worden sind, und nun versuchen viele Unternehmen, die finanziellen Effizienzgewinne beziehungsweise Puffer wieder in „innovatorische Puffer" umzuwandeln. Allerdings fällt das vielen erfolgreichen Unternehmen nicht leicht.

Aufgrund des hyperkompetitiven internationalen Wettbewerbs und des Wegbrechens von Märkten sind jedoch immer mehr Unternehmen gezwungen, offensiv zu innovieren. Weil diese Form der radikalen Innovation allerdings bestehende Strukturen und Prozesse infrage stellt und auch oft eigene Kompetenzen entwertet, beschränkt man sich gerne auf Rationalisierungsinnovationen (Abschn. 2.1.4) und sucht (immer enger werdende) Marktnischen. Oder man strebt Fusionen an, um den ganz großen Schritt und damit auch das ganz große Risiko zu vermeiden. Viele Unternehmen haben sich durch Lean-Management-Methoden einen großen Effizienzvorsprung aufgebaut, aber sich aus dieser „Effizienzglocke" wieder herauszubewegen und offensiv neue Entwicklungen anzustoßen ist noch schwieriger geworden. Das Management von Geschäftsprozessen mithilfe von Six Sigma oder Kaizen ist mittlerweile oft dermaßen stark in den Köpfen der Unternehmensstrategen und -entwicklerinnen verankert, dass eine geschäftsprozessfreie Auseinandersetzung mit der Entwicklung von Innovationen kaum mehr möglich ist.

Als Metapher für diesen unternehmerischen Zustand dient ein bekanntes Spiel aus Kindertagen: Beim „Schiebepuzzle" oder „Fünfzehnerspiel" (vgl. Abb. 1.1) geht es darum, die mit Zahlen beschrifteten Quadrate nacheinander so in das vorhandene leere Feld zu schieben, dass am Schluss eine perfekte Ordnung entsteht. Ziel ist es, die Zahlen mithilfe des leeren Feldes von 1 bis 15 aufsteigend anzuordnen (DeMarco, 2001).

Die Aufgabe, die Quadrate in die richtige Reihenfolge zu bringen, ist alles andere als einfach. Aber nun stelle man sich erst einmal die in Abb. 1.2 dargestellte veränderte – verbesserte? – Form des Spiels vor:

Statt fünfzehn Quadraten und einem leeren Feld finden sich im Spiel sechzehn Quadrate – kein leeres Feld ist mehr vorhanden. Es ließe sich argumentieren, dass diese Anordnung eine höhere Effizienz aufweist, schließlich wurde das „überflüssige" leere Feld eliminiert. Und die Spielfläche verfügt nunmehr über eine Auslastung von 100 %. Doch ohne das leere Feld lassen sich die Quadrate nicht mehr bewegen. Die Anordnung der Quadrate mag zwar in ihrer neuen Form optimal sein. Doch sollte die Zeit etwas anderes erweisen, besteht keine Möglichkeit mehr, etwas zu verändern. Das leere Feld repräsentiert den **Freiraum**: den Freiheitsgrad, der notwendig ist, um Innovationsinitiativen umzusetzen und zum Erfolg zu führen.

Abb. 1.1 Schiebepuzzle mit leerem Feld

1.3 Lean Management: natürlicher Gegner von Innovation?

Abb. 1.2 Schiebepuzzle ohne leeres Feld

▶ Freiräume sind in dieser Sichtweise die natürlichen Feinde von Effizienz. Und **Effizienz ist der natürliche Feind von Freiräumen**. Und genau da liegt die **innovationsfördernde Führungsaufgabe:** Entscheidungen in diesem Spannungsfeld sind so zu treffen, dass die Innovationseffizienz eines Unternehmens langfristig gesteigert wird, aber die Fähigkeit nicht verloren geht, sich in Zukunft radikal neu zu erfinden. Um diese Führungspraxis umzusetzen, müssen **innovatorische Freiräume** gestaltet werden – als Gegenentwurf zum Gestaltungszwang durch die „strenge" Prozessausrichtung.

Um also auch in Zukunft fähig zu sein, neben kontinuierlichen auch radikale Innovationen zu initialisieren, sind neben den Innovationsmanagementkompetenzen unbedingt Führungskompetenzen für die „Unsicherheitszone", das heißt für das leere Feld im Spiel zu entwickeln, die vor allem dann zentral sind, wenn ein innovatives und gleichzeitig hocheffizientes Unternehmen mit unübersehbaren Widersprüchen konfrontiert ist. Skizziert man eine idealtypische Lern- und damit Innovationsumgebung, heißt es, eine Balance zu finden zwischen den Routinen, die für ein Unternehmen notwendig sind, um sich selbst zu erhalten beziehungsweise zu stabilisieren, und den Freiräumen, in welchen Experimente fern einer Alltagslogik möglich sind (Kaudela-Baum, 2012; Kaudela-Baum, 2019). In Unternehmen wird also immer ein gewisser Grad an „Organizational Slack" (Abschn. 5.2.5) benötigt, um innovatives Verhalten hervorzurufen.

Aus der Perspektive der sich rasant verändernden Technologien und der Entstehung von digitalen Wertschöpfungsnetzwerken kommt dem kreativen Experimentieren und der Schaffung von Freiräumen zur Innovationsförderung eine herausragende Rolle zu. Viele Führungskräfte haben in den vergangenen Jahren zum Beispiel das exponentielle Wachstum von Plattform-Geschäftsmodellen massiv unterschätzt, und deren Organisationen wurden teilweise unwiederbringlich abgehängt.

Gerade in der weltweiten Corona-Pandemie hat der Betreiber Amazon als inzwischen wertvollste Marke der Welt enorm an Marktmacht gewonnen. Im Vergleich zum Vorjahresquartal ist der Umsatz von Amazon im dritten Quartal 2020 um fast 40 Prozent von rund 70 Mrd. US-Dollar auf über 96 Mrd. US-Dollar gestiegen. Die Dominanz von Amazon verschärft die ohnehin schon schwierige Situation vieler Einzelhändler und kleinerer E-Commerce-Plattformen (Wobser, 2022, S. 26).

Plattformen wie Amazon, Facebook, Spotify oder Netflix verfügen neben exponentiellem Wachstum über eine enorme Marktmacht, die das Aufkommen potenzieller Konkurrenz enorm erschwert. Innovieren wird in diesem Kontext zur Überlebensstrategie (Haucap, 2021).

1.4 Open Innovation und Netzwerke

Parallel zur radikalen Ausrichtung des operativen Geschäfts, den Kundenmehrwert durch Lean-Management-Ansätze zu erhöhen, beeinflusst eine weitere Herausforderung die Führungspraxis in innovativen Unternehmen: Open Innovation (Obradovic et al., 2021) und die verstärkte Zusammenarbeit von Know-how-Trägerinnen und -Trägern in organisationsinternen und -externen Netzwerken (Piller et al., 2017):

> Eine Grundidee unserer Interpretation von Open Innovation ist die Erweiterung der Akteure in einem Innovationsnetzwerk um die wichtige Gruppe der Kunden. Denn erst wenn Herstellerunternehmen auch ihre Kunden und Nutzer aktiv in die Produktentwicklung mit einbeziehen, kann das wahre Potenzial eines verteilten, offenen Innovationsprozesses genutzt werden. (Piller et al., 2017, S. 60)

Der Innovationsdruck steigt, und gleichzeitig sinken vielerorts die Forschungs- und Entwicklungs-Budgets. Dadurch sind Unternehmen gezwungen, ihre Innovationsprozesse zu öffnen, um durch den Einbezug der Umwelt gezielt ihr Innovationspotenzial zu steigern (Pohl & Engel, 2020). Diese Einbeziehung der Außenwelt in den Innovationsprozess wird als Open Innovation-Ansatz bezeichnet (Gassmann & Enkel, 2006). „Open Innovation" bedeutet demnach die Abkehr von der klassischen Vorstellung eines Innovationsprozesses, der sich mehrheitlich innerhalb der Organisationsgrenzen abspielt.

Unternehmen verstehen unter Innovation zunehmend einen „vielschichtigen, offenen Such- und Lösungsprozess, der zwischen mehreren Akteuren über die Unternehmensgrenzen hinweg abläuft" (Reichwald & Piller, 2009, S. 117). Dies schafft viele neue Möglichkeiten: Es kommt einerseits mehr externer Input in das Unternehmen, andererseits kann es Aufgaben an andere Akteurinnen und Akteure auslagern, die ergänzende Kompetenzen mitbringen. Innovationsprozesse in interorganisationalen Netzwerken können sich auf die Integration verschiedener Netzwerkpartner stützen. Dazu zählen zum Beispiel Zulieferer, Kundinnen, Hochschulen oder auch potenzielle Konkurrentinnen im Bereich der F&E. Während vor einigen Jahren noch eine starke interne F&E als

1.4 Open Innovation und Netzwerke

die Innovationsquelle schlechthin betrachtet wurde, wird diese Sichtweise heute um Open-Innovation-Ansätze ergänzt.

Die Hauptmotivation für Open Innovation besteht darin, dass sie die Fähigkeit eines Unternehmens verbessert, Knowledge-Spillovers beziehungsweise die Übertragung von Wissensbereichen über Organisationsgrenzen hinweg, zu generieren (Griffith et al., 2006) und sowohl intern als auch in Zusammenarbeit mit externen Partnerinnen und Partnern neue Produkte zu schaffen (Granstrand & Holgersson, 2020). Offene Innovationsstrategien erhöhen die Wahrscheinlichkeit von Wissenskomplementaritäten, was zu einer schnelleren und qualitativ hochwertigeren Innovation und einer höheren Produktivität der Unternehmen führt (Audretsch & Belitski, 2020). Sie hat sich zu einer zentralen Innovationsstrategie entwickelt, da inzwischen sowohl Start-ups, kleine und mittlere Unternehmen (KMU) als auch etablierte Großunternehmen offene, netzwerkartige Innovationsaktivitäten fördern und das Portfolio an Aktivitäten mit Innovationspartnern vertiefen und erweitern (Audretsch et al., 2021).

Während das Open-Innovation-Modell erhebliche Vorteile sowohl für die Produkt- als auch für die Prozessinnovation mit sich bringt (Chesbrough, 2006; Chesbrough et al., 2008; Chesbrough et al., 2018), fehlt es noch an einem klaren Verständnis der Nachteile von Open Innovation. Es zeigt sich, dass sich Open Innovation in der Praxis nicht oder nur schwer so umsetzen lässt, wie in der Fachliteratur angedacht. Auch in der Open-Innovation-Literatur gibt es Unterkapitel zu kommunikativen und kulturellen Bedingungen von Open Innovation (vgl. Glanz & Lambertus, 2010) – letztlich münden die Herausforderungen auch hier in die Frage, wie man Menschen dazu bewegen kann, diese Innovationsstrategie zum Leben zu erwecken und eine „Öffnung" in ihren Denk- und Handlungsmustern zuzulassen.

Wenn Innovationsprozesse auf dem Know-how verschiedener Branchen aufbauen, dann spricht man von „Cross-Industry Innovation", das heißt, für konkrete technologische Problemstellungen wird in anderen Branchen nach analogen Lösungsmöglichkeiten gesucht. Warum sollte man auf das kreative Potenzial anderer Branchen in verschiedenen Innovationsphasen verzichten? In diesem Kontext müssen innovationsverantwortliche Führungskräfte eine hohe **Interaktionskompetenz** aufweisen. Innovieren in Open-Innovation-Netzwerken bringt einen hohen Koordinationsaufwand mit sich: Neben einer Menge juristischer Abklärungen sind vertrauensbildende Kommunikationsmaßnahmen zu treffen. Weiterhin gilt es in einer arbeitsteiligen Gestaltung des Innovationsprozesses über die Organisationsgrenzen hinaus, über verschiedene Unternehmens- und Führungskulturen hinweg alle Akteurinnen und Akteure zu motivieren, an einem Strang zu ziehen (Reichwald & Piller, 2009, S. 155).

Bei der Zusammenarbeit in Netzwerken ist die informelle Dimension enorm wichtig. Durch die Fluktuation von Mitarbeitenden ist es nicht einfach, Netzwerke aufrechtzuerhalten. Häufig basieren Netzwerke im Innovationskontext auf persönlichen, langjährigen und vertrauensvollen Beziehungen, praktisch als „Gegengewicht" zur Öffnung und Virtualisierung. Die Barrieren durch räumliche Distanzen kann man bereits durch digitale

Kommunikationsinstrumente leicht überwinden, aber ohne „weiche Faktoren", das heißt Empathie für Innovationspartner und eine hohe Aufmerksamkeit seitens der Führungskräfte auf die Beziehungspflege zu Netzwerkpartnerinnen, funktioniert das nicht.

Vor dem Hintergrund dieser Herausforderungen ist eine kontinuierliche, breite organisationale Auseinandersetzung notwendig. Und diese Auseinandersetzung können nur Führungskräfte entfachen. Diese haben qua Positionsmacht folglich eine besondere Verantwortung und stellen die wichtigste Orientierungshilfe der Mitarbeitenden dar. Daher sollten sich Unternehmen, die Open Innovation umsetzen, immer wieder die Frage stellen, welche kulturelle Realität ihre Führungspersonen vorleben. „Papier ist geduldig, verbale Kommunikation bewusst gesteuert, doch ohne die nonverbale Unterstützung durch das gelebte Verhalten werden Reden zu Floskeln und dadurch kontraproduktiv" (Sackmann, 2000, S. 155).

1.5 Globale Vernetzung

Viele europäische Unternehmen agieren in gesättigten Märkten oder stoßen aufgrund hoher Marktanteile an Wachstumsgrenzen. Der Ausweg aus gesättigten Märkten lautet: 1) diversifizieren und neue Produkte, Dienstleistungen oder Geschäftsmodelle entwickeln, 2) internationalisieren und neue Märkte erschließen oder 3) in Rationalisierungsinnovationen investieren und mit marginalen Verbesserungen in die kleiner werdenden Nischen vordringen oder auch 4) alle diese Strategien gleichzeitig wählen.

Mit der Technoglobalisierung (Welfens, 2019), das heißt der zunehmenden internationalen Entwicklung von Forschungsaktivitäten von multinationalen Unternehmen und der grenzüberschreitenden Kooperation forschender Firmen, hat die Globalisierung der Wirtschaft eine neue Stufe erreicht. Der Wachstumsmarkt China sorgt für eine globale Mehrnachfrage, aber auch gleichzeitig für eine verschärfte internationale Innovationskonkurrenz. Dies hat neue Anreize für internationale F&E-Kooperationen geschaffen.

Der internationale Austausch von Gütern ist heute mehr als 1500-mal so hoch wie vor 100 Jahren (Simon, 2012, S. 15). Die Weltexporte sind deutlich stärker gestiegen als die nationalen Bruttoinlandsprodukte (Simon, 2012, S. 43). Auch kleine und mittlere Unternehmen stoßen mit einer Internationalisierungsstrategie rasch in neue Größenordnungen vor. Internationalisierungsstrategien erfordern insbesondere für diesen Unternehmenstyp Ausdauer und eine äußerst langfristige Orientierung. Das hat auch Auswirkungen für die Führung und das Management von Innovationsprozessen.

Insbesondere forschungsstarke globale Unternehmen betreiben auch Forschung und Entwicklung im Ausland, oft an mehreren Standorten. Der Aufbau eigener Forschungsabteilungen im Ausland zielt darauf ab, neues technologisches Wissen bei Wettbewerbern, Hochschulen und Forschungsinstituten zu erwerben. Auch ist der Zugang zu qualifiziertem Forschungspersonal und spezifischem Know-how ein zentrales Motiv für F&E im

1.5 Globale Vernetzung

Ausland, besonders wenn im Heimatland Fachkräftemangel herrscht (Belitz & Lejpras, 2021).

> Die höchsten F&E-Anteile im Ausland haben forschungsstarke Unternehmen einiger kleiner europäischer Länder, wie Irland, Schweiz und Niederlande. Große Unternehmen von dort müssen schon deshalb im Ausland forschen, da sie in der Heimat nicht das für sie erforderliche Technologieportfolio abdecken können. Deutlich geringer sind die Auslandsforschungsanteile asiatischer Unternehmen. Die Anteile interkontinentaler F&E sind zwischen den Unternehmen verschiedener Heimatländer ähnlicher. Deutsche Unternehmen sind im Vergleich zu Unternehmen aus den USA, Großbritannien und Frankreich weniger internationalisiert, auch bezüglich des F&E-Anteils in anderen Kontinenten. (Belitz & Lejpras, 2021, S. 527)

Die Internationalisierung von Innovation stellt neue Anforderungen an die Führung. Gemäß Gassmann (2011, S. 271) haben 91 % der 1000 F&E-intensivsten Unternehmen Innovationsaktivitäten im Ausland, europäische Unternehmen geben rund 30 % ihrer F&E-Aufwendungen im Ausland aus. In deutschen Unternehmen hat sich der Anteil an F&E-Aufwendungen im Ausland von 1997 bis 2017 von 23 % auf 38 % erhöht (Belitz & Lejpras, 2021, S. 521).

> Die Digitalisierung der Wirtschaft erleichtert dabei in sehr vielen Ländern in allen betrieblichen Funktionsbereichen eine internationale Aufspaltung von Wertschöpfung und erzeugt Druck in den Hochlohn-Ländern, sich stärker noch als bisher auf wissens- und forschungsintensive Wertschöpfungsbereiche hin zu spezialisieren. Für einige Länder bzw. EU-Regionen wird es dabei auch wesentlich um ein Mehr an Hoch-Technologie-Spezialisierung bzw. High-Tech-Innovationen gehen. (Welfens, 2019)

Unternehmen öffnen sich im Rahmen der Innovationstätigkeit also nicht nur gegenüber interorganisationalen Netzwerken im Sinne des Open-Innovation-Ansatzes, sondern auch vermehrt gegenüber internationalen Ideenmanagementplattformen, was Firmen wie zum Beispiel Wazoku (www.wazoku.com) oder CrowdWorx (https://www.crowdworx.com/de/open-innovation-plattform) auf internationaler Ebene erleichtern.

Was heißt dies für die Entwicklung eines Innovation-Leadership-Ansatzes? Durch die Öffnung der Innovationstätigkeit gegenüber internationalen Forschungsnetzwerken, Hochschulen und Unternehmenspartnern wachsen die Anforderungen an die Führungskräfte in Bezug auf Steuerung, Organisation und Kontrolle. Und auch die Anforderungen zwischen Führenden und Geführten auf einer operativen Ebene steigen: Denn neben einer ausgeprägten Kooperationsbereitschaft sind in internationalen Innovationsprojekten **Konflikt- und Kommunikationskompetenzen** sowie **interkulturelle Führungs- und Managementkompetenzen** gefragt.

Passt die F&E-Internationalisierung überhaupt zu unserer Unternehmenskultur? Wie viele Subkulturen möchten wir in unserem Unternehmen zulassen bzw. pflegen? Daneben stellt sich häufig die Frage, ob das Unternehmen überhaupt genügend Führungs- und

Managementkapazität hat, um die Internationalisierung zu bewältigen. Auch stellt sich in interkulturellen Innovationsteams vermehrt die Frage nach der Wissenstransformation. Je nach Land müssen auch die Möglichkeiten zum Schutz des geistigen Eigentums in verschiedenen Phasen der Innovationsentwicklung überprüft werden. Generell entsteht ein nicht zu unterschätzender Koordinationsaufwand. All diese Herausforderungen sind nur in einem innovationsorientierten Führungssystem mit mehreren Akteurinnen und Akteuren auf allen Ebenen der Organisation und mit klaren innovationsstrategischen Vorgaben zu bewältigen.

1.6 Beschleunigung von Innovationszyklen

Der Druck auf das Innovationstempo und die Qualität steigt im Zuge der wachsenden Technologiedynamik sowie der Globalisierung von Innovationsaktivitäten. Die heutigen Industrieunternehmen, deren Umwelt meist durch eine hohe Technologiedynamik geprägt ist, lassen sich nicht entschleunigen, diese Hoffnung wäre utopisch (Luhmann, 1990). Digitale Kommunikationstechnologien ermöglichen eine geografische Ausdehnung und eine zunehmende Interaktionsdichte der globalen Geschäftsbeziehungen. Sowohl Industriegüter als auch Dienstleistungen können an immer weiter entfernten Orten immer schneller entwickelt, produziert und konsumiert werden (Schneider et al., 2007).

Die Innovationsgeschwindigkeit ist die Fähigkeit eines Unternehmens, Innovationen schneller zu entwickeln als seine Konkurrentinnen und Konkurrenten. Um schneller zu sein, verzichten Unternehmen teilweise auf das Testen und Prüfen von Innovationen, insbesondere bei Dienstleistungsinnovationen, um schnellere Entwicklungen zu ermöglichen. Die Innovationsgeschwindigkeit geht mit niedrigeren Entwicklungskosten, höherer Qualität, Wettbewerbsvorteilen und finanziellem Erfolg einher. Die Innovationsgeschwindigkeit ist also ein wichtiger Leistungsindikator (Ojha et al., 2021).

Unternehmen, die mit Kunden und Lieferantinnen digital gut vernetzt sind und viele Daten austauschen, weisen tendenziell eine höhere Innovationsgeschwindigkeit auf, wobei sich ein enger Austausch mit Kundinnen und Kunden besonders positiv auf die Geschwindigkeit auswirkt (Cho et al., 2022). Das folgende Beispiel zeigt auf, wie sich plattformbasierte Innovationen auf die Innovationsgeschwindigkeit auswirken können.

Plattformbasierte Innovationen und Geschwindigkeit

Der Konkurrenzkampf bei der Entwicklung von disruptiven Entwicklungen wird durch Plattformen beschleunigt. Produktbasierte disruptive Innovationen weisen oft einen starken Effekt innerhalb der eigenen Branche auf, und es kostet viel Kraft und braucht eine stark ausgeprägte Überlegenheit, um die Marktführer zu bedrohen. Innovationen, die plattformgetrieben sind, haben nicht nur Auswirkungen auf die eigene Branche, sondern erzielen oft auch über die Branchengrenzen hinaus Effekte. Dies führt zu untypischen Wettbewerbssituationen beziehungsweise Konkurrenzkämpfen in unterschiedlichen Branchen. Schon durch einfache plattformbasierte Innovationen können etablierte Anbieter und ihre Produkte und Dienstleistungen relativ schnell aus dem Markt gedrängt werden. Als Beispiele innovativer digitaler Plattformen gelten Amazon, Airbnb oder Uber (Moring & Deurloo, 2018, S. 23). Die Waren und Dienstleistungen, die über die Plattform gehandelt werden, besitzen die digitalen Plattformen meist nicht selbst. Die Plattformen koordinieren oder erleichtern vielmehr nur die Transaktion zwischen den Plattformnutzern. Auf der einen Seite können sie dadurch schnell auf sich ändernde Nachfrage- und Angebotsbedingungen reagieren sowie das Geschäftsmodell beliebig skalieren. Auf der anderen Seite sehen sich Plattformen dadurch einem potenziell höheren Innovationsdruck als andere Unternehmen ausgesetzt, weil sie in hohem Maße auf die Teilnahme von Nutzern angewiesen sind (Büchel, 2022).◄

Gemäß Geissler (2004) verflüssigen, entmaterialisieren und virtualisieren sich Zeit und Raum zunehmend. Dadurch entstehen einerseits neue Handlungsfreiräume, und andererseits wird die Zeitorganisation zur permanenten individuellen Entscheidung und zu einer Aufgabe der Selbstdisziplinierung. Nicht jede Person kann damit umgehen.

Unzweifelhaft sind Unternehmen heute gefordert, ihre Innovationen rascher zu entwickeln und schneller einen Return-on-Investment zu erzielen. Die **Reduzierung von Time-to-Market** gewinnt durch die sich ständig verkürzenden Produkt- und Service-Lebenszyklen entscheidend an Bedeutung (Piller et al., 2017, S. 69–70).

Aber: „Gut Ding will Weile haben". Kann man Großes von seinen Mitarbeitenden erwarten und gleichzeitig Zeitdruck aufsetzen? Wären die Mitarbeitenden, um die es in diesem Buch geht, keine Wissensarbeitenden und potenzielle Innovatorinnen und Innovatoren, dann könnte man annehmen, dass das funktioniert, ganz nach dem Motto: Schwingen wir die Peitsche, dann rudern die schon schneller. Aber Wissensarbeitende unter Zeitdruck denken nicht schneller. Die Denkgeschwindigkeit ist unveränderlich. Daher gilt es, weniger auf aggressive Terminpläne zu setzen, sondern mehr Gewicht auf **Innovationsnetzwerke** zu legen.

Heute wird intensiv daran geforscht, wie Unternehmen ihr Innovationstempo steigern können (Cho et al., 2022; Ojha et al., 2021), unter anderem mithilfe von offenen Innovationsnetzwerken. Die Reduktion der Entwicklungszeit erreichen die Unternehmen durch Arbeitsteilung. Einerseits werden zum Beispiel diejenigen Innovationsaktivitäten zur Kundin, zum Kunden getragen, die implizites Kundenwissen benötigen. So werden zeitraubende Anpassungsschleifen vermieden. Andererseits trägt auch die Integration externer Expertinnen und Experten (z. B. über webbasierte Ideenbörsen) dazu bei, auf bisher nicht verfügbare Problemlösungen zuzugreifen (Piller et al., 2017). Open Innovation erfordert also auf den ersten Blick einen großen Kooperationsaufwand und verbraucht viel Kommunikationszeit, Zeit für Vertrauensarbeit, Zeit für ungeklärte Rechtsfragen usw. Sie ist aber auch eine Möglichkeit, innovative Ideen rascher zur Marktreife zu bringen.

Neben der Umsetzung von Open-Innovation-Ansätzen muss also ein Ziel der Innovationsförderung sein, innerhalb der Organisation geeignete Zeitmodelle für Innovationsarbeit zu entwickeln.

Im Rahmen der Führung von Innovationsprozessen stellt sich in Bezug auf das Innovationstempo die Frage: Was soll schnell gehen? Wofür soll Zeit da sein? Und Zeit ist gemäß Schneider et al. (2007) nicht primär eine Sache des Tempos, sondern eine der spezifischen Beziehungsgestaltung, eine soziale Konstruktion unter Organisationsmitgliedern, das heißt insbesondere auch zwischen Führungskräften und Mitarbeitenden. Es gibt nicht *die* Zeit in einem Unternehmen, es gibt Kreativitätszeiten, Entwicklungszeiten, Produktionszeiten, Teamzeiten, Marktzeiten usw. Aus betriebswirtschaftlicher Sicht gilt klar: „Zeit ist Geld". Wer schneller am Markt ist, hat die Möglichkeit, rasch einen hohen Marktanteil und somit Markteintrittsbarrieren aufzubauen. Es lassen sich Erfahrungskurven und Skaleneffekte ausnutzen, und die Zahlungsbereitschaft der Kunden ist in einer frühen Phase des Produktlebenszyklus erhöht (Piller et al., 2017). Zur Innovationsförderung sind aber unbedingt (Gegen-)Mechanismen der Zeitverzögerung einzurichten: Zeiten, die zum Innehalten und zum Nachdenken anregen, beides Grundbedingungen der Kreativitätsentfaltung.

Glotz (1999) denkt in diesem Zusammenhang über **„Verlangsamungskartelle"** nach und sieht, dass

> [...] ein ungeheurer Geschwindigkeitsimpuls durch die Informationsgesellschaft geht. Die aktuellen Themen sind „Time-Based-Management", „Simultaneous-Engineering" und „Verkürzung der Entwicklungszeiten". Die Marktpräsenzzeiten der Produkte verkürzen sich spürbar; die alten Generationen werden von den neuen kannibalisiert. Inzwischen frisst nicht mehr der Große den Kleinen, sondern der Schnelle den Langsamen. [...] In einigen Branchen würde man sich am liebsten zusammentun, um das Tempo zu drosseln. Solche Verlangsamungskartelle sind aber natürlich verboten (und nicht durchsetzbar). (Glotz, 1999, S. 93 f., zitiert in Schneider et al., 2007, S. 34)

Unternehmen, die mit einer 4-Tage-Woche, einer 20 %-Kreativzeitregel oder mit Innovationstagen, -wochen oder Hackathons experimentieren, versuchen, **„flexible Zeitregime"** (Castells, 2001) zu etablieren (Abschn. 5.4). Flores et al. (2018) haben zum Beispiel untersucht, wie sich Hackathons auf die organisationale Innovationsfähigkeit auswirken. Mit Zeit, die außerhalb der täglichen Arbeitszeit liegt, soll einerseits Erholung und andererseits Muße und Kreativität gefördert werden. Die Unternehmen verbinden mit dieser Form der bewussten Eingrenzung von Kreativzeit oder Entschleunigung die Erwartung, dass die Mitarbeitenden in dieser „freien" Zeit Energie tanken oder Projekte bearbeiten, an denen ihr Herz hängt, an die sie persönlich glauben.

Der Faktor „Zeit" spielt heute im Innovationswettbewerb eine bedeutende Rolle. Das zeigt sich auch an den zahlreichen fehlerhaften Produkten und den damit verbundenen Rückrufaktionen (z. B. Autos) oder der kontinuierlichen „Fehlerbehebung" über den gesamten Produktlebenszyklus hinweg (z. B. Software). Kundinnen und Kunden werden so zu Co-Innovatoren beziehungsweise „arbeitenden Kunden". Daran wird deutlich, dass Schnelligkeit mehr zählt als Perfektion, zumindest auf dem Konsumgütermarkt.

1.7 Gestiegene Komplexität

Die „Great-Man-Stories", die in den vergangenen Jahren eine Renaissance in der Management- und Führungsliteratur erleben, zeugen von der Sehnsucht nach klarer Orientierung. In Büchern über Führungspersönlichkeiten wie Steve Jobs (Apple), Elon Musk (Tesla) oder Jeff Bezos (Amazon) erfahren die Lesenden, wie die Führungsstärke einzelner Person die Innovationskraft eines Unternehmens beflügelt hat. Dass solche Bücher auf den Bestseller-Listen stehen, kann als Reaktion auf die gestiegene Komplexität der Problemstellungen von Unternehmen betrachtet werden. Doch Innovation ist in der Realität nicht (allein) der Kreativität einzelner Persönlichkeiten zuzuschreiben. **Innovation ist eine komplexe organisationale Leistung**, die durch ein entwicklungsorientiertes Innovationsführungssystem gefördert oder überhaupt erst ermöglicht wird. Während Schumpeter in seinen frühen Werken einzelne Führungspersonen als zentrale Treiber von Innovationsprozessen beschreibt (Schumpeter, 1911), zeigen gegenwärtig zahlreiche Erkenntnisse aus Forschung und Praxis (Chesbrough et al., 2018; Granstrand & Holgersson, 2020; Leenders & Dolfsma, 2016; Piller et al., 2017), dass der Erfolg innovativer Prozesse auf einer Vielzahl vernetzt handelnder inter- und intraorganisationaler Akteurinnen und Akteure beruht.

Die Realität von innovationsgetriebenen Unternehmen ist heute so unübersichtlich, dass einfache Führungskonzepte, die auf das Charisma einer einzelnen Führungsperson setzen, keine wirkliche Orientierung mehr bieten. Gerade in forschungs- und wissensintensiven Unternehmen, die mit einer zunehmenden Unübersichtlichkeit der Wissensströme, organisationalen Strukturen und agilen Arbeitsprozessen zu kämpfen haben, ist man auf der Suche nach neuen, adäquaten Führungsansätzen, die der Komplexitätssteigerung sensibel begegnen (Wobser, 2022). Die Entwicklung von Innovationen ist ein gutes Beispiel für einen stark wissensgetriebenen Prozess unter komplexen Bedingungen, der auf eine reflektierende, aufmerksame und kooperative Führung angewiesen ist.

Führungskräfte müssen in diesem Kontext ihre Wahrnehmung für komplexe Strukturen schärfen und wirksame Wege finden, um auf die Spezifität und Differenzierung der komplexen Außenwelt zu reagieren. Innovation ist heute mehr denn je das Resultat des Zusammenspiels vieler Organisationsmitglieder sowie externer Kooperationspartnerinnen, die an unterschiedlichen Punkten des Entstehungs- und Entwicklungsprozesses ihr spezifisches Wissen einbringen. Innovationsquellen kann man zunehmend überall im

Unternehmen lokalisieren, und entscheidende innovationsrelevante Entwicklungen finden häufig außerhalb der Unternehmung bzw. in Unternehmensnetzwerken statt.

1.8 Innovationsfördernde Führung zwischen Öffnung und Schließung

Um in dem oben beschriebenen globalen, sich stetig öffnenden und immer stärker vernetzten Innovationskontext eine wirksame innovationsfördernde Führung (Innovation Leadership) zu gestalten, wird Innovation Leadership als ein integriertes Multi-Ebenen-System konzipiert. Dieses System wird nachfolgend als **InnoLEAD-Modell** (vgl. Abb. 1.3) bezeichnet. In diesem System werden Führungspersonen in einem Unternehmen auf verschiedenen Ebenen und in unterschiedlichen Rollen befähigt, wirksam Innovationsförderung mit internen und externen Innovationspartnerinnen und -partnern zu gestalten. Dies gilt sowohl für das Topmanagement auf einer **strategischen Führungsebene** (Kap. 6) als auch für Führungsakteure auf einer mittleren und unteren Hierarchieebene sowie für verschiedene Fachexperten und -expertinnen „neben der Linie", die auf vielfältige Weise dazu beitragen, dass optimale innovationsfördernde **strukturelle und kulturelle Bedingungen** auf einer organisationalen Führungsebene (Kap. 7 und 8) geschaffen werden.

Weiterhin gilt es in einem engeren Sinne, Führungsbeziehungen zwischen Führenden und Geführten so zu gestalten (**relationale Führungsebene**, Kap. 9), dass alle Beteiligten ihre jeweiligen Stärken innovationsfördernd einbringen. Und im Kern müssen innovationsverantwortliche Führungskräfte auch die Fähigkeit aufweisen, sich selbst zu führen (**Selbstführung**, Abschn. 9.3) und ihre eigene Führungsrolle in Bezug auf verschiedene Anspruchsgruppen und deren Erwartungen innerhalb und außerhalb des Unternehmens zu reflektieren.

Getragen wird diese Multi-Ebenen-Betrachtung innovationsfördernder Führung von der Grundannahme, dass innovationsförderndes Leadership als Führung von Lern- und Entwicklungsprozessen in einem Unternehmen zu betrachten ist und einen Balanceakt zwischen öffnenden und schließenden Leitungsaufgaben darstellt. **„Balance halten"** bezieht sich auf die Kunst, Innovation Leadership im Spannungsfeld zwischen paradoxen Konstellationen (Abschn. 2.4) wirksam zu gestalten. Dabei spielt insbesondere die Gestaltung des Spannungsfeldes „Öffnung vs. Schließung" bzw. das „Grenzmanagement" zwischen öffnenden und schließenden Logiken eine bedeutende Rolle (Abschn. 2.5). Die Perspektive des „Ausbalancierens" von Spannungsfeldern als zentrale Führungsaufgabe berührt alle nachfolgenden Dimensionen des Führungsmodells und ist mit der Perspektive einer langfristigen, nachhaltigen Innovationsförderung verbunden. **Balance-Management** ist die integrierende Klammer des InnoLEAD-Modells und zieht sich wie ein roter Faden durch dieses Buch.

Da die Funktion des Innovationsmanagements traditionell eher mit ordnenden bzw. Komplexität reduzierenden, schließenden Aufgaben verbunden ist (Abschn. 3.5), wird hier

1.8 Innovationsfördernde Führung zwischen Öffnung und Schließung

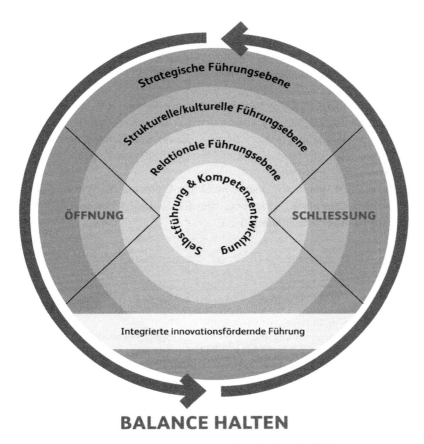

Abb. 1.3 InnoLEAD: Integriertes Modell zur innovationsfördernden Führung

die Annahme vertreten, dass der Führung die Hauptverantwortung im Umgang mit öffnenden, komplexitätssteigernden Konstellationen zukommt. Daher befasst sich das erste InnoLEAD-Gestaltungsfeld mit der Gestaltung von Öffnungsprozessen beziehungsweise bezieht sich auf die **Gestaltung von Freiräumen** (Abschn. 5.2) als zentrale innovationsfördernde „Meta"-Führungsaufgabe. Dies in Ergänzung zur „Meta"-Managementaufgabe, Innovationsprozesse zu strukturieren, zu kontrollieren und nicht zuletzt effizient bzw. „lean" zu gestalten.

Führungskräfte, die die Aufgabe haben, Innovation nachhaltig und langfristig zu fördern, müssen jedoch vor allem „Öffnungsprozesse" einleiten, Komplexität und Varietät steigernde Führungspraktiken anwenden, und dafür bieten bestehende Innovationsmanagement-Modelle kaum geeignete Heuristiken: Die vorhandenen Heuristiken sind stark fragmentiert und bieten jeweils nur Orientierung für wenige „Ausschnitte" oder „Ausnahmehandlungen" im Rahmen der Gestaltung von Innovation (z. B. Ansätze im

Bereich Kreativitätsmanagement oder für die Zusammensetzung von Innovationsteams). Die Gestaltung von „Öffnung" wird auch in der Praxis eher stiefmütterlich behandelt, und es scheint so, als ob es für dieses Gestaltungsfeld kaum passende Führungs- und Managementvokabeln gibt, außer dem Ruf nach „Freiräumen", mit dem sich das Buch ausführlich auseinandersetzt.

Alle weiteren InnoLEAD-Gestaltungsfelder orientieren sich an den in Abb. 1.3 dargestellten Führungsebenen und werden nach den theoretisch-konzeptionellen und begrifflichen Grundlagen in den Kap. 2 und 3 „Schicht für Schicht" vertieft thematisiert und mit Fallbeispielen illustriert. Ergänzend werden Reflexionsfragen und Checklisten zu einzelnen Abschnitten entworfen.

Im Schlusskapitel führen wir noch einmal alle Elemente des InnoLEAD-Modells zu einer integrierten Checkliste zusammen, die der Reflexion der innovationsfördernden Unternehmens- und Personalführung dient.

Literatur

Alvesson, M. (1993). Organizations as rhetoric: Knowledge-intensive firms and the struggle with ambiguity. *Journal of Management Studies, 30*(6), 997–1015.

Alvesson, M. (2000). Social identity and the problem of loyalty in knowledge-intensive companies. *Journal of Management Studies, 37*(8), 1101–1123.

Alvesson, M. (2004). *Knowledge work and knowledge-intensive firms*. Oxford University Press.

Audia, P., Locke, E., & Smith, K. (2000). The paradox of success: An archival and a laboratory study of strategic persistence following radical environmental change. *Academy of Management Journal, 43*(4), 837–853.

Audretsch, D. B., & Belitski, M. (2020). The role of R&D and knowledge spillovers in innovation and productivity. *European Economic Review, 123*, 103391.

Audretsch, D. B., Belitski, M., & Caiazza, R. (2021). Start-ups, innovation and knowledge spillovers. *The Journal of Technology Transfer, 46*(6), 1995–2016.

Bakker, H., Boersma, K., & Oreel, S. (2006). Creativity (ideas) management in industrial R & D organizations: A crea-political process model and an empirical illustration of corus RD & T. *Creativity and Innovation Management, 15*(3), 296–309.

Belitz, H., & Gornig, M. (2019). Deutsche Wirtschaft muss mehr in ihr Wissenskapital investieren. *DIW Wochenbericht, 86*(31), 527–534.

Belitz, H., & Lejpras, A. (2021). Globalisierung von Forschung und Entwicklung der weltweit forschungsstärksten Unternehmen. *Wirtschaftsdienst, 101*(7), 521–528.

Bergmann, G., & Daub, J. (2006a). *Systemisches Innovations- und Kompetenzmanagement. Grundlagen – Prozesse – Perspektiven* (1. Aufl.). Gabler.

Bergmann, G., & Daub, J. (2006b). Relationales Innovationsmanagement – Oder Innovationen entwickeln heißt Lernen verstehen. *Zeitschrift für Management, 2*, 112–167. http://www.wiwi.uni-siegen.de/inno/download/pdf_dateien/12._relationales_innovationsmanagement.pdf. Zugegriffen: 14. Jan. 2023.

Büchel, J., Demary, V., Engels, B. Graef, I., Koppel, O., & Rusche, C. (2022). Innovationen in der Plattformökonomie, Studien zum deutschen Innovationssystem, No. 11–2022. In *Expertenkommission Forschung und Innovation (EFI)*, Berlin.

Carleton, K. (2011). How to motivate and retain knowledge workers in organizations: A review of the literature. *International Journal of Management, 28*(2), 459–468.

Caspers, R., Bickhoff, N., & Bieger, T. (Hrsg.). (2004). *Interorganisatorische Wissensnetzwerke. Mit Kooperation zum Erfolg*. Springer.

Castells, M. (2001). *Der Aufstieg der Netzwerkgesellschaft. Teil I der Trilogie „Das Informationszeitalter"*. Leke & Budrich.

Chesbrough, H. W. (2006). *Open innovation: The new imperative for creating and profiting from technology*. Harvard Business Press.

Chesbrough, H. W., Vanhaverbeke, W., & West, J. (Hrsg.). (2008). *Open innovation: Researching a new paradigm*. Oxford University Press.

Chesbrough, H., Lettl, C., & Ritter, T. (2018). Value creation and value capture in open innovation. *Journal of Product Innovation Management, 35*(6), 930–938.

Cho, W., Malik, O., Karhade, P. P., & Kathuria, A. (2022). Need for speed in the sharing economy: How IT capability drives innovation speed? In *Proceedings of the 55th Hawaii International Conference on System Sciences, HICSS*, S. 1–10. https://scholarspace.manoa.hawaii.edu/server/api/core/bitstreams/f6cd0404-2aa5-4eef-9d22-28a47ab0fb61/content. Zugegriffen: 12. Okt. 2023.

DeMarco, T. (2001). *Spielräume – Projektmanagement jenseits von Burnout, Stress und Effizienzwahn*. Hanser.

Edenius, M., & Styhre, A. (2009). The social embedding of management control in knowledge-intensive firms. *Journal of Human Resource Costing & Accounting, 13*(1), 9–28.

Elkins, T., & Keller, R. T. (2003). Leadership in research and development organizations: A literature review and conceptual framework. *The Leadership Quarterly, 14*(4), 587–606.

Flores, M., Golob, M., Maklin, D., Herrera, M., & Tucci, C. (2018). How can hackathons accelerate corporate innovation? In *IFIP International Conference on Advances in Production Management Systems (APMS)*, Aug 2018, Seoul, South Korea, S. 167–175. https://doi.org/10.1007/978-3-319-99704-9_21

Gassmann, O. (2011). Globalisierung von Technologie und Innovation: Wie managen? In O. Gassmann & P. Sutter (Hrsg.), *Praxiswissen Innovationsmanagement. Von der Idee zum Markterfolg* (S. 271–292). Hanser.

Gassmann, O., & Enkel, E. (2006). Open Innovation. Die Öffnung des Innovationsprozesses erhöht das Innovationspotenzial. *Zeitschrift für Führung und Organisation, 75*(3), 132–138.

Geissler, K. A. (2004). Grenzenlose Zeiten. *Aus Politik und Zeitgeschichte, 54*(31/32), 7–12.

Glanz, A., & Lambertus, T. (2010). Kulturelle und kommunikative Voraussetzungen für OI. In S. Ili (Hrsg.), *Open Innovation umsetzen. Prozesse, Methoden, Systeme, Kultur* (S. 359–383). Symposion.

Glotz, P. (1999). *Die beschleunigte Gesellschaft. Kulturkämpfe im digitalen Kapitalismus*. Kindler.

Granstrand, O., & Holgersson, M. (2020). Innovation ecosystems: A conceptual review and a new definition. *Technovation, 90*, 102098.

Griffith, R., Harrison, R., & Van Reenen, J. (2006). How special is the special relationship? Using the impact of US R&D spillovers on UK firms as a test of technology sourcing. *American Economic Review, 96*(5), 1859–1875.

Haefner, N., Wincent, J., Parida, V., & Gassmann, O. (2021). Artificial intelligence and innovation management: A review, framework, and research agenda. *Technological Forecasting and Social Change, 162*, 120392.

Haucap, J. (2021). Plattformökonomie und Wettbewerb. In P. Kenning, A. Oehler, & L. A. Reisch (Hrsg.), *Verbraucherwissenschaften* (S. 423–452). Springer Gabler, https://doi.org/10.1007/978-3-658-29935-4_23

Hauschildt, J., Salomo, S., Schultz, C., & Kock, A. (2023). *Innovationsmanagement* (7. Aufl.). Vahlen.

Kaudela-Baum, S. (2012). Innovation leadership: Balancing paradoxes of innovation. In E. Nagel (Hrsg.), *Forschungswerkstatt Innovation. Verständnisse – Gestaltung – Kommunikation – Ressourcen* (S. 63–85). Lucius & Lucius.

Kaudela-Baum, S. (2019). Autonomiefördernde Führung in wissensintensiven Organisationen. In P. Kels & S. Kaudela-Baum (Hrsg.) *Experten führen* (S. 305–343). Springer Gabler. https://doi.org/10.1007/978-3-658-23028-9_16

Kaudela-Baum, S. (2022). Kollektiv führen. In S. Kaudela-Baum, S. Meldau, & M. Brasser (Hrsg.), *Leadership und People Management* (S. 175–190). Springer Gabler. https://doi.org/10.1007/978-3-658-35521-0_12

Kels, P., & Kaudela-Baum, S. (2019). Führungsbeziehungen in Expertenorganisationen gestalten: Navigation zwischen Selbst- und Organisationsbezug. In P. Kels & S. Kaudela-Baum (Hrsg.), *Experten führen* (S. 17–30). Springer Gabler. https://doi.org/10.1007/978-3-658-23028-9_2

Kieviet, A. (2019). *Lean digital transformation*. Springer.

Leenders, R. T., & Dolfsma, W. A. (2016). Social networks for innovation and new product development. *Journal of Product Innovation Management, 33*(2), 123–131.

Liu, Z., & Uzunidis, D. (2021). Globalization of R&D, accumulation of knowledge and network innovation: The evolution of the firm's boundaries. *Journal of the Knowledge Economy, 12*(1), 166–182.

Luhmann, N. (1990). Die Zukunft kann nicht beginnen. Temporalstrukturen der modernen Gesellschaft. In P. Sloterdijk (Hrsg.), *Vor der Jahrtausendwende: Bericht zur Lage der Zukunft* (Bd. 1, S. 119–150). Suhrkamp.

Moring, A., & Deurloo, S. (2018). *Binäre Innovation-Kreativität und Geschäft für digitale Märkte*. Springer Gabler.

North, K., & Kumta, G. (2020). *Knowledge management: Value creation through organizational learning*. Springer.

Nusser, M. (2006). Wirtschaftliche Bedeutung und Wettbewerbsfähigkeit forschungs- und wissensintensiver Branchen. *TAB-Brief, 30*, 65–67.

Obradović, T., Vlačić, B., & Dabić, M. (2021). Open innovation in the manufacturing industry: A review and research agenda. *Technovation, 102*, 102221.

Ojha, D., Struckell, E., Acharya, C., & Patel, P. C. (2021). Managing environmental turbulence through innovation speed and operational flexibility in B2B service organizations. *Journal of Business & Industrial Marketing., 36*(9), 1627–1645.

O'Reilly, C. A., III., & Tushman, M. L. (2011). Organizational ambidexterity in action: How managers explore and exploit. *California management review, 53*(4), 5–22.

Palmer, K., & Blake, D. (2018). *The expertise economy: How the smartest companies use learning to engage, compete, and succeed*. Nicholas Brealey.

Piller, F., Möslein, K., Ihl, C., & Reichwald, R. (2017). *Interaktive Wertschöpfung kompakt: Open Innovation, Individualisierung und neue Formen der Arbeitsteilung*. Springer Gabler.

Pohl, A., & Engel, B. (2020). Open Innovation. In T. Kollmann (Hrsg.), *Handbuch Digitale Wirtschaft* (S. 933–958). Springer Gabler. https://doi.org/10.1007/978-3-658-17291-6_66

Rasche, C., & Braun von Reinersdorff, A., et al. (2016). Krankenhäuser als Expertenorganisationen Wertschaffung und Produktivitätssteigerung durch dienstleistungsorientierte Geschäftssysteme. In M. Pfannstiel (Hrsg.), *Dienstleistungsmanagement im Krankenhaus* (S. 1–23). Springer.

Reichwald, R., & Piller, F. (2009). *Interaktive Wertschöpfung. Open Innovation, Individualisierung und neue Formen der Arbeitsteilung* (2. Aufl.). Gabler.

Reinhardt, W., Schmidt, B., Sloep, P., & Drachsler, H. (2011). Knowledge worker roles and actions – Results of two empirical studies. *Knowledge and Process Management, 18*(3), 150–174.

Robertson, M., & Swan, J. (2003). ‚Control – what control?' Culture and ambiguity within a knowledge intensive firm. *Journal of Management Studies, 40*(4), 831–858.

Sackmann, S. (2000). Unternehmenskultur – Konstruktivistische Betrachtungen und deren Implikationen für die Unternehmenspraxis. In P. M. Hejl & H. K. Stahl (Hrsg.), *Management und Wirklichkeit. Das Konstruieren von Unternehmen, Märkten und Zukünften* (S. 141–158). Carl Auer.

Schneider, M., Kreibe, S., & Ilg, G. (2007). Teil I: Zeitlandschaften – Zeiten der Natur, Wirtschaft und Gesellschaft. In K. Weiss (Hrsg.), *Zeitstrategien in Innovationsprozessen. Neue Konzepte einer nachhaltigen Mobilität* (S. 23–74). DUV.

Schumpeter, J. (1911). *Theorie der wirtschaftlichen Entwicklung. Eine Untersuchung über Unternehmergewinn, Kapital, Kredit, Zins und den Konjunkturzyklus* (2. Aufl.). Duncker & Humblot.

Simon, H. (2012). *Hidden Champions. Aufbruch nach Globalia. Die Erfolgsstrategien unbekannter Weltmarktführer*. Campus.

Sørensen, O. J. (2018). Smes innovation modes in context of globalization and technological development. Paper presented at 7th Aalborg International Business Conference, Aalborg, Denmark. https://vbn.aau.dk/ws/files/295602319/SMEs_Innovation_Modes_in_Context_of_Globalization_Technological_Development.pdf. Zugegriffen: 14. Jan. 2023.

Tidd, J., & Bessant, J. R. (2020). *Managing innovation: Integrating technological, market and organizational change*. Wiley.

Thompson, M., & Heron, P. (2006). Relational quality and innovative performance in R & D based science and technology firms. *Human Resource Management Journal, 16*(1), 28–47.

Väänänen, A., Toivanen, M., & Lallukka, T. (2020). Lost in autonomy – Temporal structures and their implications for employees' autonomy and well-being among knowledge workers. *Occupational Health Science, 4*, 83–101. https://doi.org/10.1007/s41542-020-00058-1

Vedel, J. B., & Kokshagina, O. (2021). How firms undertake organizational changes to shift to more-exploratory strategies: A process perspective. *Research Policy, 50*(1), 104118.

Welfens, P. J. (2019). Techno-Globalisierung, Leitmärkte und Strukturwandel in wirtschaftspolitischer Sicht. *Working Paper Forschungsförderung* (Bd. 147). Hans-Böckler-Stiftung, Düsseldorf. https://nbn-resolving.de/urn:nbn:de:101:1-2019102315262190559998

Wobser, G. (2022). *Agiles Innovationsmanagement*. Springer Gabler.

Das innovative Unternehmen und Innovationsförderung: Grundlagen

2

Im Folgenden werden zentrale Begriffsdefinitionen zu **Innovation** und **Kreativität** eingeführt. Auf diese Ausführungen folgt die organisations- und personalwissenschaftlich informierte Konzeption von „Innovation Leadership". Dafür wird einerseits der Arbeitskontext der innovationsfördernden Führung, das heißt das innovative Unternehmen als „soziales System" vorgestellt. Die erkenntnistheoretischen Ausgangspunkte bilden dabei der **Sozialkonstruktivismus** (Gergen, 2002; Burr, 2015), die **neuere Systemtheorie** (Baecker, 1999; Luhmann, 2000) und **paradoxietheoretische Ansätze** (Schad et al., 2017; Smith & Lewis, 2011).

2.1 Der Innovationsbegriff

Stellt man sich der Frage, was Innovation heißt, sind unterschiedliche Definitionen möglich – je nach wissenschaftlichem oder praktischem Diskurs, dem man sich anschließen will. Wenn man der Bedeutung von Innovation auf den Grund geht, kommt man nicht umhin, den Blick auf die Gegenstände der Innovation, deren Innovationsgrad, Wirkungen auf die organisationalen Beziehungen sowie die Handlungsfelder und die Kontexte, in denen Innovationen stattfinden, zu richten. Das folgende Kapitel widmet sich dem Hochwertbegriff „Innovation", beleuchtet ihn genauer und diskutiert ihn kritisch.

2.1.1 Innovation: Ursprung des Begriffs

Etymologisch leitet sich der Begriff aus dem lateinischen „innovare" ab. Das Wort „innovatio" taucht als erstes im Kirchenlatein ca. um 200 n. Chr. auf und bedeutet „Veränderung", „Erneuerung". Im Französischen ist der Begriff seit dem 13. Jahrhundert in

Gebrauch. Dante verwendete das Verb „innovare" in seinen Werken; Shakespeare bezeichnete mit „innuator" die politische Neuerung; Schiller schließlich verknüpfte mit diesem Begriff etwas „Neues" (Müller, 1997). – So viel zur Wortherkunft.

Im wirtschaftswissenschaftlichen Kontext findet sich die wohl klassischste und am meisten zitierte Definition von Innovation bei Joseph Alois Schumpeter (1911, 1939). Er bezeichnet nicht ein neues Produkt, sondern erst die Durchsetzung einer technischen oder organisatorischen Neuerung im Markt als Innovation. Der Rechtswissenschaftler Schumpeter hat sich in seinen zwei wichtigen Klassikern „Theorie der wirtschaftlichen Entwicklung" (1911) und „Business Cycles. A Theoretical, Historical, and Statistical Analysis of the Capitalist Process" (1939) eingehend mit der Frage beschäftigt, was eine Innovation ist und was als deren Gegenstand gilt. Innovation bedeutet für ihn: „[t]o produce other things, or the same things by different methods, means to combine these materials and forces differently" (1911, S. 65). Schumpeter unterscheidet insgesamt fünf verschiedene Typen von Innovationen: neue Güter, neue Produktionsmethoden, die Eröffnung neuer Märkte, die Verwendung neuer (Roh-)Materialien sowie neue Organisationsformen in der Industrie (Schumpeter, 1911, S. 87).

Schumpeters Definition von Innovation klingt wenig spektakulär. Doch zieht er in seinen Werken eine klare Grenze zwischen Invention – der eigentlichen Erfindung, das heißt eine Erfindung wie etwa, um ein Beispiel von Schumpeter zu zitieren, Montgolfières Heißluftballon – und Innovation. Denn letztlich, so glaubt er, bleiben Erfindungen ökonomisch bedeutungslos, wenn sie nicht umgesetzt werden: „As long as [innovations] are not carried into practice, inventions are economically irrelevant" (Schumpeter, 1911, S. 88).

2.1.2 Innovation: Per se positiv?

Sei es in der Praxis, sei es in der Wissenschaft: Der Begriff der Innovation ist positiv konnotiert (Bauer, 2006; Gärtner, 2007); er ist zum Hochwertbegriff mutiert: Das Neue ist erfolgreicher, technisch überlegen und oft auch rationaler. Vor allem das Kriterium der Rationalität scheint der Impetus moderner Gesellschaften geworden zu sein, der seinen Ausdruck in der Ökonomie findet. Doch lässt sich mit dem berühmten Soziologen Max Weber auch argumentieren, dass zweckrationales Handeln durchaus nicht voraussetzungslos ist (Weber, 2002). Als Wertmaßstäbe für das, was als rational gilt, werden „ethische, politische, utilitaristische, hedonistische, ständische, egalitäre oder irgendwelche anderen Forderungen" (Weber, 2002, S. 45) herangezogen. Es geht also im normativen Sinne bei der Definition von Innovation immer darum, wer die entsprechenden Bewertungen vornimmt (Windeler, 2016).

Ob eine Innovation tatsächlich einen Gewinn für die Unternehmung darstellt, ist grundsätzlich perspektivisch zu betrachten. Innovationsprozesse gehen meist mit organisationalen Veränderungsprozessen einher und in Veränderungsprozessen gibt es immer Gewinnerinnen und Verlierer. Wenn eine neue Software der Treiber eines neuen

Geschäftsmodells ist, dann ist der Entwickler, der die alte Software perfekt beherrscht hat, erst einmal der Verlierer und muss sich anstrengen, um in Zukunft mitzuhalten. Produktinnovationen können für die einen Machtgewinn, Gewinnsteigerung, Sicherheit oder Wachstumsmöglichkeiten darstellen. Für die anderen ziehen dieselben Produktinnovationen möglicherweise unabsehbare ökologische und gesundheitliche Konsequenzen nach sich (denken wir an Weichmacher in der Plastikindustrie, die Entwicklung der Atombombe, Pflanzenschutzmittel gegen Schädlinge).

2.1.3 Innovation: Objektiv messbar?

Ist Innovation objektiv messbar? Ob ein Gegenstand als *innovativ* betrachtet wird, ist abhängig von den Zuschreibungen seitens der Mitarbeitenden oder Kunden. Sie sind es, die das Neue definieren und auch bewerten. Rogers fasst die „subjektive Dimension" von Innovation wie folgt: „An innovation […] is perceived as new by an individual or other unit of adoption. It matters little, so far as human behaviour is concerned, whether or not an idea is 'objectively' new as measured by the lapse of time since its first use or discovery" (Rogers, 2003, S. 12). Individuen oder auch gesellschaftliche Gruppen, Organisationen, Branchen erleben einen Gegenstand als innovativ und schreiben diesem entsprechend neue Bedeutungen zu, die allenthalben veränderte Praktiken nach sich ziehen. So hat zum Beispiel das Smartphone eine neue Bedeutung in unserem Leben erhalten. Wir verlassen das Haus nicht mehr ohne – es ist Teil einer Selbstverständlichkeit geworden, immer erreichbar zu sein. Das Smartphone hat unsere Kommunikationsmuster verändert, dient heute als Mini-Computer und Apps begleiten nahezu alle Aktivitäten im Leben.

Innovation ist „therefore as much about creating meaning as it is about creating novel material artefacts. Or – more exactly – it is more about creating meanings than it is about creating artefacts" (Tuomi, 2002, S. 13). Interessant an Tuomis Interpretation von Innovation ist, dass es vor allem die Konstruktion von Bedeutungszusammenhängen ist, die mit der Schaffung von innovativen Produkten einhergeht. Dies entspricht einem hermeneutischen Verfahren. Neue Technologien werden eingeführt, von Kundinnen und Kunden getestet, und mithilfe vorläufiger Zwischenergebnisse werden erste Erkenntnisse generiert. Diese reflektieren wiederum Forscherinnen und Entwickler, sie entwickeln neue Assoziationen, sammeln Eindrücke, werfen Fragen auf – und so geht es immer weiter. Und dabei schält sich der Innovationsgehalt einer Idee oder eines Entwurfs immer klarer heraus.

Diese Veränderungen in der Bedeutung eines innovativen Produktes oder einer innovativen Dienstleistung wirken sich denn auch auf die Praktiken aus. Des Weiteren agieren Mitarbeitende in diesen Aushandlungsprozessen immer in einem bestimmten organisationalen Kontext, der auch einen Einfluss auf ihr Handeln ausübt. Innovative Diskurse sind also immer eingebettet in verschiedene Strukturen, die auch auf die Praxis einwirken. Eines ist gewiss: Je nach verwendeter Definition fließen andere Aspekte in die

Betrachtung ein: Macht, Interessen, subjektive Erwartungen, Vertrauen, Rollen, Kontext, Strukturen, Institutionen sind nur einige dieser Konzepte, die man betrachten könnte. Das Thema lässt sich also nicht auf wenige „Regeln" reduzieren. Gleichwohl lohnt es sich, die verschiedenen Aspekte der Innovation zu beleuchten. Im Folgenden wird versucht, anhand der inhaltlichen Dimension ein wenig Licht ins Dunkel zu bringen, um dem Prozess des Innovierens achtsamer zu begegnen.

2.1.4 Gegenstand der Innovation

Die inhaltliche Dimension (vgl. Abb. 2.1) setzt sich mit der Frage auseinander, *was* neu ist. Auch hier hat Schumpeters Ansatz Eingang in zahlreiche Definitionen gefunden. Die **Produktinnovation** – die „Real- oder Sachtechnik" (Rammert, 1993, S. 11) –, welche eine Änderung, eine Verbesserung von Produkten bedeutet, die eine Organisation vornimmt, ist wohl die geläufigste Definition (Tidd & Bessant, 2021).

Der Innovationsbegriff lässt sich stark erweitern. So finden sich in der Literatur Begriffe wie „behaviour, thing, device, system, policy, process, product, procedure oder technology" (Gärtner, 2007, S. 18), um den Gegenstand der Innovation zu fassen. Die

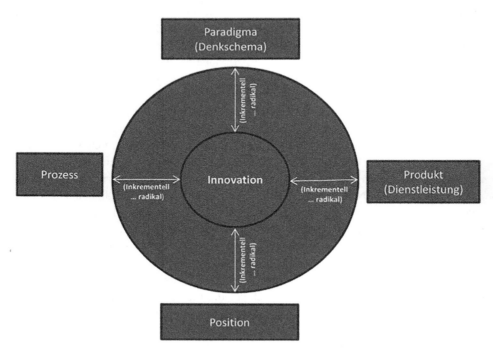

Abb. 2.1 Die 4 Ps im Innovationsfeld. (Quelle: in Anlehnung an Tidd & Bessant, 2021, S. 28)

2.1 Der Innovationsbegriff

Prozessdefinition etwa richtet das Augenmerk auf die Erneuerung der Verfahren, wie ein Produkt hergestellt wird (Tidd & Bessant, 2021). Bei der Produkt- wie auch Prozessinnovation handelt es sich um technische Innovationen, wenn wir die Definition von Technik als „künstlich hervorgebrachte Verfahren und Gebilde" (Rammert, 1993, S. 10) akzeptieren.

Unter **Prozessinnovation** werden nicht nur Fertigungs-, Verfahrens- und Verteilungsprozesse der Produktinnovation verstanden; es können zudem auch noch die bereits bei Schumpeter mitgedachten Sozial-, Management- und Organisationsinnovationen miteinbezogen werden (Gärtner, 2007, S. 18). Die organisationale Innovation hat sich als Begriff weitgehend durchgesetzt und bezieht sich auf „the creation or adoption of an idea or behaviour new to the organization" (Lam, 2004, S. 3). Teilweise ist die Unterscheidung zwischen organisationsbasierten und Prozessinnovationen schwierig, da beide meist dazu dienen, Kosten zu senken oder Effizienz zu steigern. Als grobe Richtlinie beinhalten Organisationsinnovationen generell die Organisation von Menschen und Arbeitsabläufen, während Prozessinnovationen eher neue Techniken oder neue Betriebsmittel umfassen. In Tab. 2.1 werden die Unterschiede zwischen den verschiedenen Prozessinnovationstypen anhand von Beispielen illustriert.

Sawhney et al. (2006) stellen in ihrer Publikation zwölf verschiedene Wege der **Geschäftsinnovation** vor (vgl. Tab. 2.2). Aus dieser Perspektive zählt die Prozessinnovation zur Geschäfts- beziehungsweise organisationalen Innovation.

Ihre Definition von Geschäftsinnovation fokussiert also nicht auf neue Dinge, sondern vielmehr auf alles, was einen neuen Wert für Kundinnen und Kunden schafft. Dieser Fokus ist insbesondere bei Dienstleistungsunternehmen von hoher Bedeutung.

Eine weitere inhaltliche Dimension von Innovation ist die von Tidd und Bessant (2021) vorgeschlagene **Positionsinnovation**, welche sich am Beispiel der Levi-Strauss-Jeans verdeutlichen lässt: Ursprünglich trugen nur Arbeiter diese Hose, welche strapazierfähig und fast unverwüstlich war. Heutzutage ist die Jeans zu einem nicht mehr wegzudenkenden

Tab. 2.1 Einteilung von Prozessinnovationen nach Gegenstandsbereichen. (Quelle: in Anlehnung an Kaudela-Baum et al., 2008)

Gegenstandsbereich	Beispiel
Fertigungsprozessinnovation	Serienproduktion von Carbon-Teilen in der Automobilindustrie
Verfahrensprozessinnovation	BPA-freie Babyplastikflaschen
Verteilungsprozessinnovation	E-Books
Sozialinnovation	Elterngeld
Managementinnovation	Virtual Communities of Practice
Organisationsinnovation	Strategische Allianzen mit Kunden

Tab. 2.2 Zwölf Wege der Geschäftsinnovation. (Quelle: Sawhney et al., 2006, S. 78)

Dimension	Definition
Angebote	Entwicklung innovativer neuer Produkte und Dienstleistungen
Plattform	Verwendung gemeinsamer Komponenten oder Bausteine zur Schaffung neuartiger Angebote
Lösungen	Schaffung integrierter und kundenspezifischer Angebote, um End-to-End-Kundenprobleme zu lösen
Kunden	Unerfüllte Kundenbedürfnisse entdecken oder unterversorgte Kundensegmente identifizieren
Kundenerlebnis	Kundeninteraktion entlang allen Touchpoints und Kontaktmomenten neu gestalten
Wertschöpfung	Neugestaltung der Art und Weise, wie das Unternehmen seine Einkünfte generiert oder Schaffung innovativer neuer Einnahmequellen
Prozesse	Neugestaltung zentraler operativer Prozesse zur Verbesserung der Effizienz und Effektivität
Organisation	Veränderung der Form, der Funktion oder des Tätigkeitsbereichs der Organisation
Supply Chain	Beschaffung und Lieferketten neu konzipieren
Präsenz	Neue Vertriebskanäle oder innovative Kontaktpunkte entwickeln, inkl. neuer Verkaufsflächen
Networking	Entwicklung netzwerkbasierter intelligenter und integrierter Angebote
Marke	Nutzung einer Marke in neuen Bereichen

fashion item der Modeindustrie geworden. Ein weiteres Beispiel ist die Neupositionierung der Armbanduhr als *fashion item* durch die Markenstrategie der Swatch in den 1980er-Jahren oder die Markenstrategie von Apple im Jahr 2015 durch die Einführung der Apple Watch. In beiden Fällen hat sich eine neuartige Positionierung des Produktes „Armbanduhr" durchgesetzt.

Bei der **Paradigmainnovation** schließlich handelt es sich in der Regel um einen sozialen Wandel, in welchem die Kundinnen und Kunden sich gegenüber einem Produkt anders verhalten – sozusagen einen Wandel in ihren Denkschemata vollzogen haben. So kaufen heute viele ihre Kleidung nicht mehr in Geschäften ein, sondern bestellen online von zu Hause aus und verzichten auf das physische Kauferlebnis. Ein Paradigmenwechsel hat also stattgefunden.

2.1.5 Innovationsgrad

Wenn von Innovation die Rede ist, heben heute die Medien gerne die *big steps* beziehungsweise die radikalen Innovationen hervor. Auf Fachkonferenzen und Wirtschaftsveranstaltungen halten Expertinnen und Experten Vorträge über Innovationen und illustrieren diese üblicherweise mit prominenten Beispielen aus dem Bereich der Produkt- und Marketinginnovationen. Dabei werden insbesondere Innovationen aus dem Business-to-Consumer-Markt (B2C) wie zum Beispiel das I-Phone, Apple Glasses, Google Maps, Airbnb oder Netflix herausgestellt, greifbare Hochglanzprodukte und -dienstleistungen für Endkundinnen und -kunden, deren Innovationsgeschichte gut erzählbar ist. All diese Produkte und Services haben alte Produkte oder Services abgelöst, revolutioniert und einen vollkommen neuen Markt geschaffen. Bevor diese Produkte und Dienstleistungen auf dem Markt waren, haben die meisten Kundinnen und Kunden noch nicht erahnt, dass sie diese Dinge brauchen werden.

Doch wie neu muss ein Gegenstand oder ein Prozess sein, damit er tatsächlich als Innovation gilt? Wiederum findet sich bei Schumpeter eine überzeugende Vorlage. Die Veränderungen beziehungsweise Entwicklungen, die sich aus einer Innovation ergeben, sind

> […] entirely foreign to what may be observed in the circular flow or in the tendency towards equilibrium. It is spontaneous and discontinuous change in the channels of the flow, disturbance of equilibrium, which forever alters and displaces the equilibrium state previously existing. (Schumpeter, 1911, S. 64)

Adaptionen – oder um den heute gängigen Begriff zu verwenden: inkrementelle Innovationen – interessieren ihn nicht; denn sie sind „part and parcel of the most ordinary run of economic routine within given production functions" (Schumpeter, 1911, S. 88). Die **inkrementelle Innovation** ist also von der **radikalen Innovation** zu unterscheiden. Um ein Beispiel zu geben: „Eine radikale Innovation ist bspw. die Erfindung des Rades, während die anhaltende Verbesserung des Rades (Material, Nabe und Pneu etc.) mit inkrementellem Fortschritt zu beschreiben ist" (Biniok, 2013, S. 10 f.). Wenn eine Hochschule im Zuge der Corona-Pandemie zum Beispiel einen Teil ihrer Studiengänge als Online-Studiengänge anbietet, dann ist das keine radikale Innovation, sondern eine inkrementelle. Es geht um eine Anpassung einer bestehenden Dienstleistung.

Das Bild der schöpferischen Zerstörung, welches Schumpeter geprägt hat, beschreibt die radikale Innovation. Es handelt sich um Erfolgsgeschichten wie zum Beispiel die Entwicklung von Smartphones, die revolutionär, disruptiv sind und so die Tiefe des dadurch verursachten wirtschaftlichen und gesellschaftlichen (Bedeutungs-)Wandels darstellen.

Innovationen sind kostspielig, längst nicht alle Inventionen erreichen den Markt, aber ohne Innovationen kann kein Unternehmen überleben. Oft entwickeln Unternehmen daher ein 70-20-10-Innovationsportfolio (Johnsson, 2022, S. 6), wie in Abb. 2.2 dargestellt. Bei dieser Verteilung richtet ein Unternehmen seine Tätigkeiten zu 70 % darauf aus, seine betrieblichen Aktivitäten langsam an neue Umfeldentwicklungen anzupassen. 20 % werden investiert, um das Geschäft voranzutreiben und Produkte (oder Produktgenerationen), die mit dem bereits laufenden Geschäft verbunden sind, zu innovieren. Die restlichen 10 % Prozent fließen in radikalere Entwicklungen, das heißt in Investitionen von Projekten, deren Ergebnisse ungewiss sind oder deren Wert nicht vollständig bekannt ist.

Die drei in der Literatur häufig aufgeführten Neuigkeitsgrade (Hauschildt et al., 2023, S. 9–12) werden in Tab. 2.3 aufgeführt und jeweils mit Beispielen illustriert.

So ist die Bäckereikette in einem Zukunftsmeeting mit dem Hersteller von Brotbackmischungen beispielsweise an einer Toskana-Brotbackmischung oder einer proteinreichen Brotbackmischung interessiert. Damit kann die Kette ihr Sortiment ergänzen und auffrischen. Aber es geht nicht darum, eine Alternative zum herkömmlichen Brotprodukt zu erfinden. Gerade Business-to-Business-Kunden gehen im Rahmen einer gemeinsamen Produktentwicklung ungern das Wagnis ein, ihrer Geschäftsleitung den Vorschlag zu machen, mithilfe neuer Produkte oder Dienstleistungen des Anbieters ihrerseits neue Angebote am Markt zu platzieren oder große Investitionen in Kauf zu nehmen, um die neuen Produkte im Unternehmen umzusetzen. „Viele meiden den Aufwand und das Risiko von neuen Strategien, solange ihr bisheriges Verhalten an ihrem eigenen Markt nach ihren

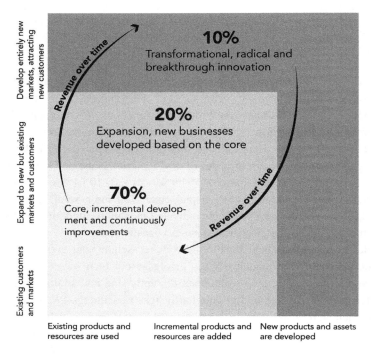

Abb. 2.2 Innovationsportfolio. (Quelle: Johnsson, 2022, S. 6)

2.1 Der Innovationsbegriff

Tab. 2.3 Innovationsgrad der Innovation

Ausmaß der Neuartigkeit der Innovation	Beispiele
Routineinnovationen Optimieren bestehende Produkt-, Dienstleistungs- oder Prozesseigenschaften und haben nur eine kurze Wettbewerbswirkung	Joghurt mit hohem Proteingehalt Stromspargeräte
Inkrementelle Innovationen Stellen eine wesentliche Verbesserung gegenüber einem bestehenden Produkt, einer Dienstleistung oder einem Prozess dar; sie bieten einen mittelfristigen Wettbewerbsvorteil	Neues Online-Banking-Dashboard Höhere Laufzeit einer Autobatterie
Radikale Innovationen Beinhalten vollkommen neue Anwenderlösungen und stellen einen Paradigmenwechsel für Kundinnen und Kunden dar	Digitale Streaming-Dienste (z. B. Netflix) Immobilien-Sharing (z. B. Airbnb)

eigenen Maßstäben noch hinreichend profitabel ist" (Weidmann & Armutat, 2008, S. 71). Häufig warten Kundinnen und Kunden auch bis zu dem Zeitpunkt, an dem einzelne Komponenten nicht mehr erhältlich sind oder die Software nicht mehr auf einem veralteten System läuft, bis sie also gezwungen sind, größere Investitionen in die Erneuerung ihrer Produkte, Applikationen oder Dienstleistungen zu tätigen.

Für eine Unternehmung stellt die radikale Innovation ein hohes Risiko dar. Denn bei einer inkrementellen Innovation ist der Prozess noch klar umschrieben und planbar. Kontinuierliche Verbesserungen folgen einer Routinelogik, die systematisch und relativ einfach zu modellieren ist. Schließlich funktionieren inkrementelle Innovationen in der Regel gemäß der Praxis „do better, yet more of the same".

Doch eine radikale Innovation bricht mit den in der Organisation vorhandenen Logiken. Prozesse, die radikale Innovationen hervorbringen, sind kaum zu definieren; sie als Ziel zu setzen ist fast nicht möglich (Tidd & Bessant, 2021, S. 37 ff.). Bei einer radikalen Innovation sind vielfache organisationale Barrieren zu überwinden. Es gilt, etablierte Pfade zu verlassen. Innovationsprozesse, die auf eine radikale Innovation zusteuern, folgen keiner Logik und benötigen besonders hohe Freiheitsgrade, um schnell und unkompliziert auf Chancen und Risiken zu reagieren, die mit einer radikalen Innovation einhergehen.

Wie Netflix funktioniert

Netflix ist der amtierende Champion unter den Streaming-Diensten und der Pionier. Das Unternehmen hat geprägt, was Streaming-Dienste tun und wie sie es tun. Angesichts von Konkurrenten wie Amazon Prime Video, HBO Max, Apple TV + , Hulu und anderen muss Netflix das eigene Geschäftsmodell ständig weiterentwickeln.

Netflix begann als internetbasierter DVD-Verleih. Das Unternehmen machte den Gang zur Videothek überflüssig und bot großzügige Ausleih-Regeln. Als Netflix 1997 gegründet wurde, konnte die Bandbreite des Internets nicht mit der Bildqualität des Kabel- oder Fernsehens mithalten. Niemand dachte ernsthaft daran, dass man seine Filme über eine Internetverbindung beziehen könnte. Zehn Jahre nach der Gründung begann das Unternehmen, Streaming-Dienste anzubieten. Netflix war jahrelang ein hybrider Dienst, der sowohl Streaming als auch den Verleih von DVDs (später Blu-ray) per Post anbot. Als das Streaming-Geschäft jedoch an Fahrt aufnahm und die Filmbibliothek wuchs, traten andere Wettbewerber auf den Plan. Der DVD-Teil des Geschäfts ist inzwischen so gut wie stillgelegt. Netflix investiert stark in Originalprogramme, da viele Eigentümer von Inhalten, die früher auf Netflix zu sehen waren (insbesondere Disney), diese Inhalte jetzt auf ihre eigenen Streaming-Plattformen übertragen haben.

Das Ziel von Netflix ist es, den Abonnentenstamm so weit wie möglich auszubauen. Das Unternehmen muss expandieren, um eine stabile, langfristige Einkommensquelle aus treuen monatlichen Abonnenten zu schaffen. Gegenwärtig bietet Netflix Videoinhalte auf Abruf mit einer Mischung aus Inhalten von Drittanbietern und eigenen Inhalten an. Darüber hinaus sind die Netflix-Inhalte auf praktisch alle Genres verteilt, und auch die Original-Fernsehserien und -Filme spiegeln die gleiche Bandbreite an Genres wider.

Das Besondere an Netflix und an der Erstellung von Originalinhalten ist, dass das Unternehmen detaillierte Informationen über die Sehgewohnheiten seiner Abonnenten sammelt. Im Gegensatz zu den TV-Einschaltquoten, die nur eine grobe Vorstellung davon vermitteln, was die Leute gerne sehen, weiß Netflix genau, was die Kundinnen und Kunden sich ansehen, wie sie es sich ansehen und sogar den genauen Punkt in einer Sendung oder einem Film, an dem sie das Interesse verlieren.

Auf der Grundlage dieser detaillierten Daten hat das Unternehmen einige erfolgreiche TV-Serien entwickelt, die nur auf Netflix zu sehen sind und später auf physischen Medien verkauft werden. Ganz zu schweigen von all den Merchandise-Artikeln und Begleitmedien, die zu erfolgreichen Franchises wie „Stranger Things" oder „The Witcher" gehören. Serien wie „House of Cards" und Netflix-Original-Dokumentarfilme sind der Schlüssel zur Kundenbindung.

Netflix bietet verschiedene Tarife mit unterschiedlichen Preisen an. In einigen Regionen der Welt werden auch Tarife angeboten, die in den USA nicht verfügbar sind. In Südafrika gibt es zum Beispiel einen (ungefähr) 3 $ teuren mobilen Netflix-Tarif für Einzelpersonen, der den Dienst auf ein Smartphone oder Tablet in SD-Qualität (Standard Definition) beschränkt.

Es gibt drei Tarife, die in allen Regionen gleich sind, auch wenn die Preise je nach Region variieren. Der Basic-Tarif ermöglicht einen einzigen Stream in SD-Qualität. Der Standard-Tarif ermöglicht zwei Streams in HD-(High Definition)-Qualität, und der Premium-Tarif schließlich erlaubt vier gleichzeitige Streams in UHD-(Ultra HD 4 K)-Qualität.

Netflix-Inhalte können auch auf Geräte heruntergeladen und später angesehen werden. Dies gilt nicht für alle Inhalte, da der Lizenzinhaber jedes Inhalts die

Genehmigung zum Herunterladen erteilen muss. Netflix bietet auch eine Smart-Download-Funktion, bei der die nächste Episode einer Serie, die Sie gerade ansehen, automatisch heruntergeladen wird, wenn Ihr Gerät mit WiFi verbunden ist. Netflix erweitert sein Repertoire über das Streaming von Videoinhalten hinaus auf die Welt der mobilen Spiele. Jedes Netflix-Konto beinhaltet den Zugang zu den mobilen Spieletiteln des Unternehmens und kann über die Registerkarte „Spiele" in der mobilen App aufgerufen werden.

Die Hardware-Infrastruktur zur Unterstützung eines bandbreiten- und verarbeitungshungrigen Dienstes wie Netflix ist beeindruckend. Sie ist auch kostspielig, weshalb Netflix keine eigenen Rechenzentren kauft, baut oder wartet. Stattdessen bezahlt das Unternehmen Amazon für Cloud-Dienste, was seltsam erscheinen mag, wenn man bedenkt, dass Amazon mit seinem Prime-Video-Dienst auch ein direkter Konkurrent von Netflix ist. Andererseits ist Amazon eines der wenigen Unternehmen, die über das Know-how und die Technologie zur Unterstützung großer Cloud-Dienste verfügen.

Quelle: Butler, S. (2022).◄

Aus dem jeweiligen Innovationsgrad leiten sich wirksame Methoden der Führung und des Managements von Innovationen ab. Die Entwicklung radikaler Innovationen ist risikoreich und gelingt insbesondere etablierten Unternehmen nur mit großem Aufwand. Diese tun sich oft schwer mit der radikalen Neuentwicklung von Geschäftsmodellen und dem damit verbundenen Lernaufwand. Neu auf den Markt eintretende Firmen haben es dabei oft leichter, sie müssen keine über lange Jahre eingeübten Geschäftspraktiken ablegen und größere Change-Management-Prozesse durchlaufen.

Doch grundsätzlich sind Routinen neben radikalen Experimenten für ein Unternehmen notwendig, um sich selbst zu erhalten beziehungsweise zu stabilisieren. Bei einer einseitigen Ausrichtung auf radikale Innovation besteht die Gefahr, dass alle anderen Entwicklungsarbeiten, die einen Beitrag zur kontinuierlichen Innovationsfähigkeit des Unternehmens leisten, als nicht besonders förderungs- und führungswürdig bewertet werden.

Branchen hingegen, die mehrheitlich inkrementell beziehungsweise routinehaft innovieren, werden vom aktuellen Diskurs im Bereich der radikalen Innovationsförderung ausgeschlossen beziehungsweise fühlen sich auch nicht „angesprochen". Es gilt also, eine differenzierte Betrachtung vorzunehmen und Führungs- und Managementkonzepte zu entwickeln, die auf den jeweiligen Innovationsgrad im Unternehmen zugeschnitten sind.

2.1.6 Exploration vs. Exploitation

In Bezug auf die innovationsorientierte Führung ist insbesondere die organisationstheoretische Betrachtung des paradoxen Zusammenspiels (Abschn. 2.4) zwischen Exploration und Exploitation relevant (March, 1991; Andriopoulos & Lewis, 2009; Beech et al., 2004; Smith & Tushman, 2005). Demnach pflegen Organisationen zwei divergierende Handlungsmuster im Umgang mit Wissen. Diese Handlungsmuster orientieren sich einerseits an der Entwicklung vollständig neuen Wissens jenseits des bisherigen Tätigkeitsfeldes (Exploration) und andererseits an der Nutzung bereits in der Organisation vorhandener Wissensvorräte (Exploitation). Diese unterschiedlichen Muster münden in Wissen von jeweils unterschiedlicher Quantität und Qualität (Levinthal & March, 1993). Indem man bereits vorhandene Wissensvorräte nutzt, lässt sich ein Wissensgewinn erreichen. Dieser stellt aber nur eine Vertiefung der bestehenden Wissensbasis dar. Explorative Verhaltensmuster sind verbunden mit Experimentieren, mit dem Suchen nach neuem Wissen. Das Ziel ist es also, die organisationale Wissensbasis auszudehnen. Im Falle der Exploitation lassen sich vorhandene Kompetenzen effizienter nutzen oder ausbauen; im Falle der Exploration lassen sich zusätzlich vollkommen neue Kompetenzen gewinnen, um so die Fähigkeit der Organisation zu stärken, sich an neue Anforderungen anzupassen.

Übertragen wir diesen Ansatz auf organisationale Innovationsprozesse, ist Exploration stärker mit radikaler Innovation, mit dem Eintritt in neue Absatzmärkte und mit neuen Technologieentwicklungen verbunden. Exploitation hingegen ist stärker verknüpft mit der Reduktion von Varianz, der Einhaltung von Regeln, Konformität und Risikovermeidung, das heißt auch mit der Entwicklung im Auftrag der Kundinnen und Kunden (Rosing et al., 2010).

> Both exploration and exploitation have their benefits and their costs. For example, exploration may lead to radically new products, but the success of these products may be very uncertain. The outcome of exploitation in turn is rather predictable, but will be unlikely to lead to competitive advantage in the long run. Thus, for firms to be successful in the short and also the long run it is necessary to be both explorative and exploitative – i. e., to be ambidextrous. (Rosing et al., 2010, S. 192)

Das heißt: Organisationen müssen lernen, zwei Spiele gleichzeitig zu spielen: „They must be able to evolve productively through periods of incremental adaptation and ride the rough waves of discontinuity" (Isaksen & Tidd, 2006, S. 41). Die Gefahr besteht demnach in der einseitigen Fokussierung auf eines der beiden Lern- und Innovationsmuster. Die daraus abgeleitete Forderung nach einer gleichberechtigten Koexistenz von Exploration und Exploitation findet ihre Entsprechung unter anderem im Konzept der **ambidextren Organisation** bzw. der **ambidextren Führung** (Tushman & O'Reilly, 1996; Isaksen & Tidd, 2006; Rosing et al., 2010; Smith & Lewis, 2011; vgl. Abschn. 3.4).

2.2 Der Kreativitätsbegriff

Ein weiterer Begriff, der für die konzeptionelle Fassung von Innovation Leadership eine Basis bildet, ist der Begriff der Kreativität. In der Literatur existieren zahlreiche Vorstellungen und Definitionsangebote dazu, und es ist schwierig, einen roten Faden zu finden. Es herrscht Uneinigkeit darüber, ob Kreativität als eine kognitive Leistung (wie z. B. Intelligenz) oder als Persönlichkeitsmerkmal (wie z. B. Extraversion) im Sinne einer Neigung, kreatives Verhalten und Denken zu demonstrieren, verstanden werden soll. Kreativität kann daher nur in einem differenzierten Konzept zusammengefasst werden. Wir beginnen mit der klassischen Kreativitätsforschung und widmen uns danach der Kreativität als systemischem, kontextgebundenem Phänomen.

2.2.1 Kreativität: Ursprung des Begriffs

Nachdem das Kreativitätskonstrukt bis Mitte des 20. Jahrhunderts in erster Linie als Subelement des Intelligenzbegriffes verstanden wurde, existiert in der einschlägigen Literatur bis heute keine allgemeingültige Definition der Kreativität. Sie lässt sich nur unscharf definieren. Holm-Hadulla (2010) definiert Kreativität als „Fähigkeit, etwas Neues zu schaffen, sei es eine Problemlösung, eine Entdeckung, Erfindung oder ein neues Produkt" (S. 11). Es entsteht zusehends ein Konsens in der heutigen Literatur, dass Kreativität das Erarbeiten von qualitativ hochstehenden, originellen und eleganten Lösungen von komplexen, neuen, schlecht definierten oder strukturierten Problemstellungen ist (vgl. Mumford et al., 2012; Christiaans, 2002; Heber, 2010).

Klassischerweise wird der Terminus in vier Dimensionen beleuchtet: 1) das kreative Produkt, 2) der kreative Prozess, 3) die kreative Persönlichkeit und 4) die kreative Umwelt (vgl. Amabile, 1988). Die erste Dimension möchten wir hier nicht weiter vertiefen, sie berührt eher den Bereich der Produktentwicklung. Die zweite Dimension fließt in unsere Prozessbetrachtung ein (Abschn. 7.2), die dritte Dimension wird in Abschn. 9.2.3 vertieft, und die vierte Dimension wird in der organisationalen Dimension unseres integrierten innovationsfördernden Führungsmodells behandelt, in dem die Merkmale einer Innovationskultur beschrieben werden (Kap. 7 und 8).

Auf der Grundlage der oben genannten Dimensionen lassen sich die Definitionen grundsätzlich auch in die Kategorien produktorientiert, prozessorientiert, persönlichkeitsorientiert oder umweltorientiert einordnen (vgl. Tab. 2.4).

Die Fähigkeit, etwas Neues zu schaffen, ist in vielen Unternehmensbereichen und Funktionen gefragt. So spielt die Förderung von Kreativität in verschiedene Führungsbereiche hinein. Dieser Abschnitt widmet sich einer grundlegenden Einführung des Begriffs.

Die unterschiedlichen Ansätze zur Kreativitätsforschung weisen eine große disziplinäre Spannweite auf. So wird Kreativität unter anderem aus einer klinischen, kognitiven,

Tab. 2.4 Übersicht Ansätze der Kreativitätsforschung. (Quelle: in Anlehnung an Heber, 2010)

Ansätze der Kreativitätsforschung			
Produktorientierter Ansatz	Prozessorientierter Ansatz	Umweltorientierter Ansatz	Persönlichkeitsorientierter Ansatz
Bewertung, Inhalt, Qualität und Quantität des kreativen Produktes	Phasen des kreativen Prozesses, z. B. Problemdefinition, Ideenfindung	Soziale und physische Umwelt, z. B. Organisation, Kultur	Kreativität im Zusammenhang mit Intelligenz, Leistung, Fähigkeiten, Persönlichkeitsmerkmalen, kognitiven Stilen und Problemlösungsstrategien

interkulturellen, genetischen, organisatorischen oder auch sozialwissenschaftlichen Perspektive beleuchtet. Fragt man nach Kreativität im Berufsleben, denkt man schnell an als kreativ empfundene Jobs wie Modedesigner, Architektinnen, Marketingmanager, Floristinnen oder gar den Chocolatier. Doch Kreativität umfasst mehr als das künstlerische Geschick oder die Originalität, mit denen der Begriff verbunden wird. Denn im betriebswirtschaftlichen Kontext muss eine kreative Idee auch nützlich und umsetzbar sein, um als Innovation erfolgreich zu sein.

2.2.2 Kreativitätsebenen

Während sich aus historischer Perspektive die Kreativitätsforschung zu Beginn der 1960er Jahre primär mit den Persönlichkeitsmerkmalen und mit der Kognition kreativer Menschen beschäftigte und diese identifizieren wollte, ging der Fokus in den 1990er Jahren auf die Beziehungen zwischen individueller Kreativität und organisationaler Innovation sowie die Beziehungen zwischen Individuum, Team und organisationalen Aspekten im Hinblick auf Kreativität über (Andriopoulos, 2001; Gupta & Banerjee, 2016).

Seit der Jahrhundertwende wird in der Kreativitätsforschung zusehends eine allumfassende systemische Perspektive der organisationalen Kreativität eingenommen. Die Forschenden gehen der Frage nach, welche Schlüsselfaktoren das Entstehen von Kreativität innerhalb einer Organisation beeinflussen. James und Drown (2012) definieren etwa die Multi-Level-Kreativität als Summe der individuellen Kreativität, der kumulativen Kreativität eines Teams sowie der strukturellen Komponenten, welche die organisationale Kreativität fördern (Gupta & Banerjee, 2016).

James und Drown (2012) haben auf der Basis ihrer Meta-Analyse ein integrales Mehrebenen-Modell entwickelt, welches aufzeigt, wie die organisationale Kreativität zu fassen ist. Wie die Abb. 2.3 zeigt, inkludiert ihr Modell nebst dem Einfluss der organisationalen Kultur jenen der externen Kultur(en) sowie der jeweiligen Teamkultur. Kreative Arbeit wird also als kollektive Arbeit auf mehreren Ebenen betrachtet, zwischen denen

2.2 Der Kreativitätsbegriff

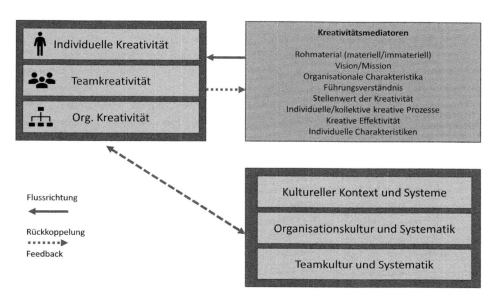

Abb. 2.3 Organisationale Kreativität: Ein Mehrebenenmodell. (Quelle: in Anlehnung an James & Drown, 2012, S. 19)

Rückkoppelungen in Form von Feedbackschleifen existieren. Mit diesem Verständnis entsteht Kreativität im organisationalen Kontext unter dem Einfluss der unterschiedlichen kulturellen (Verhaltens-)Muster, Priorisierungen, Materialien und tradierten Techniken.

Auch Blomberg et al. (2017) weisen in ihrer Meta-Analyse zu organisationaler Kreativität auf den nicht zu unterschätzenden Einfluss des Makro-Levels (i. e. Umwelteinflüsse) hin. Sie fassen kreativitätsförderliche Umweltbedingungen wie folgt zusammen: (1) eine politisch stabile Umwelt, welche Innovation begünstigt, (2) ein ausreichendes Marktpotenzial, (3) eine adäquate Kommunikationsinfrastruktur und Rechtsprechung, (4) eine kulturelle Diversität (offen für Zuwanderung) und (5) eine nationale Kultur, welche Veränderung, Risikofreude und Neugier unterstützt.

Die Forschungserkenntnisse zu den Einflussfaktoren organisationaler Kreativität werden nachfolgend in einem Multi-Level-Ansatz, der die Ebenen Individuum, Team und Organisation beleuchtet, näher erörtert.

2.2.2.1 Ebene Individuum

Die Ebene des Individuums ist in der Wissenschaft das am besten erforschte Gebiet im Hinblick auf Kreativität. Über die Jahre hat sich die Vorstellung gefestigt, dass die individuelle Kreativität auf **bestimmte Persönlichkeitsmerkmale** (siehe Tab. 2.5), den **individuellen Denkstil** resp. die individuelle Kognition, die jeweilige **intrinsische Motivation** sowie auf die **individuellen Kenntnisse auf dem entsprechenden Arbeitsgebiet** zurückzuführen ist (Gupta & Banerjee, 2016). Die Tabelle Tab. 2.5 hält die Merkmale fest, welche eine kreative Persönlichkeit resp. einen kreativen Denkstil auszeichnen.

Gupta und Banerjee (2016) stützen ihren Beitrag auf die Definition von Amabile (1996). Sie definiert individuelle Kreativität anhand von drei Komponenten: **Expertise, schöpferisches Denken** und **Motivation**.

Unter **Expertise** versteht Amabile (1996) im weitesten Sinn das Wissen und das Können einer Person. Ob eine Person sich dieses Wissen und das Können zum Beispiel über Praxiserfahrungen oder durch ein Studium aneignet, ist nebensächlich. Amabile definiert den Begriff Expertise als einen intellektuellen Raum, in dem die Person Probleme erkennt und löst. Je größer dieser Raum ist, umso besser.

Das **schöpferische Denken** bezieht sich im Gegensatz dazu darauf, wie jemand Probleme angeht und Lösungen findet. Die Fähigkeit, Bestehendes neu zu kombinieren, den Status quo infrage zu stellen oder davon abzuweichen, Wissen aus verschiedenen Bereichen zu kombinieren sowie auch der produktive Umgang mit Hemmnissen und Misserfolgen sind wichtige Indikatoren des schöpferischen Denkens. Dieser Aspekt hängt stark von der Persönlichkeit sowie von dem Denk- und Arbeitsstil der Person ab (Amabile, 1996).

Während sowohl die Expertise als auch das schöpferische Denken das Rohmaterial für das kreative Schaffen sind, bestimmt die Motivation, ob dieses Potenzial vom Mitarbeitenden auch genutzt wird. Die Forschungsergebnisse von Amabile (1988) zeigen denn auch auf, dass die **intrinsische Motivation** – also die Leidenschaft und das Interesse des Mitarbeitenden für seinen Job – für das kreative Handeln außerordentlich wichtig ist. Während die extrinsische Motivation zum Beispiel in Form von monetären Anreizen den Geführten antreibt, seine Aufgabe zu erfüllen, kann sie kaum die Begeisterung, das Interesse und den Spaß an der Arbeit selbst ersetzen.

Neben Amabile (1996) unterscheidet auch Soriano de Alencar (2012) auf der Ebene des Individuums zwischen Persönlichkeitsmerkmalen, intrinsischer Motivation, Expertise und Kognition, wobei sie bei der Kognition zwischen kognitiven Fähigkeiten und kognitivem Denkstil unterscheidet (vgl. Tab. 2.6).

Tab. 2.5 Die kreative Persönlichkeit/der kreative Denkstil. (Quelle: Gupta & Banerjee, 2016)

DIE KREATIVE PERSÖNLICHKEIT	DER KREATIVE DENKSTIL
Zeichnet sich aus durch … • Kontinuierliche Neugier • Anziehung zu komplexen und abstrakten Dingen • Fähigkeit, unkonventionell zu denken • Extraversion und Neurotizismus („Big 5") • Selbstwirksamkeitsüberzeugung	Zeichnet sich aus durch … • Starken Gedankenfluss • Divergentes Denken • Emotionale Kognition • Hohe Vorstellungskraft

Tab. 2.6 Kognitive Fähigkeiten, Denkstil und Kreativität. (Quelle: Soriano de Alencar, 2012)

KOGNITIVE FÄHIGKEITEN	KOGNITIVER DENKSTIL
Zeichnen sich aus durch die Art und Weise, … • Wie Probleme konstruiert und definiert werden, • Wie Informationen codiert werden, • Wie Kategorien durchsucht werden, • Wie Kategorien kombiniert und (re)organisiert werden, • Wie Ideen evaluiert werden, • Wie die Umsetzung von Ideen implementiert und überwacht wird	Zeichnet sich aus durch die Art und Weise, … • Wie Probleme und deren Lösungen gedanklich angegangen werden, • Wie neue Ideen gedanklich generiert werden, • Wie gedanklich neue (anstelle angepasster) Lösungen für ein Problem gefunden werden

Neben den in Tab. 2.6 aufgelisteten Merkmalen erwähnt Soriano de Alencar (2012) weitere kreativitätsbegünstigende Persönlichkeitsmerkmale wie:

- Eigeninitiative
- Unabhängigkeit in der Urteilsfindung
- Flexibilität
- Offenheit neuen Ideen gegenüber
- Beharrlichkeit
- Selbstbewusstsein
- Ambiguitätstoleranz
- Disposition, Risiken einzugehen
- Bereitschaft, aus Fehlern zu lernen

Kreativität ist ein komplexes Wechselspiel zwischen individuellen Fähigkeiten und dem gegebenen Kontext (Csikszentmihalyi, 2010). Denn der individuelle kreative Output hängt stark von den Umweltbedingungen ab. Dies unterstreicht die Bedeutung der Teamebene, auf der unterschiedliche kreative Fähigkeiten und Denkstile aufeinandertreffen. Aus der Kombination dieser unterschiedlichen Stärken können in Teams weitere Kreativitätspotenziale erschlossen werden. Mehr dazu im nächsten Abschnitt.

2.2.2.2 Ebene Team

Der Teamkreativität kommt eine hohe Bedeutung zu. Die jeweilige **Gruppenkohäsion**, **Gruppenzusammensetzung** und **Gruppenstruktur** beeinflussen die Teamkreativität maßgeblich. Insbesondere eine hohe Diversität der Gruppe hat einen großen Einfluss auf die Ideenvielfalt. Die Voraussetzung dabei ist, dass Unterschiede wertgeschätzt und nicht mit Vorurteilen verbunden werden. Um einen größtmöglichen kreativen Output sicherzustellen, sollen gemäß Gupta und Banerjee (2016) die Führungskräfte auf die folgenden vier Faktoren im Team achten:

1. Konsens im Team in Bezug auf die Bewertung von Ideen
2. Teammitglieder identifizieren, die das Team zusammenhalten
3. keine Vorurteile tolerieren
4. Konflikte sind konstruktiv auszutragen

Auffallend ist, dass kreative Teams trotz eines hohen Maßes an Diversität eine hohe Intergruppenkohäsion aufweisen. Zudem zeichnen sie sich durch eine proaktive Führung aus.

Reiter-Palmon et al. (2012) listen in ihrer Literaturanalyse zu Teamdiversität die folgenden Aspekte auf, die sie als kreativitätsförderlich erachten: **demografische Diversität** (Alter, Geschlecht, Herkunft), **funktionale Diversität** (Ausbildung, Funktion, Wissen, Fähigkeiten etc.), **Diversität in den kognitiven Denkstilen und Persönlichkeitsmerkmalen** sowie **Veränderungen der Teamkonstellation** (Abgänge, Neuzugänge). Auch hier lautet das Credo: Je höher die Diversität ist, umso größer ist das Kreativitätspotenzial eines Teams. Es ist allerdings zu beachten, dass sich solche Teams auch koordinieren müssen, um die Kreativität zielgerichtet und lösungsorientiert zu bündeln. Dies bringt allenfalls Spannungsfelder mit sich. Daher ist der Zusammenhang zwischen Teamdiversität und kreativem Output nicht immer eindeutig (Reiter-Palmon et al., 2012).

Als weitere Faktoren, welche die Teamkreativität entscheidend beeinflussen, führen Paulus et al. (2012) die **psychologische resp. partizipative Sicherheit**, das **Vertrauen** und den **Aufgabenfokus** an. Unter psychologischer Sicherheit verstehen sie die Freiheit, in neuen Bahnen zu denken, ohne die Akzeptanz im Team zu verlieren. Denn ohne Sicherheit beteiligen sich die Mitarbeitenden kaum an kreativen Wagnissen – aus Angst vor negativen Reaktionen und Spott. Vertrauen verstehen die Autoren als Ausmaß der Zuversicht, dass andere Teammitglieder sich fair verhalten, ehrlich sind, sich gegenseitig unterstützen und sich konstruktiv austauschen. Ein gefestigter Aufgabenfokus fördert zudem die zielgerichtete, kollaborative Kreativität des Teams (Paulus et al., 2012).

2.2.2.3 Ebene Organisation

Auch die Organisation selbst beeinflusst den kreativen Output der Mitarbeitenden. So gelten die vorherrschende **Organisationskultur**, die **Unternehmensstrategie**, das gelebte **Führungsverständnis** wie auch die **Ressourcen**, welche für kreatives Wirken zur Verfügung gestellt werden, als zentrale Einflussfaktoren der organisationalen Kreativität. Damit ein kreatives Betriebsklima entsteht, ist es wichtig, dass die Mitarbeitenden ein gemeinsames Verständnis von der Bedeutung der Innovationsfähigkeit für die Organisationsentwicklung haben (Gupta & Banerjee, 2016).

2.2 Der Kreativitätsbegriff

Soriano de Alencar (2012) identifiziert in ihrer Studie die Organisationskultur und das Organisationsklima als die meistdiskutierten Katalysatoren organisationaler Kreativität. Diese beiden Konstrukte sind eng miteinander verbunden, aber nicht deckungsgleich: Die Organisationskultur widerspiegelt die Glaubenssätze, Normen und Werte des organisationalen Kollektivs und wird insbesondere im Führungshandeln greifbar. Unter dem Organisationsklima versteht man die Arbeitsumgebung und die Politik des Unternehmens sowie dessen Praktiken und Prozesse, welche die Mitarbeitenden gemeinsam teilen.

> **Kreativitätsfördernde Merkmale**
>
> Als **kreativitätsförderliche Merkmale** einer Organisation werden von Soriano de Alencar (2012) die folgenden Kategorien aufgeführt:
>
> 1. **Herausforderungen:** herausfordernde Aufgaben, die kreatives Denken erfordern
> 2. **Autonomie:** die Autonomie, selbst zu entscheiden, wie eine Aufgabe ausgeführt wird
> 3. **Führungsunterstützung:** Offenheit, Flexibilität, Respekt für divergierende Meinungen und die Ermutigung, neue Ideen zu entwickeln
> 4. **Organisationsstruktur:** flache Hierarchie, flexible Normen, Dezentralisierung von „Macht"
> 5. **Organisationale Unterstützung:** Anerkennung und Unterstützung von Kreativität innerhalb der Organisation; Verfügbarkeit von Prozessen, um neue Ideen zu entwickeln
> 6. **Physische Umgebung:** Arbeitsumgebung, welche angemessen und aufgabenadäquat eingerichtet ist
> 7. **Vergütung:** adäquate Entlohnung für geleistete Arbeit, eine bestehende „Policy" für die Anerkennung und Belohnung kreativen Engagements
> 8. **Technische und materielle Ressourcen:** Verfügbarkeit von Ausrüstung und Materialien, welche den Entwicklungsprozess neuer Ideen vereinfachen
> 9. **Ausbildung:** Verfügbarkeit von Ausbildungsmöglichkeiten zur Entwicklung des individuellen Kreativitätspotenzials und Vereinfachung von Kreativitätsprozessen
> 10. **Teamunterstützung:** Dialog und Verlässlichkeit innerhalb der Arbeitsgruppe, interpersonale Beziehungen zwischen Teammitgliedern, welche das Entwickeln neuer Ideen fördern

> **Kreativitätshinderliche Merkmale**
>
> Als **kreativitätshinderliche Merkmale** einer Organisation führt Soriano de Alencar (2012) folgende Kategorien auf:
>
> 1. **Kompromisslosigkeit und autoritäre Haltung:** Meinungen, welche vom Standard abweichen, werden mehrheitlich und unbegründet abgelehnt
> 2. **Protektionismus und Bevormundung:** hohe Anzahl von Gruppierungen, die ihre eigenen Interessen schützen, ohne Bedacht auf die Interessen der Gesamtorganisation
> 3. **Fehlende Integration von unterschiedlichen Sektoren und Abteilungen:** keine gemeinsamen Ziele, exzessiver Individualismus, fehlende Kooperation, fehlender Teamspirit
> 4. **Fehlende Unterstützung:** insbesondere beim Implementieren neuer Ideen, Vernachlässigung von neuen Ideen oder Misstrauen gegenüber Neuem
> 5. **Fehlende Ermunterung:** Mitarbeitende, welche durch ein beklemmendes Klima und fehlende Anerkennung ihrer individuellen Leistungen entmutigt werden, mitzudenken

Blomberg et al. (2017) weisen darauf hin, dass die Forschung bisher insbesondere die kreativitätsförderlichen Charakteristiken der Organisation untersucht hat, während den Charakteristiken, die Innovation verhindern, noch wenig Beachtung geschenkt wurde. Dieser Trend ist eventuell ein Hinweis auf den vorherrschenden Glauben, dass ein ausreichendes Maß an vorhandenen Kreativitätstreibern den Kreativitätsoutput der Organisation entsprechend erhöhe. Dies ist aber nicht der Fall: Es ist zu bedenken, dass bereits eine einzige Barriere, wie beispielsweise die konstant fehlende Zeit für Kreativarbeit, Kreativität sehr effektiv unterbinden kann.

Blomberg et al. (2017) unterscheiden für ein besseres Verständnis der Einflussdynamik von kreativitätsförderlichen und -hinderlichen Charakteristika sodann zwischen Barrieren, welche das Entstehen von Kreativität behindern, Treibern, welche das Entstehen von Kreativität fördern, und „Entweder-oder"-Faktoren, die je nach Ausprägung und vor allem nach Situation beziehungsweise Umständen entweder kreativitätsförderlich oder -hinderlich sind. Beispiele hierzu finden sich in der Abb. 2.4.

Diese Ausführungen zeigen deutlich, dass Kreativität in Organisationen das Resultat eines höchst komplexen Zusammenspiels von unterschiedlichen Faktoren verschiedener Ebenen ist. Es reicht nicht aus, kreative Köpfe einzustellen. Kreativität wird sich innerhalb einer Organisation nur dann entfalten, wenn ein Team oder die Organisation selbst den entsprechenden Nährboden dazu bereitstellt.

Nachfolgend wird das Kreativitätskonzept im Zusammenhang mit der Prozessperspektive des Innovierens und der Interaktion mit dem Umfeld weiter vertieft und mit Beispielen illustriert.

2.2 Der Kreativitätsbegriff

Abb. 2.4 Beispiele Treiber, „Entweder-oder"-Faktoren und Treiber organisationaler Kreativität. (Quelle: in Anlehnung an Blomberg et al., 2017, S. 90)

2.2.3 Kreativität im linearen Innovationsprozess und ihr soziokulturelles Umfeld

In der Forschungsliteratur existieren folglich sehr unterschiedliche Vorstellungen von Kreativität. Eine wichtige Frage ist, wo und wann sich Kreativität verwirklicht. Dieser Gedankengang soll im Folgenden ausgeführt werden:

> Die vielschichtigen, sich teilweise widersprechenden Ideen zur Kreativität reflektieren nämlich eine Realität: Kreative Persönlichkeiten, kreative Arbeitsformen und kreative Rahmenbedingungen unterscheiden sich in verschiedenen Tätigkeitsbereichen in grundsätzlicher Weise. So werden technische Erfindungen von Menschen mit anderen Persönlichkeitsprofilen und Arbeitstechniken erbracht als kulturwissenschaftliche Entdeckungen, und politische Innovationen kommen auf anderen Wegen zustande als Kunstwerke. (Holm-Hadulla, 2010, S. 10)

Die Kreativität stellt in verschiedenen Bereichen der Innovationsentwicklung einen Erfolgsfaktor dar. Wenn man das in der Praxis sehr etablierte Bild der Innovation als Prozess übernimmt, der sich von der Phase der Ideengenerierung über die Phase der Ideenentwicklung und -selektion bis hin zur Umsetzung von Ideen erstreckt, dann lässt sich vor dem Hintergrund der breit gefassten Definition von Kreativität festhalten, dass diese in allen Phasen gefragt ist. Sicher spielen kreative Prozesse vor allem in der Ideengenerierungsphase eine bedeutende Rolle. Doch dürfen sie auch in späteren Phasen, das heißt zum Beispiel in der Produktentwicklung oder -vermarktung oder in der Entwicklung oder Überarbeitung von Geschäftsmodellen, nicht ausgeblendet werden.

Darüber hinaus ist auch in der Umsetzungsphase von Ideen Kreativität gefragt. In dieser Phase jedoch müssen neben den kreativitätsbegünstigenden Eigenschaften auch noch innovationsbegünstigende hinzukommen (Abschn. 9.3). Gerade weil sich das Prozessverständnis im Innovationsmanagement so stark in der Praxis durchgesetzt hat, ist eine analytische Trennlinie zwischen einer Kreativitäts- und einer Umsetzungsphase im Innovationsprozess durchaus vertretbar.

> **Die Swatch ist nicht vom Himmel gefallen**
>
> An der Entwicklung der Swatch ist bemerkenswert, wie viele kreative Akteurinnen und Akteure aus unterschiedlichen Funktionsbereichen und mit mannigfachen Branchenkenntnissen zu verschiedenen Zeitpunkten wichtige Beiträge zum Innovationserfolg geliefert haben. Darüber hinaus zeigt die Geschichte der Swatch auf, wie bedeutend Freiräume sind, damit bahnbrechende Innovationen überhaupt entstehen:
>
> Auf der Basis einer vagen Zeichnung des damaligen Chefs der Uhrenfabrik ETA, Ernst Thomke, entwickelten zwei junge Ingenieure, Elmar Mock (Uhrmacher, Mikrotechnik- und Kunststoffingenieur) und Jacques Müller (Ingenieur Mikrotechnik) ohne Businessplan, ohne Pflichtenheft, ohne Amortisationsplan, ohne Preisstudie, ohne Untersuchung des Marktes, ohne Margenberechnung, ohne Berechnung der erforderlichen Investitionen, aber mit einigen sehr klaren konzeptionellen Einschränkungen (geschlossener Raum) den Prototypen der Swatch-Uhr. „Unser wichtigster Trumpf war die Freiheit, die man uns zugestand. Wir brauchten nicht Bestandteile von bereits existierenden Uhren zu rezyklieren. Wir waren bei der Wahl der technischen Optionen vollständig frei. Maßgebend war das Erreichen des Zieles", fasst Mock zusammen (Mock et al., 2013, S. 30–31). Die kulturellen Innovationsbedingungen bezeichnen Mock et al. als „königlicher Friede für die beiden Hofnarren" (S. 31). Thomke stellte das Duo von allen bestehenden Projekten und Verpflichtungen frei, gab ihnen aber nur sechs Monate, um die Uhr zu entwickeln. Von der ersten Zeichnung 1979 bis zum Verkauf der ersten Swatch-Kollektion in den USA dauerte es drei Jahre. Um aus einem industriellen Produkt mit extrem niedrigen Produktionskosten einen Modeartikel zu kreieren, reichte die Ingenieurskunst jedoch nicht aus. Ursprünglich wurde die Swatch als reine Billiguhr („Kampfuhr") für Asien, Afrika und Südamerika konzipiert. Aber das Preisargument allein überzeugte nicht, weil die Japaner bereits mit Quarzuhren im unteren Preissegment auf den Markt kamen.
>
> Da kam Jürg Sprecher, branchenunabhängiger Marketingspezialist, mit ins Spiel. Er entwickelte ein Marketingkonzept, in dem nicht die „Billiguhr", sondern die „Modeuhr" im Vordergrund standen. Er dachte die Uhr völlig neu als „Mode-Accessoire" analog zu einer Krawatte oder Ohrringen. Und dieses Modeprodukt wurde durch ständig wechselnde Kollektionen in kurzen Zeitabständen immer wieder neu entwickelt. Durch den günstigen Preis konnten sich die Kundinnen und Kunden wiederholt eine Uhr aus der neuen „Mode-Kollektion" leisten (kurze Produktlebenszyklen mit ständig wechselnder Neuauflage).

Auch die Distribution der Uhr war völlig neu: Sie wurde zunehmend in Form von Shop-in-Shop-Systemen in Warenhäusern vertrieben. Nur durch diese Kombination zwischen Ingenieurs- und Vermarktungskunst wurde die Swatch zu einer radikalen Innovation: billig, robust, einfach, modisch, austauschbar – das war die neue Formel. In diesen kreativen Prozess waren neben den genannten Personen noch viele weitere eingebunden und haben wichtige Beiträge geleistet, aber anhand dieses Beispiels kann der Mythos des einzelnen Erfinders, des kreativen Genies deutlich entmystifiziert werden (Mock et al., 2013).◄

Es ist hervorzuheben, dass Kreativität nicht im Kopf einer einzelnen Person stattfindet, sondern in der Interaktion zwischen individuellen Denkprozessen und einem soziokulturellen Kontext.

▶ **Kreativität ist ein ausgeprägt systemisches Phänomen (Csikszentmihalyi, 2010):**
Damit eine Idee Wirkung zeigen kann, muss sie in Begriffe gekleidet werden, die für andere verständlich sind; sie muss von den Experten im Feld anerkannt und schließlich in ihre jeweilige kulturelle Domäne aufgenommen werden. Deshalb geht meine erste Frage nicht dahin, *was* Kreativität ist, sondern *wo* sie in Erscheinung tritt. (Csikszentmihalyi, 2010, S. 47, Hervorhebung im Original)

Nach Csikszentmihalyi (2010) setzt sich das System, in dem sich Kreativität wahrnehmen lässt, aus drei Dimensionen zusammen:

1. **Domäne**: Eine Domäne besteht – ähnlich wie eine Disziplin – aus symbolischen Regeln und Verfahrensweisen. Eine solche Domäne ist beispielsweise die Architektur oder die Mathematik. Eine Domäne ist wiederum eingebettet in gesellschaftlich geteilte kulturelle Normen und Werte.
2. **Feld:** Dazu gehören alle Personen, die den Zugang zu einer Domäne bestimmen. Vom Feld hängt es ab, ob die Idee angenommen wird oder nicht. Ob bspw. ein neuer Managementansatz es wert ist, anerkannt, erhalten und erinnert zu werden, bestimmt ein Feld aus Managementforschenden, Studierenden, Mitgliedern von Unternehmen, Beratern, Buchverlagen, Herausgeberinnen von Zeitschriften, Organisatoren von Fachkonferenzen, Journalistinnen usw. – eben alle, die das Feld bilden.
3. **Individuum:** Kreativität findet statt, wenn ein Mensch, der mit den Symbolen einer bestehenden Domäne arbeitet, eine neue Idee entwickelt, und wenn dieser das entsprechende Feld auswählt und in die relevante Domäne integriert.

Die **Definition von Kreativität**, die sich aus diesem Ansatz ableitet, lautet:

▶ **Kreativität** „… ist jede Handlung, Idee oder Sache, die eine bestehende Domäne verändert oder eine bestehende Domäne in eine neue verwandelt. Und ein kreativer Mensch ist eine Person, deren Denken oder Handeln eine Domäne verändert oder eine neue Domäne begründet" (Csikszentmihalyi, 2010, S. 48).

Preiser (1976) liefert eine ähnliche Definition: „Eine Idee wird in einem sozialen System als kreativ akzeptiert, wenn sie in einer bestimmten Situation neu ist oder neuartige Elemente enthält und wenn ein sinnvoller Beitrag zu einer Problemlösung gesehen wird" (S. 5). Die Bewertung der Neuheit ist dabei vom sozialen Kontext abhängig, und Wertungen in Bezug auf die Sinnhaftigkeit einer Idee hängen von der Interpretation der Beurteilenden ab (Preiser, 1976).

Was impliziert diese systemische Definition von Kreativität? Kreative Menschen unterscheiden sich nicht zwangsläufig von anderen Menschen, beziehungsweise die Eigenschaft „Kreativität" ist nicht entscheidend dafür, ob eine Person kreativ sein wird oder nicht. Vielmehr ist es zentral, ob ihre kreativen Fähigkeiten und Stärken anerkannt und in die Domäne, das heißt in das soziale „Referenzsystem" aufgenommen werden. Wenn man eine Innovation als Veränderung einer Domäne interpretiert, so kann das Merkmal der persönlichen Kreativität zu einem erfolgreichen Innovationsprozess beitragen, muss aber nicht. **Kreativität und soziale Anerkennung sind vor diesem Hintergrund untrennbar miteinander verbunden.**

Damian Hirst – Wie schafft man sich einen eigenen (Kunst-)Markt?

Das Beispiel von Damian Hirst entstammt dem Kunstmarkt. 2007 stellte er seine Kunstwerke in der *Beyond Belief*-Ausstellung in der White Cube Gallery in London aus. Das zentrale Ausstellungsstück war ein Totenkopf aus Platin, besetzt mit 8601 Diamanten. Die Herstellungskosten lagen bei ca. 15 Mio. Pfund und sprengten damit alle bestehenden Grenzen der modernen Kunstszene. Damian Hirst setzte den Kaufpreis bei 50 Mio. Pfund an. Wie zu erwarten, fand sich für den funkelnden Totenschädel mit dem Namen „For the Love of God" nicht sofort ein Käufer. Bis zum Jahr 2008. In diesem Jahr wurde das Kunstwerk an ein Konsortium verkauft, zu dem unter anderem Damian Hirst selbst und auch die White Cube Gallery gehörten.

Hirst innovierte in zweierlei Hinsicht: Erstens setzte er sich kreativ mit dem historischen Kunstthema der Sterblichkeit beziehungsweise Vergänglichkeit auseinander (welches sehr prominent im 18. und 19. Jahrhundert behandelt wurde); er hat dieses Kunstthema effektvoller inszeniert als jemals zuvor. Zweitens hat er ein eigenes Geschäftsmodell für die Vermarktung seiner eigenen Kunst entwickelt. Er ist gleichzeitig Künstler, Kurator, Unternehmer und Marketingexperte. Er hat es geschafft, dass seine Kunst im Rijks Museum in Amsterdam neben Künstlern wie Rembrandt und Vermeer ausgestellt wird. Die dortige Ausstellung „For the Love of God" folgte einem ausgeklügelten Marketingplan. In Amsterdam hingen überall Poster, es gab zahlreiche Berichte über die Ausstellung in den Medien, T-Shirts, Tassen etc. Das war der Auftakt einer neuen Form der Kunstvermarktung und Bewertung von Kunst (Anderson et al., 2011).◄

Damien Hirst ist einer der reichsten Gegenwartskünstler unserer Zeit. Er hat parallel zur Schaffung seiner Kunstwerke zuerst die Domäne, dann das Feld „bewegt" und so seine individuelle Kreativität gekonnt in „Szene" gesetzt. Wenn Künstler also zu Kunstmanagern werden, erhöhen sie zumindest die Wahrscheinlichkeit, dass das Feld ihre Kunst aufnimmt. Sie beeinflussen zuerst die Erwartungen der Marktteilnehmenden an Kunst aktiv mit und erfüllen diese dann am Ende mit ihren Werken. Das Feld ist in der Kunst so oder so bedeutender als die Domäne (im Gegensatz zur Wissenschaft). Auch radikal innovierende Unternehmen wie bspw. Apple verhalten sich nicht anders. Die Erfindung des Smartphones hat unser Kommunikationsverhalten und damit die Domäne der Online-Kommunikation verändert beziehungsweise eine neue Domäne begründet. Das ist der Weg, wie Neues in unsere Welt gelangt.

2.2.4 Kreativität und Bewertung

Sind denn die Bedingungen für Innovation in jeder Domäne gleich? Die Frage ist klar mit Nein zu beantworten. Heute erhalten Domänen, in denen Resultate messbar sind, Vorrang vor Domänen, in welchen diese Möglichkeit nicht oder nur in geringem Ausmaß besteht (Csikszentmihalyi, 2010). So wird auch in der Kreativitätsforschung häufig das Merkmal der individuellen Intelligenz hervorgehoben (vgl. Abschn. 9.2.3). Für die Messung menschlicher Intelligenz gibt es einen „objektiven" IQ-Test: Daher klammern sich viele Autorinnen und Autoren an die kreativitätsbegünstigende Eigenschaft „Intelligenz". Es ist schwieriger zu messen, ob jemand emotional, intuitiv, sensibel, aufmerksam, energetisch oder kooperativ handelt und in welchem Zusammenhang diese Eigenschaften zur Kreativität stehen. Und was nicht messbar ist, ist von geringerem Interesse in der quantitativ geprägten Kreativitätsforschung. Ohne eine Bewertung von Kreativität sind kaum Vergleiche anzustellen oder Fortschritte abzuleiten. Je geringer also die Möglichkeiten zur Messung von kreativem Potenzial oder Kreativität in einer bestimmten Domäne sind, desto unwahrscheinlicher ist es, dass Erfindungen Eingang in diese Domäne finden.

Es spielt also eine nicht unerhebliche Rolle, wie klar die Struktur einer Domäne ist. Mathematik beispielsweise zeichnet sich durch eine „strenge innere Logik" aus, bietet „maximale Klarheit und minimale Redundanz" (Csikszentmihalyi, 2010, S. 63). In dieser Domäne können kreative Leistungen von einzelnen Personen bereits in jungen Jahren erbracht und vom „Feld" gut und rasch erkannt werden. Im Gegensatz dazu die Sozialwissenschaft: Hier dauert es oft Jahrzehnte, bis sich Erfindungen durchsetzen. Meistens entwickeln Forschende ihre Theorien im Rahmen lose gekoppelter und teilweise weit verzweigter Denksysteme und müssen sehr viel veröffentlichen, bevor ihrer kreativen Tätigkeit Beachtung geschenkt wird.

Ähnlich verhält es sich in Bezug auf die Möglichkeiten zur Bewertung von Kreativität in Industriezweigen bzw. Branchen. In der Konsumgüterindustrie wird zum Beispiel viel Gewicht auf das Marketing gelegt. Produktinnovationen spielen eine zentrale Rolle in der Außenkommunikation, werden in der Öffentlichkeit stark beworben, die Produkte stehen greifbar im Regal, eine große Masse Konsumentinnen und Konsumenten kauft und testet sie und die Marktforschungsabteilung liefert klare Ergebnisse. Die Analyse zeigt im Anschluss transparent auf, ob die Konsumenten die neue, kreative Verpackung eines Smoothies (z. B. in einer hochwertigen Glasflasche) annehmen oder nicht. Anders verhält es sich in der Grundstoff- oder Produktionsgüterindustrie, deren Produkte (Rohstoffe und Halbfabrikate) der Weiterverarbeitung dienen und deren Akzeptanz am Markt teilweise von hohen Folgeinvestitionen auf Kundenseite abhängig ist. Das Wissen ist hier häufig nicht so klar strukturiert, weit verzweigt und nicht so gut zugänglich. Es dauert im Allgemeinen auch länger, bis sich Ideen durchsetzen und vom Markt als Innovation bewertet werden. Die Marktforschung spielt dabei eine untergeordnete Rolle, vielmehr sind gute Beziehungen zu Kundinnen und Kunden und die „Co-Creation" mit ihnen von Bedeutung.

Die kreative Umwelt spielt eine bedeutende Rolle und die Merkmalsausprägungen kreativer Persönlichkeiten können nicht ohne Bezug zu ihrem sozialen Kontext gedacht werden. Damit eine Person kreativ sein kann, muss sie das System, das Kreativität ermöglicht, verstehen. Nun stellt sich die Frage: Gibt es kontextunabhängige Denk- und Handlungstendenzen, die bei kreativen Menschen häufiger vorkommen als bei anderen? Können wir Innovationsfähigkeit im Unternehmen kunstvoller fördern, wenn wir diese Denk- und Handlungsmuster kennen? Diese Frage wird in Abschn. 9.2 ausführlicher erläutert.

2.3 Das innovative Unternehmen als soziales System

Die Ausführungen in den vorangegangenen Abschnitten haben gezeigt, dass individuelle und kollektive Handlungen *innerhalb* eines Unternehmens noch keinen unmittelbaren Einfluss auf das Wesen der Innovation haben. Wenn etwas hervorgebracht wird, was zuvor noch nicht in dieser Form bestanden hat, dann gilt das zwar als kreativ. Doch dieses Kreativitätspotenzial verwandelt sich erst *außerhalb* der Unternehmensgrenzen in eine Innovation.

Innerhalb der Unternehmensgrenzen kann man also nur die Fähigkeit fördern, eine Innovation potenziell einzuleiten, diese lässt sich aber nicht direkt steuern (Baitsch, 1998). Die Grundbausteine dieser systemischen und sozialkonstruktivistischen Sichtweise von Innovationsförderung in Unternehmen werden nachfolgend ausgeführt.

2.3.1 Führung aus einer systemisch-konstruktivistischen Perspektive betrachtet

Systemtheorie und Sozialkonstruktivismus können, was ihre theoretisch-modellhafte Komplexität, ihre einheitliche Terminologie und ihre empirische Brauchbarkeit anbelangt, zusammen als Metatheorien für die Führungsaufgabe, die Innovationsfähigkeit des Unternehmens zu fördern, betrachtet werden. Während die Systemtheorie einen Paradigmenwechsel vom Steuerungsdenken zur systemischen Selbstorganisation von Unternehmen eingeläutet hat, begründet der Sozialkonstruktivismus „die relationale Wende" (Bergmann & Daub, 2008, S. 40): Er geht davon aus, dass Wirklichkeit in Beziehung mit anderen konstruiert wird.

Sowohl systemische als auch sozialkonstruktivistische Ansätze gehen von einer wechselseitigen Beeinflussung und Aushandlung von Wirklichkeiten aus. Unternehmen werden als Ergebnis menschlichen Handelns, aber nicht unbedingt menschlicher Absichten verstanden. Die neuere Systemtheorie dient dabei vor allem der Analyse der Systemwirkung von innovationsfördernden Führungshandlungen. Der Sozialkonstruktivismus widmet sich insbesondere der Analyse interaktiver Konstruktionsprozesse, zum Beispiel der interaktiven Konstruktion von „innovatorischen Freiräumen" in Führungsbeziehungen (Abschn. 9.1). Mit diesen theoretischen Ansätzen lassen sich die Kontextbedingungen erfassen und entsprechend die Führungshandlungen unter diesen Voraussetzungen reflektieren.

Wie wirkt sich dieser theoretische Bezugsrahmen auf unser Verständnis eines innovativen Unternehmens und der Möglichkeiten zur Innovationsförderung durch die Führung aus? Die folgenden Abschnitte erläutern dies genauer.

2.3.2 Selbstorganisation und Veränderung

Organisationen wandeln sich und treten dabei in eine enge Wechselwirkung mit Innovationen, wobei ihre Reflexionskompetenz entscheidend ist. Denn reflexive Organisationen konzentrieren sich eher auf das Lösen, statt auf das Festigen organisationaler Formen (Pohlmann, 2005, S. 15). Begriffe wie „lebendes System", „Selbstregulierung" und „Varietät" unterstreichen dieses Phänomen der **Deorganisation**, welches zum zentralen Innovationsmodell dieses Paradigmas geworden ist. Systemtheoretische Überlegungen helfen, diesen auf den ersten Blick paradox erscheinenden Begriff der Deorganisation zu erfassen und mit dem Phänomen der Innovation in Verbindung zu setzen. Die wichtigsten Prämissen und Theoreme dazu finden sich in den nächsten Abschnitten.

Organisationen werden als **komplexe Systeme** gefasst. Das systemtheoretische Konzept der Komplexität geht davon aus, dass jedes System Selektionen vorzunehmen hat, um sich selbst zu erhalten. Denn es ist in einer Organisation nicht möglich, dass alle Elemente miteinander verbunden sind. Um ein Beispiel zu geben: Würden 100 Mitarbeitende eines Unternehmens im Rahmen ihrer Interaktion sich ständig Informationen darüber liefern, was sie gerade tun, wäre das Unternehmen kaum handlungsfähig. Ein Unternehmen organisiert sich also, schafft Organigramme, Abteilungen, Hierarchien etc. Dadurch differenziert es Strukturen aus und grenzt sich so von der Umwelt ab. Es ist also immer klar, wer und was zum Unternehmen gehört und was nicht.

Auf der Grundlage der ausdifferenzierten Strukturen verarbeitet das Unternehmen als soziales System Informationen aus der Umwelt und passt sich an die sich ändernden Umweltbedingungen an. Die **Abgrenzung gegenüber der Umwelt** gelingt dem System aber nur, indem es sich auf sich selbst bezieht. Es handelt sich also um ein selbstreferenzielles System, ein **autonomes System**, das sich fortwährend auf der Grundlage der eigenen Strukturen an die Umwelt anpasst: Der eigene Erhalt wird somit zu einem permanenten Problem (Luhmann, 1973, S. 39 ff.)

Es ist für ein System entscheidend, wie viel Varietät – oder anders formuliert: wie viel **Freiraum oder „Experimentierraum"** – es bereithält, um auf potenzielle Änderungen in der Umwelt zu reagieren. Dabei ist es entscheidend, wie es seine Struktur organisiert, um seine Zustände erfolgreich zu ändern, wenn es neue Informationen verarbeitet (Kap. 7). Es ist für eine Organisation von zentraler Bedeutung, auf welche Weise sie neues Wissen in ein System einführt. Jedes soziale System verfügt also über eine ausgeprägte **Eigendynamik**. Für das System sind nur solche neuen Informationen – oder wie sie im systemtheoretischen Jargon heißen: Irritationen (Bateson, 1983) – von Bedeutung, welche Anschluss an die systeminternen Reproduktionsvorgänge finden (Aderhold & Jutzi, 2003, S. 123).

Anschluss findet eine Irritation, indem sie für das System einen Unterschied macht. Eine solche vom System wahrgenommene Differenz in der Umwelt wird jedoch nicht einfach in das System „übertragen". Die Irritation beziehungsweise die Information konstituiert das System vielmehr selbst. Ein soziales System kann selbstverständlich nicht alle Informationen verarbeiten. Soziale wie auch psychische Systeme (Menschen) wählen aus der Fülle der Informationen immer aus, sie unterliegen einem Selektionszwang. Nach Luhmann (1984, S. 92 ff.) ist **Sinn** jener Mechanismus, der die notwendige Reduktion leistet. Er legt bestimmte Anschlussmöglichkeiten nahe und macht andere unwahrscheinlich bzw. schwierig (Luhmann, 1984, S. 94). Unter Sinn wird – etwas abstrakt formuliert – das fortlaufende Prozessieren der Differenz von Aktualität und Möglichkeit verstanden (Luhmann, 1984, S. 111). Sinn zieht die Grenze zwischen systemzugehöriger und nicht systemzugehöriger Kommunikation.

In der Kommunikation wird entschieden, was als nächstes geschehen oder thematisiert wird. Der Freiraum, den eine Organisation hat, um Anschlüsse zu wählen, richtet sich nach den Möglichkeiten, die dem organisationalen System in Abhängigkeit von seinen ausgebildeten Strukturen zur Verfügung stehen. Die Struktur wirkt also auch in diesem organisationalen Verständnis einschränkend darauf, welche Kommunikationen möglich sind und welche nicht. Diese Begrenzung ist jedoch Voraussetzung dafür, dass Sinnkomplexe aufgebaut werden (Aderhold & Jutzi, 2003, S. 146).

2.3 Das innovative Unternehmen als soziales System

Thematisierungen verlaufen also nicht beliebig. Diese Beschränkung der Verarbeitungskapazität ist nicht als Fehler eines Systems zu verstehen, sondern wirkt vielmehr konstitutiv für alle sozialen Gebilde (Aderhold & Jutzi, 2003, S. 123). Die Strukturen legen den **Resonanzbereich** fest. „Mit dem Begriff der Resonanz ist die Fähigkeit eines Systems angesprochen, intern auf bestimmte Umweltereignisse reagieren zu können" (Aderhold & Jutzi, 2003, S. 124).

▸ Unternehmen benötigen insbesondere unter dem Gesichtspunkt von Veränderungen ein möglichst großes „internes Repertoire" unterschiedlicher Wirklichkeitsvorstellungen. Es ist die zentrale Bedingung für die Ermöglichung von Innovationen (Hejl & Stahl, 2000, S. 23–24; Nagel & Wimmer, 2002, S. 17–24).

2.3.3 Gemeinsam neue Wirklichkeiten schaffen

Betrachtet man Unternehmen als relationale Systeme, werden diese als Ergebnis aufeinander bezogenen Handelns von mehreren Menschen definiert. Wirklichkeit stellt sich demnach her, indem die Individuen ihr Handeln beziehungsweise ihre Kommunikation aufeinander beziehen. „Das (Bezugs-)Handeln ‚macht Wirklichkeit' aus individuellen Vorstellungen und Bildern über diese Organisation, über ihre Orientierung und Lenkung, ihre Struktur, ihre Grenzen, Vorstellungen über das, was wesentlich, sinnvoll, erwünscht, erwartet, gefordert, erlaubt und verboten ist" (Müller & Hurter, 1999, S. 4). Unternehmen reproduzieren sich demnach durch das Handeln beziehungsweise die Kommunikation der Menschen. Differenziert sich also eine bestimmte Vorstellung einer Unternehmung aus, „sollten wir uns stets vergegenwärtigen, dass wir es lediglich mit einer von vielen möglichen Beschreibungen zu tun haben. Es sind ‚Wahrheiten durch Übereinstimmung' – d. h. Darstellungsformen, die von bestimmten Gruppen von Personen bevorzugt werden" (Gergen, 2002, S. 41). Die Wirklichkeit im Unternehmen konstituieren die Unternehmensmitglieder intersubjektiv, sie existiert für den Einzelnen nicht, wenn sie nicht unaufhörlich verhandelt und bestätigt wird. Sprache bildet dabei die Grundlage.

▸ Eine solche **sozialkonstruktivistische Position** nimmt Abstand vom absoluten Objektivitätsanspruch von Wissen und Erkennen. Zudem ergibt sich ein Menschenbild, das nicht durch Anpassung an Strukturen geprägt ist, sondern grundsätzlich **Handlungsfreiräume** aufzeigt.

Organisationale Freiräume sind zwar nicht beliebig, denn die selbst konstruierten Verfestigungen von Wirklichkeitskonstruktionen (darunter fallen z. B. auch Institutionen wie Innovationsmessgrößen oder die Bewertung von Risiken) wirken auf die Menschen zurück und beschränken deren Handeln. Innovationsprozesse sind daher in hohem Maße an die

Kooperationsprozesse und die dabei ablaufenden Wissensprozesse gebunden (Wehner & Vollmer, 2007, S. 31). Diese Prozesse nehmen Bezug auf bereits vorhandenes Wissen und Erfahrungen der einzelnen Mitarbeitenden (Bergmann & Daub, 2008, S. 79 ff.). Um Wissen und Erfahrungen auszutauschen, muss ein gemeinsames Bedeutungsverständnis vorhanden sein, damit die einzelnen Mitarbeitenden in der Kommunikation auch an das Gesagte der anderen anschließen können.

Um innovativ zu sein, muss eine Organisation Austauschmöglichkeiten schaffen, welche auch die vorhandene organisationale Logik infrage stellen. Dies erfordert ein Führungsmodell, das die Konfrontation zwischen etablierten Praktiken und neuen Ideen und Visionen innerhalb der Organisation in den Vordergrund stellt. Nur so kann die **lernende Organisation** langfristig innovativ sein (Bouwen & Fry, 1991). Lernende Organisationen sind also befähigt, eine Haltung zu entwickeln, um die eigenen Kompetenzen dynamisch zu erneuern und auch auf die Forderungen des Marktes mit einer kreativen Zerstörung zu reagieren (Teece & Pisano, 1994).

2.3.4 (Ent-)Lernen und Routinen hinterfragen

Die systemtheoretische Perspektive beschreibt wie bereits ausgeführt das Unternehmen als selbstreferenzielles System, das heißt, die Organisation reproduziert sich selbst, indem sie auf der Grundlage der vorhandenen Strukturen diese erneuert und zu verbessern versucht. Eine Implikation dieser Aussage ist, dass eine Organisation nur überlebensfähig ist, wenn sie produktive Routinen ausgebildet und ihre Erfahrungen entsprechend differenziert und systematisiert hat.

Organisationen benötigen also einen entsprechenden Grad an Beständigkeit, um ihr Überleben zu sichern. Ein Unternehmen ist immer in einen institutionellen Kontext eingebunden, in ein Netzwerk von Werten, Normen, Regeln und nicht zu hinterfragenden Annahmen, die nur schwer zu ändern sind (Lam, 2004, S. 26). Vorhandene Strukturen reproduziert das Unternehmen in der Regel. Die Mitarbeitenden vertrauen eher auf das Bekannte, als dass sie sich auf Experimente mit offenem Ausgang einlassen (Shalley & Gilson, 2004, S. 39).

Um zu innovieren, muss ein Unternehmen daher versuchen, **Beharrungstendenzen** zu überwinden. Denn Innovationsvorhaben erzeugen oft Widerstand und lassen sich somit nicht ohne neue Wirklichkeitskonstruktionen, das heißt die **Gestaltung organisationaler Veränderungs- und Lernprozesse** umsetzen. Es stellt sich in diesem Zusammenhang also immer auch die Frage, welche Bedingungen Unternehmungen erfüllen müssen, damit sie diese Beharrungstendenzen überwinden und sich zu lernenden und veränderungswilligen Organisationen entwickeln. Die eigentliche Schwierigkeit im organisationalen Lernen besteht darin, die **Balance zu halten** zwischen der Verwertung alter Gewissheiten einerseits und der Erforschung neuer Möglichkeiten andererseits (Bouwen & Fry, 1991; March, 1991).

Dominierende Logiken basieren auf **Routinen**. In der Literatur (für einen Überblick vgl. Feldmann & Pentland, 2003) finden sich zahlreiche Definitionen, wie Routinen zu fassen sind. Einerseits strukturieren sie den Alltag und finden sich auch in Prozessbeschreibungen wieder. Andererseits stellen sie Wirklichkeiten her, die organisationale Strukturen reproduzieren und verfestigen. Etablierte Routinen können Beharrungstendenzen in einer Organisation verstärken und schließlich zu **Pfadabhängigkeiten** und sogenannten Lock-in-Effekten führen (Sydow et al., 2009; 2020).

Pentland und Feldman (Feldman, 2000; Feldman & Pentland, 2003; Pentland & Feldman, 2005) machen in ihren Arbeiten deutlich, dass durch ein gewohnheitsmäßiges Handeln Pfadabhängigkeiten in Unternehmen entstehen, aus denen auszubrechen fast unmöglich scheint. Will man dies verhindern, sind Irritationen im System zuzulassen, welche die Wahrnehmungs- und Verhaltensroutinen der Mitarbeitenden stören. Denn das Unternehmen benötigt Experimentierräume, welche die Chance bieten, Strukturen wie auch Routinen zu verändern beziehungsweise innovationsfördernde Kommunikations- und Handlungsmuster (Holzer, 2012) zu etablieren – und dadurch erhärtete Gewohnheiten aufzubrechen.

▶ **Innovationsmanagement** Wird so als routinierte Suche nach Erneuerung beziehungsweise Verbesserungen betrachtet. „Routinen produzieren routinemäßig Innovationen. Innovationen bestehen im Wesentlichen aus der Rekombination von Routinen" (De Vries, 1998, S. 77).

Ideen werden erst im Zuge der Implementation einer Idee – in der Regel durch standardisierte, lineare Routineprozesse – zur Innovation. Das heißt, es besteht eine wechselseitige Beziehung zwischen Innovation und Routine (vgl. Abb. 2.5). Das grundlegende Paradox der Innovation liegt darin, dass sie etwas voraussetzt, das sie erneuert. Beide Elemente können nur symbiotisch existieren. Im Moment ihrer „Neuigkeit" stellen Innovationen einen Bruch mit der „alten" Routine dar. Mit jedem „Folgeauftritt" der Innovation wird diese aber wiederum selbst zur Routine und somit anschlussfähig an bestehende Strukturen des Systems. Somit wird auch deutlich, dass Innovationen erstens nur rückblickend als solche beobachtet werden können und dass zweitens – wie wir wissen – Innovationen nur in Bezug auf ihren sozialen Kontext begreifbar sind. Das ist paradox, aber lange nicht die einzige Paradoxie in Bezug auf die Gestaltung von Innovationsvorhaben, wie das nächste Kapitel zeigt.

2.4 Das innovative Unternehmen und Paradoxien der Innovation

Vor dem oben dargelegten Hintergrund wird deutlich, dass das **Management von Paradoxien**, um ein innovationsförderndes Führungsmodell zu entwickeln, eine zentrale Stellung einnehmen muss. Dafür wird nachfolgend der Paradoxiebegriff erläutert und wesentliche begriffliche Abgrenzungen werden vorgenommen. Anschließend wird die inhaltliche

Abb. 2.5 Zirkulärer Zusammenhang von Routine und Innovation. (Quelle: De Vries, 1998, S. 78)

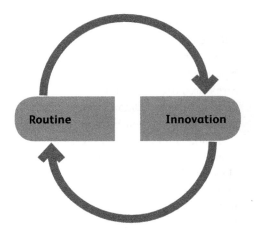

Dimension von Paradoxien bei Innovationsvorhaben erläutert. Aufbauend auf dieses Kapitel werden handlungsorientierte Führungsansätze in Bezug auf eine innovationsfördernde Gestaltung von Paradoxien entwickelt.

2.4.1 Der Umgang mit Paradoxien als Mechanismus der Innovation

Die Diskussion über den Umgang mit Paradoxien im Zusammenhang mit der Entstehung von Innovationen ist nicht neu (Jay, 2013; Gebert, 2002; Sauer & Lang, 1999; Smith & Tushman, 2005; Smith & Lewis, 2011). Diese Perspektive hat sich heute in der Innovationsforschung etabliert und wird laufend weiterentwickelt (Farjoun et al., 2018; Lauritzen & Karafyllia, 2019; Smith et al., 2016).

Doch bevor **Paradoxien im Rahmen von Innovationsvorhaben** diskutiert werden, ist eine begriffliche Abgrenzung vorzunehmen (vgl. Tab. 2.7; Tushman & O'Reilly, 1996; Gebert, 2002; Müller-Christ, 2007; Smith & Lewis, 2011, S. 387).

Um ein **Dilemma** zu lösen, müssen die Vor- und Nachteile der Alternativen A und B gegeneinander abgewogen werden. Beispielsweise kann eine „Make-versus-buy"-Entscheidung (Smith & Lewis, 2011) im Rahmen eines Produktentwicklungsprozesses ein Dilemma auslösen. Oder das Topmanagement steht vor der Entscheidung, die Forschungs- und Entwicklungsabteilung auszulagern. Beide Optionen haben Vor- und Nachteile, die abzuwägen sind.

Eine Situation ist dann **paradox**, wenn die Vor- und Nachteile widersprüchlich sind und diese *nicht unabhängig voneinander betrachtet* werden können (Dualität von A und B). Eine Aussage gilt zum Beispiel als paradox, wenn sie scheinbar gleichzeitig wahr und falsch ist. Ein Definitionsversuch der **Paradoxie** von Sainsbury (1993) lautet: „Aus scheinbar annehmbaren Prämissen wird durch einen offensichtlich konsistenten Gedankengang eine offenkundig unannehmbare Schlussfolgerung abgeleitet" (S. 8). Gemäß

2.4 Das innovative Unternehmen und Paradoxien der Innovation

Tab. 2.7 Paradoxiebegriff und begriffliche Abgrenzung

Typ Spannungsfeld	Definition
Widerspruch	Ein Widerspruch (Oberbegriff für alle anderen hier aufgeführten Begriffe) bezeichnet eine *logische Unvereinbarkeit* mehrerer gegensätzlicher Informationen
Dilemma	Die *Auswahl* zwischen zwei in gleicher Weise erstrebenswerten oder unangenehmen Möglichkeiten. Jede Wahl hat klare Vor- und Nachteile. Dilemmata sind nur paradox, wenn die Auswahlmöglichkeiten widersprüchlich sind und nicht unabhängig voneinander betrachtet werden können
Dualität (A und B)	Abgeleitet aus dem lateinischen Wort dualis = „zwei enthaltend" bzw. „Zweiheit". Eine Dualität beinhaltet einen unversöhnlichen Gegensatz zweier Elemente A und B *innerhalb einer Einheit*. Der Pol A existiert nur unter Bezug auf Pol B. Dualismen tendieren nicht zur Versöhnung von Gegensätzen
Paradoxie	Widersprüchliche, aber doch *miteinander zusammenhängende Elemente* (Dualität von A und B), die gleichzeitig vorkommen und über einen längeren Zeitraum fortbestehen. Solche Elemente wirken für sich genommen logisch. Stellt man sie nebeneinander, wirken sie irrational, inkonsistent und absurd. Sie laufen der allgemeinen Wahrnehmung zuwider
Dialektik	Die Dialektik kann als Methode der Gesprächsführung so interpretiert werden: Widersprüchliche Elemente (A = „These" und B = „Antithese") werden durch *Integration* (C = „Synthese") zusammengebracht bzw. miteinander „versöhnt". Über die Zeit hinweg kann sich zur Synthese wieder eine Antithese bilden usw. Eine Dialektik ist paradox, wenn die Elemente sowohl widersprüchlich als auch untrennbar miteinander verbunden sind
Ambidextrie	„Beidhändigkeit" oder *Koexistenz divergierender Elemente*, die früher als unüberwindbares Dilemma betrachtet wurden
Ambivalenz	Eine Ambivalenz kann als *Doppelwertigkeit* betrachtet werden, d. h. gleichzeitig bestehende, einander entgegengesetzte Gefühle, Bestrebungen oder Vorstellungen
Ambiguität	Eine Ambiguität ist eine *Doppel- oder Mehrdeutigkeit* einer Aussage
Konflikt	Ein Konflikt bedeutet im allgemeinen Sprachgebrauch *Zusammenstoß* oder *Widerstreit*

Ortmann (1999) liegt eine **operative Paradoxie** dann vor, „wenn die Bedingungen der Möglichkeit einer Operation die Bedingungen ihrer Unmöglichkeit implizieren" (S. 249). Der *Modus Operandi* des Auflösens von Paradoxien beziehungsweise der Erfolgsbegriff des Paradoxiemanagements besteht „darin, aufzuzeigen, dass entweder die Prämisse und der Gedankengang Schwächen zeigen oder die Schlussfolgerung gar nicht so unannehmbar ist, wie sie zunächst erscheint" (Wolf, 1999, S. 212). Das heißt, die entsprechende

Vorgehensweise zeigt sich „im rekursiven Durchlaufen iterativer Schleifen forschender, suchender, experimentierender Praxis" (Ortmann, 1999, S. 253).

Dagegen zeichnet sich eine **Dialektik** durch einen laufenden Prozess aus, der Spannungsfelder bearbeitet und diese integriert. Dieser dialektische Prozess ist durch eine andauernde Synthese von **Widersprüchen** geprägt. Diese Prämisse der „Versöhnung" taucht in der Bewältigung von Gegensätzen im Alltag oft auf. Letztlich kann das aber nur geschehen, indem das Gegensätzliche umgedeutet wird. Zu einem späteren Zeitpunkt kann auch die Synthese zweier widersprüchlicher Alternativen (C) wieder eine neue These werden und eventuell wieder eine neue Antithese (D) hervorbringen usw. „Glokalisierung" bezeichnet zum Beispiel das Nebeneinander des Prozesses der Globalisierung und seiner lokalen Auswirkungen. Häufig sind betriebliche Prozesse an einem bestimmten Punkt in der Welt von lokal-regionaler und gleichzeitig von global-überregionaler Bedeutung. Aufgrund globaler und gleichzeitig lokaler Vernetzungen entstehen Netzwerke, die gleichzeitig für die Innovationsfähigkeit genutzt werden.

Das führt zum nächsten zentralen Begriff: dem der **„Ambidextrie"** (E Cunha et al., 2019; Isaksen & Tidd, 2006; Junker et al., 2021; Konlechner & Güttel, 2009; Rosing et al., 2010; Schneeberger & Habegger, 2020; Smith & Lewis, 2011; Tushman & O'Reilly, 1996). Für den Begriff, der auch als **„Beidhändigkeit"** (Kearney, 2009) oder **„Janusköpfigkeit"** (Isaksen & Tidd, 2006) bezeichnet wird (Abschn. 3.4), gibt es kein einheitliches Verständnis, sicherlich auch deshalb, weil die Ambidextrieforschung multidisziplinär ist. Eine mögliche Auslegung von Ambidextrie ist die Koexistenz divergierender Logiken, die früher als unüberwindbares Dilemma betrachtet wurden. Eine Literaturübersicht findet sich zum Beispiel in Raisch und Birkinshaw (2008).

Den Begriff **Ambivalenz** kann man gemäß Stahl und Fischer (2013) als „psychologisches Derivat des logischen Widerspruchs bzw. der Konsequenz des logischen Entweder-oder" (S. 97) betrachten. Sie stellen **drei Arten von Ambivalenzen** in den Vordergrund (Stahl & Fischer, 2013, S. 97–98):

▶ [Drei Arten von Ambivalenzen]
Affektive Ambivalenz:

Zwei sich nur durch die Logik ausschließende Gefühle sind zugleich im Bewusstsein vorhanden (z. B. Liebe und Hass).

Intellektuelle Ambivalenz:
Es liegen zwei sich widersprechende Bewertungen vor (positiv und gleichzeitig negativ).

Voluntative Ambivalenz:
Es liegen zwei sich widersprechende Wünsche vor.

Ambivalenzen halten unser Denken in permanentem Ungleichgewicht und erzeugen auf Dauer ein Gefühl der Zerrissenheit beziehungsweise Zwiespältigkeit (Stahl & Fischer,

2.4 Das innovative Unternehmen und Paradoxien der Innovation

2013). **Ambiguitäts- und Ambivalenztoleranz** sind zentrale Konzepte in der Führungspsychologie und umschreiben die Bewältigung der Spannungen, die durch gegensätzliche Führungsanforderungen hervorgerufen werden.

Die Spannung bei **Konflikten** beruht hingegen nicht auf logischen oder dialektischen Gegensätzen, sondern auf Ziel-, Bewertungs-, Verteilungs- und Beziehungsunvereinbarkeiten (Müller-Christ, 2007, S. 139). Diese Spannungen entstehen in emotionalen und mentalen Denkwelten, die grundsätzlich veränderbar sind. Es lassen sich Kompromisse finden, und wenn die Spannungen auf ein erträgliches Maß reduziert werden, wird von einem Konsens gesprochen. Im Rahmen der Bewertung von Ideen kommt es in Organisationen häufig zu Konflikten. Die Produktionsleitung beurteilt zum Beispiel eine Idee als nicht umsetzbar, die Marketingleitung behauptet das Gegenteil (und bezieht sich dabei z. B. auf Best Practices aus anderen Unternehmen).

Warum ist es so wichtig, diese begrifflichen Grenzen zu ziehen? Gerade in Bezug auf die Gestaltung von Innovationsvorhaben sind viele Führungskräfte nicht nur mit Widersprüchen, sondern insbesondere mit **Paradoxien** konfrontiert. So liegen bspw. das Schöpferische und das Zerstörerische von Innovation nahe beieinander, koexistieren nebeneinander. Teilweise müssen sich Führungskräfte sogar mit mehreren, sich gegenseitig überlappenden paradoxen Anforderungen an das Unternehmen auseinandersetzen. Dies gilt nicht ausschließlich für das Topmanagement auf einer strategischen Führungsebene, sondern auch in Bezug auf die operative Führungsebene und auf die Gestaltung von innovationsfördernden Strukturen, Kulturen und Führungsbeziehungen. Gerade im Rahmen der Innovationsförderung müssen Führungskräfte oft adäquate Formen der Widerspruchsbewältigung entwickeln.

2.4.2 Inhaltliche Dimensionen von Paradoxien

Die innovative Organisation steht im Spannungsfeld zahlreicher Widersprüche (vgl. Abb. 2.6), zum Beispiel Individuum – Kollektiv, Flexibilität – Effizienz, Exploration – Exploitation, Zufall – Steuerung, Zerstörung – Schöpfung, Sicherheit – Risiko, Konformität – Abweichung, Routine – Erneuerung, Freiheit – Kontrolle bzw. Zwang, Integration – Separation, Öffnung – Schließung, um nur einige Spannungsfelder zu nennen (Tushman & O'Reilly, 1997; Bouchikhi, 1998; Gebert, 2002; Smith & Tushman, 2005; Andriopoulos & Lewis, 2009; Rosing et al., 2010; Smith & Lewis, 2011).

Nachfolgend werden einige ausgewählte widersprüchliche Aspekte ausführlicher beschrieben. In Bezug auf konkrete Handlungsstrategien zur Akzeptanz der unauflösbaren Paradoxien beziehungsweise zum kunstvollen Umgang damit finden sich in Kap. 3 weitere Ausführungen. Die Auswahl der behandelten Paradoxien ist nicht abschließend und erfolgt auf der Grundlage des Reflexionspotenzials im Hinblick auf Fragestellungen der innovationsfördernden Führung.

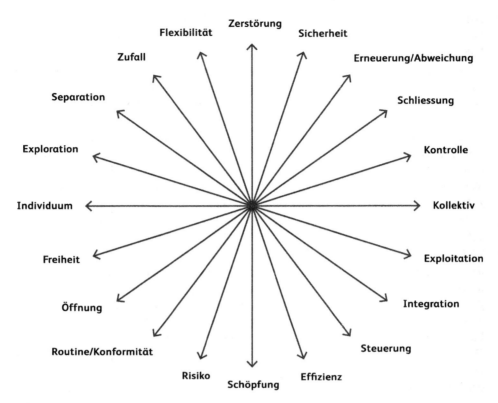

Abb. 2.6 Die innovative Organisation im Spannungsfeld widersprüchlicher Anforderungen. (Quelle: in Anlehnung an Bouchikhi, 1998, S. 224; zitiert in Gebert, 2002, S. 153)

2.4.2.1 Zukunftsparadox

Die Innovation entfaltet sich zunächst als Zukunfts- bzw. Suchparadox. Ortmann formulierte diese widersprüchliche Eigentümlichkeit wie folgt:

> Nicht suchen wir einfach nach dem passenden Schlüssel für ein fix und fertiges Schloss, sondern wir erschließen uns die Eigenschaften des Schlosses erst während der Suche und des Ausprobierens des Schlüssels, und nie ist ausgeschlossen, dass wir am Ende statt eines passenden Schlüssels für ein Schloss ein passendes Schloss für einen Schlüssel gefunden haben. (Ortmann, 1999, S. 251)

Die Konsequenz einer solchen Aussage ist, dass das Neue iterativ zu suchen ist. Man muss ausprobieren, experimentieren, um das Neue in die Welt zu bringen. Es geht dabei nicht um eine Neuschöpfung, sondern um ein Erkennen im Wiedererkennen. In diesem Sinne

2.4 Das innovative Unternehmen und Paradoxien der Innovation

entstehen Innovationen aus dem Bekannten und der Wiederholung und Routine heraus – eben als iteratives Durchlaufen „rekursiver Schleifen vom Bekannten zum Unbekannten und zurück in die Welt" (Ortmann, 1999, S. 250).

Eine Innovation stellt aus dieser Perspektive die Markierung einer Veränderung an der Grenze zwischen vorher und nachher dar. Innovation kann nur in der Gegenwart als Differenz zwischen Vergangenheit und Zukunft beobachtet werden und ist dann von Dauer, wenn ein Problem und eine Lösung sich auf eine gewisse Weise über die Zeit wechselseitig stabilisieren. Die Führung hält zum Beispiel an einer Vorstellung fest, obwohl sie weiß, dass es vielleicht nicht diese sein wird, die sich in Zukunft tatsächlich durchsetzt. Ein zukünftiger möglicher Zustand wird „wie eine relativ stabile Identität, […] wie ein Ding behandelt und für rekursive Zugriffe verfügbar gehalten" (Luhmann, 2000, S. 163). Hat die zukünftige Innovation einen Wert und ist ein Zweck sichtbar, wird die Innovation planbar und man gewinnt Zeit. Vor diesem Hintergrund können Innovationsprozessmodelle als „So-tun-als-ob"-Mechanismen interpretiert werden: Man bringt Berechenbarkeit und Linearität in einen instabilen und unsicheren Prozess.

2.4.2.2 Risiko vs. Sicherheit – Risiko vs. Gefahr

Kriegesmann et al., (2007, S. 257–258) untersuchten 400 Produktinnovationsprozesse aus Hochtechnologiebranchen: 28 % der Erfinder trieben ihre radikalen Innovationsvorhaben im Kontext einer risikoaversen Null-Fehler-Kultur voran. Im Falle eines Scheiterns rechneten sie mit „Häme und Spott" seitens ihrer Kolleginnen und Kollegen. In 39 % dieser radikalen Innovationsvorhaben rechnen die Erfinder zudem mit einem Verlust an Ansehen und Reputation, sollte das Innovationsvorhaben nicht erfolgreich verlaufen. An diesem Beispiel kann man sehen, wie dieses Innovationsparadox im Führungsalltag „an die Oberfläche" kommen kann.

Innovieren ist inhärent risikoreich, denn es ist nie genau zu bestimmen, ob eine Idee auf genügend passende Erwartungen im Markt trifft und sich vermarkten lässt. Es wäre unklug, sich nun als Führungskraft darauf zu versteifen, die Innovationsrisiken zu eliminieren und durch Marktforschungsstudien, Trendanalysen, Kundenbefragungen über das gängige Maß hinaus auch noch das letzte Restrisiko ausschließen zu wollen. Das wäre Energieverschwendung, denn es ist schlicht nicht möglich zu innovieren, ohne ein gewisses Risiko einzugehen.

Innovationen erzeugen in einem sozialen System gleichzeitig Sicherheit und Unsicherheit. Sicherheit ist dabei als ein kalkulierbares Risiko zu verstehen: Das Management kann eine Abfolge von Handlungen mit einer bestimmten Eintrittswahrscheinlichkeit bewerten (Simonis, 1999, S. 153). Bekanntermaßen wird mit jeder Entscheidung im Innovationsprozess die (prinzipiell offene) Zukunft eingeschränkt. Die Folgen von Entscheidungen – intendierte oder nicht-intendierte – werden damit auch im Nachhinein sichtbar und zurechenbar. Unsicherheit ist hingegen eine Situation, in der nicht einmal mehr eine Risikobewertung eines zukünftigen Zustandes abgegeben werden kann.

Innovationen sind Zukunftsprobleme, die immer ein Wagnis bedeuten. Doch handelt es sich um ein Risiko? Oder ist eher von einer Gefahr zu sprechen? Diese Unterscheidung „Risiko versus Gefahr" lässt sich an den folgenden Beispielen erörtern: Ein Manager hat zu entscheiden, ob er eine Innovation initiieren soll – oder eben nicht. Er lässt sich in der Regel in seiner Entscheidung von den möglichen Gewinnrealisierungen leiten. Innovationsentscheidungen rechnet er sich also selbst zu und versucht so das Überleben seines Unternehmens zu sichern. *Risiko* bedeutet hier, dass die Folgen seiner Entscheidung eben dieser eigenen Entscheidung zugerechnet werden.

Für seine Mitarbeitenden aber können seine Entscheidungen zu einer *Gefahr* werden, da ihre Arbeitsplätze oder ihre Gesundheit unter Umständen bedroht sind. Gefahr bedeutet, dass sich die Folgen der Entscheidung nicht auf eine eigene Entscheidung beziehen, sondern einem externen Verursacher zugeschrieben werden (Kneer & Nassehi, 2000, S. 167 ff.). Für den Innovationsprozess wird es somit relevant, wer die Innovation als Risiko und wer sie als Gefahr betrachtet.

Damit tritt die Unvermeidbarkeit von Risiken und Gefahren ins Zentrum des Interesses. Nun wird das Problem sichtbar, wie Innovationsentscheidungen angesichts eines unumgänglichen Risikos überhaupt möglich sind.

▶ Die Paradoxie wird in der Regel verdeckt, und zwar dadurch, dass der Innovation mehr zugemutet wird, als sie eigentlich leisten kann. Mit anderen Worten, das bereits diskutierte **„so tun, als ob"** bzw. ein „fake it, until you make it" wird entscheidend, um Innovationsprozesse überhaupt zu riskieren. Man entwickelt einen Algorithmus für eine Jobvermittlungs-App und tut bei der Markteinführung so, als ob die App perfekt funktionieren würde. Man entwickelt Luxus-Ökohotels, als ob man wüsste, dass es bald genügend zahlungskräftige Ökotouristen gibt.

2.4.2.3 Konforme und nichtkonforme Innovationen

Innovationen entstehen also, weil eine Fiktion oder Vision als Grundlage dient, auf die sich die Verantwortlichen in ihren zukunftsträchtigen Handlungen beziehen. Jedoch zeigt sich, dass damit immer auch ein Rückgriff auf das bereits Bekannte erfolgt. Pohlmann erkennt darin eine weitere Paradoxie der Innovation:

> Organizations and other social systems prefer innovations that are "conform – non-conform". They have to be understandable and usable according to old rules but rule breaking at the same time. (Pohlmann, 2005, S. 11)

Die von Pohlmann formulierte Paradoxie entspricht dem Konzept der Pfadabhängigkeit bzw. der Pfadkreation. **History matters** – ein Schlagwort, das widerspiegelt, dass eine zu starke Abweichung vom gegebenen Pfad zu „Ablehnung und Unverständnis führen

2.4 Das innovative Unternehmen und Paradoxien der Innovation

könnte, während eine zu geringe Abweichung nicht als Neuerung erkannt werden würde" (Meyer & Schubert, 2005, S. 6). Um erfolgreich einen neuen Pfad zu kreieren, muss man sich vor allem auf die vorhandenen Strukturen beziehen und diese so verändern, dass sich die Modifikation als Neuerung erkennen lässt. Die Weiterführung des Bekannten im Neuen erhöht zudem die Chance, dass sich die Innovation an das Vorhandene anschließen lässt.

Organisationen spiegeln in der beispielhaft dargestellten Weiterführung des Alten im Neuen die Erwartungen ihrer maßgeblichen Umwelten wider (Hasse & Krücken, 2005, S. 55).

▸ Die Kennzeichnung einer Innovation als **„radikal"** vor dem Hintergrund der Paradoxie konform versus nonkonform ist kritisch zu beleuchten. Das Attribut „radikal" impliziert eine Totalität und einen revolutionären Charakter des Neuen, obwohl auch hier auf vorhandene Strukturen zurückzugreifen ist.

Der paradoxe Charakter von Innovation als konform/nichtkonform lässt sich vor allem auf die Phänomene der Pfadabhängigkeit, der Unsicherheitsabsorption und der Konzeptübertragung bei technischer Problemlösung zurückführen. Aufgrund der zahlreichen Einbettungsmöglichkeiten ist dieser paradoxe Charakter verstärkt als besondere Erscheinungsform von Innovation zu verstehen.

2.4.2.4 Zufall vs. Steuerung

Innovationen werden weder durch zielorientierte Akteure noch durch eine mechanische organisationale Kontrollfunktion direkt geführt. Aufgrund der Unsicherheit von Zukunft sind keine strikt gekoppelten Ursache-Wirkung-Beziehungen vorzufinden. Diese werden unter Umständen im Nachhinein einer erfolgreichen Innovation zugeschrieben. Im eigentlichen Innovationsprozess lassen sich diese Zusammenhänge jedoch verstärkt als Zufall auffassen und nur über die wechselseitige Erzeugung von Kontexten beeinflussen.

Natürlich ist es zu einem gewissen Grad möglich, Innovation indirekt zu steuern und zum Beispiel durch die Förderung von Selbstorganisation oder die Auswahl innovationsorientierter Führungskräfte den Pfad zum Innovationserfolg zu ebnen. Das ermöglicht eine gewisse Stabilität und Berechenbarkeit für den zukünftigen Innovationserfolg. Aber gleichzeitig verlaufen Entwicklungsprozesse häufig so vielschichtig und basieren auf so viel verknüpftem Wissen und Erfahrungen, dass das „Aha!"-Erlebnis, der Moment, wenn ein wichtiges Problem so konkrete Formen annimmt, dass eine Lösung nur noch eine Frage der Zeit scheint, ganz zufällig auftaucht, sei es beim Gespräch an der Kaffeestation, sei es beim Joggen. Es macht meistens klick, völlig unerwartet und selten im Rahmen eines Innovationsprojektmeetings. Der Fortschritt im Rahmen von Innovationsprozessen ist daher auch nur sehr begrenzt steuerbar.

Wie die Organisation diesen „Zufall" verarbeitet, ist eine andere Frage. Ist sie offen genug und hält eine Varietät an Reaktionsmöglichkeiten bereit, findet die Irritation „Zufall" eher Anschluss an die systeminternen Reproduktionsvorgänge. Die Einrichtung von Freiräumen, um auf potenzielle Änderungen zu reagieren, und die Etablierung von Strukturen, welche die Organisation nicht gefährden, ist ein ständiger Balanceakt, welchen das Management zu leisten hat. Wie dies systemtheoretisch zu fassen ist, zeigt der folgende Abschnitt.

2.4.2.5 Öffnung vs. Schließung

Vor dem Hintergrund der zunehmenden strukturellen und dynamischen Komplexität innovatorischer Prozesse sehen sich Versuche einer zentralen, prozessintegrierten Innovationsplanung und -steuerung mit stets steigenden Herausforderungen konfrontiert. Dezentrale, auf Selbstorganisation und größeren Handlungsfreiräumen basierende Ansätze gewinnen in zunehmend flach und agil organisierten Unternehmen an Relevanz (Kaudela-Baum & Altherr, 2020). Selbstorganisation und Selbststeuerung versprechen ein hohes Maß an Flexibilität und Sinnstiftung beziehungsweise Identifikation mit den Innovationszielen der Organisationseinheit.

Die Entscheidung, wo genau man sich als Unternehmen verortet, kann als „Grenzproblem" (Arndt, 2007) im Sinne der Systemtheorie (Luhmann, 2000) rekonstruiert werden. Die Grenze zwischen einem Unternehmen als sozialer Organisation und seiner Umwelt verläuft demnach entlang eines Komplexitätsgefälles. Das heißt, nur wenn es Unternehmen gelingt, sich dauerhaft durch eine selektiv reduzierte Komplexität von einer komplexeren Umwelt abzuheben, ist ihr Erhalt gesichert. Ohne Grenzen würde ein Unternehmen schlicht in seiner Umwelt aufgehen und könnte nicht mehr als (Sinn-)Einheit betrachtet werden. Unternehmen sind aber nie ganz geschlossen und nie ganz offen. Durch ein dauerhaftes Grenzmanagement zwischen Selbstreferenz (Bezug auf interne Elemente) und Fremdreferenz (Umwelt) bildet sich die Identität des Unternehmens aus. Selbstreferenz heißt, dass jedes Verhalten des Systems auf dieses selbst zurückwirkt und so zum Ausgangspunkt für weiteres Verhalten wird (Stahl, 2013). Ein Unternehmen, das sich öffnet, nimmt einen größeren Ausschnitt der Umwelt wahr, erweitert seinen Wahrnehmungshorizont; dadurch sind aber auch mehr Entscheidungen zu treffen. Unternehmen, die sich zu sehr verschließen, erstarren, und die Überlebensfähigkeit ist gefährdet. „Sicherung der langfristigen Viabilität erfordert eine ständige und komplizierte Neujustierung des Verhältnisses von Öffnung und Schließung" (Arndt, 2007, S. 228; vgl. Tab. 2.8).

Es liegt nahe, dass eine teilweise Befreiung von Unternehmensmitgliedern von strukturellen Beschränkungen, das heißt eine **Erhöhung der Entscheidungsfreiräume durch Dezentralität**, mit einer Erhöhung der Varietät von Entscheidungen einhergeht. Je mehr Varietät ein Unternehmen „bereithält" beziehungsweise je offener ein Unternehmen für Irritationen bleibt, desto mehr (Umwelt-)Komplexität kann es verarbeiten. Diese für die Innovationsfähigkeit von Unternehmen essenziell wichtige Varietät hat aber auch negative Folgen. Hier liegt das Dilemma: Je mehr Selbststeuerung und Freiräume in Bezug auf die

Tab. 2.8 Differenzierungskriterien der Organisation und ihr Verhältnis zur Dualität von Öffnung und Schließung. (Quelle: Arndt, 2007, S. 229)

Öffnung	Schließung
Komplexitätserweiterung	Komplexitätsreduktion
Varietät	Redundanz
Flexibilität	Inflexibilität
Viabilität	Optimierung
Lose Kopplung	Feste Kopplung
Ressourcenüberschuss	Leanness

Reaktion auf Umwelteinflüsse vorhanden sind beziehungsweise je größer der „Verzicht auf Entscheidungsstrukturierung durch Hierarchie" (Arndt, 2007, S. 230), desto mehr Konflikte entstehen. Die Anschlussfähigkeit von dezentral getroffenen Entscheidungen ist nicht immer gegeben und erfordert oft einen hohen Kommunikationsaufwand.

▶ Aus der Führungsperspektive liegt die Herausforderung darin, dieses **Wechselspiel zwischen Öffnung und Schließung** gezielt zu beeinflussen. Eine innovationsfördernde Führung muss das Unternehmen klar in Richtung „Öffnung" steuern, muss aber dieses „Grenzmanagement" (Arndt, 2007, S. 231) immer vor dem Hintergrund der Dualität von Öffnung und Schließung reflektiert gestalten (Abschn. 3.4 und 5.2). Es gilt also der Ansatz: Öffnung fördern, aber unter dem Vorbehalt des unauflöslichen Balanceaktes zwischen Öffnung und Schließung.

Wir gehen aus einer systemtheoretischen Perspektive davon aus, dass das Verhältnis zwischen den Polen der offenen und geschlossenen Strukturen zumindest ein partiell unauflösliches ist. Damit kann das Verhältnis als paradox charakterisiert werden.

2.5 Wege der Innovationsförderung: Das „3-Säulen-Modell"

Im vorliegenden Buch werden drei verschiedene Theoriestränge zu einer integrierten „Theorie der Innovationsförderung" aufgespannt: 1) die Systemtheorie, 2) der Sozialkonstruktivismus und 3) die Paradoxietheorie. Wenn nachfolgend von Innovationsförderung die Rede ist, dann wird darunter die **Förderung der organisationalen Innovationsfähigkeit bzw. Innovativität** verstanden.

▶ Unter **Innovationsförderung** wird die Förderung der Befähigung eines Unternehmens verstanden, bedeutsame Neuerungen im Hinblick auf die von ihm erarbeiteten Leistungsangebote oder Verfahren zu generieren und umzusetzen (Gebert et al., 2001).

Diese weit gefasste Definition ist zentral, um verschiedene Arten von Innovationen und innovationsfördernden Bedingungen zu berücksichtigen.

Die drei vorgestellten Theoriebezüge beziehungsweise das **„Pyramiden-Modell"** (vgl. Abb. 2.7) eröffnen neue Beschreibungs- und Handlungsspielräume, um die organisationale Innovationsfähigkeit fundierter zu fassen: Der systemisch-theoretische Blick zwingt uns dazu, uns vom Gedanken eines plan- und steuerbaren Innovationsmanagements zu verabschieden, denn die Zukunft ist ungewiss und kein „Gegenstand rationaler Planung und Kontrolle" (Luhmann, 2000, S. 158). Das Management, das die Zukunft zu bestimmen versucht, sieht sich mit einem nicht gerade einfachen Entscheidungsproblem konfrontiert – denn über die notwendigen Mittel und Informationen, die Zukunft zu realisieren, verfügt es gegenwärtig nicht.

An die Stelle eines von einem Machbarkeitsglauben ausgehenden, kontrollierenden Managements tritt eine Organisation, die selbstreferenziell funktioniert, das heißt, den Prinzipien der Selbstorganisation entspricht: eigendynamisch, dezentral und – in Abgrenzung zur Umwelt – autonom sich selbst erneuernd. Was sie als Neuerung zulässt, ist demnach abhängig von den ausdifferenzierten Strukturen. Denn welche Idee in einem Unternehmen als innovativ eingestuft wird, hängt vor allem von den organisationalen Bedingungen ab und ist „kein Reflex auf unverrückbare Marktanforderungen" (Nicolai, 2000, S. 215). Die Organisation und deren Umwelten gelten als **„loosely coupled systems"** und stehen nicht länger in einer mechanistisch verstandenen Input–Output-Beziehung (Pohlmann, 2005, S. 13 ff.).

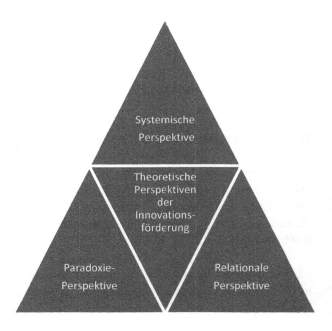

Abb. 2.7 Pyramiden-Modell: Drei theoretische Perspektiven der Innovationsförderung

Die Innovationsfähigkeit ist in dieser Betrachtung abhängig von der Schaffung von Varietäten und Redundanzen, die es dem System ermöglichen, Irritationen flexibel zu adaptieren und anschlussfähig zu machen. Mit anderen Worten: Letztlich muss es der Organisation gelingen, Freiräume zu schaffen, die einerseits groß genug sind, um einen „Überschusszustand" zuzulassen, der sich auf Finanzen, Investitionsgüter, Personen, Informationen, Know-how etc. bezieht, die andererseits aber nicht ein solches Maß erreichen, dass sie den Fortbestand des Unternehmens gefährden.

Die **sozialkonstruktivistische bzw. relationale Perspektive** zeugt von einem Verständnis von Wirklichkeiten, die sozial ausgehandelt werden. In der Interaktion nehmen die Mitarbeitenden zwar Bezug auf bereits vorhandenes Wissen und Erfahrungen – was ein gemeinsames Bedeutungsverständnis voraussetzt –, doch stellen sie in einer fortlaufenden und dynamischen sozialen Konstruktion Wirklichkeiten her, indem sie ihr Handeln bzw. ihre Kommunikation aufeinander beziehen. Dies impliziert, dass auch immer eine andere Wirklichkeit möglich ist. Mit anderen Worten: Die (organisationale) Wirklichkeit ist kontingent. Überträgt man diesen Gedanken auf Innovationsprozesse, so sind sie an die Kooperations- und Wissensprozesse gebunden. Dieses Bewusstsein ist für die Innovativität einer Organisation grundlegend. Aus diesem Grund sind in der Organisation die Beziehungen zwischen den Mitarbeitenden so zu gestalten, dass für sie **Handlungsfreiräume** entstehen, in welchen sie miteinander Bedeutungen aushandeln, in Alternativen denken und die organisationale Logik infrage stellen können.

Die **Paradoxien-Perspektive** schließlich führt zu der Erkenntnis, dass Innovationsprozesse in etliche alltägliche Spannungsfelder eingebunden sind. Das Management, das sich vom Machbarkeitsglauben zu verabschieden hat, muss eine erhöhte Sensibilität für diesen Balanceakt zwischen Zufall und Steuerung, Konformität und Nicht-Konformität, Öffnung und Schließung sowie Risiko und Gefahr entwickeln. Denn letztlich impliziert diese Einsicht, dass das Management eine Offenheit haben muss, um all diese Paradoxien zu bewältigen.

Konfliktfähigkeit ist gefragt. Um ein Beispiel zu geben: Für die Führung ist es zentral zu erkennen, dass Innovationen inmitten von organisationserhaltenden Routinen gefährlich sein können. Bei aller Euphorie um Innovationen und deren positiver Charakterisierung dürfen die Risiken und Gefahren für Unternehmen nicht in Vergessenheit geraten. Ein fehlender Aufbau von Routinen zieht Qualitätsprobleme oder Führungskonflikte im Rahmen ungeklärter Verantwortungsbereiche nach sich. Je weniger Brüche mit „alten" Routinen erfolgen, desto wahrscheinlicher sind marktnahe, kundenorientierte und inkrementelle Innovationen.

▶ Überträgt man die Konsequenzen der unterschiedlichen Theorien auf Geschäfts- und Innovationsstrategien, nimmt die Führung mit ihrer Konstruktion von unternehmerischen und innovationsfördernden Wirklichkeiten eine absolut zentrale Rolle ein. Der Fokus richtet sich also auf die **soziale Praxis des Führungshandelns** und somit auf das Problem des „doing innovation".

Widersprüchliche Anforderungen sind in der innovationsfördernden Führung also alltäglich und es ist zentral, sich vor diesem Hintergrund mit konstruktiven Formen des Umgangs mit Widersprüchen auseinanderzusetzen. Weiterhin ist es vor dem Hintergrund des sich ausbreitenden Perfektionismus im Bereich des Innovationsprozessmanagements wichtig, sich stärker mit Fragen der **Öffnung von Organisationen** gegenüber neuen Ideen von außen auseinanderzusetzen. Hier sollte eine Balance zwischen einer kurzfristigen und rationalistischen Gestaltungsperspektive und einer eher langfristigen, integrierten, organisationsbasierten Gestaltungsperspektive von Innovation hergestellt werden. Die Entwicklung eines Führungsmodells zur Förderung von Innovation ist eine vielversprechende Möglichkeit für Unternehmen, das bewusst zu tun.

Literatur

Aderhold, J., & Jutzi, K. (2003). Theorie sozialer Systeme. In E. Weik & R. Lang (Hrsg.), *Moderne Organisationstheorien 2. Strukturorientierte Ansätze* (S. 121–151). Gabler.

Amabile, T. M. (1988). A model of creativity and innovation in organizations. *Research in Organizational Behavior, 10*, 123–167.

Amabile, T. M. (1996). *Creativity in context: Update to the social psychology of creativity*. Westview Press.

Anderson, J., Rechhenrich, J., & Kupp, M. (2011). *The fine art of success. How learning great art can create great business*. Wiley.

Andriopoulos, C. (2001). Determinants of organizational creativity: A literature review. *Management Decision, 39*(10), 834–840.

Andriopoulos, C., & Lewis, M. W. (2009). Exploitation-exploration tensions and organizational ambidexterity: Managing paradoxes of innovation. *Organization Science, 20*(4), 696–717.

Arndt, L. (2007). Grenzmanagement und die Dualität von Öffnung und Schließung im Kontext der Selbststeuerung in der Logistik. In G. Müller-Christ, L. Arndt, & I. Ehnert (Hrsg.), *Nachhaltigkeit und Widersprüche. Eine Managementperspektive* (S. 220–237). LIT.

Baecker, D. (1999). *Die Organisation als System* (4. Aufl.). Suhrkamp.

Baitsch, C. (1998). Innovation und Kompetenz – Zur Verknüpfung zweier Chimären. In F. Heideloff & T. Radel (Hrsg.), *Organisation von Innovation. Strukturen, Prozesse, Interventionen* (S. 89–103). Hampp.

Bateson, G. (1983). *Ökologie des Geistes. Anthropologische, psychologische, biologische und epistemologische Perspektiven*. Suhrkamp.

Bauer, R. (2006). *Gescheiterte Innovationen: Fehlschläge und technischer Wandel*. Campus.

Beech, N., Burns, H., de Caestecker, L., MacIntosh, R., & MacLean, D. (2004). Paradox as invitation to act in problematic change situations. *Human Relations, 57*(10), 1313–1332.

Bergmann, G., & Daub, J. (2008). *Systemisches Innovations- und Kompetenzmanagement. Grundlagen – Prozesse – Perspektiven* (2. Aufl.). Gabler.

Biniok, P. (2013). *Kooperationsnetzwerk Nanotechnologie – Verkörperung eines neuen Innovationsregimes?* http://www.ts.tu-berlin.de/fileadmin/fg226/TUTS/TUTS_WP_7_2005.pdf. Zugegriffen: 7 Febr. 2013.

Blomberg, A., Kallio, T., & Pohjanpää, H. (2017). Antecedents of organizational creativity: Drivers, barriers or both? *Journal of Innovation Management, 1*(2017), 78–104.

Literatur

Bouchikhi, H. (1998). Living with and building on complexity: A constructivist perspective on organizations. *Organization, 5*(2), 217–232.

Bouwen, R., & Fry, R. (1991). Organizational innovation and learning. Four patterns of dialog between dominant logic and the new logic. *International Studies of Management and Organization, 21*(4), 37–51.

Burr, V. (2015). *Social constructionism*. Routledge.

Christiaans, H. H. (2002). Creativity as a design criterion. *Communication Research Journal, 14*(1), 41–54.

Csikszentmihalyi, M. (2010). *Kreativität. Wie Sie das Unmögliche schaffen und Ihre Grenzen überwinden* (8. Aufl.). Klett-Cotta.

De Vries, M. (1998). Die Paradoxie der Innovation. In F. Heideloff & T. Radel (Hrsg.), *Organisation von Innovation. Strukturen, Prozesse und Interventionen* (S. 75–87). Hampp.

E Cunha, M. P., Bednarek, R., & Smith, W. (2019). Integrative ambidexterity: One paradoxical mode of learning. *The Learning Organization, 26* (4), 425–437.

Farjoun, M., Smith, W., Langley, A., & Tsoukas, H. (Eds.). (2018). *Dualities, dialectics, and paradoxes in organizational life*. Oxford University Press.

Feldman, M. S. (2000). Organizational routines as a source of continuous change. *Organization Science, 11*, 611–629.

Feldman, M. S., & Pentland, B. T. (2003). Reconceptualizing organizational routines as a source of flexibility and change. *Administrative Science Quarterly, 48*(1), 94–118.

Gärtner, C. (2007). *Innovationsmanagement als soziale Praxis – Grundlagentheoretische Vorarbeiten zu einer Organisationstheorie des Neuen* (1. Aufl.). Rainer Hampp.

Gebert, D. (2002). *Führung und Innovation*. Kohlhammer.

Gebert, D., Boerner, S., & Lanwehr, R. (2001). Innovationsförderliche Öffnungsprozesse: Je mehr, desto besser? *Die Betriebswirtschaft, 61*(2), 204–222.

Gergen, K. J. (2002). *Konstruierte Wirklichkeiten. Eine Hinführung zum sozialen Konstruktionismus*. Kohlhammer.

Gupta, R., & Banerjee, P. (2016). Antecedents of organisational creativity: A multi-level approach. *Business: Theory and Practice, 17*(2), 167–177.

Hasse, R., & Krücken, G. (2005). *Neo-Institutionalismus* (2. Aufl.). Transcript.

Hauschildt, J., Salomo, S., Schultz, C., & Kock, A. (2023). *Innovationsmanagement* (7. Aufl.). Vahlen.

Heber, I. (2010). *Transformationale Führung und Kreativität. Zusammenhang zwischen transformationaler Führung und individueller Mitarbeiterkreativität – Ergebnisse einer empirischen Untersuchung*. VDM.

Hejl, P. M., & Stahl, H. K. (2000). Einleitung. Acht Thesen zu Unternehmen aus konstruktivistischer Sicht. In P. M. Hejl & H. K. Stahl (Hrsg.), *Management und Wirklichkeit. Das Konstruieren von Unternehmen, Märkten und Zukünften* (S. 13–29). Carl Auer.

Holm-Hadulla, R. (2010). *Kreativität. Konzept und Lebensstil*. Vandenhoeck & Ruprecht.

Holzer, J. (2012). Construction of meaning in socio-technical networks: Artefacts as mediators between routine and crisis conditions. *Creativity and Innovation Management, 21*(1), 49–60.

Isaksen, S., & Tidd, J. (2006). *Meeting the innovation challenge. Leadership for transformation and growth*. Wiley.

James, K., & Drown, D. (2012). Organizations and creativity: Trends in research, status of education and practice, agenda for the future. In M. D. Mumford (Hrsg.), *Handboook of organizational creativity* (S. 17–38). Elsevier.

Jay, J. (2013). Navigating paradox as a mechanism of change and innovation in hybrid organizations. *Academy of Management Journal, 56*(1), 137–159.

Johnsson, M. (2022). *How to create high-performing innovation teams*. De Gruyter.

Junker, C., Baaken, T., Riemenschneider, F., Schmidt, A. L., & Petzold, N. (Hrsg.). (2021). *Disruptive Innovation und Ambidextrie*. Springer Gabler.

Kaudela-Baum, S., & Altherr, M. (2020). Freiheiten bewusst organisieren – Oder: Wie führe ich eine Organisation in die Selbstorganisation? Ansatzpunkte autonomiefördernder Führung. In O. Geramanis & S. Hutmacher (Hrsg.), *Der Mensch in der Selbstorganisation* (S. 125–141). Springer Gabler.

Kearney, E. (2009). Mehr Innovation durch „Beidhändigkeit" – Wie Führungskräfte wirksam handeln können. *Vortrag am Flow Kongress, 12. Nov. 2009, Celler Impulse: Macht – Veränderung – Führung*. Celle.

Kneer, G., & Nassehi, A. (2000). *Niklas Luhmann – Theorie sozialer Systeme* (4. Aufl.). Fink.

Konlechner, S. W., & Güttel, W. H. (2009). Kontinuierlicher Wandel durch Ambidexterity. Vorhandenes Wissen nutzen und gleichzeitig neues entwickeln. *Zeitschrift für Organisation, 78*, 45–53.

Kriegesmann, B., Kley, T., & Schwering, M. G. (2007). „Mutige Nachahmer gesucht!" – Mit dem Wettbewerb zum „Kreativen Fehler des Monats" zu einer neuen Fehlerkultur. In B. Kriegesmann & F. Kerka (Hrsg.), *Innovationskulturen für den Aufbruch zu Neuem. Missverständnisse – praktische Erfahrungen – Handlungsfelder des Innovationsmanagements* (S. 250–271). Gabler.

Lam, A. (2004). *Organizational innovation*. http://mpra.ub.uni-muenchen.de/11539/1/MPRA_paper_11539.pdf. Zugegriffen: 14. Jan. 2023.

Lauritzen, G. D., & Karafyllia, M. (2019). Perspective: Leveraging open innovation through paradox. *Journal of Product Innovation Management, 36*(1), 107–121.

Levinthal, D. A., & March, J. G. (1993). The myopia of learning. *Strategic Management Journal, 14*(2), 95–112.

Luhmann, N. (1973). *Zweckbegriff und Systemrationalität – Über die Funktion von Zwecken in sozialen Systemen*. Campus.

Luhmann, N. (1984). *Soziale Systeme. Grundriss einer allgemeinen Theorie*. Suhrkamp.

Luhmann, N. (2000). *Organisation und Entscheidung*. Westdeutscher.

March, J. (1991). Exploration and exploitation in organisational learning. *Organization Science, 2*(1), 71–87.

Meyer, U., & Schubert, C. (2005). *Die Konstitution technologischer Pfade: Überlegungen jenseits der Dichotomie von Pfadabhängigkeit und Pfadkreation* (TUTS – Working Papers, 6–2005). Technische Universität Berlin, Fak. VI Planen, Bauen, Umwelt, Institut für Soziologie Fachgebiet Techniksoziologie. https://nbn-resolving.org/urn:nbn:de:0168-ssoar-11910. Zugegriffen: 14. Jan. 2023.

Mock, E., Garel, G., Huber, D., & Kaufmann, H. (2013). *Innovation Factory. Management radikaler Innovation*. Growth.

Müller, R. (1997). *Innovation gewinnt. Kulturgeschichte und Erfolgsrezepte*. Orell Füssli.

Müller, R. W., & Hurter, M. (1999). Führung als Schlüssel der organisationalen Lernfähigkeit. In G. Schreyögg & J. Sydow (Hrsg.), *Führung – Neu gesehen* (S. 1–54). de Gruyter.

Müller-Christ, G. (2007). Formen der Bewältigung von Widersprüchen. Die Rechtfertigung von Trade-offs als Kernproblem. In G. Müller-Christ, L. Arndt, & I. Ehnert (Hrsg.), *Nachhaltigkeit und Widersprüche. Eine Managementperspektive* (S. 127–177). LIT.

Mumford, M. D., Kelsey, E. M., & Partlow, P. J. (2012). Creative thinking: Processes, strategies, and knowledge. *The Journal of Creative Behavior, 46*(1), 30–47.

Nagel, R., & Wimmer, R. (2002). *Systemische Strategieentwicklung. Modelle und Instrumente für Berater und Entscheider*. Klett-Cotta.

Nicolai, A. T. (2000). *Die Strategie-Industrie. Systemtheoretische Analyse des Zusammenspiels von Wissenschaft, Praxis und Unternehmensberatung*. Gabler.

Ortmann, G. (1999). Innovation als Paradoxieentfaltung. In D. Sauer (Hrsg.), *Paradoxien der Innovation – Perspektiven sozialwissenschaftlicher Forschung* (S. 249–262). Campus.
Paulus, P. B., Dzindolet, M., & Kohn, N. W. (2012). Collaborative creativity – Group creativity and team innovation. In M. D. Mumford (Hrsg.), *Handboook of organizational creativity* (S. 327–357). Elsevier.
Pentland, B. T., & Feldman, M. S. (2005). Organizational routines as a unit of analysis. *Industrial and Corporate Change, 14*(5), 793–815.
Pohlmann, M. (2005). The evolution of innovation – Cultural backgrounds and the use of innovation models. *Technology Analysis & Strategic Management, 17*(1), 9–19.
Preiser, S. (1976). *Kreativitätsforschung*. Wissenschaftliche Buchgesellschaft.
Raisch, S., & Birkinshaw, J. (2008). Organizational ambidexterity: Antecedents, outcomes, and moderators. *Journal of Management, 34*(3), 375–409.
Rammert, W. (1993). *Technik aus soziologischer Perspektive*. Westdeutscher.
Reiter-Palmon, R., Wigert, B., & de Vreede, T. (2012). Team creativity and innovation: The effect of group composition, social processes, and cognition. In M. D. Mumford (Hrsg.), *Handboook of organizational creativity* (S. 292–326). Elsevier.
Rogers, E. M. (2003). *Diffusion of innovations* (5. Aufl.). Free Press.
Rosing, K., Rosenbusch, N., & Frese, M., et al. (2010). Ambidextrous leadership in the innovation process. In A. Gerybadze (Hrsg.), *Innovation and international corporate growth* (S. 191–204). Springer.
Sainsbury, R. M. (1993). *Paradoxien*. Reclam.
Sauer, D., & Lang, C. (Hrsg.). (1999). *Paradoxien der Innovation. Perspektiven sozialwissenschaftlicher Innovationsforschung*. Campus.
Schad, J., Lewis, M. W., Raisch, S., & Smith, W. K. (2017). Paradox research in management science: Looking back to move forward. *Academy of management annals, 10*(1), 5–64. https://doi.org/10.1080/19416520.2016.1162422
Schneeberger, S.J., Habegger, A. (2020). Ambidextrie – der organisationale Drahtseilakt. In J. Schellinger, K. Tokarski, & I. Kissling-Näf (Hrsg.), *Digitale Transformation und Unternehmensführung* (S. 105–144). Springer Gabler. https://doi.org/10.1007/978-3-658-26960-9_6
Schumpeter, J. (1911). *Theorie der wirtschaftlichen Entwicklung*. Duncker & Humblot.
Schumpeter, J. (1939). *Business cycles: A theoretical, historical and statistical analysis of the capitalist process*. McGraw-Hill.
Soriano de Alencar, E. (2012). Creativity in organizations: Faciliators and inhibitors. In M. D. Mumford (Hrsg.). *Handboook of organizational creativity* (S. 89–111). Elsevier
Shalley, C. E., & Gilson, L. L. (2004). What leaders need to know. A review of social and contextual factors that can foster or hinder creativity. *The Leadership Quartely, 15*, 33–53.
Simonis, G. (1999). Die Zukunftsfähigkeit von Innovation – das Z-Paradox. In D. Sauer (Hrsg.), *Paradoxien der Innovation – Perspektiven sozialwissenschaftlicher Innovationsforschung* (S. 149–173). Campus.
Smith, W., & Lewis, M. (2011). Toward a theory of paradox. A dynamic equilibrium model of organizing. *Academy of Management Review, 36*(2), 381–403.
Smith, W. K., Lewis, M. W., & Tushman, M. L. (2016). „Both/and" leadership. *Harvard Business Review, 94*(5), 62–70.
Smith, W., & Tushman, M. (2005). Managing strategic contradictions: A top management model for managing innovation streams. *Organization Sciences, 16*(5), 522–562.
Stahl, H. K. (2013). *Leistungsmotivation in Organisationen. Ein interdisziplinärer Leitfaden für die Führungspraxis*. Erich Schmid.
Stahl, H. K., & Fischer, H. R. (2013). Herausforderungen im Dazwischen. Balanceakte des neuen Führens. *Konfliktdynamik, 2*(2), 96–105.

Sydow, J., Schreyögg, G., & Koch, J. (2009). Organizational path dependence: Opening the black box. *Academy of Management Review, 34*(4), 689–709.

Sydow, J., Schreyögg, G., & Koch, J. (2020). On the theory of organizational path dependence: Clarifications, replies to objections, and extensions. *Academy of Management Review, 45*(4), 717–734.

Teece, D., & Pisano, G. (1994). The dynamic capabilities of firms: An introduction. *Industrial and Corporate Change, 3*(3), 537–556.

Tidd, J., & Bessant, J. (2021). *Managing innovation: Integrating technological, market and organizational change* (7. Aufl.). Wiley.

Tuomi, I. (2002). *Networks of innovation. Change and meaning in the age of the internet*. Oxford University Press.

Tushman, M., & O'Reilly, C. (1996). Ambidextrous organizations: Managing evolutionary and revolutionary change. *California Management Review, 38*(4), 8–30.

Tushman, M., & O'Reilly, C. (1997). *Winning trough innovation: A practical guide to leading organizational change and renewal*. Harvard Business School Press.

Weber, M. (2002). *Wirtschaft und Gesellschaft: Grundriss der verstehenden Soziologie* (5. Aufl.). Mohr Siebeck.

Wehner, T., & Vollmer, A. (2007). Innovation und wissensorientierte Kooperation. *Profile, 13*(7), 30–36.

Weidmann, R., & Armutat, S. (2008). *Gedankenblitz und Kreativität – Ideen für ein innovationsförderndes Personalmanagement*. Bertelsmann.

Windeler, A. (2016). Reflexive Innovation. In W. Rammert, A. Windeler, H. Knoblauch, & M. Hutter (Hrsg.), *Innovationsgesellschaft heute* (S. 69–110). Springer VS.

Wolf, R. (1999). Innovation, Risiko und Sicherheit. Paradoxien eines Rechts der technischen Innovation am Beispiel des Umweltschutzes. In D. Sauer & C. Lang (Hrsg.), *Paradoxien der Innovation. Perspektiven sozialwissenschaftlicher Innovationsforschung* (S. 211–228). Campus.

Innovationsförderung und Führung: Innovation Leadership

3

Im folgenden Kapitel werden anhand der oben beschriebenen drei theoretischen Grundpfeiler der Innovationsförderung die Grundlagen für eine innovationsfördernde Führung vorgestellt. Einleitend wird *erstens* der Zusammenhang zwischen den beiden Konzepten „Führung" und „Innovation" grundlegend reflektiert. *Zweitens* wird der sozialkonstruktivistischen Perspektive dadurch Rechnung getragen, dass die Führung als Prozess der Beziehungsgestaltung zwischen Führenden und Geführten definiert wird. Danach werden *drittens* Elemente der neueren Systemtheorie zu einer systemischen Betrachtung innovationsfördernder Führung zusammengeführt. *Viertens* betrachtet die paradoxietheoretische Perspektive Führen als Balanceakt und erläutert die Strategien zur Begegnung bzw. Entgegnung von Paradoxien. All diese Erklärungsansätze werden zur integralen Entwicklung eines innovationsfördernden Führungsansatzes herangezogen, der die Öffnung des Unternehmens beziehungsweise die Vergrößerung irritierender Umwelteinflüsse betont. *Fünftens* wird vor diesem Hintergrund eine begriffliche Abgrenzung zwischen innovationsfördernder Führung und Innovationsmanagement vorgenommen. *Sechstens* werden drei ausgewählte State-of-the-Art-Forschungsrichtungen im Kontext der innovationsfördernden Führung präsentiert und vor dem Hintergrund der gewählten Innovation-Leadership-Perspektive im Buch kritisch reflektiert. Es wird der Frage nachgegangen, inwieweit diese Ansätze ebenfalls auf generative, öffnende Logiken abstellen und wo Verbindungslinien beziehungsweise Grenzen zu dem hier präsentierten Theoriegerüst und dem InnoLEAD-Modell bestehen.

3.1 Führung und Innovation: Ein integriertes Forschungsfeld?

Es gibt inzwischen zahlreiche Literatur, die auf den Zusammenhang zwischen Innovation und Führung eingeht (Bossink, 2007; Gliddon & Rothwell, 2018; Guldin, 2012; Lang et al., 2018; Kuczmarski, 1996; Hohn, 2000; Gebert, 2002; Isaksen & Tidd, 2006; Mumford & Hemlin, 2017; Mumford et al., 2022; Rickards & Morger, 2006; Surie & Hazy, 2006; von Stamm, 2008).

Gemäß Volmer (2013) haben die Forschungsaktivitäten zum Thema „Führung und Kreativität" in den letzten zehn Jahren überproportional zugenommen. Die vorhandene Forschungsliteratur fokussiert zudem einerseits stark auf Merkmale der kreativen Person (Cattell et al., 1970; Barron & Harrington, 1981; Mansfield & Busse, 1981; Binnewies et al., 2007) und andererseits auf den Zusammenhang zwischen individuellen Führungsstilen bzw. -verhaltensweisen und der Kreativitätsförderung (Jaussi & Dionne, 2003; Shin & Zhou, 2003; Amabile et al., 2004; Chen & Aryee, 2007), auf das innovative Verhalten von Mitarbeitenden (Ramamoorthy et al., 2005; De Jong & Den Hartog, 2007) oder die Innovationsfähigkeit der Firma (Jaskyte, 2004; Jung et al., 2008). Die Bedeutung von integrativen Innovationsführungsmodellen beziehungsweise die Betonung von Führungssystemen hat in letzter Zeit zugenommen. Volmer (2013) plädiert zum Beispiel für einen stärkeren Kontextbezug bzw. „Cross-level"-Effekte: „Diese würden dazu beitragen, Effekte von Führung auf unterschiedlichen Untersuchungsebenen besser zu verstehen" (S. 69).

> Grundsätzlich gehen die meisten Ansätze davon aus, dass Führungskräfte Kreativität fördern wollen und dass es Geführte gibt, welche die Voraussetzung mitbringen, kreativ zu sein. Auch wurde in den bisherigen Studien fast ausschließlich der Einfluss einer Führungsperson auf die Beschäftigten untersucht (Volmer, 2013, S. 70).

Weiterhin leiten Rickards und Moger (2006) auf Basis eines Literatur-Reviews ab, dass die Beziehungen unter den Konzepten „Kreativität", „Innovation", „Führung" und „Management" mehrheitlich im Rahmen einer rationalistischen und objektivistischen Perspektive untersucht werden. Damit bleiben interaktive, kultur- und kontextgebundene Aspekte der innovationsfördernden Führung weitgehend unberücksichtigt.

> Creativity and leadership remain highly ambiguous in definitional and operational terms. Innovation is somewhat ambiguous with no universally agreed definition, although mostly within a rationalistic (modernist) context. (Rickards & Moger, 2006, S. 14)

Die konzeptionelle Zusammenführung der beiden Begriffe „Führung" und „Innovation" ist grundsätzlich nicht einfach. Die beiden Begriffe sind für sich betrachtet bereits sehr tiefgreifend und multidisziplinär beforscht, „sprachlich schillernd und wenig randscharf"

(Guldin, 2012, S. 214). Gerade deshalb erfolgt im Buch eine klare **erkenntnistheoretische Verortung**. Nur so ist das Innovation-Leadership-Konzept überhaupt gegenüber den bisherigen Innovationsmanagement-Konzepten klar abzugrenzen beziehungsweise sind klare Verbindungslinien zu definieren. Weiterhin liegt in diesem Buch der Fokus auf einer **integrierten Perspektive** der innovationsfördernden Führung, das heißt, Führungs- und Organisationstheorien zur Innovationsförderung werden systematisch miteinander verwoben.

3.2 Innovationsfördernde Führung als Beziehungsgestaltung

Im Einklang mit den theoretischen Grundlagen in Kap. 2 wird Führung hier als **soziale Konstruktion** verstanden (Burla et al., 1995; Hejl & Stahl, 2000a; Müller, 2005; Endrissat et al., 2007). Führung wird also nicht unabhängig von gesellschaftlichen, kulturellen sowie historischen Rahmenbedingungen betrachtet, sondern als dynamische Interaktion zwischen Führungspersonen, Geführten und ihrer Umwelt interpretiert, die neue Wirklichkeiten hervorbringt.

▶ **Führung** ist als ein **relationales Geschehen** innerhalb eines bestimmten kulturellen Kontextes zu verstehen. Führungswirklichkeit entsteht im Prozess der Beziehungsgestaltung zwischen Führenden und Geführten. Führung wird immer wieder neu „erfunden" beziehungsweise erschaffen (Biggart & Hamilton, 1987; Burla et al., 1995; Bryman et al., 1996; Müller & Endrissat, 2005; Pettigrew & Whipp, 1991; Kaudela-Baum, 2022a, b). Damit ist auch die Wirksamkeit von Führung beziehungsweise der Führungserfolg als Funktion einer Interaktion zwischen Führenden und Geführten zu betrachten.

Die Definition von Rickards und Moger (2006) geht in eine ähnliche Richtung: „Leadership is seen as interpretive, and a property of the perceptual relationship between leaders and others within a context, or community of practice" (S. 14). Der konkrete Kontext (Herkunft der Unternehmung, Branche, konkrete Erlebnisse und Ereignisse in der Unternehmung usw.) prägt das gemeinsame Vorverständnis von Innovation, Führung und Geführt-Werden. Dieses Vorverständnis beinhaltet das notwendige Wissen, um bestimmte Handlungsweisen als innovatives Handeln beziehungsweise Führungshandeln zu erkennen. Damit verleiht dieser Kontext dem Handeln Sinn und beeinflusst die Akzeptanz von Führungshandlungen zur Förderung von Innovativität maßgeblich.

Führung ist, wie oben ausgeführt, als dynamisches Zusammenspiel zwischen Individuen zu verstehen, die am Führungsgeschehen beteiligt sind. Dies lässt sich wie in Abb. 3.1 darstellen. Die Führungsperson A handelt vor dem Hintergrund ihres Führungsselbstverständnisses und wirkt so auf die Beziehung zwischen A und B ein. Die Geführte B interpretiert die Handlung von A vor dem Hintergrund ihres (möglicherweise abweichenden) Führungsselbstverständnisses und wirkt ihrerseits mit ihrer Handlung

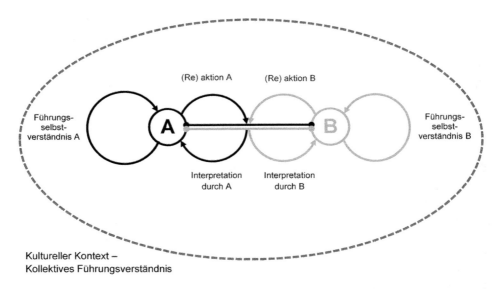

Abb. 3.1 Führung als Beziehungsgestaltung. (Quelle: in Anlehnung an Müller et al., 2006, S. 191)

auf die Beziehung ein. A interpretiert Bs Verhalten wieder vor dem Hintergrund ihres Führungsselbstverständnisses usw.

All dies geschieht nicht in einem luftleeren Raum, sondern wird beeinflusst vom unternehmenskulturellen Kontext und dem damit verbundenen kollektiven Führungsverständnis. In diesem Sinne fokussiert die hier eingenommene Sichtweise von Führung nicht auf die Führungspersonen und deren innovationsfördernde, zum Beispiel visionär-charismatische Stilelemente im Führungsverhalten (Abschn. 3.6). Mit einer solchen einseitigen Betonung des Einflusses von Führungskräften ist die Annahme eines starken Machtgefälles und einer einseitigen Einflussnahme verbunden. In diesem sozialkonstruktivistischen Verständnis stehen vielmehr vielschichtige organisationale Einflussgrößen und mögliche Implikationen für die Gestaltung von Führungsbeziehungen im Zentrum.

Damit ist nun noch nichts – zumindest im engeren Sinne – über den Zusammenhang dieser interaktionistischen Perspektive mit der Förderung von Innovationen in Unternehmen gesagt. Aber eines ist klar: Diese Perspektive lenkt den Blick auf die Aufgabe der Führung, Innovationsvorhaben im Sinne von **kollektiven Lern- und Entwicklungsprozessen** zu begleiten und ihnen im Rahmen der Gestaltung von Führungsbeziehungen Sinn zu verleihen. Die Entstehung von Neuem beziehungsweise die Ablösung von Altem wird so als **gemeinschaftlicher Interpretationsprozess** zwischen Führenden und Geführten verstanden. Wie weiter oben ausgeführt, müssen Führungskräfte kontinuierlich Spannungsfelder zwischen etablierten Praktiken und neuen Ideen und Visionen innerhalb der Organisation über Diskurse aushandeln, sodass eine innovationsfördernde Lernumgebung entsteht bzw. erhalten bleibt.

Der Fokus der innovationsfördernden Führung liegt hier also auf der **kommunikativen Eröffnung neuer Wirklichkeiten** seitens der Führung, zum Beispiel indem „Geschichten", das heißt neue denkbare Wirklichkeiten über erfolgreiche Innovationen oder Innovationsteams verbreitet werden und so eine Innovationskultur entsteht, die wiederum das Selbstverständnis der Führenden und Geführten maßgeblich prägt und den Grundstein für eine innovationsfördernde Führungs- und Personalentwicklung legt.

3.3 Innovationsfördernde Führung als Impulsgeber in komplexen sozialen Systemen

Aus einer **systemischen Perspektive** bedeutet Führung, einen steuerbaren Einfluss auf nicht steuerbare, eigendynamische Systeme auszuüben, was vor allem durch das Schaffen von Rahmenbedingungen und Vertrauen auf die Eigendynamik des Systems geschehen soll. Doppler (2009) bezeichnet diese Form von Führung als „Führung am System" und nicht „Führung im System". Zentrale Prinzipien der systemischen Führung sind: 1) Autopoiesis (Selbstorganisation), 2) Koevolution (wechselseitige Anpassung), 3) nichtlineares Ursache-Wirkungsdenken und 4) Konstruktivismus (von der Oelsnitz, 2012, zitiert in Kaehler, 2014, S. 50). Aus einer systemisch-konstruktivistischen Führungsperspektive sind Interaktions- und Kommunikationsprozesse zentraler als eine Handlungs- und Individuenzentrierung. Wer wirksam führen will, muss aus dieser Perspektive seine Führungspraktiken laufend vor dem Hintergrund von Kommunikationsmustern und Sprachspielen einordnen und versuchen, innerhalb dieser „Spiele" kommunikative „Anschlüsse" zu finden.

Im Vordergrund einer **systemischen Führungsperspektive** steht, dass Führungskräfte nicht an einer Veränderung der Geführten beziehungsweise deren Verhalten ansetzen, sondern an einer Veränderung der Kommunikationsbeziehungen zwischen Systemelementen. Zwischen den Elementen bestehen Beziehungen und Wechselwirkungen, die einer bestimmten Vernetzung entsprechen. Der Begriff der Vernetztheit umfasst dabei zwei Aspekte: Zum einen ist nicht jedes Element mit einem anderen verbunden, zum anderen weisen die einzelnen Relationen und Wechselwirkungen zwischen den verbundenen Elementen eine ganz bestimmte Qualität auf.

Aus der spezifischen Art der Vernetzung ergibt sich auf das gesamte System bezogen eine charakteristische systemeigene Ordnung, die durch bestimmte Strukturen verkörpert wird. Damit verbunden ist ein bestimmtes Repertoire zulässigen Verhaltens. Jedes Verhalten, das nicht mit der systemeigenen Ordnung verträglich ist, stellt, wie im Abschn. 2.3.2 ausgeführt, eine Störung bzw. „Irritation" dar, die nach Maßgabe der systemeigenen Ordnung weiterverarbeitet werden muss. Je nach Rigidität dieser Ordnung können aufgrund solcher Störungen Strukturen einen kontinuierlichen oder schubweisen Entwicklungsprozess durchlaufen, ohne dass deswegen die grundlegende Ordnung (Organisiertheit) infrage gestellt ist. Welches Verhalten ein System zeigt, kann nicht analytisch (reduktionistisch) aus dem Verhalten einzelner Elemente (z. B. Personen) oder aus den Relationen hergeleitet werden. Vielmehr entsteht gerade durch das vielfältige Zusammenwirken (Interaktion) der einzelnen Elemente etwas Neues, Eigenes. Dieser Vorgang wird als Emergenz bezeichnet. Das Eigenverhalten eines komplexen dynamischen Systems kann demzufolge höchstens als Mustervoraussage vorhergesagt werden.

Führung trägt insofern dazu bei, der Komplexität organisationalen Geschehens gerecht zu werden. Das Schaubild in Abb. 3.2 zeigt deutlich die Grenzen der Machbarkeit auf. Die Führungsperson muss davon ausgehen, dass sie, wenn sie durch Interventionen ein System zu steuern versucht, die Folgen nicht voll beherrschen kann. Trotzdem ist aber Steuerung möglich – sie ist einfach voraussetzungsvoll.

Eine Führungsperson, der die Dynamik des zu regelnden Systems bekannt ist, kann Ereignisse, Mitteilungen oder Vorschläge so gezielt auswählen, dass ein erwünschtes Verhalten ausgelöst wird. „Während also keine beliebige Detailsteuerung möglich ist, können Systeme sehr wohl im Rahmen ihrer Eigenaktivität zu spezifischen Verhaltensweisen veranlasst werden, durch die sich dann auch die Funktionsweise des Systems ändern kann" (Hejl & Stahl, 2000b, S. 126).

Ob und wo genau diese Veränderung Wirkung erzielt, kann man oft nicht voraussagen. Innovationsförderung gelingt, wenn die Fähigkeit und Bereitschaft da ist, Neues zu entdecken. Es geht also um Lernbereitschaft. Und Lernprozesse basieren auf komplexen systemischen Grundsätzen (Bergmann & Daub, 2008).

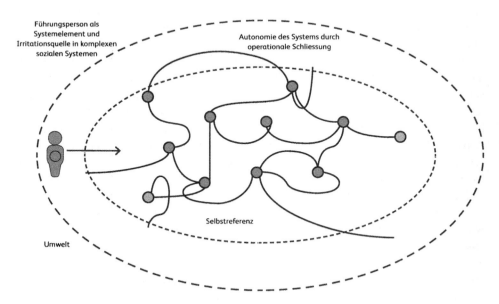

Abb. 3.2 Beziehung zwischen Führungskraft und System

Um Innovationsverhalten in einem Unternehmen, das als „soziales System" definiert wird, hervorzurufen, „müssen Regeln und Ressourcen durch die Akteure so aktiviert werden, dass sie Innovationserfolge zeitigen. Die Struktur des Handlungssystems, in dem die Akteure sich bewegen, existiert nur subjektiv, sie ist die ‚Erinnerungsspur' im Gedächtnis der Akteure. Infolgedessen muss diese Erinnerungsspur so ausgeprägt sein, dass innovatives Handeln wahrscheinlich wird" (Bergmann & Daub, 2008, S. 49).

Letztlich ist es unabdingbar, im Unternehmen Bedingungen zu schaffen, damit in dessen Inneren Ungewissheit und Mehrdeutigkeit als innovationsfördernd anerkannt werden. Neben „learning by doing" (bei der Suche nach Anschlussmöglichkeiten) gilt es, die informelle Kommunikation und damit auch mehr Meetings und Feedback-Gelegenheiten zu fördern. Dies vor allem zum Zweck der Reflexion, der Offenlegung von Tabus und der Einnahme unterschiedlicher Perspektiven. Die mit der Lenkung von innovativen Unternehmen beauftragten Führungspersonen können nur irritierende Impulse geben und versuchen, „Energie zu übertragen" (Stahl, 2013a, S. 207).

Soziale Systeme ziehen die Reproduktion von Bestehendem vor (Heil & Stahl, 2000b). Nur wenige neue Informationen werden überhaupt wahrgenommen beziehungsweise vom System anerkannt. Bergmann und Daub (2008, S. 49) schlagen daher die „Einrichtung von innovativen Reservaten", „irritierende kommunikative Störungen" vor, um innovationswirksame kommunikative Bedingungen zu schaffen. Das können Führungspersonen bspw. über Storytelling, die Verbreitung spezieller Geschichten, erreichen. So können mit Innovationsprozessen einhergehende Veränderungsprozesse über eine ganz bestimmte Kommunikation gelingen. Zusammenfassend lässt sich die Aufgabe von Innovation Leaders aus einer systemischen Perspektive wie folgt definieren (Bergmann & Daub, 2008, S. 50):

Führungskräfte sollten

- einen geeigneten Rahmen (Strategie, Regeln) für Entfaltung und Lernen schaffen,
- zu einer passenden Atmosphäre (Kultur, Geisteshaltung) beitragen,
- Anregungen (Initiative, Provokation) schaffen.

Im Vordergrund aller Führungsaktivitäten muss der **Erhalt der Resonanzfähigkeit** (Abschn. 2.3.2) und damit auch der **Erhalt widersprüchlicher, paradoxer Konstellationen** von Systemelementen stehen, damit das Unternehmen als soziales System für die Bedürfnisse, Interessen und Erwartungen verschiedener interner und externer Anspruchsgruppen empfänglich bleibt. Führung wird vor diesem Hintergrund als kooperative Partnerschaft begriffen, welche Netzwerke entwickelt und erhält. Dies bedingt eine offene Unternehmenskultur (Kap. 8), welche die Führungspersonen einlädt, **sinnvoll zu intervenieren**, und dazu beiträgt, dass **Freiheit und Selbstverantwortung** (Abschn. 5.2.2) wachsen und gedeihen. Es geht um die Begleitung von Prozessen, um die Förderung von **Selbstbeobachtungs- und Reflexionsmöglichkeiten**. Das soziale System „Unternehmen" erfindet täglich von neuem seine Zukunft, und zwar durch Ungleichgewicht, nicht durch Gleichgewicht.

3.4 Innovationsfördernde Führung zwischen Öffnung und Schließung: Ein Balanceakt

Nachfolgend werden auf der Basis der theoretischen Ausführungen in Abschn. 2.4 die theoretischen Grundlagen in Bezug auf den Umgang mit Paradoxien als Führungsaufgabe entfaltet. Da stellt sich die Frage, wie die Paradoxie- bzw. Dilemma-Akzeptanz als zentraler Anspruch an innovationsfördernde Führungskräfte in Form von handlungsleitenden Theorien und Modellen Eingang in die Gestaltung von Führungsbeziehungen, das heißt in die soziale Konstruktion von Führung findet.

Die Kunst der Führung besteht darin, die **richtige Balance** zwischen als unvereinbar empfundenen Führungsherausforderungen zu finden (Stahl & Fischer, 2013; Mintzberg, 2010, Neuberger, 1995). Eine vereinfachende Sicht eines Entweder-oder reicht nicht aus.

Den Kern der **Paradox Theory** bildet die Prämisse, dass langfristig überlegene Leistungen (nur) dadurch erzielt werden können, wenn die widersprüchlichen Anforderungen von Paradoxien gleichzeitig berücksichtigt und erfüllt werden – dies stellt auch die Basis der sogenannten „Sowohl-als-auch"-Perspektive dar (Schad et al., 2016; Lewis & Smith, 2014).

▶ **Paradoxien** werden dabei als beständige Gegensätze zwischen voneinander abhängigen Elementen definiert, welche aufgrund ihres widersprüchlichen Charakters Spannungen verursachen (Schad et al., 2016) und deshalb in geeigneten Strategien vereint und untergebracht, jedoch nicht aufgelöst werden sollen (Smith & Tracey, 2016). Isoliert betrachtet erscheinen die jeweiligen Elemente eines Paradoxes logisch und schlüssig, bei gemeinsamer Betrachtung jedoch oftmals irrational und absurd (Lewis, 2000; Smith & Lewis, 2011).

Dieser Perspektive steht die „Entweder-oder"-Perspektive gegenüber, welche auf der Contingency Theory beruht (Smith & Lewis, 2011; Lewis & Smith, 2014). Gemäß diesem Ansatz müssen sich Organisationen unter Berücksichtigung ihres situativen Kontexts für ein Element eines Gegensatzpaares entscheiden, um erfolgreich zu sein (Smith & Lewis, 2011). Vertreter der Contingency Theory stellen somit die Frage „Unter welchen Bedingungen sollen wir A oder B wählen?", während Befürworter der Paradox Theory vielmehr versuchen, die Frage „Wie können wir sowohl A als auch B gleichzeitig verfolgen?" zu beantworten (Lewis & Smith, 2014).

3.4 Innovationsfördernde Führung zwischen Öffnung …

▶Führungskräfte, die ihre Geführten in einem durch Ambidextrie geprägten Kontext führen und sie beim Umgang mit Ambidextrie – dem gleichzeitigen Verfolgen von Exploration und Exploitation (O'Reilly & Tushman, 2013) – unterstützen, bezeichnen Rosing et al. (2010) als **„Ambidextrous Leaders"**.

Dieses Konzept geht davon aus, dass es nicht unbedingt einen Konflikt zwischen Exploration und Exploitation geben muss; das „Innovator's Dilemma" (Christensen, 1997) ist vielmehr je nach Technologieumfeld beziehungsweise Marktdynamik funktional. Es kommt darauf an, ob (und wie) beide Strategien parallel oder sequenziell/temporal verfolgt werden. Gelingt es, wie zum Beispiel bei Toyota (Rosing et al., 2010), organisationale Ambidextrie erfolgreich zu implementieren, wird von den Führungspersonen erwartet, dass diese einerseits für eine gute Performance sorgen und gleichzeitig eine hohe Varianz beziehungsweise Reaktionsfähigkeit in der Organisation sicherstellen (Nussbaum, 2022). Zwei prominente Beispiele, Kodak (Digitalfotografie) und Nokia (Smartphones), verdeutlichen, dass auch Technologie- und Weltmarktführer durch ihre Unfähigkeit, in adäquater Weise sowohl inkrementell zu innovieren als auch auf radikale Innovationen von Konkurrenten zu reagieren (also durch mangelnde Reaktionsfähigkeit aufgrund fehlender organisationaler Ambidextrie), schnell in eine existenzbedrohende Krise geraten können.

Öffnende Führungsweisen unterstützen explorative, Kreativität generierende Verhaltensmuster bei Mitarbeitenden. Sie ermutigen Mitarbeitende, Muster zu brechen und Lösungen außerhalb der Komfortzone zu entwickeln (Rosing et al., 2010).

> Opening leader behaviors mean being critical of the ways things have been done in the past. Thus we define opening as a set of leader behaviors that includes encouraging doing things differently and experiment, giving room for independent thinking and acting, and supporting attempts to challenge established approaches. (Rosing et al., 2010, S. 199)

Schließende Führungsweisen unterstützen dagegen Verhaltensmuster bei Mitarbeitenden, die der Umsetzung von kreativen Ideen dienen. Sie erzeugen eine Reduktion von Varianz. Es entsteht risikoaverses, effizientes Verhalten. Dabei geht es um die Etablierung und Umsetzung von Standardprozessen und Regeln, welche die Mitarbeitenden klar orientieren. Eine **ambidextre Führungskraft,** das heißt eine Führungskraft, die beidhändig führt, ist demnach ein „leader that is able to foster exploration by opening behaviors and exploitation by closing behaviors and flexibly switch between these behaviors according to situational and task demands" (Rosing et al., 2010, S. 199). Da ambidextre Kontexte aufgrund der Unterschiede zwischen Exploration und Exploitation jedoch von zahlreichen Spannungsfeldern gezeichnet sind (vgl. Tab. 3.1), stellt diese Aufgabe viele Führungskräfte vor große Herausforderungen (Yukl, 2009).

Eine große Bandbreite an Forschungsresultaten (Albers & Eggers, 1991; Boerner et al., 2001; Gebert, 2002; Kaudela-Baum, 2012; Lewis et al., 2000; Mann, 2005; Jansen et al., 2009; Rosing et al., 2011; Zacher et al., 2014; Zacher & Rosing, 2015; Kassotaki,

Tab. 3.1 Spannungen in ambidextren Kontexten. (Quelle: in Anlehnung an March, 1991; He & Wong, 2004; Raisch & Birkinshaw, 2008)

Exploration	Exploitation
Autonomie	Kontrolle
Chaos	Bürokratie
Entdeckung	Ausführung
Entwicklung	Implementierung
Experimentieren	Selektion
Flexibilität	Kontinuität
Innovation	Effizienz
Lose gekoppelte Systeme	Eng gekoppelte Systeme
Organische Strukturen	Mechanistische Strukturen
Path-Breaking	Pfadabhängigkeit
Produktentwicklung	Produktkommerzialisierung
Radikale Innovation	Inkrementelle Innovation
Suche	Verfeinerung
Transformation	Stabilität
Variation	Auswahl

2019; Diesel & Scheepers, 2019) liefert hierzu ein klares Bild: Eine innovationsfördernde Führung muss beide Welten – **Öffnung und Schließung** bzw. Flexibilität und Stabilität – vereinen (vgl. Abb. 3.3).

Um eine innovative Organisation erfolgreich zu führen, muss sich das gesamte Führungsteam dieser potenziellen Spannungsfelder bewusst sein. Die Führung von Innovationsvorhaben ist eine sehr dynamische und widersprüchliche Handlung und erfordert die Gabe, in Dualitäten zu denken und widersprüchliche Aspekte so zu vereinen, dass die Organisation sich über den Status quo hinaus entwickelt und Lernprozesse entstehen.

▶ Isaksen und Tidd (2006) bezeichnen dieses Denken in Dualitäten in Bezug auf die Führung als **„Yes-and"-Ansatz**. Smith und Lewis (2011) plädieren für eine **„Both-and"-Perspektive** für einen wirksamen Umgang mit Paradoxien. Es ist also immer beides: Es gehört zum Standardrepertoire einer Führungskraft in einem innovativen Unternehmen, widersprüchliche Anforderungen als unvermeidbar anzuerkennen und „durch oszillierende Verhaltensweisen sowie Kompromisse auszubalancieren" (Schuler & Görlich, 2007, S. 55).

Anknüpfend an diese „Both-and"-Perspektive kann innovationsfördernden Führung auch als „beidhändig" (Duwe, 2018; Nussbaum, 2022) oder als „janusköpfig" bezeichnet werden. Rothenberg (1999) prägte den Begriff „Janusian thinking" zur Charakterisierung kreativer Prozesse, in denen oft ursprünglich widersprüchliche Elemente miteinander auf

Abb. 3.3 Innovationsfördernde Führung als Balance-Management

verschiedene Art und Weise kombiniert werden und dann später in einem neuen kreativen (konsistenten) Produkt auftauchen (dem man diese ursprünglich inhärente Spannung oft gar nicht mehr ansieht).

Gegensätze sind Quelle der Faszination und erzeugen Energie, und gerade in hochkreativen Prozessen sollten Führungskräfte bewusst Spannungsfelder erzeugen, pflegen und auch Paradoxie nicht als Störung, sondern unausweichliche Normalität betrachten. Die innovationsfördernde Wirkung von Spannungsfeldern beziehungsweise Gegensätzen kommt heute in vielen Unternehmen vor allem auch in der hohen Bedeutung der interdisziplinären Zusammenarbeit in Entwicklungs- und Innovationsteams (Abschn. 9.2.4) zum Ausdruck. Durch die interdisziplinäre und heterogene Zusammensetzung von Teammitgliedern werden Widersprüche bewusst zur Erzeugung kreativer Spannungsfelder eingesetzt.

Buijs (2007) entwirft in diesem Zusammenhang das Bild einer kontrolliert schizophrenen innovationsfördernden Führungskraft, die ständig zwischen einem generativen und einem fokussierten Führungsmodus hin und her wechselt.

Tab. 3.2 Generative vs. fokussierte Führungsmodi. (Quelle: in Anlehnung an Hohn, 2000, S. 190 und Rosing et al., 2011)

Generativer, öffnender Führungsmodus	Fokussierender, schließender Führungsmodus
Entwicklung von Visionen	Zielvereinbarungen
Verwendung von Metaphern wie „Spielen" und „Spaß"	Verwendung von Metaphern wie „Kampf" oder „Macht"
Entwicklungsorientierung	Geschäftsorientierung
Haben wir neue Ideen entwickelt?	Haben wir das Problem gelöst?
Dynamik kreativer Prozesse	Dynamik planerischer Prozesse und Überwachungsprozesse
Herausforderungen suchen und Risiken eingehen	Aufgaben festlegen
Fehler zulassen	Fehler sanktionieren
Entstehung von Konflikten	Krisen- und Konfliktmanagement
Motivieren, Risiken einzugehen	Einhalten von Regeln kontrollieren
Eröffnung von Freiheitsgraden	Handeln unter gegebenen Rahmenbedingungen
Chaos	Ordnung
Intrinsische Motivation	Extrinsische Motivation
Autonomie und herausfordernde Arbeitsbedingungen	Materielle und immaterielle Anreize

> The schizophrenic behaviour of the innovation leader is most prominent in the leadership process itself. If the team is feeling down, then the leader should be optimistic; if the team is overly enthusiastic, then the leader should be cool. If the team has fallen in love with an extremely funny idea, then the leader should point out which were the original objectives of the innovation task. If the team rejects all of the ideas and they focus too much on feasibility, then the leader should provoke them to dream and to let at least some of the wild ideas be considered. (Buijs, 2007, S. 208)

In Tab. 3.2 sind die beiden Führungsmodi auf der Basis empirischer Untersuchungen von Hohn (2000) und Rosing et al. (2011) einander gegenübergestellt.

Der fokussierende, stabilisierende, schließende Führungsmodus hat viel gemein mit dem herkömmlichen Verständnis von der Gestaltung beziehungsweise dem Management von Innovation. Im nachfolgenden Kapitel werden die Unterschiede zwischen innovationsfördernder Führung und Innovationsmanagement im Detail erläutert.

3.5 Innovationsfördernde Führung vs. Innovationsmanagement

Innovation Leadership bedeutet zwar klar die Gestaltung einer Balance zwischen öffnenden und schließenden Führungsweisen. Aber wenn es darum geht, eine Lehre der „innovationsfördernden Führung" in Ergänzung zu einer „Innovationsmanagement"-Lehre zu spezifizieren, dann beschreibt „Innovation Leadership" vor dem gewählten theoretischen, systemisch-relationalen Hintergrund nicht nur eine routinisierte Grundlage für Innovation.

▶**Innovation Leadership** sorgt für die Unterstützung kultureller, kommunikativer und beziehungsorientierter Faktoren, die Abweichungen und Abgrenzung anerkennen und die Annahmewahrscheinlichkeit für eine Variation (sprich: organisationale Veränderung) erhöhen.

March (1981) bezeichnet diese Strukturen als „Technology of Foolishness". Bausteine dieser Technologie sind „Organizational Slack" (Kap. 5), Anreize für das Management zum Ent-Lernen, symbolische Aktionen, Zweideutigkeit und lose Kopplung. Im Zentrum steht die Erhöhung von Reaktionspotenzial gegenüber Veränderungen in der Unternehmensumwelt und Öffnung in Bezug auf Ambivalenzen.

Bei aller Euphorie in Bezug auf diese Innovation-Leadership-Perspektive dürfen die Gefahren der Betonung von Paradoxien und Freiräumen für den Bestand des Unternehmens nicht aus dem Blick geraten. Natürlich ist der Aufbau von Routinen, insbesondere im Prozessmanagement von Innovationen, zentral. Sicherheits- und Qualitätsprobleme, unkalkulierbare Risiken, ungeklärte Verantwortungsbereiche und damit einhergehende Schnittstellenprobleme gefährden gegebenenfalls den Bestand von Unternehmen. Es braucht für das Innovationsmanagement eine hohe Methoden- und Fachkompetenz. Es geht um die routinisierte Suche nach Verbesserungsmöglichkeiten, und da Innovationen im Wesentlichen aus einer Rekombination von Routinen bestehen (De Vries, 1998), ist diese Aufgabe absolut zentral. Nur sinkt bei einer zu starken und einseitigen Fokussierung auf Routineprozesse im Innovationsmanagement klar die Wahrscheinlichkeit für radikalere und nachhaltigere Innovationsformen.

Die zentralen Unterschiede zwischen „Innovation Leadership" und „Innovation Management" sind in Tab. 3.3 zusammengestellt (Isaksen & Tidd, 2006, S. 136; Ailin & Lindgren, 2008, S. 97; Algahtani, 2014). Die dort formulierte analytische Unterscheidung zwischen „Innovation *Leadership*" und „Innovation *Management*" ist in dieser Schärfe für ein deutschsprachiges Fachbuch eher unüblich. Insbesondere in Fachbüchern, die sich auf „integrierte Innovationsmanagement-Modelle" (Disselkamp, 2005; Bergmann & Daub, 2008; Tidd & Bessant, 2009; Hauschildt et al., 2023) stützen, sind die Trennlinien zwischen innovationsfördernden Führungs- und Managementansätzen oft nicht klar zu ziehen.

Vor diesem Hintergrund dient die hier gewählte Unterscheidung der Präzisierung der Führungsdimension im Kontext des Innovationsmanagements. Damit wird ergänzend zur

Tab. 3.3 Unterschiede zwischen Innovation Leadership und Innovation Management

Innovation Leadership	Innovation Management
Langfristige Innovationsziele, basierend auf Innovationsinhalten und -strategien	Kurzfristige Innovationsziele, basierend auf Innovationstaktiken
Strategische Ausrichtung (Fokus auf interne und externe Prozesse), Entwicklung und Erhaltung interner Netzwerke, Einbindung von externen Netzwerkpartnern	Operative und umsetzungsorientierte Ausrichtung (Fokus auf interne Prozesse)
Innovationserfolg basiert auf langfristig ausgerichteten Innovationsprojekten, Lernen und Wissensentwicklung	Innovationserfolg basiert auf Kostenersparnis, Zeitersparnis, Produkterfolg
Parallele Förderung inkrementeller und radikaler Innovation sowie Geschäftsmodell-Innovation	Förderung kleinerer und kurzfristiger Entwicklungsschritte, die durch inkrementelle Innovation erreicht werden
Erhalt der Resonanzfähigkeit und Führung eines Portfolios an verschiedenen Innovationsinitiativen	Konzentration auf ein ausgewähltes Innovationsprojekt
Fokus auf angemessene Innovationsgeschwindigkeit, um die strategischen Innovationsziele zu erreichen	Fokus auf Erhöhung des Innovationstempos (Time-to-Market)
Fokus auf Empowerment, (intrinsische) Motivation und Inspiration	Fokus auf Kontrolle und Problemlösung
Fokus auf Mitarbeitende/Menschen	Fokus auf Dinge
Wandel auslösen	Wandel planen und managen
Geht (kalkulierte) Risiken ein	Minimiert Risiken
Setzt auf Einfluss und ist visionär	Setzt auf Autorität und ist rational
Auseinandersetzung mit Paradoxien, Unsicherheit und Komplexität	Auseinandersetzung mit sicheren und stabilen Abläufen
Sinnvoll intervenieren: Wichtig sind Freiheit und Selbstverantwortung und die Förderung von Selbstbeobachtungs- und Reflexionsmöglichkeiten	Prozesse und Projekte anleiten, verwalten und Erfolgskennzahlen kontrollieren
Kooperative Partnerschaft mit Mitarbeitenden	Zielvereinbarungen mit Mitarbeitenden

etablierten Innovationsmanagement-Literatur und aus dem Blickwinkel der gewählten erkenntnistheoretischen Grundlagen in Abschn. 3.1–3.4 das Potenzial einer „Führungsperspektive" näher beleuchtet, ohne damit etablierte „Innovation *Management*"-Ansätze pauschal im Sinne einer „operativen Innovationsverwaltung" interpretieren zu wollen.

In einem vom Innovation-Leadership-Forum (siehe http://www.innovationleadershipforum.org/) durchgeführten Workshop zum Thema „Leadership for Innovation" (von Stamm, 2008) beschreiben Praktiker Innovation Leaders wie folgt: „They have a strong future-oriented and external focus; they are by nature curious, have tenacity and a lot of passion for their cause, which enables them a) to tolerate failure and focus on the learning they can gain from it, and b) to create a culture in which innovation can flourish" (von Stamm, 2008, S. 470).

Auch Surie und Hazy (2006) betonen die Ausrichtung der Führungsaufgabe im Innovationskontext auf die Veränderung des System-Umwelt-Modells, das heißt auf die Miteinbeziehung organisationsexterner Innovationsdynamiken in die langfristige Gestaltung interner Innovationsprozesse. Sie unterstreichen die Bedeutung der Institutionalisierung von Kollaborationsregeln zwischen verschiedenen „Innovation Agents" (Individuen, organisationale Teileinheiten, die Organisation als Ganzes, die Systemumwelt) und betrachten innovationsfördernde Führung als gemeinsame organisationale Anstrengung.

▶ **Innovationsmanagement** ist eher für die Schaffung eines routinisierten, separierten Spielfeldes für Innovation zuständig und im Vordergrund steht eine hohe Methoden- und Fachkompetenz (epistemische Fachkompetenz). **Innovation Leadership** steht dagegen eher für die Schaffung eines innovationsfördernden Zusammenspiels aller zentralen internen und externen Innovationsakteure, und es sind vor allem Führungskompetenzen im Sinne einer heuristischen Fachkompetenz gefragt, das heißt der Fähigkeit, neuartige Situationen zu bewältigen, sowie der kreativen Entwicklung von Methoden zur Maßnahmenplanung, zur Selbststeuerung, zur Gestaltung von Freiräumen, zum Umgang mit Widersprüchen – und keine Patentrezepte. Weiterhin sind vor allem soziale Kompetenzen, das heißt Kompetenzen in Bezug auf die wirksame Gestaltung von Führungsbeziehungen und ein gutes Einfühlungsvermögen gegenüber verschiedenen Innovationsakteuren gefragt (Kaudela-Baum & Nussbaum, 2022).

Führung wird als Begleitung von Lern- und Entwicklungsprozessen verstanden. Es geht maßgeblich um die Förderung von Selbstbeobachtungs- und Reflexionsmöglichkeiten von Teams und einzelnen Mitarbeitenden. Die Führungsdynamik nimmt wesentlich Einfluss darauf, ob sich Mitarbeitende frei, ermutigt und ermächtigt oder gefangen, entmutigt und ohnmächtig fühlen, und damit auch, ob sie sich in Innovationsvorhaben einbringen oder nicht.

Die im Buch zugrunde gelegte Perspektive der innovationsfördernden Führung wurde nun aus einer erkenntnistheoretischen Sicht ausführlich dargelegt. Nachfolgend werden darüber hinaus drei prominente Forschungsrichtungen beziehungsweise Theoriezweige der innovationsfördernden Führung (State-of-the-Art-Forschung) präsentiert und vor dem Hintergrund der gewählten InnoLEAD-Perspektive kritisch reflektiert.

3.6 State-of-the-Art-Forschung

Die theoretische Basis der Innovation-Leadership-Forschung befindet sich in einem kontinuierlichen Wandel. Das sozialkonstruktivistische Denken, das Denken in Systemen und Paradoxien, spielt bei diesem Wandel eine bedeutende Rolle. Vor dem Hintergrund der immer komplexer werdenden Herausforderungen in einem zunehmend globalen Wettbewerb verwundert das nicht. Auch die in diesem Kapitel vorgestellten klassischen **„Schulen" der innovationsfördernden Führung** unterliegen einer kontinuierlichen Erweiterung bzw. Erneuerung. Einführend werden die Grundlagen der transformationalen Führung vorgestellt, danach wird der Ansatz der partizipativ-delegativen Führung entfaltet und zum Schluss wird der „Entrepreneurship"-Ansatz vertieft. Alle drei Ansätze zählen zu den etabliertesten Führungsansätzen beziehungsweise Perspektiven zu Führung und Innovation (Gebert, 2002; Krause, 2013) und bieten vielfältige Bezüge zu dem hier im Buch entwickelten integralen Ansatz.

3.6.1 Transformational-charismatische Führung

Dieser Führungsansatz zählt zu den wissenschaftlich meistuntersuchten Führungstheorien (Wang & Howell, 2012). Ziel ist die „Transformation" der Mitarbeitenden: Die Geführten sollen zu außerordentlichen Leistungen angetrieben, für die strategisch wichtigen Interessen des Unternehmens gewonnen und dazu motiviert werden, das Wohl des Unternehmens über die individuellen Ziele zu setzen (Pundt & Nerdinger, 2012, S. 31–32). Die zentralen Komponenten des Ansatzes sind in Tab. 3.4 dargestellt.

Tab. 3.4 Die vier Komponenten der transformationalen Führung. (Quelle: in Anlehnung an Bass, 1999)

Führungsverhalten – die vier Komponenten der transformationalen Führung	
Idealisierter Einfluss	Die Führungskraft dient den Mitarbeitenden als Vorbild, erarbeitet sich deren Vertrauen und regt sie dazu an, ihr nachzueifern
Inspirierende Motivation	Die Führungskraft motiviert die Mitarbeitenden und verleiht deren Arbeit mehr Bedeutung und Sinn, indem eine herausfordernde Vision und gemeinsame Ziele entwickelt werden
Intellektuelle Stimulation	Die Führungskraft ermutigt ihre Mitarbeitenden, bestehende Annahmen und Lösungen zu hinterfragen sowie neue Lösungsansätze zu suchen. Die Führungskraft vertraut auf die Innovationsfähigkeit und Kreativität ihrer Mitarbeitenden
Individuelle Berücksichtigung	Die Führungskraft versteht sich als Coach und Mentor mit dem Ziel, die individuellen Stärken ihrer Mitarbeitenden zu fördern

3.6 State-of-the-Art-Forschung

Die erste Komponente, der idealisierte Einfluss, wird teilweise auch mit dem Persönlichkeitsmerkmal Charisma (Heber, 2010) gleichgesetzt. Charismatische Führung wird deshalb oftmals mit transformationaler Führung gleichgesetzt, obwohl sich die beiden Konstrukte in vielerlei Hinsicht klar voneinander unterscheiden: So steht bei der charismatischen Führung die Identifikation der Geführten mit der Führungskraft im Vordergrund, während bei der transformationalen Führung die **Transformation von Werten und Zielen** im Zentrum steht (Neuberger, 2002; Heber, 2010; Yukl, 2013). Die transformationale Führung (TF) wird häufig auch der transaktionalen Führung gegenübergestellt. Erstere zeichnet sich durch die Entwicklung und Förderung von Mitarbeitenden durch psychologische Beeinflussungsprozesse aus (oftmals durch Coaching oder Mentoring), die transaktionale Führung hingegen steht für den Austausch von Leistungseinsatz (z. B. Zeit, Kraft) gegen Belohnung (z. B. Lohn).

▶ Die innovationsfördernde Wirkung transformationalen Führungsverhaltens ist auf unterschiedlichen Ebenen und anhand von unterschiedlichen Wirkmechanismen untersucht worden. Gemäß Frey et al., (2006, S. 15) existiert eine enge Verbindung zwischen **Sinn- und Visionsvermittlung** sowie der Kreativität und der Motivation, Innovationsinitiativen umzusetzen.

Wirkt eine Führungsperson besonders charismatisch und mit viel positiver persönlicher Ausstrahlung, möchten Geführte ihr in Einstellungen und Verhaltensweise ähnlich sein *(idealisierter Einfluss)*. Je größer die **positive Ausstrahlung**, desto höher die Wahrscheinlichkeit, dass Mitarbeitende innovationsrelevante Normen und Werte, die von der Führungskraft vorgelebt werden, internalisieren (Krause & Gebert, 2004). Durch den Einfluss auf das Selbstkonzept der Mitarbeitenden und die Ausrichtung des Selbstkonzeptes auf ein gemeinsames Ziel verbindet die transformationale Führungsperson mithilfe ideologischer Erklärungen die Identität der Geführten mit der kollektiven Identität des Unternehmens (Jaussi & Dionne, 2003).

So entsteht eine gemeinsame Mission, eine Art „Teamgeist", der die **intrinsische Motivation** der Mitarbeitenden stärkt (Shamir et al., 1993; Gebert, 2002; Jung et al., 2003). Intrinsisch motivierte Arbeitskräfte sind oftmals kognitv flexibler und ausdauernder, sie benutzen unkonventionelle Lösungsmethoden und finden neue Lösungen zu bestehenden Problemen (Amabile, 1996; Shin & Zhou, 2003). Die Führungskomponente der **intellektuellen Stimulation** fördert dieses innovationsförderliche Verhalten zusätzlich. Eine gemeinsame Vision führt den Mitarbeitenden einerseits die Wichtigkeit ihrer Tätigkeit vor Augen und fördert damit deren Bereitschaft, das kollektive Interesse vor ihr eigenes zu stellen (**Leistungsbereitschaft**). Zum anderen erlaubt eine Vision einen neuen Soll-Wert zu vermitteln, damit die Mitarbeitenden die Situation als veränderungsbedürftig erleben (Gebert, 2002).

Die transformationale Führung fördert vor allem anhand der Veränderung des Anspruchsniveaus und des Hinterfragens des Status quo die Veränderungsbereitschaft der

Geführten. Im Gegensatz zur transaktionalen Führung betont die transformationale Führung die stetige Veränderung und fördert diese. Gerade Innovationsvorhaben sind stets von Unsicherheit geprägt, und die Mitarbeitenden sind mit einem risikoreichen Umfeld konfrontiert. Transformationale Führung bietet hier Unterstützung in Bezug auf Orientierung, Sinn und Hoffnung. Dadurch kann Unsicherheit als Chance betrachtet werden. Der mit Unsicherheit verbundene Stress, der auch die Kreativität hemmt, wird somit reduziert (Waldman et al., 2001; Gebert, 2002) und einem Widerstand auf Ebene der Mitarbeitenden gegenüber größeren Veränderungen kann vorgebeugt werden (Oreg & Berson, 2011).

Einen Überblick über unterschiedliche Studien zur transformationalen Führung und deren Einfluss auf Innovation und Kreativität beziehungsweise den Umgang mit Veränderungen verschafft Tab. 3.5.

Die Studie von Gumusluoglu und Ilsev (2009) zeigt, dass transformationale Führung die individuelle Kreativität von Mitarbeitenden positiv beeinflusst und dass die Kreativität wiederum organisationale Innovationen positiv beeinflusst. Die Autoren heben jedoch hervor, dass diese positive Beziehung erstens von der intrinsischen Motivation der Geführten und zweitens von der von den Geführten wahrgenommenen Unterstützung für Innovation abhängt. Die Positiveffekte von transformationaler Führung auf die Kreativität von Mitarbeitenden können leicht neutralisiert beziehungsweise substituiert werden. Weitere Studien betonen in diesem Zusammenhang die Wichtigkeit eines „innovationsunterstützenden Klimas", einer hohen „Identifikation der Geführten mit der Führungskraft" (Krause & Kobald, 2013, S. 259) sowie einer leistungs- und innovationsorientierten Unternehmenskultur (Sarros et al., 2008; Sattayaraksa & Boon-itt, 2017), da diese Faktoren die Beziehung zwischen transformationaler Führung und der Innovationsleistung beeinflussen resp. darin „vermitteln". Neben diesen Faktoren stellt sich zudem die Frage, inwiefern auch die Organisationsstruktur von Bedeutung ist (Neuberger, 2002; Pundt & Nerdinger, 2012).

Weiterhin zeigt eine Meta-Analyse von Rosing et al. (2011) auf, dass die transformationale Führung positiv mit Innovation korreliert, aber die Studie beleuchtet auch die große Varianz in den Resultaten. Die Beziehung zwischen transformationaler Führung und Innovativität hängt letztlich von vielen Variablen ab, wie zum Beispiel von der Differenzierung zwischen „Kreativität" und „Innovation" oder zwischen „Forschungsprojekten" und „Entwicklungsprojekten" (Rosing et al., 2011). Die Effekte der transformationalen Führung variieren also kontextabhängig stark.

▶ In Bezug auf die Nähe des Ansatzes zur charismatischen Führung besteht weiterhin die Gefahr, dass das Führungsverhalten weniger zur Entwicklung und Ermächtigung der Mitarbeitenden (im Sinne einer Erweiterung von Handlungsfreiräumen) beiträgt, sondern vielmehr zur Gefolgschaft beziehungsweise sogar zur Abhängigkeit zwischen Führungsperson und Mitarbeitenden, welche sich negativ auf die Leistungserbringung sowie auf das innovative Verhalten auswirken kann. Führungsbeziehungen, die durch ein

3.6 State-of-the-Art-Forschung

Tab. 3.5 Studien zur transformationalen Führung. (Quelle: in Anlehnung an Heber, 2010)

	Autor(en)	Ebene	Forschungsdetails	Ergebnisse
Kontext	Waldman et al. (2001)	Organisationsebene	Langzeitstudie über den Einfluss des transaktionalen oder transformationalen (charismatischen) Führungsstils von CEOs auf den ökonomischen Erfolg (finanzielle Performance) des Unternehmens	Transformationale Führungskräfte erzielten unter unsicheren, als risikoreich wahrgenommenen Bedingungen deutlich höhere finanzielle Erfolge als ihre transaktionalen Kollegen
	De Hoogh, Den Hartog und Koopman (2005)	Individualebene	Wirksamkeit (= wahrgenommene Effektivität des Führungsstils) der TF in dynamischem Unternehmenskontext (sich schnell verändernde Umweltbedingungen)	Je höher die Dynamik der Situation eingeschätzt wird, desto eher wurde TF von Vorgesetzten und Kollegen als effektiv wahrgenommen
Veränderungsbereitschaft	Rubin et al. (2009)	Individualebene	Auswirkung von Führungspersönlichkeit auf TF und auf Mitarbeitende	Je höher die Veränderungsbereitschaft der Führenden, desto eher wenden sie die TF an und desto eher sind auch die Geführten zur Veränderung bereit. Übertragung von Veränderungsbereitschaft von Führungskraft auf Geführte

(Fortsetzung)

Tab. 3.5 (Fortsetzung)

Autor(en)	Ebene	Forschungsdetails	Ergebnisse
Levay (2010)	Individualebene	Einfluss von Werten und Visionen der Führungskraft und TF (charismatische Führung) auf Veränderungsbereitschaft von Geführten	TF fördert auch den Widerstand von Geführten gegenüber Veränderungen, wenn die Führungskraft sich gegen die Veränderung bzw. für das Beibehalten des Status quo ausspricht
Oreg und Berson (2011)	Individualebene	Analyse basierend auf einer Stichprobe von 586 LehrerInnen zum Zusammenhang zwischen TF, den Persönlichkeitsmerkmalen von Führungskräften und der Widerstandsabsicht gegen weitreichende organisationale Veränderungen	TF führt grundsätzlich zu schwächeren Widerstandsabsichten von Mitarbeitenden gegenüber weitreichenden Veränderungsvorhaben in Organisationen und kann zudem dazu beitragen, eigenschaftsbedingte Tendenzen zum Widerstand zu reduzieren
Jaussi und Dionne (2003)	Individualebene	Rolle der TF als Moderator zwischen unkonventionellem Führungsverhalten (z. B. auf den Tisch springen, Ideen an der Wäscheleine aufhängen etc.) und Kreativität der Mitarbeitenden anhand einer Befragung von 364 Wirtschaftsstudierenden	Keine Bestätigung, dass TF die Beziehung zwischen unkonventionellem (kreativem) Führungsverhalten und Kreativität der Mitarbeitenden moderiert

(Fortsetzung)

3.6 State-of-the-Art-Forschung

Tab. 3.5 (Fortsetzung)

	Autor(en)	Ebene	Forschungsdetails	Ergebnisse
Kreativität	Jung (2000)	Teamebene	Einfluss von TF und transaktionaler Führung auf die Gruppenkreativität untersucht anhand von Brainstorming-Sitzungen mit 194 Studierenden	Kreativität der transformational geführten Gruppe war höher als die der transaktional geführten Gruppe
	Shin und Zhou (2003)	Individualebene	Studie an 290 F&E-Mitarbeitenden zum Zusammenhang von TF und Kreativität der Geführten	TF beeinflusst die Kreativität von Mitarbeitenden positiv
	Jung et al. (2003)	Organisationsebene	Einfluss von Führungsstil auf die Innovationsfähigkeit der Organisation untersucht mit Befragung von 32 Mitgliedern aus dem Topmanagement	TF wirkt sich positiv auf die organisationale Innovation aus
	Jaiswal und Dhar (2015)	Individual- und Organisationsebene	Einfluss von TF auf das innovationsfördernde Klima und die Kreativität der Mitarbeitenden auf individueller Ebene	TF hat einen positiven Einfluss auf das innovationsfördernde Klima in Organisationen, welches gleichzeitig zur Förderung der Kreativität von Mitarbeitenden beiträgt (d. h., TF wirkt als Mediator)

(Fortsetzung)

Tab. 3.5 (Fortsetzung)

	Autor(en)	Ebene	Forschungsdetails	Ergebnisse
	Gumusluoglu und Ilsev (2009)	Individual- und Organisationsebene	Zusammenhang zwischen TF und der Kreativität von Mitarbeitenden auf individueller Ebene sowie der Innovationsleistung der Gesamtorganisation	TF wirkt sich einerseits indirekt – über den Mediator ‚psychologisches Empowerment' – positiv auf die individuelle Kreativität und andererseits auch positiv auf die (inkrementelle) Innovationsleistung der Gesamtorganisation aus
Innovationsfähigkeit	Pundt und Schyns (2005)	Individualebene	Zusammenhang der TF-Komponenten inspirierende Motivation und intellektuelle Stimulation sowie individueller Beiträge von Mitarbeitenden zum Ideenmanagement	Positiver Zusammenhang zwischen inspirierender Motivierung und dem individuellen Engagement im Ideenmanagement. Kein signifikanter Zusammenhang zwischen intellektueller Stimulierung und dem individuellen Engagement im Ideenmanagement
	Pieterse, van Knippenberg, Schnippers und Stam (2010)	Individualebene	Einfluss von TF auf innovatives Verhalten anhand von Stichproben einer niederländischen Regierungsorganisation	Positive Wirkung auf innovatives Verhalten nur, wenn Mitarbeitende über Fähigkeiten und Möglichkeiten zur Entfaltung von innovativem Potenzial verfügen
	Al-edenat (2018)	Individualebene	Einfluss von TF auf die Zufriedenheit und die Innovationstätigkeit von Mitarbeitenden	Positiver Zusammenhang zwischen TF und der Zufriedenheit der Mitarbeitenden, die ihrerseits positiv mit Innovation auf Mitarbeitendenebene zusammenhängt (Zufriedenheit als Mediator)

(Fortsetzung)

3.6 State-of-the-Art-Forschung

Tab. 3.5 (Fortsetzung)

Autor(en)	Ebene	Forschungsdetails	Ergebnisse
Sehgal et al. (2021)	Individualebene	Untersucht unter anderem, wie sich TF auf psychologisches Empowerment und die individuelle Innovationsleistung von Mitarbeitenden auswirkt	Die Studie zeigt, dass TF zu mehr psychologischem Empowerment beiträgt und dadurch – indirekt – auch eine höhere Innovationsleistung auf Mitarbeitendenebene hervorruft
Eisenbeiss et al. (2008)	Teamebene	Zusammenhang zwischen TF, der (wahrgenommenen) Unterstützung für Innovation, dem Team-Klima für Exzellenz und der Innovationsleistung von Teams basierend auf einer Stichprobe von 33 Teams	Positiver Zusammenhang zwischen TF und der Unterstützung für Innovation. Die Unterstützung für Innovation wirkt sich, sofern ein Klima für Exzellenz vorhanden ist, positiv auf die Teaminnovation aus. Fehlt dieses Klima, hat die Unterstützung für Innovation keine positive Wirkung
Keller (2006)	Teamebene	Einfluss von TF auf Teamleistung in Forschungs- und Entwicklungsprojekten	TF wirkt sich in Forschungsprojekten positiver auf die Teamleistung aus als in Entwicklungsprojekten, da diese sich vermehrt mit radikalen Innovationen auseinandersetzen und somit Inspiration und intellektuelle Stimulation wichtiger sind

(Fortsetzung)

Tab. 3.5 (Fortsetzung)

Autor(en)	Ebene	Forschungsdetails	Ergebnisse
Sarros et al. (2008)	Organisationsebene	Beziehung zwischen unterschiedlichen Dimensionen der TF und einem innovationsfördernden organisationalen Klima sowie der Organisationskultur basierend auf einer Stichprobe von 1'158 ManagerInnen	TF trägt zu einer leistungs- und wettbewerbsorientierten Kultur bei, welche ihrerseits zu einem innovationsförderlichen Klima in Organisationen beisteuert
García-Morales et al. (2012)	Organisationsebene	Einfluss von TF auf die organisationale Performance durch Förderung des organisationalen Lernens und der Innovation	Positiver Zusammenhang zwischen TF und organisationalem Lernen und Innovation, wodurch auch der übergeordnete Erfolg eines Unternehmens indirekt positiv beeinflusst wird
Sattayaraksa und Boon-itt (2017)	Organisationsebene	Einfluss von TF angewandt von CEOs auf Innovationskultur, Innovationsstrategie, organisationales Lernen und die allgemeine Innovationsleistung von Unternehmen	TF auf der obersten Führungsebene wirkt sich stark positiv auf die Innovationskultur, das organisationale Lernen und den New-Product-Development-Prozess in Unternehmen aus, was in der Folge zu einer besseren Innovationsleistung führt

Abhängigkeitsverhältnis geprägt sind, verhindern Feedback und wechselseitiges Hinterfragen von Handlungen, eine zentrale Voraussetzung für die Innovationsförderung.

Ein weiterer Kritikpunkt an der transformationalen Führung im Hinblick auf die Innovationsfähigkeit ist auch das Risiko der Homogenisierung zentraler Einstellungen und Werte von Mitarbeitenden durch die kollektive Mission und die Internalisierung der Werte (Gebert, 2002).

3.6.2 Delegativ-partizipative Führung und Empowerment

In der Literatur besteht ebenfalls weitgehende Einigkeit darüber, dass ein delegativ-partizipativer Führungsstil für die Stimulierung kreativer, innovativer Leistungen und für ihre Implementierung erfolgsfunktional ist (Gebert, 2002, S. 174 ff.; Krause & Gebert, 2004; Frey et al., 2006; Yukl, 2013). Die Begriffe Partizipation und Delegation wie auch die Übergabe von Verantwortung im Sinne einer Ermächtigung (Empowerment) fokussieren auf die **Übertragung von Entscheidungsmacht** und damit **Handlungsfreiheiten** an die Geführten. Die Literatur zu delegativ-partizipativer Führung untersucht dieses Geschehen und seine Effekte eher aus der Perspektive der Führungsperson, wohingegen die Literatur zu Empowerment-Ansätzen eher die Perspektive der Geführten in den Vordergrund stellt (Yukl, 2013). Eine **partizipative Führung** bedeutet, dass Mitarbeitende in die Denk- und Entscheidungsprozesse eingebunden werden. Je chefzentrierter die Führung, desto weniger **Entscheidungsfreiraum** haben die Mitarbeitenden. Mögliche Formen der partizipativen Führung reichen von der gemeinsamen Entscheidungsfindung über die Konsultation des Mitarbeitenden bis hin zur Delegation (Yukl, 2013).

Ein partizipativer Führungsstil zeichnet sich seinerseits durch eine **offene Formulierung von Arbeitsaufgaben** aus (Staw & Boettger, 1990), ganz im Sinne von „enable others to act" (Boneberg, 2008). Unter Delegation versteht man die „dauerhafte Übertragung von Aufgaben, Kompetenzen und Verantwortung an nachgeordnete Stellen" (Boneberg, 2008, S. 161). Von einer konsequenten Delegation kann man sprechen, wenn komplexe Aufgaben-Bündel sowie alle damit verbundenen Rechte und Pflichten inklusive der Verantwortung für die Durchführung der Aufgaben an eine unterstellte Person übertragen werden. Die **konsequente Delegation** vermittelt den Mitarbeitenden die Herausforderung einer komplexen Aufgabenstellung und fördert einen ganzheitlichen, unternehmerischen Blick. Das Hinterfragen bestehender Handlungsweisen wird gefördert und es entsteht **Raum für Experimente** und neue Erfahrungen, wodurch die Entwicklung neuer Ideen begünstigt wird. Eine herausfordernde und komplexe Aufgabenstellung sowie die Entwicklungsmöglichkeiten wirken sich zudem positiv auf die intrinsische Motivation aus (Gebert, 2002).

Sowohl Partizipation als auch Delegation erhöhen die Identifikation mit dem Unternehmen (Antoni, 1999). Das hat wiederum positive Auswirkungen auf die Kreativität und die Chancen auf die Umsetzung neuer Ideen. Das heißt, wer alles vorgeschrieben bekommt und eng kontrolliert wird, der wird weder neue Ideen entwickeln noch Ideen zur Zukunftssicherung des Unternehmens umsetzen. Diesbezüglich spielt auch die Einbindung in Entscheidungsprozesse eine zentrale Rolle, denn nur wenn Mitarbeitende ausreichend informiert sind, können sie zukunftsorientiert und verantwortlich mit Freiräumen in ihrem Tätigkeitsfeld umgehen. Dieses Prinzip basiert auf der Theorie der kognizierten Kontrolle, die besagt, dass Mitarbeitende nach Vorhersehbarkeit und Erklärbarkeit streben (Frey & Jonas, 2002). Die partizipative Führung basiert auf dem Diskurs zwischen Führenden und Geführten und fördert die Bereitschaft von Mitarbeitenden, sich gegenüber der Unternehmensleitung kritisch zu äußern und Veränderungsvorschläge einzubringen (Axtell et al., 2000). Diese **innovationsrelevante Aufwärtskommunikation** gewährleistet, dass dezentrales, innovationsrelevantes Wissen genutzt, kritisches Feedback geäußert und kritische Selbsthinterfragung im Unternehmen gefördert wird.

Empowerment kann grundsätzlich als Ermächtigung beziehungsweise Bevollmächtigung in einer Organisation verstanden werden (Beisheim, 1999). Aus einer relationalen Perspektive wird die Ermächtigung von Geführten als „the exchange of power and responsibility throughout an organization" (Leiba & Hardy, 1994, S. 257) betrachtet. Anhand der folgenden vier Kriterien kann die Umsetzung von Empowerment bewertet werden (Beisheim, 1999; Lee & Koh, 2001; Krause & Kobald, 2013):

1. *Selbstbestimmung:* Mitarbeitende können ihre Arbeitsabläufe und Schritte zur Zielerreichung eigenverantwortlich regulieren
2. *Kompetenz* zur Aufgabenbewältigung: Mitarbeitende vertrauen in ihre Fähigkeiten
3. *Sinnhaftigkeit:* Zusammenhang zwischen Aufgabe und Rollenverständnis der Mitarbeitenden bzw. Bedeutung der Aufgabe für die Mitarbeitenden
4. *Entscheidungsbefugnis:* Grad, in dem Geführte strategische, administrative oder operationale Aktivitäten und damit den Unternehmenserfolg beeinflussen können

Ende der 1980er-Jahre war die Harvard-Professorin Rosabeth Moss Kanter eine der Ersten, die sich für mehr „Empowerment" in Unternehmen einsetzten (Kanter, 1989). Verbunden mit Empowerment ist die Idee, „Menschen in Organisationen zu ermächtigen und zugleich zu ermutigen, sich von den Zwängen der Hierarchie zu befreien" (Stahl, 2013b, S. 63). Leiba und Hardy (1994) definieren Empowerment „as an organizational development process that seeks to enhance employees' actual and felt self-efficacy by identifying the environmental, behavioral, and cognitive conditions that foster powerlessness, and then removing these conditions via formal organizational practices" (S. 258). Aus einer Empowerment-Perspektive ist es wichtig, dass Führende ihren Mitarbeitenden die Kontingenz zwischen ihrer Leistung und der Innovationsfähigkeit vermitteln.

> Die Führungskraft muss Vertrauen in die Kompetenzen der Mitarbeiter haben. Dies steigert das Selbstvertrauen der Geführten. Ferner ist es essenziell, dass die Führungskraft den Mitarbeitern ein gewisses Maß an Autonomie und Entscheidungsbefugnis zugesteht, damit sie ermutigt sind, selbst zu entscheiden, wie sie ihre Arbeit ausführen. (Krause & Kobald, 2013, S. 254)

Prinzipiell kann zwischen dem strukturellen und dem psychologischen Empowerment unterschieden werden. Strukturelles Empowerment bezieht sich dabei auf Strategien, Strukturen und Praktiken, die Macht und Autorität von Führungskräften auf alle Mitarbeitenden übertragen. Psychologisches Empowerment ist dagegen das subjektive Gefühl einer bzw. eines Mitarbeitenden, die Kontrolle über seine resp. ihre Arbeit zu haben oder selbstständig arbeiten zu können (Welpe et al., 2018). Gemäß Sehgal et al. (2021) stellt psychologisches Empowerment einen zentralen Mediator in der Beziehung zwischen transformationaler Führung und der Innovationsleistung von Mitarbeitenden dar. Transformationale Führung trägt folglich dazu bei, psychologisches Empowerment zu fördern, und psychologisches Empowerment führt auf individueller Ebene zu einer besseren Innovationsleistung. Beide Formen des Empowerments sind notwendig, wenn Unternehmen im digitalen Zeitalter unternehmerischer, demokratischer und kreativer werden sollen, und die Förderung von Empowerment muss die Wirksamkeit beider Ebenen berücksichtigen (Welpe et al., 2018).

▶ Das Konzept des **„Empowerment"** erlebt derzeit im Kontext der digitalen Transformation der Arbeitswelt und der damit verbundenen Herausforderung, wie Organisationen effektiv mit Komplexität und Ungewissheit umgehen können, eine regelrechte Renaissance (Welpe et al., 2018). Selbstbestimmung und Selbstorganisation gelten zurzeit als primäre Lösungsansätze für die Gestaltung von Führungsbeziehungen in agilen, kollaborativen Arbeitswelten.

Diese Ansätze und die damit verbundenen Methoden sind jedoch nicht wirklich neu. Der partizipative Führungsansatz wie auch der Ansatz teilautonomer Arbeitsgruppen der 1970er-Jahre rückten bereits ähnliche Ziele ins Zentrum (Stahl, 2013b, S. 64). Die Befähigung und Stärkung der Arbeitsautonomie zu Verbesserung des Unternehmenserfolges stellt somit im Grunde genommen keine substanzielle Neuerung oder Innovation in der Entwicklung von Führungsansätzen im Zeitalter der digitalen Transformation dar.

Führungskräfte müssen gleichwohl verstehen, dass die mit dem delegativ-partizipativen Führungsstil und „Empowerment" verbundenen Öffnungsprozesse auch mit gewissen Risiken verbunden sind. So wäre eine bedingungslose Übertragung von Macht und Entscheidungsbefugnissen an die Geführten dysfunktional im Hinblick auf die Innovationsförderung. Eine Ermächtigung, die über eine Anhebung der Situationskontrolle von Mitarbeitenden (Abschn. 5.2.3) definiert ist, ist mit spezifischen Risiken verbunden. Ohne eine parallele Abfederung der Autonomie-Risiken durch Orientierung, Konsens und Vertrauen droht sogar eine Senkung der erreichten Innovativität (Gebert, 2002). Mit einer steigenden Anzahl an autonomen Entscheidungen seitens der Geführten wächst auch die Gefahr, dass die Entscheidungen innerhalb des Unternehmens weder inhaltlich noch zeitlich aufeinander abgestimmt sind, wodurch Koordinationsprobleme entstehen. Betrachten wir das delegativ-partizipative Führungsverhalten also als öffnende Führungsweise, stellt sich die Frage, wie die **Balance** wiederhergestellt und schließende Führungsweisen etabliert werden. Gemäß Krause et al. (2007) stellt beispielsweise die konsultativ-beratende Führung – Führung durch fachliche Beratung und Anleitung sowie das Zurverfügungstellen von Hintergrundinformationen – ein geeignetes Gegenstück dar, welches die delegativ-partizipative Führung gut ergänzt.

Empowerment kann zu einer Steigerung der Innovationsfähigkeit führen. Die Nutzung des Wissens der Mitarbeitenden ist wichtig für die kontinuierliche Verbesserung von Dienstleistungen, Produkten, Geschäftsmodellen, Strukturen und Prozessen. Mitarbeitende, die kontinuierlich in engem Kundenkontakt stehen, können Kundenbedürfnisse rasch erfassen, für andere Organisationseinheiten übersetzen und so qualitativ hochwertigere sowie an den Kundenwünschen enger ausgerichtete Innovationen entwickeln. So können Kostenersparnisse leichter identifiziert und Differenzierungsvorteile gegenüber der Konkurrenz leichter realisiert werden. Vertrauen, Transparenz und Partizipation sind dabei eine wichtige Voraussetzung (Hoffmann & Hanisch, 2021; Kaudela-Baum, 2022a).

3.6.3 Unternehmerische Führung

Für Führungskräfte geht es heutzutage aber nicht nur um die Förderung von Innovation im engeren Sinne, das heißt die Entwicklung und Vermarktung beziehungsweise Verbesserung neuer Produkte oder Dienstleistungen, Prozesse usw., sondern auch um die Entwicklung genereller Flexibilisierungspotenziale. Zu diesen **Flexibilisierungspotenzialen** zählt vor allem auch eine unternehmerische Einstellung (Lumpkin & Dess, 1996). „Entrepreneurship" beziehungsweise „Entrepreneurial Leadership" ist seit einigen Jahren *en vogue* (Raich et al., 2007; Krause, 2013; Renko et al., 2015; Leitch & Volery, 2017) – es gibt kaum ein Unternehmen, das sich nicht mit der Frage auseinandersetzt, wie es den Unternehmergeist der Mitarbeitenden fördern könnte. *„Wir benötigen unternehmerisch denkende Mitarbeitende"* – dies ist eine geläufige Aussage innovationsverantwortlicher Führungskräfte. Viele Unternehmen, die in den vergangenen Jahren rasante Wachstumsprozesse bewältigt haben, sehen sich wieder zurück nach ein bisschen **„Garagenkultur"**, nach einer Dosis „Aufbruchstimmung", nach Energie, die besonders in der Phase der Unternehmensgründung entsteht. Beispiele wie die Xbox und Kinect, die innerhalb des Microsoft-Konzerns entstanden sind und wenig mit dem ursprünglichen Kerngeschäft des Software-Unternehmens zu tun haben, oder die Portierung des Mac-OS-X-Betriebssystems auf Intel-Rechner, die ein Apple-Ingenieur im Geheimen begann, haben diesen „Hype" um Entre- beziehungsweise Intrapreneurship entfacht. In der Literatur ist die Annahme weit verbreitet, dass eine unternehmerische Einstellung für die

3.6 State-of-the-Art-Forschung

Innovationsförderung zentral ist (Gupta et al., 2004; Darling et al., 2007; Menzel et al., 2007; Urbano & Turró, 2013; Renko et al., 2015). Zwei Strömungen aktueller Literatur untersuchen einerseits Führungskräfte und ihre Führungsstrategien, die diese unternehmerische Einstellung leben (**Entrepreneurial Leadership**), und andererseits die Verankerung ebendieser Strategien auf der Ebene aller Mitarbeitenden (**Intrapreneurship**).

Unternehmerische Führung nutzt Gelegenheiten und verwandelt diese in einem wertgenerierenden Prozess zu einer Innovation (Darling et al., 2007). Anhand von drei Dimensionen – Innovativität, Risikoaffinität und Proaktivität – lässt sich aufzeigen, wie unternehmerische Führung funktioniert. Ein **Entrepreneurial Leader** geht gegenwärtig Risiken ein, um später erfolgreich zu sein. Diese Führungspersonen versuchen, die Wettbewerbsvorteile des Unternehmens kontinuierlich aufrechtzuerhalten. Sie stellen sich einem offensiven Konkurrenzkampf (Gupta et al., 2004).

> **Vier Elemente unternehmerischer Führung**
> Darling et al. (2007) haben anhand aktueller Beispiele erfolgreicher Entrepreneure die Grundlagen erfolgreicher unternehmerischer Führung untersucht und zeigen vier Führungsstrategien auf:
>
> 1. Das Verfolgen einer klaren Zukunftsvision des Unternehmens und die Gewinnung der Mitarbeitenden mit Commitment und Disziplin für diese Vision.
> 2. Die Mitarbeitenden verstehen den Sinn dieser innovativen Vision. Über häufige, transparente Kommunikation wird der Informationsfluss sichergestellt und die Mitarbeitenden werden dazu befähigt, ihren Beitrag zur Erreichung des Ziels sichtbar zu machen.
> 3. Durch Konsistenz, Verantwortlichkeit und Beständigkeit wird eine vertrauensvolle Arbeitsumgebung geschaffen. Klare Positionierung in sämtlichen Bereichen des Unternehmens und Integrität fördern das Erreichen der Vision.
> 4. Die eigenen Stärken werden realistisch eingeschätzt und (versteckte) Talente der Mitarbeitenden werden erkannt und gefördert. Die vertiefte Auseinandersetzung mit Personalfragen (bis zu 90 % der Zeit) schafft Nähe und die Mitarbeitenden erwidern dies mit Respekt und Zuversicht in die Zukunft.

Im Gegensatz zur visionären, charismatischen oder wertebasierten Führung (Abschn. 3.6.1) basiert der Führungserfolg beim Konzept des Entrepreneurial Leadership auf dem gemeinsamen, aktiven, kreativen und entwicklungsorientierten Nutzen von Möglichkeiten. Gerade durch seine „Gewöhnlichkeit" und nicht durch heroische Persönlichkeitsmerkmale oder moralische Ideologien ermutigt der Entrepreneurial Leader die Geführten, zu experimentieren und sich weiterzuentwickeln, und gewinnt dadurch ihr Engagement. Ziel ist es dabei nicht nur, die Mitarbeitenden zu motivieren, sondern sie beim Entwickeln neuer Perspektiven zu unterstützen, wobei der Wirkungsmechanismus nicht in Charisma, Werten oder Gruppendruck besteht, sondern in einem „gemeinsame[n] Spirit des bewussten Innovierens" (Gupta et al., 2004, S. 256).

Erler und Wilhelmer (2010) illustrieren am Beispiel von Swarovski, wie die unternehmerische Grundeinstellung des Gründervaters des Unternehmens, Daniel Swarovski (1862–1956), die Organisationskultur bis heute prägt. Entlang von entwicklungs- und mitarbeiterorientierten Leitwerten werden unternehmerische Kernkompetenzen und die Innovationsfähigkeit der Mitarbeitenden konsequent gefördert und anerkannt. Unterstützt in ihrer Kreativität und ihrer Erfolgsorientierung übernehmen die Mitarbeitenden die Rolle von Intrapreneuren und tragen in ihrer jeweiligen Funktion zur Weiterentwicklung des Unternehmens bei.

Intrapreneure entsprechen mit ihrer unternehmerischen Einstellung dem Bild des modernen Mitarbeitenden in wissensintensiven Unternehmen, der sich mit **Eigeninitiative, Expertise und Kreativität** unabhängig von seiner Funktion für die Weiterentwicklung des Unternehmens als Ganzes einsetzt. Zahlreiche Studien untersuchen, wie sich diese unternehmerische Grundeinstellung im etablierten Unternehmen auf allen Hierarchiestufen fördern lässt (Darling et al., 2007; Kuratko, 2007; Menzel et al., 2007; Urbano & Turró, 2013).

Antoncic und Hisrich (2001) beschreiben Intrapreneurship (vgl. Tab. 3.6) als Prozess, der nicht nur zu einem neuen Unternehmen oder Unternehmensbereich, sondern auch zu innovativen Aktivitäten führt, wie zum Beispiel der Entwicklung von neuen Produkten, Dienstleistungen, Technologien, Prozessen oder Strategien (S. 498).

Antoncic und Hisrich (2001) zeigen in ihrer Studie auf, dass sowohl organisationale als auch externe Faktoren die vier genannten Dimensionen des Intrapreneurship beeinflussen.

Tab. 3.6 Die vier Dimensionen des Intrapreneurship. (Quelle: in Anlehnung an Antoncic & Hisrich, 2001, S. 498 f.)

Die vier Dimensionen des Intrapreneurship	
New Business Venture	Die Gründung von neuen Geschäftszweigen innerhalb des Unternehmens, der Einstieg in neue Märkte etc.
Innovativität	Die Fähigkeit, neue Produkt-, Technologie- und Dienstleistungsinnovationen zu generieren, insbesondere im Hinblick auf technologische Marktführerschaft
Selbsterneuerung	Die Transformation der Organisation, d. h. Reformulierung von Strategien, organisationale Veränderung und Reorganisation
Proaktivität	Das Bestreben des Topmanagements, die Wettbewerbsfähigkeit weiter auszubauen, d. h. Initiative, Risikobereitschaft, eine wettbewerbsstärkende Aggressivität und eine gewisse Kühnheit

Tab. 3.7 Einflussfaktoren auf die unternehmerische Einstellung von Mitarbeitenden. (Quelle: in Anlehnung an Urbano & Turró, 2013, S. 382 ff.)

Einflussfaktoren auf die unternehmerische Einstellung von Mitarbeitenden	
Wissen als Ressource	Gut ausgebildete Mitarbeitende und Expertenteams aus unterschiedlichen Funktionen erkennen leichter neue Chancen für das Unternehmen und nutzen diese Chancen eher. Dadurch fallen die Implementierung und die Entwicklung von unternehmerischen Projekten leichter und erfolgreicher aus
Persönliche Netzwerke als Fähigkeit	Netzwerke und das soziale Kapital dienen als wichtige Quelle für Informationen, Ressourcen und soziale Unterstützung bei der Identifikation und Nutzung von Chancen
Erkennen von Chancen als Fähigkeit	Das Erkennen von Chancen ist eine zentrale, individuelle Fähigkeit von Intra- und Entrepreneuren und bildet die Basis für die Entwicklung neuer Produkte, Dienstleistungen, Märkte und den Wettbewerbsvorteil

▶ Gupta et al. (2004) gehen von **vier Bedingungen** aus, die unternehmerische Aktivitäten innerhalb eines Unternehmens fördern: 1) eine unternehmerische Vision; 2) ein Prozess und eine Struktur, die innovatives Handeln begünstigen; 3) adäquate Ressourcen und 4) Know-how sowie die Fähigkeit, kontinuierliche Exploration und Ideengenerierung zu ermöglichen (S. 244).

Weitere Erfolgsfaktoren sind die starke Orientierung nach außen sowie auf Wettbewerbsfähigkeit und auf die Mitarbeitenden ausgerichtete Unternehmenswerte (Antoncic & Hisrich, 2001). Neben organisationalen Rahmenbedingungen wird die unternehmerische Einstellung von Mitarbeitenden auch von individuellen Kompetenzen und Fähigkeiten beeinflusst (Urbano & Turró, 2013, S. 382 ff. und Tab. 3.7).

Wie erfolgreiche Entrepreneure entwickeln Intrapreneure neue Ideen, erkennen Chancen für das Unternehmen, wissen diese Chancen gewinnbringend zu nutzen, stoßen Veränderungen an und entwickeln kreative Lösungen (Menzel et al., 2007, S. 734 f.). Dieses unternehmerische Denken und Handeln pflegen in bestehenden Unternehmen besonders Mitarbeitende, die sich durch ein tiefgreifendes Fachwissen und genügend Marktkenntnisse auszeichnen, um die Chancen für die erfolgreiche Umsetzung einer Idee und ihre Einführung in den Markt einzuschätzen (Cohen, 2002). In kleinen wie auch großen Produktionsunternehmen spielen oftmals Ingenieure eine wichtige Rolle in der Entwicklung von Innovationen, wobei das **Zusammenspiel von Fachwissen und unternehmerischem Denken** zentral für den Erfolg dieser Innovationen ist.

Dementsprechend interessant ist es für Unternehmen, wenn sich Ingenieure im Laufe ihrer Arbeit zu Intrapreneuren entwickeln. Als größte **Hindernisse für Intrapreneurship im F&E-Bereich** werden hierarchische und bürokratische Organisationsstrukturen genannt (Menzel et al., 2007). Als größte **Chance für Intrapreneurship** wird die konsequente Unterstützung durch das Topmanagement erachtet. Diese Unterstützung beinhaltet auch einen positiven, konstruktiven Umgang mit Misserfolgen von unternehmerischen Projekten.

Weiterhin erfordert Intrapreneurship auch **Ressourcen**, das heißt genügend Mitarbeitende, Zeit und Raum, um gemeinsam Projekte zu schaffen und zu entwickeln. Auch architektonische Infrastrukturen regen zum gemeinsamen unternehmerischen Schaffen an, indem der Austausch über neue unternehmerische Gelegenheiten ganz selbstverständlich durch kommunikationsfördernde Strukturen gefördert wird. Einen weiteren Erfolgsfaktor stellen erfahrene Mentoren, Coaches oder Sponsoren aus dem Topmanagement dar (Abschn. 5.3.4), welche bestehenden und zukünftigen Intrapreneuren zur Seite stehen und sich für die erfolgreiche Umsetzung von Ideen einsetzen.

Während Entrepreneurial Leadership und Intrapreneurship interessante Ansatzpunkte bieten, hängt der Erfolg dieser beiden Ansätze vom **Balance-Management** ab: Das konsistente Verfolgen von Veränderungen und Innovation ist nur effektiv, wenn die Richtung für die Mitarbeitenden sichtbar und sinnvoll bleibt. Es gilt also, den Veränderungs- und Innovationsdrang mit Konsistenz und Beständigkeit auszubalancieren. Gewagtere und kühnere Innovationen bedeuten nicht nur potenziell höhere Erträge, sondern auch höhere Risiken. Intrapreneurship heißt also auch: die Risikobereitschaft im Unternehmen richtig zu dosieren und die Organisation mit unternehmerischen Initiativen nicht zu überfordern. Im Open-Innovation-Zeitalter stellt sich auch die Frage, ob ein offensives Konkurrenzdenken als Basis für unternehmerische Führung noch ein tragfähiges Konzept darstellt. Kuratko (2007) spricht in diesem Sinn von den **Schattenseiten des Entrepreneurship**.

3.6.4 State-of-the-Art: Eine kritische Reflexion

Jeder der in Abschn. 3.6 vorgestellten State-of-the-Art-Ansätze hat einen wichtigen Beitrag geleistet, um die Disziplinen „Führung" und „Innovation" zu einer „Innovation Leadership"-Perspektive zusammenzuführen. Vor allem die Forschung zur transformationalen Führung ist außerordentlich differenziert und breit abgestützt. Weiterhin wurden diese Ansätze in der betrieblichen Praxis auf vielfältige Weise aufgenommen, in betriebliche Praktiken transformiert und damit teilweise zur objektivierten Handlungswelt innovationsverantwortlicher Führungskräfte und deren Mitarbeitender. Allerdings ist der geringe Kontextbezug beziehungsweise die Verknüpfung dieser Ansätze mit der organisationalen Innovations- und Change-Management-Forschung kritisch zu betrachten. Das mit dem transformationalen Ansatz verbundene pragmatische und sozialtechnologische

3.6 State-of-the-Art-Forschung

Verständnis von Führung wird zum Beispiel vor allem in eher heterarchischen, netzwerkgetriebenen, das heißt „offenen" Unternehmen (ein zentrales Charakteristikum moderner, innovativer Unternehmen, vgl. Abschn. 7.2) Irritationen auslösen. Und das Dilemma liegt auf der Hand: Kreativität und Innovation basieren auf Mitarbeitenden, die neue und unvorhergesehene Verhaltensweisen an den Tag legen, welche für das Unternehmen einen Wert darstellen, aber vorher nicht bekannt sind. Daher ist eine dezidierte Orientierung an Verhaltensweisen kritisch zu beurteilen. Da lässt sich die Frage stellen, ob es sich beim aktuellen Forschungsdiskurs rund um die transformationale Führung nicht um einen doch stark von der Alltagswirklichkeit innovierender Unternehmen abgetrennten Diskurs handelt. Im vorliegenden Buch wird deshalb davon ausgegangen, dass sich Führung als „identitätsrelevantes Beziehungsgeschehen" (Müller, 2005, S. 117) viel stärker auf die jeweilige organisationale beziehungsweise identitätsstiftende *kulturelle Praxis* beziehen muss.

Bei der zusammenfassenden Darstellung der partizipativ-delegativen Führungsansätze, des Empowerment-Ansatzes sowie der unternehmerischen Führung standen die Betonung von Handlungsfreiräumen (Abschn. 5.2), Mitsprache, Autonomie, Unabhängigkeit und Ermächtigung der Geführten im Vordergrund – all dies sind zentrale, „Öffnung"-generierende Führungsthemen, die auch das nachfolgend vorgestellte InnoLEAD-Modell (Kap. 4) bestimmen.

Diese Ansätze setzen sich mit Chancen und Risiken im Zuge der Einrichtung von Freiräumen auseinander und bieten wichtige Erkenntnisse für Führungskräfte, die proaktiv Öffnungsprozesse gestalten wollen. Weitere Führungsansätze und -theorien, wie bspw. die Leader-Member-Exchange-Theorie (LMX, vgl. Graen & Uhl-Bien, 1995; Gerstner & Day, 1997; Schyns, 2002; Denti & Hemlin, 2016; Mascareño et al., 2020), „Supportive Leadership" („unterstützende Führung", Park et al., 2021; Nussbaum et al., 2021), „Complexity Leadership" („Komplexitätsführung", Uhl-Bien & Arena, 2017; Diesel & Scheepers, 2019) und postheroische Führungsansätze wie „Quiet Leadership" („leise Führung", Badaracco, 2002) oder „Servant Leadership" („dienende Führung", Greenleaf, 1977; Stippler et al., 2010; Parris & Peachey, 2013) eröffnen neben lösungsorientierten (Godat, 2014), positiven und stärkenorientierten Führungs- und Coaching-Theorien (Cooperrider & Srivastva, 1987; White, 1996; Bushe, 2011) ebenfalls wirksame innovationsfördernde Elemente. Dies vor allem in Bezug auf neue Perspektiven zu Macht- und Abhängigkeitsverhältnissen zwischen Führenden und Geführten in wissensintensiven Unternehmen mit mehrheitlich hoch qualifizierten Mitarbeitenden. Die genannten Ansätze werden hier jedoch nicht weiter vertieft. Der Fokus liegt nachfolgend auf der Perspektive der Öffnung beziehungsweise gleichzeitig auf der Erhaltung einer Balance zwischen öffnenden und schließenden Führungsweisen zur Innovationsförderung.

Literatur

Ailin, M., & Lindgren, P. (2008). Conceptualizing strategic innovation leadership for competitive survival and excellence. *Journal of Knowledge Globalization, 1*(2), 87–108.

Albers, S., & Eggers, S. (1991). Organisatorische Gestaltungen von Produktinnovations-Prozessen – Führt der Wechsel des Organisationsgrades zu Innovationserfolg? *Schmalenbach's Zeitschrift für betriebswirtschaftliche Forschung, 43*(1), 44–64.

Algahtani, A. (2014). Are leadership and management different? A review. *Journal of Management Policies and Practices, 2*(3), 71–82.

Al-edenat, M. (2018). Reinforcing innovation through transformational leadership: Mediating role of job satisfaction. *Journal of Organizational Change, 31*(4), 810–838.

Amabile, T. M. (1996). *Creativity in context: Update to the social psychology of creativity*. Westview Press.

Amabile, T. M., Schatzel, E., Moneta, G., & Kramer, S. (2004). Leader behaviors and the work environment for creativity: Perceived leader support. *The Leadership Quarterly, 15*, 5–32.

Antoncic, B., & Hisrich, R. D. (2001). Intrapreneurship: Construct refinement and cross-cultural validation. *Journal of Business Venturing, 16*(5), 495–527.

Antoni, C. (1999). Konzepte der Mitarbeiterbeteiligung: Delegation und Partizipation. In D. Frey & C. Hoyos (Hrsg.), *Arbeits- und Organisationspsychologie* (S. 569–583). Beltz.

Axtell, C., Holmann, D., Unsworth, K., Wall, T., & Waterson, P. (2000). Shopfloor innovation: Facilitating the suggestion and implementation of ideas. *Journal of Occupational and Organizational Psychology, 73*(3), 265–285.

Badaracco, J. L. (2002). *Lautlos führen: Richtig entscheiden im Tagesgeschäft*. Gabler.

Barron, F., & Harrington, D. (1981). Creativity, intelligence, and personality. *Annual Review of Psychology, 32*, 439–476.

Bass, B. M. (1999). Two decades of research and development in transformational leadership. *European Journal of Work and Organizational Psychology, 8*(1), 9–32.

Beisheim, M. (1999). Empowerment als neue personalpolitische Strategie. In W. Elsik & W. Mayrhofen (Hrsg.), *Strategische Personalpolitik* (S. 223–243). Hampp.

Bergmann, G., & Daub, J. (2008). *Systemisches Innovations- und Kompetenzmanagement. Grundlagen – Prozesse – Perspektiven* (2. Aufl.). Gabler.

Biggart, N. W., & Hamilton, G. G. (1987). An institutional theory of leadership. *Journal of Applied Behavioral Science, 23*, 429–441.

Binnewies, C., Ohly, S., & Sonnentag, S. (2007). Taking personal initiative and communicating about ideas: What is important for the creative process and for idea creativity? *European Journal of Work and Organizational Psychology, 16*(4), 432–455.

Boerner, S., Krause, D. E., & Gebert, D. (2001). In der Kunst „untergehen" – in der Kunst „aufgehen"? Empirische Ergebnisse zur Funktionalität einer direktiv-charismatischen Führung im Orchester. *Zeitschrift für Führung und Organisation, 5*, 285–292.

Boneberg, I. (2008). Delegation. In T. Steiger & E. Lippmann (Hrsg.), *Handbuch Angewandte Psychologie für Führungskräfte. Führungskompetenz und Führungswissen* (3. Aufl, S. 160–170). Springer.

Bossink, B. (2007). Leadership for sustainable innovation. *International Journal of Technology Management and Sustainable Development, 6*(2), 135–149.

Bryman, A., Stephens, M., & A Campo, C. (1996). The importance of context. Qualitative research and the study of leadership. *Leadership Quarterly, 7*(3), 353–370.

Buijs, J. (2007). Innovation leaders should be controlled schizophrenics. *Creativity and Innovation Management, 16*(2), 203–210.

Burla, S., Alioth, A., Frei, F., & Müller, W. R. (1995). *Die Erfindung von Führung. Vom Mythos der Machbarkeit in der Führungsausbildung.* Verlag der Fachvereine.

Bushe, G. R. (2011). Appreciative inquiry: Theory and critique. In D. Boj, B. Burnes, & J. Hassard (Hrsg.), *The Routledge companion to organisational change* (S. 87–103). Routledge.

Cattell, R. B., Eber, H. W., & Tatsuoka, M. (1970). *Handbook of the sixteen personality factor questionnaire.* Institute for Personality and Ability Testing.

Chen, Z. X., & Aryee, S. (2007). Delegation and employee work outcomes: An examination of the cultural context of mediating processes in China. *Academy of Management Journal, 50,* 226–238.

Christensen, C. M. (1997). *The innovator's dilemma: When new technologies cause great firms to fail.* Harvard Business School Press.

Cohen, A. R. (2002). Mainstreaming corporate entrepreneurship: Leadership at every level of organizations. *Babson Entrepreneurial Review,* 1–8.

Cooperrider, D. L., & Srivastva, S. (1987). Appreciative inquiry in organizational life. *Research in Organizational Change and Development, 1*(1), 129–169.

Darling, J. R., Keeffe, M. J., & Ross, J. K. (2007). Entrepreneurial leadership strategies and values: Keys to operational excellence. *Journal of Small Business & Entrepreneurship, 20*(1), 41–54.

De Hoogh, A., Den Hartog, D. N., & Koopman, P. L. (2005). Linking the Big Five-factors of personality to charismatic and transactional leadership; perceived dynamic work environment as a moderator. *Journal of Organizational Behavior, 26,* 839–865.

De Jong, J., & Den Hartog, D. (2007). How leaders influence employees' innovative behaviour. *European Journal of Innovation Management, 10*(1), 41–64.

De Vries, M. (1998). Die Paradoxie der Innovation. In F. Heideloff & T. Radel (Hrsg.), *Organisation von Innovation. Strukturen, Prozesse und Interventionen* (S. 75–87). Hampp.

Denti, L., & Hemlin, S. (2016). Modelling the link between Leader-Member Exchange and individual innovation in R&D. *International Journal of Innovation Management, 20*(3), 1–23.

Diesel, R., & Scheepers, C. B. (2019). Innovation climate mediating complexity leadership and ambidexterity. *Personnel Review, 48*(7), 1782–1808.

Disselkamp, M. (2005). *Innovationsmanagement. Instrumente und Methoden zur Umsetzung im Unternehmen.* Gabler.

Doppler, K. (2009). Über Helden und Weise. Von heldenhafter Führung im System zu weiser Führung am System. *Organisationsentwicklung, 2,* 4–13.

Duwe, J. (2018). *Beidhändige Führung. Wie Sie als Führungskraft in großen Organisationen Innovationssprünge ermöglichen.* Springer Gabler.

Eisenbeiss, S. A., van Knippenberg, D., & Boerner, S. (2008). Transformational leadership and team innovation: Integrating team climate principles. *Journal of Applied Psychology, 93*(6), 1438–1446.

Endrissat, N., Müller, W. R., & Kaudela-Baum, S. (2007). En route to an empirically-based understanding of authentic leadership. *European Management Journal, 25*(3), 207–220.

Erler, H., & Wilhelmer, D. (2010). Swarovski: Mit Netzwerken Innovationsprozesse starten. In S. Ili (Hrsg.), *Open Innovation umsetzen: Prozesse, Methoden, Systeme, Kultur* (S. 225–269). Symposion.

Frey, D., & Jonas, E. (2002). Die Theorie der kognizierten Kontrolle. In D. Frey & M. Irle (Hrsg.), *Theorien der Sozialpsychologie, Bd III: Motivations-, Selbst- und Informationsverarbeitungstheorien* (S. 13–50). Huber.

Frey, D., Traut-Mattausch, E., Greitemeyer, T., & Streicher, B. (2006). *Psychologie der Innovationen in Organisationen.* Arbeitsbericht Roman Herzog-Institut München.

García-Morales, V. J., Jiménez-Barrionuevo, M. M., & Gutiérrez-Gutiérrez, L. (2012). Transformational leadership influence on organizational performance through organizational learning and innovation. *Journal of Business Research, 65*(7), 1040–1050.

Gebert, D. (2002). *Führung und Innovation*. Kohlhammer.

Gerstner, C. R., & Day, D. V. (1997). Meta-analytic review of leader-member exchange theory: Correlates and construct issues. *Journal of Applied Psychology, 82*(6), 827–843.

Gliddon, D. G., & Rothwell, W. J. (Hrsg.). (2018). *Innovation leadership*. Routledge.

Godat, D. (2014). *Lösungen auf der Spur. Wirkungsvoll führen dank Lösungsfokus*. Versus.

Graen, G. B., & Uhl-Biel, M. (1995). Relationship-based approaches to leadership: Development of LMX theory of leadership over 25 years: Applying a multi-domain approach. *Leadership Quarterly, 6*, 219–247.

Greenleaf, R. K. (1977). *Servant leadership: A journey into the nature of legitimate power and greatness*. Paulist Press.

Guldin, A. (2012). Führung und Innovation. In S. Grote (Hrsg.), *Die Zukunft der Führung* (S. 213–233). Springer.

Gumusluoglu, L., & Ilsev, A. (2009). Transformational leadership, creativity, and organizational innovation. *Journal of Business Research, 62*, 461–473.

Gupta, V., MacMillan, I. C., & Surie, G. (2004). Entrepreneurial leadership: Developing and measuring a cross-cultural construct. *Journal of Business Venturing, 19*(2), 241–260.

Hauschildt, J., Salomo, S., Schultz, C., & Kock, A. (2023). *Innovationsmanagement* (7. Aufl.). Vahlen.

He, Z.-L., & Wong, P.-K. (2004). Exploration and exploitation: An empirical test of the ambidexterity hypothesis. *Organization Science, 15*(4), 481–494.

Heber, I. (2010). *Transformationale Führung und Kreativität. Zusammenhang zwischen transformationaler Führung und individueller Mitarbeiterkreativität – Ergebnisse einer empirischen Untersuchung*. VDM.

Hejl, P. M., & Stahl, H. K. (2000a). Einleitung. Acht Thesen zu Unternehmen aus konstruktivistischer Sicht. In P. M. Hejl & H. K. Stahl (Hrsg.), *Management und Wirklichkeit. Das Konstruieren von Unternehmen, Märkten und Zukünften* (S. 13–29). Carl Auer.

Hejl, P. M., & Stahl, H. K. (2000b). Management und Selbstregelung. In P. M. Hejl & H. K. Stahl (Hrsg.), *Management und Wirklichkeit. Das Konstruieren von Unternehmen, Märkten und Zukünften* (S. 100–138). Carl Auer.

Hohn, H. (2000). *Playing, leadership and team development in innovation teams*. Eburon.

Hoffmann, B., & Hanisch, D. (2021). Bedeutung der psychologischen Sicherheit für die Innovationsfähigkeit von Organisationen. *Leadership, Education, Personality: An Interdisciplinary Journal*, 1–7.

Isaksen, S., & Tidd, J. (2006). *Meeting the innovation challenge. Leadership for transformation and growth*. Wiley.

Jaiswal, N. K., & Dhar, R. L. (2015). Transformational leadership, innovation climate, creative self-efficacy and employee creativity: A multilevel study. *International Journal of Hospitality Management, 51*, 30–41.

Jansen, J. J. P., Vera, D., & Crossan, M. (2009). Strategic leadership for exploration and exploitation: The moderating role of environmental dynamism. *The Leadership Quarterly, 20*(1), 5–18.

Jaskyte, K. (2004). Transformational leadership, organizational culture, and innovativeness in nonprofit organizations. *Nonprofit Management & Leadership, 15*(2), 153–168.

Jaussi, K., & Dionne, S. (2003). Leading for creativity: The role of unconventional leader behavior. *The Leadership Quarterly, 14*, 475–498.

Jung, D. I. (2000). Transformational and transactional leadership and their effects on creativity in groups. *Creativity Research Journal, 13*(2), 185–195.

Jung, D. I., Chow, C., & Wu, A. (2003). The role of transformational leadership in enhancing organizational innovation: Hypotheses and some preliminary findings. *The Leadership Quarterly, 14*(4), 525–544.

Jung, D., Wu, A., & Chow, C. (2008). Towards understanding the direct and indirect effects of CEOs' transformational leadership on firm innovation. *The Leadership Quarterly, 19*, 582–594.

Kaehler, B. (2014). *Komplementäre Führung. Ein praxiserprobtes Modell der organisationalen Führung.* Springer Gabler.

Kanter, R. M. (1989). *When giants learn to dance: Mastering the challenges of strategy, management, and careers in the 1990s.* Simon & Schuster.

Kassotaki, O. (2019). Explaining ambidextrous leadership in the aerospace and defense organizations. *European Management Journal, 37*(5), 552–563.

Kaudela-Baum, S. (2012). Innovation leadership: Balancing paradoxes of innovation. In E. Nagel (Hrsg.), *Forschungswerkstatt Innovation. Verständnisse – Gestaltung – Kommunikation – Ressourcen* (S. 63–85). Lucius & Lucius.

Kaudela-Baum, S. (2022a). Führung in Zeiten der Transformation. In S. Kaudela-Baum, S. Meldau, & M. Brasser (Hrsg.), *Leadership und People Management* (S. 3–29). Springer Gabler.

Kaudela-Baum, S. (2022b). Mitarbeitende empowern. In S. Kaudela-Baum, S. Meldau, & M. Brasser (Hrsg.), *Leadership und People Management* (S. 33–48). Springer Gabler.

Kaudela-Baum, S., & Nussbaum, J. (2022). Organisational leadership competencies for innovation: A literature review and conceptual framework. In *Proceedings of the 33rd ISPIM Innovation Conference, Copenhagen, LUT Scientific and Expertise Publications*: ISBN 978-952-335-694-8.

Keller, R. T. (2006). Transformational leadership, initiating structure, and substitutes for leadership: A longitudinal study of research and development project team performance. *Journal of Applied Psychology, 91*, 202–210.

Krause, D., & Gebert, D. (2004). Förderung der Innovationsgeneigtheit und innovationsbezogener Verhaltensweisen. *Wirtschaftspsychologie aktuell, 1*, 56–60.

Krause, D. E., Gebert, D., & Kearney, E. (2007). Implementing process innovations. The benefits of combining delegative-participative with consultative-advisory leadership. *Journal of Leadership & Organizational Studies, 14*(1), 16–25.

Krause, D. E. (Hrsg.). (2013). *Kreativität, Innovation und Entrepreneurship.* Springer Gabler.

Krause, D. E., & Kobald, S. (2013). Perspektiven zu Führung und Innovation und Validierung eines neuen Instruments zur Messung transformationaler Führung im deutschsprachigen Raum. In D. E. Krause (Hrsg.), *Kreativität, Innovation und Entrepreneurship* (S. 251–284). Springer Gabler.

Kuczmarski, T. (1996). *Innovation. Leadership strategies for the competitive edge.* NTC Business Books.

Kuratko, D. F. (2007). Entrepreneurial leadership in the 21st century. *Journal of Leadership and Organizational Studies, 13*(4), 1–11.

Lang, D., Handley, M., & Jablokow, K. (2018). The competencies of innovation leaders. In D. G. Gliddon & W. J. Rothwell (Hrsg.), *Innovation leadership* (S. 15–28). Routledge.

Lee, M., & Koh, J. (2001). Is empowerment really a new concept? *International Journal of Human Resource Management, 12*(4), 684–695.

Leiba, S., & Hardy, C. (1994). Employee empowerment: A seductive misnomer? In C. Hardy (Hrsg.), *Managing strategic action: Mobilizing change – Concepts, readings and cases* (S. 256–271). Sage.

Leitch, C. M., & Volery, T. (2017). Entrepreneurial leadership: Insights and directions. *International Small Business Journal, 35*(2), 147–156.

Levay, C. (2010). Charismatic leadership in resistance to change. *The Leadership Quarterly, 21*(1), 127–143.

Lewis, M. W. (2000). Exploring paradox: Toward a more comprehensive guide. *Academy of Management Review, 25*, 760–776.

Lewis, M., Welsh, M. A., Dehler, G., & Schoon, D. (2000). *Product development tensions: Exploring contrasting styles of project management*. Paper presented at the Academy of Management Meeting, Toronto.

Lewis, M. W., & Smith, W. K. (2014). Paradox as a metatheoretical perspective: Sharpening the focus and widening the scope. *The Journal of Applied Behavioral Science, 50*(2), 127–149.

Lumpkin, G. T., & Dess, G. G. (1996). Clarifying the entrepreneurial orientation construct and linking it to performance. *Academy of Management Review, 21*(1), 135–172.

Mann, L. (2005). *Leadership, management, and innovation in R & D project teams*. Praeger.

Mansfield, R., & Busse, T. (1981). *The psychology of creativity and discovery*. Nelson-Hall.

March, J. (1981). Some footnotes on organizational change. *Administrative Science Quarterly, 26*, 563–577.

March, J. G. (1991). Exploration and exploitation in organizational learning. *Organization Science, 2*(1), 71–87.

Mascareño, J., Rietzschel, E., & Wisse, B. (2020). Leader-Member Exchange (LMX) and innovation: A test of competing hypotheses. *Creativity and Innovation Management, 29*(3), 495–511.

Menzel, H. C., Aaltio, I., & Ulijn, J. M. (2007). On the way to creativity: Engineers as intrapreneurs in organizations. *Technovation, 27*(12), 732–743.

Mintzberg, H. (2010). *Managen*. Gabal.

Müller, W. R. (2005). Die Führungsbücher selber schreiben. In D. Resch, P. Dey, A. Kluge, & C. Steyaert (Hrsg.), *Organisationspsychologie als Dialog. Inquiring social constructionist possibilities in organizational life* (S. 113–131). Pabst.

Müller, W. R., & Endrissat, N. (2005). Leadership research made in Switzerland. Unlocking the established leadership view. In *Paper presented at the 21st EGOS Colloquium*, Berlin, Germany.

Müller, W. R., Nagel, E., & Zirkler, M. (2006). *Organisationsberatung. Heimliche Bilder und ihre praktischen Konsequenzen*. Gabler.

Mumford, M. D., & Hemlin, S. (Hrsg.). (2017). *Handbook of research on leadership and creativity*. Edward Elgar.

Mumford, M. D., Newbold, T. R., Fichtel, M., & England, S. (2022). *Leading for innovation: Leadership actions to enhance follower creativity*. Cambridge University Press.

Neuberger, O. (1995). Führungsdilemmata. In A. Kieser, G. Reber, & R. Wunderer (Hrsg.), *Handwörterbuch der Führung* (S. 533–540). Schäffer-Poeschel.

Neuberger, O. (2002). *Führen und führen lassen: Ansätze, Ergebnisse und Kritik der Führungsforschung* (6. Aufl.). Lucius & Lucius.

Nussbaum, J. (2022). Beidhändig führen. In S. Kaudela-Baum, S. Meldau, & M. Brasser (Hrsg.), *Leadership und People Management. Führung und Kollaboration in Zeiten der Digitalisierung und Transformation* (S. 379–401). Springer Gabler.

Nussbaum, J., Kaudela-Baum, S., & Seiler Zimmermann, Y. (2021). The relationship between work autonomy, emphasis on creative skills, organisational creativity, and innovativeness: Moderating effects of leadership. In *Proceedings of the 32nd ISPIM Innovation Conference, Berlin, LUT Scientific and Expertise Publications*. ISBN 978-952-335-467-8.

Oreg, S., & Berson, Y. (2011). Leadership and employees' reactions to change: The role of leaders' personal attributes and transformational leadership style. *Personnel Psychology, 64*(3), 627–659.

O'Reilly, C. A., & Tushman, M. L. (2013). Organizational ambidexterity: Past, present, and future. *Academy of Management Perspectives, 27*(4), 324–338.

Park, N., Cho, M., & Lee, J. W. (2021). Building a culture of innovation: How do agency leadership and management systems promote innovative activities within the government? *Australian Journal of Public Administration, 80*(3), 453–473.

Parris, D. L., & Peachey, J. W. (2013). A systematic literature review of servant leadership theory in organizational contexts. *Journal of Business Ethics, 113*(3), 1–17.

Pettigrew, A., & Whipp, R. (1991). *Managing change for competitive success*. Blackwell.
Pieterse Nederveen, A. N., Van Knippenberg, D., Schnippers, M., & Stam, D. (2010). Transformational and transactional leadership and innovative behavior: The moderating role of psychological empowerment. *Journal of Organisational Behavior, 31*(4), 609–623.
Pundt, A., & Nerdinger, F. W. (2012). Transformationale Führung-Führung für den Wandel? In S. Grote (Hrsg.), *Die Zukunft der Führung* (S. 27–45). Springer.
Pundt, A., & Schyns, B. (2005). Führung im Ideenmanagement. Der Zusammenhang zwischen transformationaler Führung und dem individuellen Engagement im Ideenmanagement. *Zeitschrift für Personalpsychologie, 4*(2), 55–65.
Raich, M., Pechlaner, H., & Hinterhuber, H. H. (Hrsg.). (2007). *Entrepreneurial Leadership. Profilierung in Theorie und Praxis*. Gabler.
Raisch, S., & Birkinshaw, J. (2008). Organizational ambidexterity: Antecedents, outcomes, and moderators. *Journal of Management, 34*(3), 375–409.
Ramamoorthy, N., Flood, P. C., Slattery, T., & Sardessi, R. (2005). Determinants of innovative work behavior: Development and test of an integrated model. *Creativity and Innovation Management, 14*(2), 142–150.
Renko, M., El Tarabishy, A., Carsrud, A. L., & Brännback, M. (2015). Understanding and measuring entrepreneurial leadership style. *Journal of Small Business Management, 53*(1), 54–74.
Rickards, T., & Moger, S. (2006). Creative leaders: A decade of contributions from creativity and innovation management journal. *Creativity and Innovation Management, 15*(1), 4–18.
Rosing, K., Frese, M., & Bausch, A. (2011). Explaining the heterogeneity of the leadership-innovation relationship: Ambidextrous leadership. *The Leadership Quarterly, 22*(5), 956–974.
Rosing, K., Rosenbusch, N., & Frese, M., et al. (2010). Ambidextrous leadership in the innovation process. In A. Gerybadze (Hrsg.), *Innovation and international corporate growth* (S. 191–204). Springer.
Rothenberg, A. (1999). Janusian process. In M. Runco & S. Pritzker (Hrsg.), *Encyclopedia of creativity* (Bd. 2, S. 103–108). Academic Press.
Rubin, R. S., Dierdorff, E. C., Bommer, W. H., & Baldwin, T. T. (2009). Do leaders reap what they sow? Leader and employee outcomes of leader organizational cynicism about change. *The Leadership Quarterly, 20*(5), 680–688.
Sarros, J. C., Cooper, B. K., & Santora, J. C. (2008). Building a climate for innovation through transformational leadership and organizational culture. *Journal of Leadership & Organizational Studies, 15*(2), 145–158.
Sattayaraksa, T., & Boon-itt, S. (2017). The roles of CEO transformational leadership and organizational factors on product innovation performance. *European Journal of Innovation Management, 21*(2), 227–249.
Schad, J., Lewis, M. W., Raisch, S., & Smith, W. K. (2016). Paradox research in management science: Looking back to move forward. *The Academy of Management Annals, 10*(1), 5–64.
Schuler, H., & Görlich, Y. (2007). *Kreativität. Ursachen, Messung, Förderung und Umsetzung in Innovation*. Hogrefe.
Schyns, B. (2002). Überprüfung der deutschsprachigen Skala zum Leader-Member-Exchange-Ansatz. *Zeitschrift für Differentielle und Diagnostische Psychologie, 23*, 235–245.
Sehgal, R., Balasubramanian, S., Sreejith, S., & Chanchaichujit, J. (2021). Transformational leadership and employee innovation: Examining the congruence of leader and follower perceptions. *Journal of General Management, 47*(1), 18–30.
Shamir, B., House, R. J., & Arthur, M. B. (1993). The motivational effects of charismatic leadership: A self-concept based theory. *Organizational Science, 4*, 577–594.
Shin, S. J., & Zhou, J. (2003). Transformational leadership, conservation, and creativity: Evidence from Korea. *Academy of Management Journal, 46*(6), 703–714.

Smith, W. K., & Lewis, M. W. (2011). Toward a theory of paradox: A dynamic equilibrium model of organizing. *Academy of Management Review, 36*(2), 381–403.

Smith, W. K., & Tracey, P. (2016). Institutional complexity and paradox theory: Complementarities of competing demands. *Strategic Organization, 14*(4), 455–466.

Stahl, H. K. (2013a). *Leistungsmotivation in Organisationen. Ein interdisziplinärer Leitfaden für die Führungspraxis.* Erich Schmidt.

Stahl, H. K. (2013b). *Führungswissen.* Erich Schmidt.

Stahl, H. K., & Fischer, H. R. (2013). Herausforderungen im Dazwischen. Balanceakte des neuen Führens. *Konfliktdynamik, 2*(2), 96–105.

Staw, B. M., & Boettger, R. D. (1990). Task revision: A neglected form of work performance. *Academy of Management Journal, 33*, 534–559.

Stippler, M., Moore, S., Rosenthal, S., & Dörffer, T. (2010). *Führung. Ansätze – Entwicklungen – Trends. Teil 3: Führung als Beziehungsphänomen, Transformationale Führung, Werte und Ethik. Leadership Series.* Bertelsmann Stiftung.

Surie, G., & Hazy, J. K. (2006). Generative leadership: Nurturing innovation in complex systems. *E:CO, 8*(4), 13–26.

Tidd, J., & Bessant, J. (2009). *Managing innovation: Integrating technological, market and organizational change* (4. Aufl.). Wiley.

Uhl-Bien, M., & Arena, M. (2017). Complexity leadership: Enabling people and organizations for adaptability. *Organizational Dynamics, 46*(1), 9–20.

Urbano, D., & Turró, A. (2013). Conditioning factors for corporate entrepreneurship: An in (ex) ternal approach. *International Entrepreneurship and Management Journal, 9*(3), 379–396.

Volmer, J. (2013). Führung und Kreativität in Organisationen. In D. E. Krause (Hrsg.), *Kreativität, Innovation und Entrepreneurship* (S. 59–75). Springer Gabler.

Von der Oelsnitz, D. (2012). *Einführung in die systemische Personalführung.* Carl Auer.

Von Stamm, B. (2008). *Managing innovation, design and creativity.* Wiley.

Waldman, D. A., Ramirez, G. G., House, R. J., & Puranam, P. (2001). Does leadership matter? CEO leadership attributes and profitability under conditions of perceived environmental uncertainty. *Academy of Management Journal, 44*(1), 134–143.

Wang, X.-H., & Howell, J. M. (2012). A multilevel study of transformational leadership, identification, and follower outcomes. *The Leadership Quarterly, 23*(5), 775–790.

Welpe, I. M., Brosi, P., & Schwarzmüller, T. (2018). *Digital Work Design: Die Big Five für Arbeit, Führung und Organisation im digitalen Zeitalter.* Campus.

White, T. W. (1996). Working in interesting times. *Vital Speeches of the Day, LXII*(15), 472–474.

Yukl, G. (2009). Leading organizational learning: Reflections on theory and research. *The Leadership Quarterly, 20*(1), 49–53.

Yukl, G. A. (2013). *Leadership in organizations* (8. Aufl.). Pearson.

Zacher, H., Robinson, A. J., & Rosing, K. (2014). Ambidextrous leadership and employees' selfreported innovative performance: The role of exploration and exploitation behaviors. *Journal of Creative Behavior, 50*(1), 24–46.

Zacher, H., & Rosing, K. (2015). Ambidextrous leadership and team innovation. *Leadership & Organization Development Journal, 36*(1), 54–68.

4 InnoLEAD: integrierte innovationsfördernde Führung

Wie in Kap. 2 und 3 bereits argumentiert wurde, ist die Realität von innovierenden Unternehmen heute so komplex, dass einfache Leadership-Konzepte, die auf Unternehmergeist oder Charisma bauen, keine sinnvolle Orientierung bieten. Folglich wird von einer systemischen Betrachtung ausgegangen (vgl. Abb. 4.1). Die dargestellten Ebenen bilden die Struktur für alle nachfolgenden InnoLEAD-Gestaltungsfelder und damit für die nachfolgenden Kapitel, welche die jeweiligen Führungsebenen auf integrierte Weise diskutieren. Die Darlegungen werden anhand von Führungsepisoden illustriert.

Bei der Darstellung dieser integrierten Perspektive eines innovationsfördernden Führungssystems werden widersprüchliche Führungsanforderungen (in der Abb. 4.1 durch die Öffnungs- bzw. Schließungspfeile dargestellt) bewusst nicht ausgeblendet, sondern es wird im Gegenteil versucht, diese jeweils durch adäquate Sub-Modelle und Praxisbeispiele an die Oberfläche zu holen.

Nachfolgend wird noch einmal die Relevanz des Paradoxie-Managements als handlungsorientierte Führungsaufgabe hervorgehoben. Danach wird eine empirische Studie zur Untersuchung wirksamer innovationsfördernder Praktiken in Industrieunternehmen eingeführt, welche die Grundlage der InnoLEAD-Modellentwicklung darstellt.

4.1 Paradoxie-Management zwischen Theorie und Praxis

Öffnende und schließende Führungsweisen kommen, wie wir in den theoretischen Kapiteln skizziert haben, gleichzeitig vor, und es gilt, ständig zwischen diesen Polen zu balancieren (Abschn. 3.4). Aber Führungskräfte charakterisieren in der Praxis ihre Entscheidungssituation selten als „paradox", wenngleich Praktiker oft Führungsprinzipien wie „*das muss man vernünftig abwägen*", „*nicht zu viel und nicht zu wenig*", „*irgendwo*

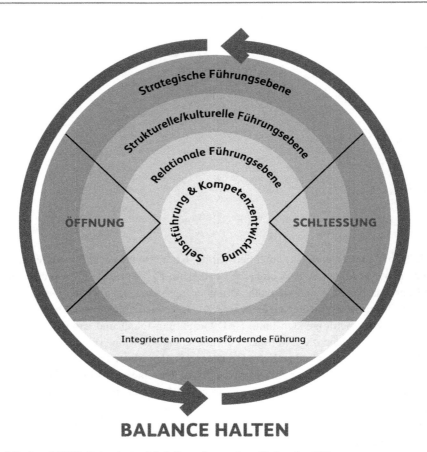

Abb. 4.1 InnoLEAD: Integriertes Modell zur innovationsfördernden Führung

in der Mitte", *„die goldene Mitte"* oder *„Führen mit Augenmaß"* formulieren. Das Management von Widersprüchen beziehungsweise das „Grenzmanagement" (Abschn. 2.4.2) ist also etwas Alltägliches in der Führungspraxis, wird aber nur nebenbei erwähnt. Diesem oft gelassenen, „sportlichen" Umgang mit Widersprüchen oder Paradoxien wird kaum Aufmerksamkeit geschenkt, er schwingt oft implizit in Erzählungen von Führungspraktikerinnen und Führungspraktikern mit, wie zum Beispiel *„wissen Sie, so genau nehmen wir das nicht"*.

▶ Viele Führungskräfte weichen der **Spannung von Paradoxien** aus und umgehen damit die konstruktive Auseinandersetzung mit den widersprüchlichen Anforderungen. Die **Ausweichformen**, die zu einer Umgehung führen, können als 1) Negation, 2) Ignoranz oder 3) Abstraktion zusammengefasst werden (Müller-Christ, 2007).

Bei einer Negation lässt man Spannungen bewusst nicht zu. Ignoranz kann eher als Nicht-Wahrnehmung verstanden werden. Was in diesem Zusammenhang unter Abstraktion zu verstehen ist, definiert (Müller-Christ, 2007) wie folgt:

> Abstraktion – als Gegenteil von Konkretheit – entsteht, wenn ein Sachverhalt oder eine Ausrichtung bewusst unscharf formuliert wird. In dieser Abstraktion wird der Widerspruch kaschiert und beide Pole als gleichzeitig erreichbar dargestellt oder inszeniert. Die Leistung der Abstraktion liegt darin, dass sie Interpretationsspielräume schafft, die es ermöglichen, eine größere Bandbreite auf dem Kontinuum zwischen den Widerspruchspolen abzudecken. (Müller-Christ, 2007, S. 146)

In den nachfolgenden Praxisfällen wird deutlich, dass die befragten Führungspersonen auf alle Ausweichformen zurückgreifen. Im Zentrum des Führungsselbstverständnisses stehen häufig widerspruchsfreie, klare und lösungsorientierte Führungsansätze und der entsprechende Rückgriff auf Innovationsprozessmodelle, die den paradoxen Charakter der Innovationswirklichkeit ausblenden oder in lineare Prozessmodelle verwandeln. Das ist einerseits verständlich, denn einer dauernden Abwägung zwischen Gegensätzlichem haftet etwas „Lähmendes", „Verhinderndes" oder auch „Verlangsamendes" an. Und vage Aussagen wie *„irgendwo in der Mitte"* oder *„dazwischen"* hören sich nach Unentschlossenheit an: Mit dieser Eigenschaft qualifizieren sich Führungskräfte in den allermeisten Unternehmen gerade nicht für verantwortungsvolle Führungspositionen und den Zugang zu Machtinstrumenten. Dazu kommt die große Bedeutung von Geschwindigkeit im Sinne von Time-to-Market. Eine Verlangsamung von Entscheidungen ist heute nicht opportun.

Allerdings existieren, wie in Abschn. 3.4 gezeigt, seit Jahrhunderten Ansätze beziehungsweise Lehren, die Widersprüche ganz selbstverständlich vereinen und die Auseinandersetzung und Reflexion von Widersprüchen als zentrale **Grundlage für Entwicklungs- und Lernprozesse** auffassen. Diese Auffassung verfolgt auch das vorliegende Buch: Es wird davon ausgegangen, dass das Ideal eines dauerhaften Balance-Managements (gekennzeichnet durch den Gegensatz von „Offenheit" gegenüber „Schließung") beziehungsweise **„Balance halten"** einen zentralen Motor für eine innovationsfördernde Führungspraxis darstellt.

Vor diesem Hintergrund verwundert es einerseits nicht, dass Unternehmen Innovationsprozesse heute meist nicht anders als Qualitätsmanagementprozesse gestalten. Das klassische Innovationsmanagement hat zu Paradoxien nicht viel zu sagen. Die jeweiligen Akteure geben häufig Marktanalysen in Auftrag oder beschäftigen Technologie-Scouts und leiten daraus Probleme und zu erarbeitende Lösungen ab. Vor allem in sehr technisch orientierten Firmen werden Innovationsprozesse gedanklich oft in dieser Weise rekonstruiert. Dass die Lösungssuche auch wieder neue Probleme aufwirft oder Probleme modifiziert und dadurch wieder ein neuer rekursiver Kreislauf mit neuen Wahlmöglichkeiten und Handlungsfreiräumen beginnt, wird selten so beschrieben.

▶ Innovationsmanager tun einfach so, als ob alles klar wäre, und schütteln die komplexen Zusammenhänge beim Innovieren einfach ab, dies mitunter sehr erfolgreich. Klare und einfache Prozesse nach dem Muster des Qualitätsmanagements schaffen Vertrauen und legitimieren Führungsentscheidungen gegenüber dem Topmanagement, und dies wiederum eröffnet neue Freiräume für die Gestaltung von Innovationsvorhaben. Deshalb wird nachfolgend auch immer wieder auf diese rationalen **„Als-ob"-Gestaltungsprinzipien von Innovationsvorhaben** zurückgegriffen.

Der Preis einer solchen „Als-ob"-Haltung liegt häufig in einer zu einseitigen und **extremen Fokussierung auf stabilisierende Elemente**. Die darunter schwelenden, widersprüchlichen Elemente stauen sich oft so lange auf, bis es eventuell zu spät ist und das Unternehmen keine Spielräume mehr hat, um noch auf irgendeinen Widerspruch adäquat zu reagieren.

Führungskräfte müssen Paradoxien also gezwungenermaßen aushalten, sie sind aus einem innovationsfördernden Umfeld nicht wegzudenken. Das heißt, es ist Toleranz im Umgang mit Paradoxien und Ambivalenzen gefragt. Daraus ergeben sich Konsequenzen für die Führungskräfteauswahl und -entwicklung. Eine fehlende **Paradoxietoleranz** von Führungskräften kann die Ursache für die Ignoranz von paradoxen Konstellationen sein und das Blickfeld für wichtige Gestaltungsfelder der Führung verstellen.

„Die Wirkungen der Ignoranz bei der Bewältigung von Widersprüchen hängen von der *Kraft und der Macht* ab, die die nicht-berücksichtigten Gegensätze entwickeln können" (Müller-Christ, 2007, S. 145). Wird beispielsweise die Intensität des Qualitätsmanagements und des kontinuierlichen Verbesserungsprozesses (KVP) in einem Unternehmen mithilfe von allumfassenden Tools (wie z. B. Kaizen) gesteigert, um sich mit noch perfekteren Produkten von der Konkurrenz abzuheben, dann nimmt die Bereitschaft zu kreativen Neuentwicklungen und selbstständigem Handeln jenseits dieser Tools ab. Es werden nur noch Kaizen-Probleme gelöst, kreative Prozesse lassen sich nicht mehr jenseits der Kaizen-Logik denken, das heißt, der gesamte Problem-Lösung-Zirkel bewegt sich nur noch innerhalb der Kaizen-Logik. Ungelöste Herausforderungen machen sich so evtl. nur noch durch Umsatzeinbrüche aufgrund fehlender innovativer Marktlösungen bemerkbar. Genauso können zu viel Selbstständigkeit beziehungsweise Autonomie und Kreativität auf Kosten der Qualität gehen und sich daraus ähnlich negative Folgen ergeben. Letztlich geht es um die kritische Betrachtung der zu starren und einseitigen Führungsansätze im Rahmen der Innovationsförderung.

Das InnoLEAD-Modell als Orientierungsrahmen des Buches wird nun Stück für Stück sowohl mit Perspektiven aus der Führungspraxis als auch mit passenden Theorien und Konzepten aus der Literatur entfaltet.

4.2 Empirische Grundlagen des InnoLEAD-Modells

Nachfolgend wird das Forschungsdesign einer über zwei Jahre durchgeführten qualitativen Fallvergleichsstudie in drei innovativen, wissensintensiven Industrieunternehmen präsentiert, die in Kombination mit einem fallstudienbasierten **Aktionsforschungsansatz** (Greenwood & Levin, 1998) durchgeführt wurde. Im Zentrum der Studie „**Innovation Leadership in Practice**" (**ILP**) stand vor allem das Verständnis von Führung, welche das Ziel verfolgt, die Innovationsfähigkeit des Unternehmens zu fördern und dafür notwendige organisationale Freiräume zu initiieren. Nachfolgend wird also einerseits über **Themen und Geschichten** ein Zugang in die Führungswelt von Führungskräften und deren Geführten eröffnet. Andererseits werden aber auch über die Fallstudie hinaus einzelne zentrale Führungs- und Innovationsmanagementthemen theoretisch reflektiert beziehungsweise zu ausgewählten Theorien und Modellen in Bezug gesetzt.

4.2.1 Einleitung

Das ILP-Projekt zielte darauf ab, die **Gestaltung von organisationalen, innovatorischen Freiräumen** (Abschn. 5.2) als innovationsfördernder Führungsansatz mithilfe einer qualitativen Untersuchung in forschungsintensiven Unternehmen zu untersuchen und vor dem Hintergrund des gewählten diagnostisch-heuristischen Rahmens zu bewerten.

Der **heuristische Rahmen der qualitativen Fallstudienanalyse** (Yin, 2009), und auf dieser Analyse basieren die Struktur und die Inhalte des Buches, stützt sich einerseits auf das systemtheoretische beziehungsweise sozialkonstruktivistische Grundverständnis der Konzepte Innovation und Führung, andererseits auf die paradoxietheoretische Betrachtungsweise von Führung im Innovationskontext und der Fokussierung auf Freiräume als zentrale Bedingung für innovatives Handeln. Durch diese „Brille" wurden – im Sinne einer **analytischen Induktion** (Bell et al., 2022) die Interpretationen von Freiräumen seitens der interviewten Geführten und Führenden ausgewertet und in einen übergeordneten Sinnzusammenhang gestellt.

Folgende **Forschungsfragen** leiteten die Untersuchung an: 1) Wie gestalten forschungsintensive und gleichzeitig stark prozessgetriebene und kundenorientierte Industrieunternehmen Innovationsförderung im F&E-Bereich? 2) Wie werden in diesem Bereich innovatorische Freiräume geschaffen? 3) Wie erleben Führungspersonen und Geführte diese Freiräume, und wie wirkt sich das auf das jeweilige Selbstverständnis aus? 4) Welche Spannungsfelder kommen zum Ausdruck? 5) Welche Implikationen hat das für eine wirksame innovationsfördernde Führung?

4.2.2 Fallstudiendesign

Grundsätzlich wurde ein Fallstudiendesign gewählt, weil wir Gebrauchstheorien in Bezug auf Führung und die Gestaltung von Freiräumen im **„real life context"** (Yin, 2009) auf die Spur kommen wollten. Ziel war es, zu **verstehen**, welche Bedeutung Freiräume im Führungsalltag und dem Innovationskontext dieses Organisationstyps haben.

4.2.2.1 Sample: forschungs- und wissensintensive Industrieunternehmen

Die Auswahl der Fallstudien erfolgte auf der Basis eines theoretischen Samplings (Bell et al., 2022; Eisenhard, 1989). Die untersuchten Unternehmen und deren Produkte sind wenig spektakulär, aber äußerst innovativ und erfolgreich. Es sind drei global ausgerichtete, forschungsintensive Schweizer „Hidden Champions", die im Industriegüterbereich tätig sind. Vor diesem Hintergrund kann von **typischen bzw. repräsentativen Fällen** (Yin, 2009) für diesen Organisationstyp gesprochen werden.

Da in diesem Organisationstyp (vgl. Tab. 4.1) eine Zusammenarbeit zwischen Forschung und Entwicklung (F&E) und anderen betrieblichen Funktionen, insbesondere der Produktion, stark ausgeprägt ist (Simon, 2012), konnte von einer **hohen Dichte an widersprüchlichen Momenten in der innovationsfördernden Führung** ausgegangen werden: F&E verlangt nach kreativen Momenten und Problemlösungsfähigkeiten; in Produktionsprozessen sind meist Effizienzdenken und eine Null-Fehler-Kultur vorherrschend. Keines der drei untersuchten Unternehmen verfügt über eine eigenständige Grundlagenforschungsabteilung, die sogenannte „Blue-Sky"-Projekte (Andriopoulos & Gotsi, 2005) verfolgt. Forschung, (Vor-)Entwicklung und Produktion sowie Marketing und Vertrieb sind zwar getrennte Funktionsbereiche, verschmelzen aber immer wieder in verschiedenen Entwicklungsprojekten und werden unter einem Dach geführt – auch räumlich im gleichen Gebäudekomplex.

Freiräume sind gerade in forschungsintensiven Unternehmen aufgabenbezogen als Experimentierfeld notwendig (Innovationsdruck), entsprechen den Motiven der Geführten und bewirken, dass diese sich angemessen entfalten beziehungsweise weiterentwickeln. Genau deshalb wird insbesondere in diesem Feld die Funktionalität eines partizipativ-delegativen Führungsstils (Abschn. 3.6.2) und die Dysfunktionalität direktivstrukturierender Führungsansätze hervorgehoben. Vor diesem Hintergrund erfolgte die **Auswahl der F&E-Organisationen** in den Unternehmen.

Alle Unternehmen blicken auf eine **lange Tradition** in ihrem Geschäftsbereich zurück. Sie bewegen sich mehrheitlich in gesättigten Märkten und haben in vielen Geschäftsbereichen die Markt- oder Technologieführerschaft inne. Wo dies nicht der Fall ist, gehören sie zumindest zu den drei bis fünf Weltmarktführern.

Die beforschten Organisationen sind alle typische kapitalintensive Produktionsunternehmen, die sich in einem komplexen und kompetitiven Innovationsumfeld bewegen. Die ausgewählten Firmen verfügen über genügend finanzielle Ressourcen und den erkennbaren Willen, auch langjährige Entwicklungszyklen zu finanzieren und Innovationsvorhaben

4.2 Empirische Grundlagen des InnoLEAD-Modells

Tab. 4.1 Strukturdaten der untersuchten Unternehmen

Firma/Strukturdaten	Firma AH „familiengeführter Hidden Champion"	Firma BB „konzernzugehöriger Hidden Champion"	Firma CO „traditioneller Hidden Champion"
Eckwerte	Industrielle Produktionsunternehmen in verschiedenen Branchen, internationale Ausrichtung mit hohem Exportanteil, weltweite Niederlassungen, stabiles Technologieumfeld, mehrheitlich Produkte mit inkrementellem Innovationsgrad, in ausgewählten Technologiefeldern revolutionäre Innovationsvorhaben, lange Produktlebenszyklen		
Alter der Unternehmen	>60 Jahre	>100 Jahre	>40 Jahre
Mitarbeitende Falleinheit (nicht Gesamtkonzern)	1800	1000	900
Mitarbeitende Falleinheiten im Bereich Forschung & Entwicklung (F&E)	200	200	100
Durchschnittliche Fluktuation der Mitarbeitenden	<7 %	<5 %	<9 %
Umsatz	Gesamtkonzern > 1,5 Mrd. €	Konzerntochter > 500 Mio. €	Gesamtkonzern > 200 Mio. €
Durchschnittliche F&E-Aufwendungen als Prozentsatz vom Umsatz	7 %	9 %	8 %

nicht unter übermäßigem Zeitdruck durchzuführen. Produktentwicklungen oder der Aufbau von Technologieplattformen können drei bis fünf Jahre, manchmal auch deutlich länger dauern. Alle Unternehmen sind in ihrer Innovationstätigkeit nicht nur von Kundenerwartungen abhängig, sondern bewegen sich in Märkten, die durch zahlreiche Normen und Standards determiniert sind.

Die beforschten Unternehmen haben sehr umfangreiche F&E-Abteilungen, die teilweise in ausgewählten Technologiefeldern eine Technologieführerschaft aufgebaut haben. Um diese zu erhalten oder weiterzuentwickeln, haben alle Unternehmen einen bestimmten, fixen Prozentsatz des Umsatzes für F&E-Aktivitäten vorgesehen und setzen ihn auch ein (vgl. Tab. 4.1).

Die drei Industrieunternehmen haben unterschiedliche Maßnahmen geplant und umgesetzt, um ihre Innovationsfähigkeit zu fördern. Teilweise dienten diese Initiativen explizit dazu, den Mitarbeitenden Freiräume zu ermöglichen. Teilweise wurden Freiräume aber auch auf implizite Weise zur Verfügung gestellt beziehungsweise durch die Mitarbeitenden selbst organisiert.

Die Innovationsverantwortlichen der untersuchten Organisationen erklärten sich bereit, im Rahmen einer Fallstudienanalyse über zwei Jahre mit dem Forschungsteam zusammenzuarbeiten. Denn sie haben erkannt, dass den Mitarbeitenden trotz der Schaffung der innovatorischen Freiräume aufgrund der starken Prozessfokussierung, Arbeitsverdichtung und Rationalisierung kaum noch Zeit für Innovationsarbeit bleibt. Selbstorganisiertes, eigeninitiatives Arbeiten an Entwicklungsprojekten wird aufgrund der konstanten Vollauslastung und der hektischen Betriebsamkeit der F&E-Projektabläufe oft verdrängt. Somit stellte sich für die beteiligten Unternehmen die Frage, wie sie trotz dieser Bedingungen und einer zunehmenden Rationalisierung aller Arbeitsabläufe (auch der Innovationsprozessabläufe) wieder kreative und innovatorische Freiräume für ihre Mitarbeitenden entwickeln können.

Alle Unternehmen betreiben einen hohen Kommunikationsaufwand (extern und intern) in Bezug auf die hohe Bedeutung der Innovativität für das Unternehmen. Die Mitarbeitenden sind in verschiedene Maßnahmen zur Innovationsförderung, vor allem Maßnahmen zur kontinuierlichen Verbesserung von Produkten und Dienstleistungen (KVP-Tools), eingebunden und die Führung versucht, mehr Unternehmergeist und Kreativität unter den Mitarbeitenden zu entfachen, indem sie mehr Freiheiten gewährt. Alle Unternehmen starteten ihre – expliziten oder impliziten – Initiativen aus einer Position der Stärke: Die Unternehmen sind sehr erfolgreich und gegenüber der Konkurrenz gut positioniert.

4.2.2.2 Forschungsprozess und Forschungsmethoden

Um die Forschungsfragen zu beantworten, wurden im Rahmen einer Fallvergleichsstudie insgesamt 55 problemzentrierte Interviews (PZI, Witzel, 2000) mit Führungskräften und Mitarbeitenden aus dem Bereich F&E sowie zusätzliche Dokumentenanalysen durchgeführt. Diese Einzelinterviews wurden durch Gruppeninterviews und Validierungs-Workshops mit ausgewählten Entscheidungsträgern im Sinne eines Action-Research-Ansatzes ergänzt (siehe Tab. 4.2).

Tab. 4.2 Forschungsprozess und -methoden

Firma/Strukturdaten	Firma AH	Firma BB	Firma CO
Kick-off-Meeting mit Führungsteam R&D, Innovations- und Technologiemanagement	1	1	1
Anzahl PZI mit Führungspersonen (Divisionsleitende) und Technologie-/Innovationsmanager (Stabsfunktion)	9	11	7
Anzahl PZI mit Geführten (Projektleitende, Mitglieder von Projektteams)	11	9	9
Anzahl Gruppeninterviews	2	3	1
Anzahl Validierungs-Workshops	2	2	1

4.2 Empirische Grundlagen des InnoLEAD-Modells

Die Interviews wurden in zwei Wellen durchgeführt. Zuerst erfolgte in allen Unternehmen eine Befragung von insgesamt 27 Führungspersonen über bestehende Freiraummodelle und daran gekoppelte Erwartungen. Bei den befragten **Führungspersonen** handelt es sich um Mitglieder des Topmanagements, das heißt Abteilungsleiter sowie Technologie- und Innovationsmanager auf oberster Führungsebene. Danach wurde die Wahrnehmung der innovatorischen Freiraumangebote seitens der Geführten erhoben, das heißt von **F&E-Ingenieuren**, die teilweise auch auf einer mittleren Führungsebene Projekt- und Prozessleitungsfunktionen innehaben. In dieser Phase fanden zusätzliche 28 Interviews statt.

Das Vorgehen war bei Führungspersonen und Mitarbeitenden das gleiche: Die Befragten schilderten ihre Alltagsrealitäten in eigenen Worten. Die Interviews waren meist dreiteilig: 1) Start mit einer offenen Konversation über Funktion und Stellenbeschreibung, 2) allgemeine Fragen zu Innovationshemmnissen und Innovationstreibern in der Organisation, personelle Zuschreibungen von Innovativität, Einschätzung der eigenen Innovationsfähigkeit, 3) spezifische Vertiefungsfragen und Ad-hoc-Fragen (Erwartungen an Freiräume, wahrgenommene Freiheitsgrade, Möglichkeit zu kreativen Inputs im Alltag).

Die beiden Perspektiven (Führung und Mitarbeitende) wurden dann zuerst fallspezifisch verglichen und nachher fallvergleichend analysiert. Die Interviews wurden dazu vollständig transkribiert und themenanalytisch ausgewertet (Mayring, 2022; Flick, 2009).

Die Analyse des Interviewmaterials erfolgte nicht anhand von vorgefertigten Kategorien, vielmehr wurde versucht, die organisationalen Realitäten mit den Augen der beforschten Personen zu sehen (Bell et al., 2022). Die relevanten Themen wurden so aus dem erhobenen Material entwickelt und kontextabhängig analysiert.

Um die Validität der Analyse zu steigern, interpretierten verschiedene Forschende die Interviews (Patton, 2002), und die Befragten überprüften anschließend die Analyse (Lincoln & Guba, 1985).

Zur besseren inhaltlichen Verortung der Interviewinhalte ließen sich in allen Unternehmen zusätzliche Dokumente beziehen. Die interne Validität der Fallstudien konnte so sichergestellt und die verschiedenen Datenquellen trianguliert werden. Die Datenerhebung und -analyse erfolgte in mehreren Zyklen. Somit wurden erste Erkenntnisse schrittweise validiert und gleichzeitig als Grundlage für weiterführende Gruppendiskussionen verwendet.

4.2.2.3 Forschungsergebnisse: Ausblick, Chancen und Grenzen

Im Rahmen des ILP-Projektes wurde *erstens* **InnoLEAD** als integrales Analyse- und Reflexionswerkzeug für die vielschichtige, kontextabhängige und beziehungsorientierte Führungsaufgabe „Innovationsförderung" entwickelt (vgl. Abb. 4.1) und gemeinsam mit den beteiligten Unternehmen diskutiert und getestet. Anhand dieses Modells präsentieren die nachfolgenden Kapitel die empirischen Ergebnisse und betten sie theoretisch-konzeptionell ein.

Zweitens wurden, wie bereits erwähnt, für jede Führungsebene beziehungsweise für jedes Gestaltungsfeld ein separates (Teil-)Modell beziehungsweise **(Teil-)Modelle** entwickelt.

Drittens wurden in verschiedenen Innovation-Leadership-Gestaltungsfeldern **Reflexionsfragen** beziehungsweise Checklisten integriert.

Die Ergebnisse sind durch den Action-Research-Ansatz empirisch validiert und anschlussfähig, das heißt **verständlich** für die Führungspraxis. Die Themenfelder und Geschichten eröffnen zudem Konturen der Führungsrealität, die im Alltag sonst nicht so einfach sichtbar sind. Das InnoLEAD-Modell kann trotz des begrenzten Radius der vorliegenden Studie grundsätzlich auf jedes Unternehmen angewendet werden. Die Studie basiert auf einer Untersuchung von typischen handlungsleitenden Führungsweisen zur Förderung der organisationalen Innovationsfähigkeit und kann für verschiedene Organisationstypen als Reflexionsgrundlage dienen. Mithilfe der zahlreichen InnoLEAD-Reflexionstools ist es möglich, ein innovationsförderndes Führungs- und Unternehmensentwicklungssystem zu entwickeln und kritisch zu hinterfragen, sodass konzeptionelle Lücken im eigenen Unternehmen entdeckt werden.

Die Forschungsergebnisse fließen auf unterschiedliche Art und Weise in das Buch ein: *Erstens* werden die verschiedenen Gestaltungsfelder des InnoLEAD-Modells jeweils zu Beginn mit Untersuchungsergebnissen aus der Fallstudienanalyse eingeführt und mit verschiedenen Ergebnisausschnitten unterfüttert. *Zweitens* werden immer wieder Fallbeispiele, Fallepisoden und Zitate aus der qualitativen Erhebung zu verschiedenen Themenfeldern eingefügt.

Literatur

Andriopoulos, C., & Gotsi, M. (2005). The virtues of ‚blue sky' projects: How lunar design taps into the power of imagination. *Journal of Creativity and Innovation Management, 14*(3), 316–324.

Bell, E., Bryman, A., & Harley, B. (2022). *Business research methods.* Oxford University Press.

Eisenhard, K. M. (1989). Building theories from case study research. *Academy of Management Review, 14*, 532–550.

Flick, U. (2009). *An introduction to qualitative research.* Sage.

Greenwood, D., & Levin, M. (1998). *An introduction to action research. Social research for social change.* Sage.

Lincoln, Y., & Guba, E. (1985). *Naturalistic inquiry.* Sage.

Mayring, P. (2022). *Qualitative Inhaltsanalyse: Grundlagen und Techniken.* Beltz.

Müller-Christ, G. (2007). Formen der Bewältigung von Widersprüchen. Die Rechtfertigung von Trade-offs als Kernproblem. In G. Müller-Christ, L. Arndt, & I. Ehnert (Hrsg.), *Nachhaltigkeit und Widersprüche. Eine Managementperspektive* (S. 127–177). LIT.

Patton, M. (2002). *Qualitative research and evaluation methods.* Sage.

Simon, H. (2012). *Hidden Champions. Aufbruch nach Globalia. Die Erfolgsstrategien unbekannter Weltmarktführer.* Campus.

Witzel, A. (2000). Das problemzentrierte Interview. *Forum: Qualitative Social Research, 1*(1), Art. 22. http://nbn-resolving.de/urn:nbn:de:0114-fqs0001228. Zugegriffen: 13. Juli 2023

Yin, R. K. (2009). *Case study research. Design and methods.* Sage.

InnoLEAD-Gestaltungsfeld 1: Gestaltung innovatorischer Freiräume 5

5.1 Einführung

In diesem Kapitel werden erstens Perspektiven aus der Praxis zum Umgang mit Freiräumen in Führungsbeziehungen erläutert. Zweitens werden diese diskutiert und theoretisch reflektiert. Drittens wird ein Modell zur Typisierung von innovatorischen Freiräumen, das „Freiraum-Dreieck", eingeführt. Im Zuge der Erläuterung der verschiedenen Freiraum-Typen werden viertens Praxisbeispiele vorgestellt. Fünftens werden die Erkenntnisse in einem Fazit zusammengeführt und Reflexionsfragen im Sinne eines „Freiraum-Audits" für innovationsorientierte Unternehmen präsentiert.

Dieses Kapitel führt die „Balance-These" im InnoLEAD-Modell zwischen öffnenden und schließenden beziehungsweise eingrenzenden Führungsweisen aus und untermauert diese mit Originalzitaten von Führungspersonen aus dem in Kap. 4 beschriebenen Forschungsprojekt. Dabei liegt der Fokus auf Freiraum eröffnenden Führungspraktiken (vgl. Abb. 5.1), da dieser Bereich der Führung in der Literatur nicht ausführlich diskutiert wird.

Alle kursiv gedruckten Inhalte in Anführungszeichen sind kürzere Originalzitate aus den Interviews. Längere Zitate sind entweder mit dem Hinweis **„F&E Leader"** gekennzeichnet, dabei handelt es sich um Originalzitate von befragten Führungspersonen (Abteilungsleitende sowie Technologie- und Innovationsmanagerinnen und -manager auf oberster Führungsebene) aus dem empirischen Forschungsprojekt. Oder die Zitate sind mit dem Hinweis **„F&E MA"** gekennzeichnet, dabei handelt es sich um ein Zitat von Mitarbeitenden, das heißt F&E-Ingenieurinnen und -Ingenieuren, die auf einer unteren und mittleren Führungsebene Projekt- und Prozessleitungsfunktionen innehaben.

Das in Abschn. 3.4 beschriebene **„Sowohl-als-auch"-Prinzip** kommt in der Praxis auf vielfältige Art und Weise zum Ausdruck. Grundsätzlich ist bei allen Unternehmen der Nutzen von Freiräumen zur Innovationsförderung anerkannt; alle sind auf der Suche nach dem richtigen Maß an Freiheitsgraden, passenden umrahmenden Führungsweisen

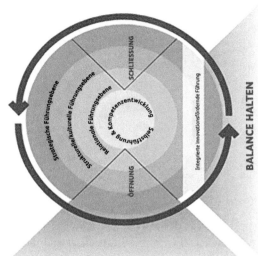
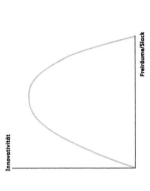

Abb. 5.1 InnoLEAD, Gestaltungsfeld 1: Gestaltung innovatorischer Freiräume

und organisationalen Bedingungen. Gleichzeitig sehen sich Führungspersonen ob des sich verschärfenden (internationalen) Wettbewerbs mit immer enger werdenden Vorgaben bezüglich Kosten, Profitabilität und Qualität konfrontiert. Wie löst die Führung das Dilemma? Die Führungskräfte gewähren ihren Mitarbeitenden eine große Bandbreite an Freiräumen, die mehrheitlich situativ ausgehandelt werden. Man könnte auch von einer Vielzahl an Sonderlösungen sprechen, die nur schwer als einheitliches Konzept zu beschreiben sind. Es wurde auch deutlich, dass innovatorische Freiräume meist temporär organisiert werden: Man experimentiert immer wieder situativ mit passenden Freiräumen, eine strategiegeleitete Institutionalisierung von Freiraum-Konzepten existiert kaum (etwa in Form von stabilen Stellen- oder Prozentanteilen der Arbeitszeit für Innovationsarbeit). Mit *„aufgesetzten"* oder *„verordneten"* Maßnahmen zur Kreativitätsförderung tun sich die Unternehmen schwer. Sie richten vielmehr **viele kleinere Freiräume** ein, die an zahlreiche Bedingungen geknüpft sind und meist eher kurzfristig etabliert werden. Auch dabei entstehen Widersprüche, die die jeweils betroffenen Führungspersonen und Geführten „balancieren" müssen.

▶ Freiräume zur Innovationsförderung beschreiben die Interviewten grundsätzlich als sehr fragil, sehr individuell und vor dem Hintergrund verschiedener Projektbedürfnisse. Es existiert kein einheitliches Bild einer Freiraum-Praxis zur Innovationsförderung, vielmehr entsteht ein Bild von sehr heterogenen Freiheitsgraden und formen, die situativ variieren und immer wieder vor dem Hintergrund der Geschäftsprozess-Dynamik und der unterschiedlichen Führungsbeziehungen neu bewertet werden.

Die Befragten (Führungskräfte und Mitarbeitende) thematisieren in diesem Zusammenhang häufig die andauernde „Bedrohung" von Freiräumen durch eine permanente Auslastung mit Arbeitsaufträgen. Dies illustriert die folgende Episode:

Perspektive Führung: Die Leute haben permanent etwas zu tun

Früher war es so, dass die Leute eher einer Produktgruppe zugeordnet waren, und dadurch hatte man einen Zyklus, auch von den Projekten her. Und heute ist es so, dass man versucht, die Leute effizient auszulasten. […] Das heißt, die Leute haben permanent etwas zu tun. Und darum wird es eigentlich schwieriger als früher, [Freiräume zu schaffen]. (F&E Leader)◀

Einerseits senkt eine konstante Auslastung der Mitarbeitenden die Personalkosten. Andererseits entsteht durch diese Regelung eine hektische Betriebsamkeit und Parallelität von Tätigkeiten, die nur schwer und schon gar nicht ad hoc durch Führungsmaßnahmen zu unterbrechen ist. In diesem Rahmen können kurz- oder mittelfristig formulierte Innovationsziele und – damit verbunden – dafür eingerichtete Freiräume für die Mitarbeitenden nur schwer ihre Wirkung entfalten. Wenn über lange Zeit jegliche „natürlichen" Kreativitätspotenziale (z. B. durch Zeiten, in denen weniger Aufträge hineinkommen) in Form von Muße oder Zeit zum Nachdenken eliminiert wurden, dann fehlt die kulturelle Verankerung für mehr Freiheitsgrade und die damit verbundenen Ziele. Auch gehen in diesem *„Rangiermodus"* Sinnzusammenhänge und damit die Motivation, sich an der gesamten Unternehmensentwicklung unternehmerisch zu beteiligen, verloren. Führungskräfte sind daher gezwungen, eine gesunde Balance zu finden zwischen hektischer Betriebsamkeit durch ein Multi-Projektmanagement und „Schonräumen", das heißt zum Beispiel Zeit zum Nachdenken, Zeit, um Zusammenhänge zu hinterfragen, zu reflektieren, zu organisieren. Weiterhin kommt in Verbindung mit der Beschreibung von Freiheiten auch oft die Suche nach klaren Zielvorgaben beziehungsweise „strategischen Leitplanken" zum Ausdruck. Handlungsfreiräume allein stellen nicht sicher, dass etwas passiert. Ohne daran gekoppelte Ziele beziehungsweise strategische Leitplanken geraten sie schnell zu „Spielwiesen". Neben den gewährten Freiräumen müssen daher noch Anreize durch die Zielvorgaben, davon abhängige Beurteilungsgrößen und mit den jeweiligen Projekten verbundene weitere Entwicklungsmöglichkeiten treten. Aus der Perspektive der Führung sollte man daher *„nicht zu viel versprechen!"*.

Oft werden in gewährten „Denkräumen" grenzenlos viele Ideen gesammelt und teilweise auch sorgfältig dokumentiert, mitunter mühevoll in Wissensmanagementsysteme eingepflegt. Danach leiten die Verantwortlichen diese an das Innovations- oder F&E-Management weiter. Wenn es Monate dauert, bis die Ideengeber eine Rückmeldung erhalten, besteht die Gefahr der Frustration und Demotivation. Deshalb sind viele Führungspersonen inzwischen zu Recht vorsichtig und schaffen nur noch dann Freiräume für die Ideensuche und -entwicklung, wenn auch Ressourcen zur Verfügung stehen, die dort entwickelten Ideen aufzunehmen, zu bewerten und gemeinsam mit den Ideengebern zu diskutieren.

Die nachfolgende „Murmelglas-Episode" eines F&E-Mitarbeitenden illustriert die Schwierigkeit, auf Knopfdruck „freie" Kreativzeit zielgerichtet zu nutzen. Wenn diese vom Unternehmen organisierte Kreativzeit ständig unterbrochen wird, ist das für die Mitarbeitenden demotivierend. Sich ständig neu in eine Materie hineindenken müssen, lässt sich auch als *„Blindleistung"* bezeichnen. Die Arbeit, die beim „Umswitchen" von Routine- in Kreativarbeit und umgekehrt geleistet wird, ist eigentlich verschwendete Zeit.

> **Perspektive Mitarbeitende: Das Murmelglas**
>
> Sie tun Murmeln in ein Glas und füllen es damit. Jetzt können Sie aber noch Sand reinpacken. Dann können Sie [es] schütteln und [der Sand] füllt Ihnen die Zwischenräume. So ähnlich ist es auch bei uns. Man hat zwar Luft drin […], man sieht sie [nur] nicht, weil sie letztlich nicht genutzt werden kann. Die Räume können nur durch den Sand genutzt werden, aber ich kann keine Murmeln mehr rein machen. Und so ähnlich ist es im Innovationsprozess auch. Also ich habe zwar Freiräume, aber die Freiräume

können nicht richtig genutzt werden. Sie können jetzt eine Stunde hier sitzen und alle fünf Minuten kommt jemand, dann machen Sie auch keine Innovation. (F&E MA)◄

Diese Episode zeigt auf, wie zentral eine langfristige Perspektive und sorgfältige Planung bei der Gestaltung von Freiräumen ist und welche Schwierigkeiten entstehen, wenn die Dringlichkeit des Tagesgeschäftes ständig ungefiltert (ohne Führungskräfte als Freiraum-Promotoren) auf Mitarbeitende trifft, die im Rahmen ihrer Arbeit „eigentlich" zeitliche Freiräume für Kreativarbeit reserviert haben, diese aber nur bruchstückhaft zu nutzen vermögen. Die langfristige Dringlichkeit von Innovationsarbeit wird so immer durch die kurzfristige Dringlichkeit von Projekten aus der Produktion beziehungsweise von Kundenprojekten verdrängt.

5.2 Innovatorische Freiräume: Grundlagen und begriffliche Abgrenzung

Die folgenden Abschnitte widmen sich den unterschiedlichen Konzepten von Freiräumen. Die Begriffe „Freiraum" und „Autonomie" werden vor dem Hintergrund ihrer disziplinären Ursprünge kritisch reflektiert. Des Weiteren werden verschiedene Freiraum-Ebenen (individuelle Freiräume und kollektive Freiräume) diskutiert.

5.2.1 Freiräume im Interesse der innovativen Organisation: Ein Widerspruch?

Die Führung tendiert auch in innovationsorientierten Unternehmen oft allzu schnell zur Stabilisierung und vernachlässigt die Öffnung beziehungsweise das Experimentieren mit neuen Ideen und Lösungen. Die Ergebnisse innovatorischer Freiräume zeigen sich erst in der Zukunft; sie sind ungewiss. Die Ergebnisse von gegenwärtigen Kundenprojekten lassen sich gut quantifizieren, Fortschritte sind gut sichtbar. Dies zeigt sich vor allem in Veränderungs- oder Krisensituationen. In diesen Situationen schaffen die Führungsleute geplante innovatorische Freiräume oft kurzfristig wieder ab (Herold et al., 2006). Nicht die Stabilisierungs- und Standardisierungsmechanismen werden in Veränderungssituationen hinterfragt, sondern meistens werden relativ rasch Freiräume der Mitarbeitenden „wegoptimiert". DeMarco (2001) unterstreicht dies ebenfalls und verdeutlicht die Risiken mangelnder „slack resources" im Sinne von Ineffizienzen, Qualitätsproblemen und mangelnder Innovativität. Diese Tendenz, in Veränderungsprozessen immer wieder stark auf Lean-Management-Prinzipien zu setzen und sich nur noch auf Effizienzsteigerungen zu konzentrieren, geht oft einher mit einer Überstrukturierung von Innovationsprozessen. Auch die Zukunftsgestaltung muss in solchen Phasen „effizient" geführt werden.

Kuczmarski (1996) plädiert in diesem Zusammenhang für die Gestaltung von **"disciplined freedom"** und spielt begrifflich mit dem Disziplin-Freiheit-Paradox.

> Disciplined freedom provides team members with a sense of autonomy and entrepreneurialism, while giving them adequate direction and operating guidelines to help steer them through the uncertain path of innovation. It suggests that new products team members can think for themselves and use intuition, previous experience, and business judgment in decision making. It purports an environment that respects the views, opinions, and ideas of each team member. Collectively, it fosters a vibrant and energized team that is motivated to innovate. (Kuczmarski, 1996, S. 76–77)

Insbesondere stark kundengetriebene Unternehmen mit inkrementellen Innovationsmustern und entsprechend eingespurten Führungssystemen erkennen das Potenzial gezielter Freiraum-Regelungen zur Innovationsförderung kaum. Oft überwiegen die Zweifel, und es werden einerseits „Sparversionen" von Innovations-Förderprogrammen umgesetzt (Tate, 2012), wie zum Beispiel eintägige Innovationsmarathons oder halbtägige Ideenworkshops. Oder die Freiräume werden gleich wieder derart mit Kontrollinstrumenten überladen, dass man von einer „schleichenden" Annäherung an die gängige effizienzgetriebene Operationslogik sprechen kann.

Oft entfalten also Öffnungsstrategien ihre Wirkung gar nicht erst, denn sie werden relativ rasch von Absicherungsstrategien „neutralisiert" und es droht eine unproduktive Allianz von kulturell verankerter Risikoaversion und Führungsinstrumenten, welche die Innovationsspielräume erweitern (Martins & Terblanche, 2003; Kriegesmann et al., 2007). Sollen Freiräume innerhalb von innovationsgetriebenen Unternehmen mehr sein als eine bloße Leerformel, sollte die Führung beständig und strategiegeleitet Freiraum-Regeln entwickeln.

Die Kräfte dieses Spannungsfeldes zwischen Freiheit und deren Begrenzung durch Kontrollhandlungen wirken vor allem in mittleren und Großunternehmen sowie in stark vernetzten Unternehmen, in welchen viele Teilstrategien und -ziele im Führungssystem beziehungsweise in verschiedenen Führungssystemen zusammenlaufen und zu koordinieren sind. Dazu wird parallel zentralistisch versucht, eine offene Innovationskultur und mehr Risikofreude zu implementieren.

▶ Vor dem Hintergrund der Metaperspektive „Öffnung vs. Begrenzung" wäre eine **Freiheit der Mitarbeitenden** so zu gestalten, dass sie **im Interesse des Unternehmens** fruchtbar wird. Natürlich sind der Kreativität keine Grenzen gesetzt, und sie findet auch häufig in interessen- bzw. absichtsfreien Freiräumen (außerhalb der Organisationsgrenzen) statt, aber aus einer Organisationsperspektive kann nur der Freiraum gedacht werden, der dem Interesse der Organisation dient.

Es ist daher im Sinne der Innovationsförderung nicht funktional, den Blick auf die abhängig machenden Strukturen rund um die Mitarbeitenden zu lenken. Es geht nicht darum, dass diese Abhängigkeiten im Sinne einer Innovationsförderung eliminiert werden. Aber eine innovierende Person ist den Abhängigkeiten nicht nur ausgeliefert. Sie könnte sich außerhalb jeglicher Beziehung gar nicht als innovative Person begreifen. Freiraum wird deshalb nicht ausschließlich als Zwanglosigkeit, sondern auch als „Selbstständigkeit" beziehungsweise „Selbstbestimmtheit" verstanden (Abschn. 5.2.3), die den Blick auf dasjenige richtet, das inmitten von Abhängigkeiten frei wählbar ist. Nachfolgend wird der Begriff „Freiraum" im Zusammenhang mit innovationsfördernder Führung näher erläutert.

5.2.2 Führung und Freiraum

In der Wirtschaftspresse wird häufig die These vertreten: Je mehr Freiräume, desto mehr Innovativität. Diese These wird wie dargelegt der vielschichtigen Führungspraxis in innovativen Unternehmen nicht gerecht. Erstens muss genau unterschieden werden, welche Freiheitsgrade gemeint sind, und zweitens werden durch das Schaffen von Freiräumen auch ungeplante negative Sekundäreffekte freigesetzt, die ein weiteres Anwachsen der Innovativität nicht nur blockieren, sondern auch konterkarieren (Nohria & Gulati, 1997, S. 608; Gebert, 2002, S. 190; Herold et al., 2006, S. 376).

Aber wie können Organisationen Freiheit zulassen, wenn der Eintritt in die Organisation durch Verträge und Stellen- beziehungsweise Rollenbeschreibungen und die Arbeit in der Organisation durch Projekte und Prozesse geprägt wird, die Mitarbeitende gerade dazu bringen, ihre eigenen Präferenzen zurückzustellen und sich den Bedingungen und Weisungen der Organisation zu fügen (Luhmann, 2000, S. 107)? **Zwang versus Freiheit** ist gemäß Müller-Christ (2007; vgl. Tab. 5.1) der „logische Grundwiderspruch in der Gestaltung sozialer Systeme" (S. 141), aus dem sich alle weiteren Widersprüche in der Organisationsgestaltung ableiten lassen. „Jede Einheit mehr Zwang reduziert die Ausprägung von Freiheit, und jede Einheit mehr Freiheit reduziert die Möglichkeit, Zwang auszuüben" (Müller-Christ, 2007, S. 141). Wenn man davon ausgeht, dass die Mitgliedschaft in der Organisation aus freien Stücken zustande gekommen ist, dann ist „Freiheit" unter diesen Voraussetzungen auf die freie Entscheidung in Bezug auf die Berufs- und Arbeitgeberwahl beschränkt. Arbeitnehmer mit einer hohen Arbeitsmarktfähigkeit können sich für ein Unternehmen mit einer Tendenz zu Freiheitselementen oder für ein Unternehmen mit einer Tendenz zu Zwangselementen (vgl. Tab. 5.1) „frei" entscheiden. Die Institutionalisierung der Form des Arbeitsvertrages macht Wahlfreiheit kommunizierbar und verständlich. Freiheit kann grundsätzlich vor dem Hintergrund von Verträgen, Klauseln, Gesetzen, Richtlinien – also institutionalisierten Zwängen – konzeptionell gut erfasst werden. Alles, was sich jenseits dieser Regelungen befindet, ist die Freiheit.

Tab. 5.1 Ausgewählte Widersprüche in der Organisationsgestaltung. (Quelle: Müller-Christ, 2007, S. 141)

Zwang		Freiheit
Determinismus	Versus	Voluntarismus
Kontrolle	Versus	Selbstständigkeit
Standardisierung	Versus	Flexibilisierung
Zentralisierung	Versus	Dezentralisierung
Fremdorganisation	Versus	Selbstorganisation
Fremdsteuerung	Versus	Selbststeuerung
Kooperation	Versus	Konkurrenz
Ordnung	Versus	Kreativität
Kollektivität	Versus	Individualität

Freiräume an sich haben klare Bedingungen und stehen in Bezug zueinander, und Grenzen im Sinne von organisationalen Regeln, Normen oder Werten legen fest, welche Denkprozesse und Tätigkeiten in einem Freiraum zulässig sind. Es ist nicht möglich, Freiraum absolut, das heißt unabhängig von den jeweiligen Verhältnissen in einem Unternehmen zu bestimmen. Ohne die Definition von Regeln (Grenzen) wäre die Bestimmung des Freiraums nicht möglich und seine Existenz nicht sichtbar. Jeder Freiraum wird durch die Individualität des Menschen geprägt und durch Beziehungen zwischen Individuen verändert.

Wenn man aber von der Perspektive der Einschränkung von Freiheit durch Arbeitsverträge und den darin formulierten Erwartungshaltungen (Freiheit als Gegenteil von Zwang) abrückt, dann könnte man versuchen, Freiheit **„als heuristische Konstruktion von Alternativen"** (Luhmann, 2000, S. 109) zu betrachten. Dabei geht es erstens um Kommunikation und das Verständnis für die Wahlmöglichkeit. Wie bereits in Abschn. 2.3.2 erwähnt, benötigen Unternehmen insbesondere unter dem Gesichtspunkt von Veränderungen ein möglichst großes „internes Repertoire" an Wahlmöglichkeiten. Zweitens geht es um die Unterscheidung, ob die Wahl gebilligt wird oder nicht.

„Wenn Freiheitsgebrauch individuell zurechenbar sein muss, begrenzt dies das Spektrum auf relativ konkrete, lokale Optionen" (Luhmann, 2000, S. 110). Dies soll an einem Beispiel illustriert werden: Eine Modedesignerin, die gerade ein neues Stoffmuster erhält, entwirft spontan ein neues Kleid. Sie nimmt sich dabei spontan die Freiheit heraus, eine neue Alternative zu prüfen und daraus eine neue Idee zu entwickeln. Dieser individuelle Freiheitsgebrauch hat keine unmittelbaren Auswirkungen auf den Freiheitsgebrauch in der gesamten Organisation. Er hat nichts mit Deregulierung zu tun.

Es wird deutlich: Wenn Freiheit individuell zurechenbar sein muss, wird es schon schwieriger mit der Erschließung des Freiheitsbegriffs. Es geht oft um konkrete, lokale Optionen, die spontan zu einer Idee zusammenwachsen. Man könnte dann Freiheit als individuellen **Möglichkeitsraum** verstehen. Bei Robert Musil (2009, zitiert in Zeuch, 2010, S. 221) findet sich ein Zitat, in dem es um den **Möglichkeitssinn** geht:

5.2 Innovatorische Freiräume: Grundlagen und begriffliche Abgrenzung

Wer ihn besitzt, sagt beispielsweise nicht: Hier ist dies oder das geschehen, wird geschehen, muss geschehen; und wenn man ihm von irgendetwas erklärt, dass es so sei, wie es sei, dann denkt er: Nun, es könnte wahrscheinlich auch anders sein. So ließe sich der Möglichkeitssinn geradezu als die Fähigkeit definieren, alles, was ebenso gut sein könnte, zu denken und das, was ist, nicht wichtiger zu nehmen als das, was nicht ist. (Robert Musil: *Der Mann ohne Eigenschaften*)

Diesen Möglichkeitssinn kann man als das intuitive, individuelle Gespür für das Mögliche begreifen (Zeuch, 2010).

> **Möglichkeitsräume auf drei Ebenen: Mensch, Kultur, Struktur**
> Damit sich der individuelle Möglichkeitssinn entfalten kann, brauchen Unternehmen **Möglichkeitsräume**. Sie sind das „unbedingte Gegenstück" zum Möglichkeitssinn. Diese Freiräume eröffnen sich auf drei unterschiedlichen Ebenen (Zeuch, 2010, S. 221): 1) Menschen, 2) Unternehmenskultur und 3) Unternehmensstruktur.
>
> - *Die erste Ebene* betrifft jeden Einzelnen von uns und unsere Fähigkeit, uns selbst zu erlauben, in Möglichkeiten zu denken und Intuitionen freien Lauf zu lassen. „Sich mit dem Möglichkeitssinn im Möglichkeitsraum zu bewegen, ist der wahre Optimismus" (Zeuch, 2010, S. 221). Es könnte auch unangenehm, ja evtl. sogar anstrengend werden, seine Ahnungen zuzulassen, das heißt, man muss sich innerlich auch „frei" machen, das zuzulassen.
> - *Die zweite Ebene* ist die Unternehmenskultur (Kap. 8). Individuelle Möglichkeitsräume zerrinnen schnell, wenn die Unternehmenskultur nur auf kurzfristige, gegenwärtige Wirklichkeiten fokussiert. Wer innovieren will, der braucht kulturelles Engagement und das dazugehörige Commitment für Möglichkeitsräume auf allen organisatorischen Ebenen. „Es muss selbstverständlich sein, gedanklich aus der ‚harten' Wirklichkeit auszubrechen, um wenigstens für eine gewisse Zeit die individuellen Möglichkeitsräume zu betreten" (Zeuch, 2010, S. 223). Dort kann sich Intuition dann entfalten.
> - *Die dritte Ebene* ist die strukturelle Ebene (Kap. 7). Neben finanziellen und personellen Ressourcen müssen genügend zeitliche und methodische Freiräume sowie Kooperationsfreiräume eingerichtet werden. Um wieder innovativ zu werden, benötigen die Unternehmen aus dieser Perspektive mehr Redundanzen bzw. Pufferressourcen.

Es lassen sich zwei grundlegende Freiheitsbegriffe unterscheiden:

1. Freiheit als Freiheit von Zwang/Kontrolle
2. Freiheit als Vorhandensein von Alternativen

Wer am „Zwang", also den Entscheidungsprämissen, den Verträgen etwas ändern will beziehungsweise „das System" ändern will, dem bleibt nur die Freiheit, dies zu kommunizieren – typischerweise appellativ, provokant, sodass andere mitziehen (Luhmann, 2000, S. 110). Wenn zum Beispiel eine Forscherin mit dem Verfahren der Bewilligung von Forschungsmitteln nicht zufrieden ist, weil die Kriterien auf dem Antragsformular viel zu eng formuliert sind, muss sie andere (kommunikativ) mitziehen, um eine organisationale Veränderung zu bewirken. Werden die Kriterien weicher und das Antragsformular kürzer, dann hat sich die Forscherin befreit von formalen Regeln, ist entlastet und kann freier arbeiten als vorher. Sie kommt mit weniger Regeln an mehr finanzielle Ressourcen und kann mehr „slack time" (Abschn. 5.2.5) in kreative Projekte stecken.

▶Prinzipiell ist die Bestimmung der Freiheit, verstanden als **Kontrollfreiheit**, ohne die Definition einer Grenze nicht möglich, ihre Existenz nicht sichtbar (Kant, 2005). Die Idee der Freiheit als Inspirationsquelle für Kreativität kann als abstrakter Begriff vor diesem Hintergrund nur erfahren werden, indem sie im Raum gegeben ist. Freiraum kann so als Konkretisierung der Idee „Freiheit" verstanden werden. Dabei soll der Freiraum sowohl den Rahmen der eigenen Kreativität aufzeigen als auch anregen, über die Grenzen des Freiraums nachzudenken. Auch der Freiraum-Begriff weist paradoxe Züge auf: So vereint er das Konzept der „Freiheit" mit dem des „Raums", der per se etwas Begrenztes ist.

5.2.3 Führung und Autonomie

Wenn wir den Freiraum-Begriff nun konkreter auf Führungsbeziehungen und das unmittelbare Arbeitsumfeld beziehungsweise das Arbeitsteam anwenden, dann rückt das Konzept der Autonomie („job autonomy") beziehungsweise des Tätigkeitsspielraums (Hackman & Oldham, 1976; Wall et al., 1986; Dodd & Ganster, 1996; Moldaschl, 2001) stärker ins Blickfeld. Freiraum im Sinne von Autonomie bedeutet „Selbstgesetzgebung" (Moldaschl, 2001), was jedoch in einem Unternehmen nicht mit „Unabhängigkeit" gleichzusetzen ist (Kaudela-Baum, 2019).

▶**Job-Autonomie** ist definiert als „[...] the extend, to which employees have a major say in scheduling their work, selecting the equipment they will use, and deciding on procedures be followed" (Hackman & Lawer, 1971, S. 265). Das Konzept der Autonomie bezieht sich also auf das Ausmaß, in dem die Arbeit ausreichend Freiraum und Unabhängigkeit bietet, sodass Mitarbeitende selbst bestimmen, wie sie die Arbeitsprozesse gestalten (Hackman & Oldham, 1976). Gleichsam beinhaltet sie die Möglichkeit, neue Dinge auszuprobieren.

Gesteigerte Job-Autonomie erlaubt es den Mitarbeitenden, aus der bisherigen Routine auszubrechen, um bestmögliche Lösungen zu finden (Wang & Cheng, 2010). Kurz: Mitarbeitende haben die Möglichkeit, ihren Arbeitsort, ihre Arbeitsweise, ihr Arbeitstempo

5.2 Innovatorische Freiräume: Grundlagen und begriffliche Abgrenzung

sowie den Prozess bis zu einem gewissen Maß frei zu bestimmen. Weist eine Tätigkeit einen hohen Autonomiegrad auf, dann können Mitarbeitende verschiedene Alternativen ausprobieren und so neue Anregungen erhalten, die im besten Fall zu neuen Ideen führen. Das Forschungsgebiet in Bezug auf Arbeitsautonomie kann grundsätzlich in zwei Subkategorien aufgeteilt werden: autonome Arbeitsgruppen und Autonomie als Tätigkeitsmerkmal (Wall et al., 1986). Der Bereich der (teil-)autonomen Arbeitsgruppen wird stärker als Organisationsdesign im Rahmen von Dezentralisierungsstrategien diskutiert. Dagegen wird die Arbeitsautonomie stärker im Hinblick auf die Implikationen für das individuelle Verhalten untersucht. Langfred (2000) unterscheidet in diesem Zusammenhang zwischen

1. **„Group autonomy"** (gruppenbezogener Handlungsfreiraum) und
2. **„Individual autonomy"** (individueller Handlungsfreiraum).

Nachfolgend wird das Konzept der individuellen Autonomie vertieft diskutiert. Die Möglichkeit, Kontrolle über die eigene Arbeit auszuüben, wird in der Literatur recht unterschiedlich diskutiert (Ohly & Plückthun, 2013). Gebert (2002, S. 185) führt zum Beispiel aus, dass ein delegativ-partizipativer Führungsstil eine Erweiterung der **Situationskontrolle** (Freiraum als Erweiterung des Kontrollraums) des Geführten impliziert.

> Situationskontrolle beschreibt den Grad der wahrgenommenen Veränderungsfähigkeit der Situation, das heißt das Ausmaß, in dem die Organisationsmitglieder meinen, direkt durch eigenes Handeln (qua Delegation) oder indirekt über die Beeinflussung des Handelns anderer (qua Partizipation) zu innovationsbezogenen Verbesserungen der Situation beitragen zu können. (Gebert, 2002, S. 185–186)

Die Abb. 5.2 zeigt: Für den Fall fehlender Integration beziehungsweise klarer Zielorientierung durch Führungskräfte zeigt sich eine umgekehrt U-förmige Funktion zwischen Situationskontrolle und Innovativität.

Mit einer Erweiterung der Situationskontrolle werden grundsätzlich mehr Ideen generiert, aber Gebert (2002, S. 186) weist gleichzeitig auf einige negative Sekundäreffekte hin. *Erstens* muss die Menge an neuen Ideen selektiert werden, das kostet Zeit und Energie. *Zweitens* kann es zu einer überhöhten Anspruchshaltung seitens der Geführten im Sinne einer radikalen „Jetzt-oder-nie"-Einstellung (in Bezug auf die Umsetzung der generierten Ideen) kommen, dadurch können sich Führungskräfte unter Druck gesetzt fühlen. *Drittens* ist es möglicherweise für Führungskräfte schwierig, die vielfältigen Ideen und deren potenzielle Umsetzung inhaltlich und zeitlich aufeinander abzustimmen. Das bedeutet einen hohen Koordinationsaufwand. Daher spricht man in diesem Zusammenhang auch von **Autonomiekosten** (vgl. Gebert, 2002, S. 186–187).

Weiterhin unterscheidet Moldaschl (2001) zwischen Handlungsautonomie und Verhandlungsautonomie. **Handlungsautonomie** wird als Handlungs-, Entscheidungs- oder Dispositionsspielraum gefasst. Sie bezieht sich auf Kontrolle in der Arbeit im Sinne der Möglichkeit, eigene Ziele zu bestimmen und selbstständig über Mittel und Wege

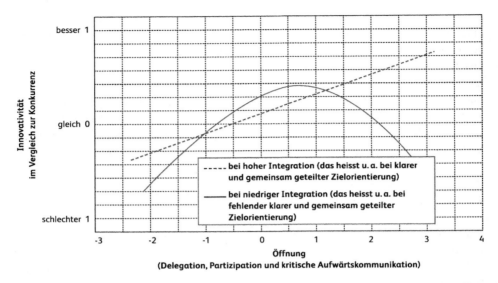

Abb. 5.2 Integration als Puffer der Risiken innovationsförderlicher Führung. (Quelle: Gebert, 2002, S. 190)

zur Zielerreichung zu verfügen. **Verhandlungsautonomie** definiert die Kontrolle über Arbeits- und Beschäftigungsbedingungen (z. B. Einfluss auf Kontextbedingungen der Arbeit, Zeitsouveränität, wann und wo ein Mitarbeitender arbeitet).

Breaugh (1985, zitiert in Breaugh, 1989, S. 1037) unterscheidet zwischen den folgenden drei Autonomieelementen:

- **Methodische Autonomie:** beschreibt den Grad der Wahlmöglichkeiten in Bezug auf anzuwendende Methoden im Rahmen der Arbeitstätigkeit.
- **Zeitliche Autonomie:** beschreibt das Ausmaß, in welchem die Person die Zeiteinteilung bzw. den Zeitablauf ihrer Arbeitstätigkeit frei einteilen kann.
- **Autonome Definition der Leistungsbeurteilungskriterien:** beschreibt den Freiheitsgrad von Mitarbeitenden in Bezug auf die Auswahl und Modifikation der eigenen Leistungsbewertungskriterien.

Kannheiser et al. (1997) ordnen Freiräume als Elemente des Tätigkeitsspielraums beziehungsweise der Job-Autonomie ein, welche Einfluss auf die Gestaltung der Arbeit haben. Freiheitsgrade können sich dabei auf

- **inhaltliche** (Arbeitsablauf, Ergebniseigenschaften) oder

- **inhaltsbezogene Elemente** (Verlassen des Arbeitsplatzes, Auswahl der Arbeitskollegen) beziehen.

Als Beispiele nennen sie: 1) zeitlicher Spielraum, 2) Festlegung der Reihenfolge der Handlungen, 3) Auswahl von Arbeitsverfahren und Arbeitsmitteln, 4) Festlegung von Ergebniseigenschaften, 5) Möglichkeit, den Arbeitsplatz zu verlassen, 6) Möglichkeit, den Arbeitsplatz zu gestalten, 7) Einfluss auf die Zusammenarbeit auszuüben.

▶ Zusammenfassend liegt all diesen Autonomie-Konzepten eine Unterscheidung im Hinblick auf 1) zeitliche Freiräume (Zeitbudget und Festlegung der Reihenfolge der Handlungen), 2) methodische Freiräume (Wahl der Mittel und Verfahren zur Ausführung der Arbeit), 3) Ergebnisbewertungsfreiräume (Festlegung der Erfolgskriterien der Arbeit) und 4) Verhandlungs- und Kooperationsfreiräume (Einfluss auf die Arbeit/Zusammenarbeit) zugrunde.

5.2.4 Innovation und Freiraum

Freiraum gewähren, um Innovation zu fördern, heißt vor diesem Hintergrund, den Mitarbeitenden klare Grenzen bei der Entfaltung ihrer Kreativität zu setzen und Kreativität zielgerichtet zu fördern. Neben dem Freiraumbegriff ist im Kontext der Innovationsförderung oft die Rede von Spielraum, Experimentierraum, Möglichkeitsraum oder auch Schonraum, eine klare Definition des Terminus lässt sich im betrieblichen Kontext nicht ausmachen (Hohn, 2000). Dadurch lassen sich nur vage Implikationen für die Handlungsebene der innovationsfördernden Führung ableiten.

Geht es bei der Schaffung von Freiräumen zum Beispiel eher um das Verschonen von kreativen Mitarbeitenden vor zu viel Bürokratie (weniger Zwang) oder eher um die Förderung des spielerischen Experimentierens (Vermehrung von Alternativen)? Sollen die Mitarbeitenden frei entscheiden, wo und mit wem sie zusammenarbeiten, mit welchen Methoden sie arbeiten oder wann sie etwas tun? Welche Möglichkeiten bieten sich Führungskräften eigentlich in Bezug auf die Gestaltung von Freiräumen? Klar ist, dass durch die gegenwärtigen Deregulierungs- und Dezentralisierungstendenzen in den Unternehmen viel größere individuelle und teambezogene Freiräume entstanden sind, aber was das genau heißt, ist oft nicht so ganz klar.

Moldaschl (2001, S. 136–137) argumentiert, dass Unternehmen im Zuge der Globalisierung dazu tendieren, die Handlungsautonomie zu erweitern, während die Verhandlungsautonomie schrumpft. Ein hohes Maß an Autonomie stellt grundsätzlich hohe Ansprüche an Mitarbeitende: „Die neuen Freiheiten müssen mit neuen Unsicherheiten erkauft werden – selbst wenn man die Freiheiten gar nicht will" (Moldaschl, 2001, S. 137). Je entgrenzter beziehungsweise „offener" ein Unternehmen, desto höher die **Anforderungen an Individuen**, sich selbst Grenzen zu setzen, ständig Unbestimmtheit zu reduzieren.

Es besteht also auch die Gefahr, dass Autonomie zur Belastung wird und dass während der Arbeit sehr viel Zeit für die **Regulation von Unsicherheit** und weniger Zeit für die Entfaltung von Kreativitätspotenzialen verwendet wird.

▶ Je größer das Spannungsverhältnis von Fremdbestimmung und gewährtem Handlungsfreiraum, desto wahrscheinlicher ist es, dass die Mitarbeitenden einen Großteil der gewährten Freiräume zur Unsicherheitsvermeidung und nicht für die Ideenentwicklung einsetzen.

Grundsätzlich ist die Eröffnung von Handlungs- und Denkfreiräumen für Organisationsmitglieder als Einladung für die Entstehung von reichhaltigen Dilemmata und Paradoxien zu betrachten. Je größer der Raum, in dem frei nach Alternativen zur Sicherung der Zukunftsfähigkeit des Unternehmens gesucht und mit neuen Ideen experimentiert wird, desto weniger Raum haben Konsistenzbestreben und Stabilität (Greenwood & Hinings, 1993; zitiert in Gebert, 2002, S. 166).

Der positive Zusammenhang von Autonomie und Kontrollmöglichkeit im eigenen Tätigkeitsumfeld und von individuellem innovativem Verhalten ist jedoch klar belegt (Amabile, 1996). Nachfolgend wird dieser positive Zusammenhang anhand von motivationalen, kognitiven und verhaltensbezogenen Prozessen beschrieben (Ohly & Plückthun, 2013):

1. *Intrinsische Motivation:* Ein hoher Autonomiegrad führt zu höherer intrinsischer Motivation für die Arbeit. Der Grund für diesen Zusammenhang liegt darin, dass Mitarbeitende mehr Möglichkeiten haben, ihre Ziele selbst zu setzen. Selbstgesteckte Ziele (Freiraum, Ziele zu definieren) fördern die intrinsische Motivation, die wiederum ein Persönlichkeitsmerkmal kreativer Personen ist.
2. *Experimentierfähigkeit:* Ein hoher Autonomiegrad ermöglicht das Ausprobieren neuer Methoden (methodischer Freiraum). Ein Arbeitsplatz mit einem hohen Handlungsspielraum lässt zu, dass eine Person Details der Arbeitsdurchführung und der Arbeitsergebnisse mitbestimmen kann. Das stimuliert Variation und Experimentiergeist, was eine Quelle für kreative Ideen ist. „Since innovation involves trial and error, and successes and failures, job autonomy provides employees with an avenue to try out new ideas even in the face of failure" (Ramamoorthy et al., 2005, S. 144).
3. *Seinen Interessen folgen:* In einem autonom gestalteten Arbeitsumfeld widmen sich Mitarbeitende tendenziell Aufgaben, die ihren Interessen und Fähigkeiten entsprechen (Freiraum, seinen Interessen zu folgen). Mitarbeitende können so die Arbeitsgebiete wählen, die mit ihren Stärken und Talenten besonders gut vereinbar sind. Gemäß Amabile (1996) fördert dies die Kreativität.
4. *Individuelle Zeiteinteilung:* Autonomie heißt auch, dass man seine Arbeitsinhalte zeitlich (zeitlicher Freiraum) so aufteilen kann, wie es den eigenen Präferenzen und Konzentrationsphasen angemessen ist. Routinetätigkeiten lassen sich zum Beispiel in

5.2 Innovatorische Freiräume: Grundlagen und begriffliche Abgrenzung

Phasen verlegen, in denen die Konzentration niedrig ist. Kreative Tätigkeiten können hingegen in Phasen gelegt werden, in denen die persönliche Leistungsfähigkeit hoch ist.

Frühere Studien zum Zusammenhang zwischen Arbeitsautonomie und Innovativität beziehen sich eher auf die Beziehung zwischen Job-Autonomie und individuellem innovativen Verhalten (Orth & Volmer, 2017). Neuere Studien (Frare & Beuren, 2021) untersuchen zunehmend den Zusammenhang zwischen Arbeitsautonomie und organisationaler Agilität sowie Innovationsfähigkeit, insbesondere unter Berücksichtigung ambidexter Strukturen. Im Zusammenhang mit der organisationalen Innovationsfähigkeit werden Freiräume beziehungsweise Arbeitsautonomie auch als „Organizational Slack" bezeichnet. Das nachfolgende Kapitel beleuchtet das Slack-Konzept etwas genauer.

5.2.5 Organizational Slack, Freiraum und Innovation

Der Begriff *Organizational Slack* wurde von March und Simon (1959) geprägt. Slack kann man mit **„Überschusszustand"** übersetzen. Er kann sich auf Finanzen, Investitionsgüter, Personen, Informationen, Know-how etc. beziehen (Krcal, 2009, S. 2).

▶ Die innovationsfördernde Führung als Handlungsfeld ist für die Nutzung überschüssiger Ressourcen prädestiniert. Je größer der **Slack**, desto wahrscheinlicher müssen Entscheidungen über die Zukunft des Unternehmens nicht unter Zeitdruck getroffen werden, desto größer ist die Bereitschaft, mit Unsicherheit und Risiken umzugehen.

„[Slack] may take the form of expenditures for managerial comfort, lighter workloads or reduced supervision, or unexploited opportunities" (Cyert & March, 1963, zitiert in Manns & March, 1988, S. 62). Slack wird einerseits als Ineffizienz beziehungsweise Verschwendung und andererseits als überlebensnotwendige Ressourcenfunktion des Puffers, der Reserve, das heißt als Kreativitäts- und Innovationsfaktor betrachtet (Krcal, 2009). Die Erkenntnisse von Nohria und Gulati (1997) konstatieren einen inversen U-förmigen Zusammenhang zwischen Slack und Innovation (vgl. Abb. 5.3). Sie betonen: „[…] too little slack is inimical to innovation. Similarly, too much slack is also inimical to innovation because it fosters complacency and a laxness that lead to more bad projects being pursued than good projects" (Nohria & Gulati, 1997, S. 609). Für die Innovationsförderung ist demgemäß ein Schnittpunkt vorteilhaft, „der einen hinreichend großen Entscheidungs- und Handlungsfreiraum beim Ressourceneinsatz mit dem notwendigen Maß an Kontrolle des Mitgliederverhaltens verbindet" (Krcal, 2009, S. 12).

Abb. 5.3 Zusammenhang zwischen Slack und Innovation. (Quelle: in Anlehnung an Nohria & Gulati, 1997, S. 608)

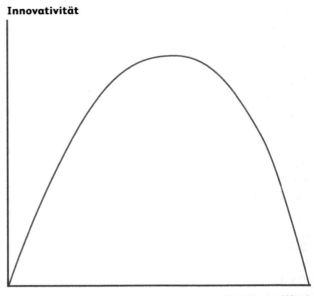

In der Organisationsforschung dominiert eine Konzeptionalisierung von organisationalen Freiräumen auf der Basis finanzieller Indikatoren. Dabei wird vor allem das Konzept der „slack resources" (Bourgeois, 1981; Herold et al., 2006) in den Vordergrund gestellt.

▶ **Drei Slack-Typen**
Diese „slack resources" werden herkömmlicherweise in folgende drei Typen eingeteilt:

- **Available Slack:**
  Das sind tatsächlich vorhandene und nicht verplante Ressourcen(überschüsse). Diese Ressourcen entsprechen zum Beispiel Entwicklungsbudgets in Unternehmen und dienen der Finanzierung von Innovation.
- **Recoverable Slack:**
  Diese Ressourcen sind aktuell im Unternehmen gebundene, aber wieder auflösbare Ressourcen. Das heißt, sie wurden bereits vom Unternehmen „absorbiert", könnten aber durch Effizienzsteigerungen wieder zurückgewonnen werden.
- **Potential Slack:**
  Diese Ressourcen stellen die zukünftige Fähigkeit des Unternehmens dar, weitere „slack resources" zu erwirtschaften (Herold et al., 2006).

Um dem Anspruch auf Entwicklung eines handlungsorientierten, innovationsfördernden Führungsansatzes gerecht zu werden, werden nachfolgend unter „slack" die noch nicht verplanten finanziellen Ressourcen der Unternehmung verstanden, die zur Innovationsförderung zur Verfügung stehen („available slack", vgl. Geiger & Cashen, 2002, S. 69).

Organizational Slack (kurz: Slack) hat zahlreiche Funktionen (Krcal, 2009). Hier wird *erstens* die Funktion von Slack zur **Eröffnung von Handlungs- und Denkfreiräumen** zur Kreativitätsentfaltung durch vorhandene Puffer- und Reservebestände beleuchtet. *Zweitens* soll die Funktion des Slack fokussiert werden, die in direktem Zusammenhang mit dem generellen **Anpassungsvermögen einer Organisation** gegenüber Wettbewerbs- und Innovationsdruck steht.

5.2.5.1 Organisationale Pufferressourcen zur Eröffnung von kreativen Freiräumen

Gemäß Bourgeois (1981) dient Slack der Förderung von Kreativität und Experimenten. Slack ermöglicht es einer Organisation, Risiken einzugehen, sorgt für Schutz bei ausbleibenden Projekterfolgen; die Verfolgung innovativer Projekte fällt leichter.

▶ Insbesondere im Falle von Produktneueinführungen und der Erschließung neuer Märkte fördert Slack eine „Kultur der Experimente" (Krcal, 2009, S. 15). Slack wirkt sich positiv auf das **Gefühl der Selbstwirksamkeit** aus. Dadurch wird die individuelle Risikobereitschaft zu Experimenten vergrößert (Nohria & Gulati, 1997).

Das Beispiel von 3M mit der Erfindung der „Post-it-Notes" zeigt kreatives Verhalten in der Anwendung des Ressourcenüberschusses. 3M hatte seine Mitarbeitenden explizit dazu ermutigt, „überschüssige" Zeit für die Verfolgung innovativer Ideen zu verwenden (Nohria & Gulati, 1997, S. 604). Slack ist besonders in der Phase der Ideengenerierung von großer Bedeutung und ermöglicht kreatives Schaffen in einem „sicheren Umfeld". Freie Ressourcen im Führungs- und Managementbereich fördern zudem Toleranz und Akzeptanz neuer Ideen aufseiten des Managements (Krcal, 2009, S. 15). Puffer- und Ressourcenbestände des Slack können also als Grundlage für Handlungs- und Entscheidungsspielräume betrachtet werden.

- Der Pufferressourcenbestand eröffnet Spielräume bzw. Freiräume (Vorhandensein von Alternativen) und
- der Reservebestand sorgt bei risikoreichen Vorhaben für Sicherheit (Reduktion von Zwang).

Wenn ein Unternehmen genügend Pufferressourcen hat, dann muss es in finanziell schlechten Zeiten nicht sofort alle risikoreichen Innovationsvorhaben streichen. Es kann stattdessen solche Phasen abfedern (Krcal, 2009). Die Verhandlungen zwischen Führungskräften und Mitarbeitenden sind entspannter, Führungskräfte pochen weniger auf die

Einhaltung von Meilensteinen und sie unterstützen eher „Lieblingsprojekte", die riskant und nicht ertragreich sind (Krcal, 2009, S. 11–12).

Ein weiterer interessanter Aspekt ist gerade in Bezug auf den Open-Innovation-Ansatz das Konzept des **„cooperative slack"**. Diese Form von Slack entsteht, wenn „Kooperationspartner in einem Kooperationsnetzwerk durch Kollektivierung einen erforderlichen Sicherheitsbestand aufbauen" (Müller, 2018, S. 45). Nicht gebrauchte Ressourcen aller beteiligten Unternehmen bilden den Sicherheitsbestand" (Krcal, 2009, S. 22–23). Das heißt, im Rahmen von Innovationsnetzwerken mit externen Partnern schafft der Sicherheitsüberschuss (z. B. gesteigerte Know-how-Quantität und -Qualität im Netzwerk) Freiraum für risikoreichere Produktentwicklungen. „Da Innovationen besonders risikoreich sind, wird Kooperation überall dort notwendig, wo eine Partnerin nicht in der Lage ist, einen Fehlschlag der Innovation zu überleben. Risikoteilung durch Kooperation sichert das Überleben" (Hauschildt et al., 2023, S. 213).

Lawson (2001) plädiert für „organizational slack" in Form von **Zeit** und personellen Ressourcen, insbesondere für das Informationsmanagement im Rahmen von Innovationsprozessen. Unter überschüssiger Zeit (**„slack time"**) versteht sie Zeit, die nicht vollständig für die gegenwärtige Herstellung von Primärprodukten und -dienstleistungen aufgewendet wird (Lawson, 2001, S. 126). Zeitpuffer sorgen dafür, dass Entscheidungen nicht unter **Zeitdruck** gefällt werden müssen. Führungskräfte können entspannter zeitliche Freiräume für Experimente und kreative Zusammenarbeit definieren und ihre Mitarbeitenden motivieren, sich Zeit für die Diskussion neuer Ideen zu nehmen.

Zeit für Lern- und Entwicklungsprozesse ist für Lawson (2001) Teil eines innovationsfördernden Organisationsdesigns, insbesondere vor dem Hintergrund der Verkürzung von Innovationszyklen. Es ist wichtig, für Entwicklungs- und Lernprozesse genügend Zeit einzuplanen. „Slack time" kann man auf der Ebene eines Produktentwicklungsprojektes anhand von zwei Aspekten festmachen: 1) der Möglichkeit, von den vereinbarten Fristen im Rahmen des Projektmanagements abzuweichen, und 2) der Möglichkeit, von ursprünglich festgelegten Produktspezifika abzuweichen (Richtnér & Åhlström, 2006, S. 429).

▶ Indem Führungskräfte auf exakte Festlegungen verzichten und stattdessen zum Beispiel Bandbreiten für das Was und Wie des Innovationsmanagements zulassen, bleiben sie bewusst unscharf; so kann **Raum für die Handhabung von Zeit** entstehen. F&E-Projektteams kann beispielsweise das Recht auf Selbstkoordination mit einem hohen Grad an Zeitautonomie zugesprochen werden.

Das heißt, dass diese Gruppen zeitlich entkoppelt werden und „ihren eigenen Zeitstrom erhalten. Dies verhindert, dass die Plage der Zeitverknappung alle infiziert" (Stahl & Fischer, 2013, S. 103). Nachdenken, Innehalten, Muße werden vor diesem Hintergrund nicht als Zeichen mentaler Schwäche interpretiert, sondern im Sinn der Innovationsförderung in periodischen Abständen immer wieder aktiv unterstützt. Innehalten lässt zum Beispiel potenzielle Innovatoren und Innovatorinnen Dinge wahrnehmen, die andere nicht sehen; es macht frei, über Zusammenhänge nachzudenken.

5.2.5.2 Slack als Reaktionspotenzial

Es gibt Organisationen, die bewusst die Vorhaltung von Ressourcenüberschüssen planen, um bei Bedarf auf Veränderungen zu reagieren, das heißt, es werden Ressourcen als eine Art „Reaktionspotenzial" (Krcal, 2009, S. 8) aufgebaut. Gemäß Sharfman et al. (1988) ermöglicht Slack evolutionären organisationalen Wandel, weil dieser in Reaktionspotenzialen der Organisation auf Umweltveränderungen gründet. Reaktionspotenziale basieren wiederum auf einem hohen Flexibilitätsniveau und kreativen Problemlösungen. Zu viel Slack kann aber auch wieder zu einer Resistenz und Ignoranz gegenüber notwendigen Veränderungen führen. Gemäß Bowen und Wiersema (2005) haben Unternehmen mit leichterem Zugang zu finanziellen Ressourcen einen größeren Slack und fühlen sich weniger von Umweltveränderungen bedroht.

Weiterhin tendieren Führungskräfte in Slack-haltigen Unternehmen zum sturen Festhalten an ihren Strategieeinstellungen (Krcal, 2009, S. 37), was auch negative Auswirkungen auf die Innovationsfähigkeit mit sich bringen kann. Slack ist also notwendig für ein adäquates Anpassungsvermögen der Organisation, wirkt aber unter Umständen auch innovationshemmend und führt zu Selbstgefälligkeit.

5.3 Innovatorische Freiräume – eine Typisierung

Nachfolgend wird zuerst das aus der empirischen Untersuchung entwickelte innovatorische Freiraum-Modell eingeführt (Freiraum-Dreieck). Danach werden die einzelnen Dimensionen des Modells anhand von Beispielen illustriert und ausführlich beschrieben.

5.3.1 Das Freiraumdreieck

Vor dem Hintergrund der Dominanz inkrementeller Innovationsprozesse bei den Fallunternehmen, gepaart mit einer starken Kunden- und Technologieorientierung sowie einer langfristig ausgerichteten Personalentwicklung, die auf Mitgliedschaft und Loyalität gegenüber dem Unternehmen setzt, lässt sich, wie oben bereits grob skizziert, folgendes Gesamtbild skizzieren: Was zählt, sind **viele kleine selbstorganisierte Initiativen**, welche die Freiheitsgrade der Mitarbeitenden erhöhen. Das sind zum Beispiel offene Türen für Gespräche, das sind nach hinten verlegte Projekt-Deadlines, das sind großzügig definierte Kostenträger, auf denen man auch mal zwei, drei Entwicklungstage mehr buchen kann (Verhandlungsautonomie), das sind illegale Projekte, von denen niemand was weiß, das sind vernünftige Chefs, die ihren Mitarbeitenden vertrauen (Handlungsautonomie). Alles zusammen ergibt das Gefühl, dass man schon „*große Freiheiten hat*".

Aufgesetzte, von oben verordnete, das heißt **fremdorganisierte Freiräume** seitens der Unternehmensführung werden in diesem Innovationskontext äußerst skeptisch betrachtet. Das „Zelebrieren" von Elfenbeintürmen im Sinne von „*Selbstverwirklichungs-Forschung*" passt so gar nicht zur Innovationskultur der Hidden Champions. Auch wurde deutlich, dass „*verordnete*" Freiräume nach innen nicht wichtig sind und kaum eine innovationsfördernde Wirkung zeigen. „*Das können Sie nicht verordnen, das ist ein Prozess.*"

Im Vordergrund stehen in allen drei Unternehmen erstens Erfahrung und zweitens langjährige Beziehungen zwischen Mitarbeitenden und auch Kunden. In Bezug auf die Gestaltung von Freiräumen setzen die Firmen daher mehrheitlich auf die **Selbstorganisation von Freiräumen** seitens eigeninitiativer Mitarbeitender und die Organisation von Freiräumen durch eine Kombination von **Fachpromotoren** (langjährige fachliche Erfahrung) und **Machtpromotoren** (Entscheidungsbefugnis, Ressourcenverteilung). Die „*stehen über der Sache*", „*nicht unter Druck*" und „*haben den Laden im Griff*".

Beim Rundgang durch die Unternehmen ließen sich insgesamt über alle Fälle hinweg **sechs zentrale Freiraum-Kategorien** beziehungsweise Typen identifizieren, die eine bedeutende Rolle in der Praxis der untersuchten Unternehmen einnehmen. Darüber hinausgehende, weiterführende Freiraum-Typen, die im Zusammenhang mit der innovationsfördernden Führung eine Rolle spielen, werden im Rahmen der unterschiedlichen InnoLEAD-Führungsebenen vertieft. Die hier skizzierten Typen bilden die **Hauptpfeiler** für die weitere Diskussion.

Erstens lassen sich Freiräume gemäß den befragten Führungskräften sowie Geführten anhand ihres **Formalisierungsgrades bzw. Institutionalisierungsgrades** unterscheiden. Es lassen sich also anhand dieses Kriteriums drei typisierte Formen von Freiräumen ausmachen:

Formen von Freiräumen

a) **Fremdorganisierte Freiräume,** das heißt von der Unternehmensführung längerfristig institutionalisierte, legale Freiräume,
b) **Selbstorganisierte Freiräume** der Mitarbeitenden, die auf Eigeninitiative und Eigenverantwortung basieren, und
c) **Promotoren-Freiräume,** die situativ, kurz- und mittelfristig, von Fall zu Fall durch Macht- und Fachpromotoren in Führungsbeziehungen organisiert werden.

Zweitens dominieren in den Unternehmen Erzählungen über **methodische Freiräume, zeitliche Freiräume und Kooperationsfreiräume.** Dabei geht es nun weniger um die Frage, wer die Freiräume organisiert und verantwortet, sondern vielmehr darum, *was im*

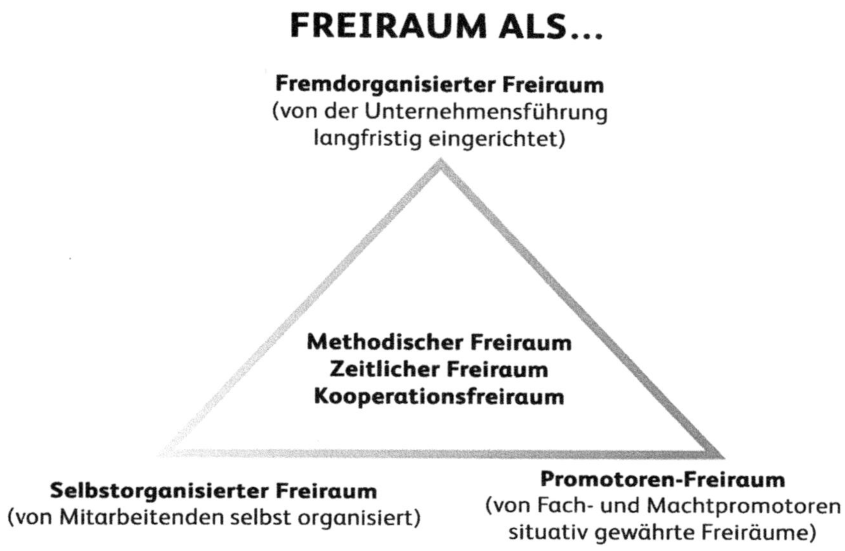

FREIRAUM ALS...

Fremdorganisierter Freiraum
(von der Unternehmensführung
langfristig eingerichtet)

**Methodischer Freiraum
Zeitlicher Freiraum
Kooperationsfreiraum**

Selbstorganisierter Freiraum
(von Mitarbeitenden selbst organisiert)

Promotoren-Freiraum
(von Fach- und Machtpromotoren
situativ gewährte Freiräume)

Abb. 5.4 Das Freiraumdreieck

Arbeitsalltag selbstbestimmt gestaltet werden kann. Bin ich frei, über die Arbeitsmethode oder die Technologie zu bestimmen? Kann ich meine Arbeitszeit frei einteilen? Kann ich Belastungen vermeiden? Kann ich frei entscheiden, mit wem ich zusammenarbeite beziehungsweise welche externen Partner ich hinzuziehe?

Auf der Basis dieser Unterteilung haben wir ein **Freiraumdreieck** aufgespannt, das in Abb. 5.4 dargestellt ist.

Nachfolgend werden diese Freiraum-Typen näher erläutert und mit verschiedenen Zitaten illustriert.

5.3.2 Fremdorganisierter Freiraum seitens der Unternehmensleitung

Im Rahmen dieses Abschnitts werden zwei thematische Hauptpfeiler ausgeführt. Als erstes wird das Prinzip „**Future Day**" vorgestellt, als zweites das Prinzip „**strategische Freiraum-Projekte**".

5.3.2.1 Prinzip „Future Day"

Ein Unternehmen in der Studie hat einen halbtägigen Future Day für alle F&E-Mitarbeitenden eingeführt. Kriegesmann et al. (2007) sprechen in dem Zusammenhang auch von „Hobby-Forschung" (S. 69). Es handelt sich um eine 10-%-Regel, also um die Organisation von **zeitlichem Freiraum**. Die Idee: Die Mitarbeitenden sollen sich einen halben Tag in der Woche für kreative Nebenprojekte, also Projekte *neben* den von der

Linie geführten Projekten, reservieren, und die Führungskräfte sollen dafür sorgen, dass mit den 10 % Arbeitszeit etwas Sinnvolles entwickelt wird (Abschn. 5.4). Zwar wurde durch diese Initiative, die maßgeblich der Geschäftsleiter mittrug, ein klares **Glaubwürdigkeitssignal** in Bezug auf die Innovationsförderung an die Mitarbeitenden gesendet: Man ist willens, die organisationalen Bedingungen für unternehmerisches, innovatives Verhalten nachhaltig zu verbessern. Aber die Umsetzung verläuft zäh.

> **Perspektive der Führung: „Macht mehr Innovation!"**
>
> Wir haben über die letzten Jahre von der Leitung her versucht, die Prozesse mehr zu verankern. Den ganzen Innovationsablauf in Prozesse zu fassen. [...] Da sind wahrscheinlich Freiräume verloren gegangen, die früher eher da waren. Das ist jetzt der Versuch, über [...] diesen [Future Day], also sprich diese 10 %, diese Freiräume wieder irgendwo zu verankern. (F&E Leader)
>
> Man hat ja [vom Management her] versucht, über eine gezielte Zeitbudgetzuweisung den Mitarbeitenden [...] knallhart zu signalisieren: „Nehmt euch Zeit für Innovationen", und sie auf diese Art und Weise anzuregen. (F&E Leader)◄

Die Implementierung der 10-%-Regel stellte darauf ab, dass die Mitarbeitenden verstehen, dass es die Geschäftsleitung ernst meint mit dem Innovationsanspruch. Die Betonung auf die Prozesseffizienz hat dazu geführt, dass im Unternehmen in den letzten Jahren alle „natürlichen" Arbeitsfreiräume zusammengeschmolzen sind. Es ging also auch klar um eine **Rückintegration von Freiräumen**, die durch Lean-Management-Prozesse eliminiert wurden.

Aber die Initiative hat gleichzeitig viele **widersprüchliche Signale** ausgesendet. Diese sind nachfolgend in einer Reihe von mehr oder weniger ausführlichen Episoden aus der Perspektive der Mitarbeitenden zusammengestellt:

> **Perspektive der Mitarbeitenden: „Freiraum per Order?"**
>
> Jetzt hat man bei uns das entsprechend per Zeit verfügt, so und so viel in der Woche, da habt ihr entsprechend Ideen (dazu zählen auch Kaizen-Ideen) zu liefern. Das heißt, man hat das jetzt, sag ich mal, per Order eingeführt und gesagt: „Okay, da hast du die Zeit und jetzt nimm sie dir auch." Das heißt, dieses Argument, dass man keine Zeit mehr hat, das hat jetzt keiner mehr. Jeder hat einen gewissen Freiraum in der Woche – soundso viele Stunden, wo er entsprechend Ideen umsetzen kann. (F&E MA)◄

Hier wird deutlich, dass durch die 10-%-Regel die Verpflichtung, einen Beitrag zur Innovationsfähigkeit des Unternehmens zu leisten, deutlich kommuniziert wurde. Das ist bei den Mitarbeitenden angekommen. Alle F&E-Mitarbeitenden sind legitimiert, eigene Ideen weiterzuverfolgen und sich unternehmerisch einzubringen. Andererseits wird die Einführung der Prozent-Regel auch kritisch betrachtet, weil sie die bestehende intrinsische

Motivation der Kreativen (Abschn. 9.2.3) überlagert und eine Regelung für Mitarbeitende schafft, die diese nicht benötigen. Diese Mitarbeitenden sind bereits motiviert, Ideen einzubringen und eigeninitiativ weiterzuverfolgen. Eine solche extrinsische Motivation in Form eines Zeitbudgets für alle könnten diese Mitarbeitenden, die freiwillig ihre Kreativität entfalten, als Kränkung empfinden.

Ein weiterer zentraler Widerspruch entsteht einerseits durch die Festlegung eines bestimmten Zeitbudgets für „Kreativarbeit" und die damit verbundene Verantwortung jedes Einzelnen, damit etwas Sinnvolles zu machen, und andererseits durch die Abhängigkeit der Nutzung dieses individuellen Zeitbudgets von parallellaufenden Projekt-Deadlines und der Mehrfachunterstellung in diversen Projekten.

> **Perspektive der Mitarbeitenden: Individueller Freiraum in F&E-Projektnetzwerken?**
>
> Ja gut, ich habe jetzt das Argument, dass ich mit diesem halben Tag andere Projekte verzögern könnte. Aber das funktioniert nicht so einfach, weil ich Dinge nicht von meinem Schreibtisch aus bewege, sondern ständig in meinem Netzwerk umherwandere und immer Leute suche, die mit mir irgendetwas mitbewegen. Da kann ich mich nicht einfach einen halben Tag ausklinken, wenn ich weiß, dass der Kollege gerade verfügbar wäre und für mich etwas machen könnte oder ich mit ihm etwas diskutieren könnte. Ab 17.00 Uhr, wenn etwas Ruhe einkehrt, dann hätte ich vielleicht die Zeit. (F&E MA)◄

In den Interviews wurde deutlich, dass *erstens* fremdorganisierte Freiräume durch das Prinzip der Vollauslastung (Gefühl der Überarbeitung), *zweitens* durch den Arbeitseinsatz in mehreren Projekten (*„Blindleistung"* zwischen den Projekten für die ständige Einarbeitung in neue Aufgabenstellungen und dadurch auch mangelnde Konzentration) und *drittens* durch die hohe Arbeitsteilung in forschungsintensiven Arbeitsprozessen und die damit verbundene vernetzte, interdisziplinäre Arbeitsweise **konterkariert** werden. Das heißt, wenn ein Experte gerade Zeit hat, dann muss sich der (interne) Auftraggeber nach dessen Zeitmanagement richten und zum Beispiel andere beziehungsweise eigene wichtige Projekte ruhen lassen. Sonst vergeht wieder zu viel Zeit, um im Rahmen eines Standard-Projektes an diese Expertise zu kommen.

Wenn die Führung zudem noch fremdorganisierte Freiräume mit zu engen Erwartungshaltungen oder quantitativen Messgrößen verbindet, dann betrachten die Mitarbeitenden dies insgesamt kritisch. Fremdorganisierte Freiräume werden dann nicht als Entlastung von Zwang betrachtet, sondern als *Belastung*, vor allem für diejenigen, die mit Freiräumen nicht umgehen können und nicht gerade zu eigeninitiativem Verhalten neigen (Abschn. 5.2.3). Deshalb gehen die meisten Führungskräfte im Unternehmen AH im Rahmen dieser Pilotphase *„vernünftig"* mit der Leistungsbewertung von Aktivitäten im Rahmen dieser vordefinierten Freiräume um:

> **Perspektive der Führung: Kreative Leistungen vernünftig beurteilen**
>
> Die Leute sind auch vernünftig, es bringt ja nichts. Das Problem ist ja, wenn Sie an einer Aufgabe sitzen, können Sie oft nicht abschätzen, wie lange Sie dafür wirklich brauchen. Deshalb ist es sehr schwierig, eine Entwicklung zu organisieren. Das halte ich für absolut schwierig. Genauso schwierig, wie einen Befehl an einen Mitarbeitenden [zu geben]: Jetzt musst du Ideen haben. Das geht gar nicht. Die Idee hat man, oder man hat sie nicht. Und manchmal zu den unmöglichsten Zeiten. (F&E Leader)
>
> Bei den Ideen für den [Future Day] ist generell die Vorgabe, dass sie nicht länger gehen als vier bis sechs Tage. Aber ansonsten muss es eher ein eigenständiges Projekt sein. Das ist ein Kriterium: Was kann man in maximal sechs Tage reinpacken. Und das nächste Kriterium wäre noch, dass man grob darüber schaut, wo Potenzial drin ist, was einfach wichtig erscheint, zumindest von der Idee her. (F&E Leader)◄

Das heißt, bis zu einem gewissen Grad an zeitlichen Freiräumen (im Beispiel: 12 Halbtage) schaut man als Führungskraft „grob drüber". Alles, was zeitlich darüber hinaus geht, wird in ein enger kontrolliertes Projekt überführt. Diesen Ansatz teilen jedoch nicht alle Führungskräfte im Unternehmen.

Die Zitate machen auch deutlich, dass die *„Heranführung"* der Mitarbeitenden an dieses Führungsinstrument ein längerer Prozess ist: *„Die müssen das erst lernen."* Damit ist auch ein kultureller und struktureller Wandel verbunden, der nicht von heute auf morgen umzusetzen ist.

5.3.2.2 Prinzip strategische Freiraum-Projekte

Die andere, prominent vertretene Variante der fremdorganisierten Freiräume ist die eher mittelfristige Organisation von F&E-Projekten durch die Unternehmensführung mit einem hohen Freiheitsgrad in Bezug auf Methodik, Zeit und Kooperationspartner. Ein typisches Begründungsmuster dafür lautet zum Beispiel, die Technologieentwicklung XY habe absolute strategische Priorität, *„das wird jetzt gemacht"*. Diese strategisch wichtigen Projekte bearbeiten meistens zwei bis zehn Mitarbeitende für ein bis zwei Jahre.

Dabei stellt sich nicht selten die Frage: Übertragen wir den F&E-Ingenieurinnen und -Ingenieuren dafür die Verantwortung (das sind nicht selten eben diese hoch begabten, kreativen Mitarbeitenden, ohne die es in anderen Projekten auch nicht rund läuft) oder suchen wir uns externe Partner, die das für uns übernehmen? Oder kaufen wir das fehlende Wissen nicht lieber gleich in Form eines Unternehmens ein?

Hinter diesen Projekten stecken oft die Ergebnisse eines systematischen Technologie-Scoutings. Daraus werden strategisch wichtige Technologiefelder abgeleitet, priorisiert und mithilfe von „Sonderprojekten" vertieft und weitergedacht. Dort findet schließlich entweder eine Potenzialanalyse spezifischer Technologien statt oder die Entwicklung eines Produktes oder einer Produktapplikation.

5.3 Innovatorische Freiräume – eine Typisierung

In diesem Zusammenhang werden Freiräume eingerichtet, wenn die strategische Wichtigkeit „*nach oben rutscht*", wie die nachfolgenden Episoden zeigen:

Perspektive Führung: Ich zahle die Leute, ich will, dass das gemacht wird

Ja, also ich habe zum Beispiel zwei Kollegen bei mir in der Abteilung, die seit drei Jahren nichts anderes machen, als zu untersuchen, ob man mit [der Technik das Problem] lösen kann. Da ist noch kein Produkt rausgekommen, da gibt es auch noch keinen Marketingmann, welcher der Meinung ist, dass er das als Produkt kaufen wolle. Und trotzdem hat der Geschäftsführer gesagt: „Ich zahle die beiden Leute trotzdem, ich will, dass das gemacht wird." (F&E MA)◄

Perspektive Mitarbeitende: Wirklich Zeit am Stück bekommen

Manchmal, wenn ein interessantes Projekt da ist, wird den Kollegen wirklich Zeit gegeben, um das Projekt zu machen. Da wird ein Projekt definiert und die haben dann die Möglichkeit, auch die Woche über, daran zu arbeiten. […] Man ist dann aber von einem normalen Projekt freigestellt. (F&E MA)◄

Weil keines der Unternehmen eine größere eigene Grundlagenforschungsabteilung hat, werden entweder in Kooperation mit Hochschulen (Abschn. 5.3.7) spezifische Technologiefelder erforscht, oder diese Forschung wird an eigene kleinere Forschungsabteilungen delegiert, die abseits der Geschäftslogik arbeiten und deutlich größere Freiheiten haben als der Rest des Unternehmens, wie das nachfolgende Beispiel zeigt:

Perspektive Führung: Die Innovationszelle

Positives Beispiel: […] Doktor [X]: Aus irgendwelchen Gründen hat er vor zwölf Jahren in [Hamburg] eine kleine Abteilung aufgemacht. Erst […] mit zwei, dann drei Personen. Und das war so erfolgreich, dass heute, glaub ich, zehn Leute dort arbeiten. Die stellen so eine Innovationszelle dar, und das ist der Innovationsträger von uns. Und der hat dadurch die totale Freiheit. Und das wird immer als Vorteil gesehen. Und deswegen würde ich allen [Teilorganisationen] empfehlen, das so noch stärker auszubauen. (F&E Leader)◄

Es ist auffallend, dass diese weit verzweigten Grundlagenforschungsquellen in verschiedenen Variationen nicht im Zusammenhang mit den anderen innovatorischen Freiräumen betrachtet werden, sondern häufig nebenbei erwähnt worden sind. Auch die strategiegeleitete Organisation von Freiräumen läuft sehr dezentral, projektbezogen und ist mitunter stark personalisiert („*Ich kenne diesen Forscher noch vom Studium, deshalb arbeiten wir in dem Bereich mit diesem Institut zusammen*").

5.3.3 Selbstorganisation von Freiräumen

Neben der Fremdorganisation von Freiräumen und den dazugehörigen Slack-Ressourcen (Abschn. 5.2.5) durch die Unternehmensführung, das offizielle Technologie- und/oder das Innovationsmanagement sind Aktivitäten zur Eröffnung von Freiräumen in der Grauzone organisationaler Legalität zu berücksichtigen. Das heißt, Zonen, in welchen Innovatorinnen und Innovatoren selbst Freiräume organisieren, um die Innovationsbarrieren zu umgehen – manchmal auch gegen die Anweisung von Führungspersonen oder geltende Regeln. Wie zeigt sich das in der Praxis? Man tut vielleicht mal das ein oder andere heimlich, zwischen Arbeitszeit und Freizeit; häufig sind diese Grenzen, vor allem in wissens- und forschungsintensiven Unternehmen, nicht immer klar. Sowohl Führungskräfte als auch Mitarbeitende hinterfragen Weisungen, suchen aktiv nach Spielräumen und haben auch den Mut, Weisungen nicht ganz so genau auszuführen. Diese Typen von Akteuren handeln ganzheitlich im Sinne des Unternehmens und suchen ihren eigenen Weg. Sie handeln selbstbestimmt und experimentieren an neuen Ideen, wobei sie auch Risiken eingehen.

> **Perspektive Führung: Kreative organisieren sich selbst**
>
> [Die Mitarbeitenden] probieren oft, zwischendurch ein paar Stunden lang etwas anderes zu tun und zu denken: „Ich komme etwas später, das wird schon niemand sehen", oder „ich mache zuerst das und dann komme ich zurück zu dem." Sie organisieren sich selbst und versuchen zu verstecken, dass sie etwas anderes machen. Und trotzdem probieren sie, irgendwie ihre Ziele zu erreichen […]. (F&E Leader)◄

Im Rahmen der empirischen Studie kam klar zum Ausdruck, dass es früher, das heißt in einer Phase, in der noch kein professionelles Innovationsmanagement existierte, „**U-Boot-Projekte**" gab und es diese Projekte auch heute noch vereinzelt gibt. Das sind Innovationsprojekte, die „illegal", das heißt an der Kenntnis der Vorgesetzten vorbei entwickelt und umgesetzt worden sind und meistens erst dann an die Oberfläche gelangten, als die Forschenden die Erfolgswahrscheinlichkeit einer Umsetzung der Idee beziehungsweise des Prototyps als hoch einstuften. U-Boot-Projekte kamen zustande, weil Mitarbeitende „*sich selbst die Freiheit nahmen*". So wurden zum Beispiel im Rahmen von U-Boot-Projekten physikalische Tests vorgenommen, die die Grundlage für die Bewertung und potenzielle Umsetzbarkeit dieser Projekte darstellten. Erst wenn diese Tests absolut zuverlässig abgeschlossen waren, kam der F&E-Ingenieur damit an die Oberfläche. Die Motivation, als F&E-Mitarbeitender an einem U-Boot-Projekt mitzuarbeiten, wird in der nachfolgenden ausführlichen Episode einer F&E-Führungskraft erläutert:

5.3 Innovatorische Freiräume – eine Typisierung

> **Perspektive Führung: Motive für die Mitarbeit in U-Boot-Projekten**
>
> Es gibt fast in allen Abteilungen mindestens ein U-Boot-Projekt, das ich kenne. Ich glaube, sie [die Forschenden] wollen keine einzige Sache [i. e. Dokumentationen] schreiben, das ist das Erste. Zweitens wollen sie nicht hören, dass sie etwas falsch gemacht haben. Wenn es nicht funktioniert, haben sie mit niemandem gesprochen, also bekommen sie keinen Rückschlag. Drittens bestimmt bei uns meistens die Marketingabteilung, was entwickelt wird. Das ist ein Weg für die technische Abteilung beziehungsweise die Entwickler, etwas trotzdem zu machen. Auch gegen die Weisung des Marketings. Auch um zu zeigen, dass die keine Ahnung haben. Das ist eine Art und Weise, den normalen Prozess zu umgehen und auch die Entscheidungsträger zu umgehen. Da gibt es eine bekannte Geschichte in unserer Organisation. Unser erfolgreichstes Produkt ist eine [XY]. Und damals hat die Marketingabteilung gesagt, dass das nicht gemacht wird. Und sie haben es trotzdem umgesetzt. Und wir machen Millionen damit […]. (F&E Leader)◄

U-Boot-Projekte sind aus der Sicht des Technologiemanagements nicht mehr zeitgemäß, *„müssen eigentlich nicht mehr sein"*, *„heute ist alles transparent"*. Solche „illegalen Freiräume" betrachten die Experten im Innovationsmanagement kritisch, einerseits, weil diese Praxis nicht in das Bild einer modernen, offenen Innovations- und Lernkultur passt, und andererseits, weil der Vorgesetzte nicht an der Entwicklung partizipiert oder als Mitunternehmerin mit im Spiel ist.

▶ Eine intransparente Vorgehensweise passt nicht mehr in das Bild eines professionellen Wissensmanagements. Wissensmanagerinnen und -manager arbeiten unter anderem mit künstlicher Intelligenz seit Jahren daran, dass implizite Wissen durch moderne Wissensmanagement-Tools an die Oberfläche zu holen. Grauzonen widersprechen dem Anspruch solcher Bestrebungen, ob sie nun für den Innovationserfolg funktional sind oder nicht. Aber müssen U-Boot-Projekte bzw. auch andere Formen der informalen Organisation von Freiräumen dem (völlig gerechtfertigten) Anspruch auf Transparenz, Standardisierung und Zentralisierung von F&E-Prozessen und Projekten im Sinne des (globalen) Wissensmanagements in einem Unternehmen unbedingt widersprechen? Bleibt nicht immer eine berechtigte Größe – eine **„brauchbare Illegalität"** (Luhmann, 1994, S. 304 ff.) – von informellen F&E-Projekten bestehen, die man durchaus bewusst „dulden" könnte? Gerade radikale Innovationsprozesse verlaufen oft auf der Basis von inoffiziellen Regelungen, befördert durch situative Absprachen zwischen Fachpromotoren und unterstützenden Akteuren (Kriegesmann et al., 2007).

Sofern man also sowohl radikale als auch inkrementelle Innovation in einem Unternehmen ermöglichen will und Kreativ- und Innovationsarbeit als eine gesamtunternehmerische Aufgabe versteht, gilt es eine „brauchbare" Balance zwischen einem zu hohen und einem zu niedrigen **Transparenzanspruch** zu finden, vor allem im Bereich des F&E- bzw. Wissensmanagements. Gemäß Gassmann und Friesike (2012) ist bei der Bewertung von U-Boot-Projekten Vorsicht geboten:

> Wird das Projekt zum Erfolg, so wird der Partisan zum unternehmerischen Helden. Bleibt ihm der Erfolg versagt, nimmt niemand davon Kenntnis. Dies führt zu einem verzerrten Bild, die Erfolgsgeschichten werden überbetont, Misserfolge werden verschwiegen. Es lässt sich kaum abschätzen, wie viele Ressourcen in U-Boot-Projekten verbrannt werden, die letztlich scheitern. […] Besser als die Billigung von U-Boot-Projekten ist daher die von der Geschäftsleitung getragene Überzeugung, dass Freiräume sinnvoll sind. (Gassmann & Friesike, 2012, S. 131)

5.3.4 Freiräume durch Macht- und Fachpromotoren

Neben der Fremd- und Selbstorganisation von Freiräumen können auch Führungspersonen während Innovationsvorhaben als „Ressourcenpuffer" agieren. Sie protegieren als Machtpromotor kraft ihrer Entscheidungs- bzw. Weisungsbefugnis spezifische Abschnitte der Entwicklung von Innovationen und sind zum Beispiel auch in der Lage, gewisse Entwicklungsprozesse zu entschleunigen. Solche Machtpromotoren organisieren einerseits zeitliche Freiräume und andererseits finanzielle sowie zusätzliche personelle Ressourcen für Innovationsvorhaben.

Ein interviewter F&E-Mitarbeitender berichtet: *„Ich war im letzten Jahr mit dem Projekt so unter Druck, dass ich von meinem Chef die Freigabe hatte, nur am Projekt zu arbeiten."* Häufig ist es so: Wenn der Chef den Sinn dahinter sieht, kann man frei arbeiten. Freiheiten sind also immer wieder an **„Sensemaking"-Schlaufen** seitens der verantwortlichen Führungsperson gebunden.

Wenn sowohl Führende als auch Geführte empfänglich sind für die jeweiligen Sinnangebote, dann entsteht eine **Vertrauenskultur**, die automatisch mehr Freiheiten mit sich bringt. Das Kontrollbedürfnis der Vorgesetzten nimmt ab, der Freiheitsgrad zu, und so werden sinnbildende Prozesse im Rahmen von Führungsbeziehungen erleichtert und gefördert.

Ob sich eine Führungsperson als Bewahrer von Freiräumen exponieren kann oder nicht, hängt auch von ihrer jeweiligen Erfahrung und Machtposition ab.

Perspektive Mitarbeitende: Wenn eine Führungskraft den Laden im Griff hat, kann sie Freiräume schaffen

Also Sie werden in der gleichen Firma Führungskräfte finden, die mit Freiräumen sehr großzügig sind, und andere hingegen sehr geizig. Das hat nichts mit der Firma zu tun.

5.3 Innovatorische Freiräume – eine Typisierung

[…] Jemand, der wenig Erfahrung hat, reagiert vielleicht vorsichtig. Eine Führungskraft, die selbst unter Druck steht, hat weniger Mut, Freiraum zu geben. Wenn eine Führungskraft hingegen den Laden im Griff hat und über der Sache steht, dann schafft sie auch mehr Freiräume, weil sie die Sicherheit hat, einzugreifen, und es sich auch mal erlauben kann, dass ein Fehler geschieht. (F&E MA).◄

Freiraum-Promotoren nehmen sich die Freiheit, Dinge auszuprobieren, und agieren auch mal unabhängig vom Mainstream im Unternehmen, wie dieses Zitat veranschaulicht:

Perspektive Führung: Die Freiheit, spontan etwas auszuprobieren

Wenn irgendeiner eine Idee hat, dann ist das null Problem, dass man dies anschaut und dementsprechend sagt: „Ich nehme mir die Freiheit und wir probieren das jetzt mal aus." Und dass man dann dementsprechend auch die Mittel einsetzt, die das verursacht. (F&E Leader)◄

Der nachfolgende Interviewausschnitt illustriert ebenfalls die Grundhaltung eines Freiraum-Promotoren und damit auch Innovations-Promotoren sehr eindrücklich. Es handelt sich um eine extreme (und daher lehrreiche) Form der Verteidigung von Freiräumen gegenüber dem operativen Geschäft, daher der lange Interviewausschnitt.

Perspektive Führung: Die Bedeutung von Freiräumen in Bezug auf die Führung von Innovationsvorhaben

Hier arbeiten aktuell 24 Mitarbeitende in der Abteilung. Ich bin hier nicht fest angestellt, ich bin Freelancer, kenne aber die Familie [Familienunternehmen, börsennotiert] schon sehr lange. Wir haben viele externe Mitarbeitende. Die externen Mitarbeitenden übernehmen hier Schlüsselfunktionen. Angestellte, die schlafen mit der Zeit eh nur ein. […] Ich habe auch schon Teams geführt – ich hatte auch schon andere Firmen, eigene, auch welche, die ich jetzt verkauft habe, weil ich jetzt nicht mehr mag, und da habe ich manchmal Teams harmonisch zusammengestellt, da waren die Umfrageergebnisse immer fantastisch, alle waren immer glücklich. Der Output war aber dann oft gegen null. Das bringt gar nichts, dass sie einfach den Chef lieben. Es muss vielmehr wie eine Hassliebe sein, sodass das immer nur so einigermaßen stimmt. Dann bleibt das auf einem guten Level. Zentral ist, dass man den Mitarbeitenden die Verantwortung überlässt. Wenn jemand eine Idee hat, dann muss der die Verantwortung dafür übernehmen. Ich versuche hier wirklich, nur den Rücken frei zu halten. Das ist das, was ich mache.

Eigentlich lasse ich die Leute machen. Auch Fehler. Ich bin viel älter als die meisten hier, und ich weiß manchmal, dass sie einen Fehler machen, aber den muss man manchmal einfach zulassen. Das kostet dann vielleicht auch mal viel Geld. Aber das ist die Quelle der Innovation. Leute, die einen Ehrgeiz haben, für die sind Fehler schlimm und die lernen dann viel mehr. Wir lernen so oder so nur durch Fehler. Wenn es gutgeht, interessiert es eh keinen Mensch mehr. […] Innovation ist ein interaktives, soziales Spiel zwischen verschiedenen Gehirnen, sie brauchen Vielfalt, das ist wichtiger als spezielle Ausbildungen. Ich hier schaue keine Zeugnisse an, das macht das HR. Ich gehe mit den Leuten nur noch Mittagessen. Mich interessiert an erster Stelle so etwas wie Charisma, einfach irgendein Feuer, ich weiß auch nicht. Dann würde ich gerne etwas über Leidenschaft spüren und das Dritte ist Anstand. Die müssen wissen, wie man sich benimmt, die müssen auch alle mal mit einem Top Shot von einem Kunden am gleichen Tisch sitzen. Ich verlange von den Leuten, dass sie das, was sie hier entwickeln, auch beim Kunden installieren. Sie müssen auch mit solchen Leuten umgehen können. Und der Rest, also die Vorentwicklung, das lernen sie hier. Sie können es nirgendwo anders lernen, ich habe alles probiert, das kann ich ihnen sagen. Ich würde nie einen Mathematiker einstellen und erwarten, dass der Ideen liefert. Passt eh nicht so ganz zusammen. Die verschwenden ihre Zeit jetzt nicht gerade in irgendwelchen Visionen. Das sind jetzt nicht gerade die Innovatoren, die kriegen Sie auch nicht dazu. Die arbeiten in einem Räderwerk, dass ich persönlich auch nicht verstehe. Die führen aus. Das Innovationsteam ist auf jeden Fall immer die ganze Einheit. Das fügt sich dann zusammen. […]

Ich gehe hier finanzielle Risiken ein, das bricht alle Regeln. Ich kann mit meinem Budget machen, was ich will. Die Controller versuchen das immer zu bestimmen, über Headcount usw. Alle Controller beziehungsweise alle MBA-Absolventen haben heute gelernt, dass man alles kontrollieren muss. Man gibt ihnen ein Budget, ein Ziel und den Headcount. Also eines davon ist definitiv zu viel. Ich habe gesagt, ich will ein Ziel und ein Budget. Ich sagte: „Der Headcount ist mein Problem." Es war mal so vereinbart und wissen Sie was, immer so nach drei bis vier Jahren hatte ich wieder einen Headcount, einfach so wieder eingeführt. Sobald Sie aber überbestimmt sind, kann man Sie wieder erpressen. Dann ist es sehr einfach, Ihnen wieder irgendwo ein Vergehen nachzuweisen. Dann heißt es gleich wieder: Du hast da zu viele Köpfe. Das ist die Erpressung, die in den letzten Jahren im Business einfach Einzug gehalten hat. Diese Erpressbarkeit führt dazu, dass man alles in die Richtung schaufelt, wo man die Leute unter Kontrolle hat. Das ist doch absolut dämlich. Ich versuche das hier so offen wie möglich zu halten. Das Team hier braucht doch nicht mich. Jeder weiß, für was er verantwortlich ist, das organisiert sich selbst. Wir sind im Schnitt nur etwa dreißig Personen, man muss schon sehen, das geht nicht mit jeder Größe. Jeder muss hier seine Position selbst finden. Das ist absolut zentral. (F&E Leader)◄

5.3.5 Zeitliche Freiräume

Zeitliche Freiräume spielen eine bedeutende Rolle. Sehr oft wurde die Aussage getroffen, dass die Investition von finanziellem Slack in Innovationsvorhaben weniger problematisch ist als die Investition von zeitlichem Slack (Slack Time) für Innovation (Abschn. 5.2.5). Das Sprichwort „Zeit ist Geld" stimmt hier nicht ganz, es scheint so, als ob Zeit das absolut kostbarste Gut ist. In der Wahrnehmung aller Befragten kommt Zeit weit vor finanziellen Budgetfragen. Kreativarbeit bedingt längere Zeitblöcke und das ständige „*Projekt-Hopping*" ist kontraproduktiv. Ohne geistiges Aufwärmen und zeitliche Vorläufe ist es schwer, in einen Kreativmodus zu gelangen. Weiterhin wird in allen Betrieben deutlich, dass der Zeitdruck durch Entwicklungsprojekte für Kunden enorm hoch ist. Auch für hochkomplexe Versuche sind klare Zeiträume definiert. Und die F&E-Teams arbeiten häufig in einem andauernden Modus des zeitlichen Verzugs. Da alle Mitarbeitenden in verschiedene Projekte involviert sind, müssen Projektleitende, nachdem ein technischer Versuch nicht funktioniert hat, oft auf verschiedene Spezialisten warten. So entsteht häufig eine komplette Entschleunigung zahlreicher parallellaufender Projekte, weil diverse Projektleitende auf diverse Spezialisten warten, ohne die es nicht weitergeht. *„Man wandert im Netzwerk rum und schaut, wo es weitergeht"*.

> **Perspektive Mitarbeitende: Kundenprojekte, Zeitdruck und Tunnelblick**
>
> Die Zeiteinteilung ist sehr schwierig. Also man ist immer unter Zeitdruck, sowieso. Und wenn man dann die ersten Ergebnisse hat nach einem Versuch und es ist klar, dass das doch einen größeren Zeitraum beansprucht, und dann keine richtigen Resultate rauskommen, klar, da steht man schon mal da. Dann wächst der Druck. Der Kunde wartet auf Resultate, auf Ergebnisse. (F&E MA)◄

Absolut unproblematisch wird die Flexibilität der Arbeitszeit im Sinne einer selbstbestimmten Zeiteinteilung betrachtet. In allen Unternehmen gelten sehr flexible Arbeitszeitregelungen. Die Kontrolle der geleisteten Arbeitszeit ist in der F&E-Abteilung kein Thema.

Es scheint, dass die Handlungsautonomie im Sinne der Frage, *wann* eine Arbeitskraft ihre Aufgaben erfüllt, gar keine Rolle mehr spielt. Was zählt, sind 1) Ziele und 2) die von der Leitung kalkulierte Zeit, die ein Team für die Zielerreichung benötigt. *Wie viel Zeit* ein Team dafür benötigt, wird seitens der Führungskräfte mit Faustregeln abgeschätzt, aber die Schätzungen treffen nur selten zu, sonst wäre der „Zeitdruck" nicht so ein dominantes Thema. Unter diesen Bedingungen ist es schwer, Belastung zu vermeiden. Die Meilensteine des Entwicklungs- und Innovationsprozesses sind vordefiniert. Der Kunde wartet. Die einzige Möglichkeit, in diesem starren Gerüst Belastung zu vermeiden und wieder Zeit zu schaffen, ist die Führung, die andauernd die Wahrscheinlichkeit der Zielerreichung einzuschätzen und mit viel Expertenwissen immer wieder die Zeitvorgaben dynamisch anzupassen versucht.

Im Zusammenhang mit zeitlichen Freiräumen zur Innovationsförderung stößt man automatisch auf die 20-%-Regel, die Google vor Jahren eingeführt hat.

> **Beispiel: 20-%-Regel**
>
> Ryan Tate (2012) erklärt das **Prinzip „20 % time"** wie folgt:
>
>> Employees at the Internet company are allowed, and sometimes encouraged, to devote a fifth of their time to projects dreamed up themselves. It could be a day each week, four days each month, or two and a half months each year. There are no hard-and-fast-rules; the Googlers and ex-Googlers I've spoken to all made it clear that 20 % time is above all an idea, a practice that exists more as a widespread understanding than a written policy. (Tate, 2012, S. 4)
>
> Gemäß Tate sind dank dieser 20-%-Regel bei Google einige innovative Internetdienste entstanden, exemplarisch können Gmail, Google News, Google Reader oder Google Suggest genannt werden. Er verweist ferner darauf, dass bereits vor der Einführung bei Google bei der Firma 3M eine 15-%-Regel existierte (Tate, 2012, S. 5). Im Buch „Google Inside" beschreibt Levy (2012), dass die selbstverantwortlichen Arbeiten häufig zusätzlich neben der vollen Arbeitswoche stattfanden. „Daher wurde unternehmensweit auch gewitzelt, dass es sich bei derartigen Unterfangen eigentlich um ‚120-%-Projekte' handeln würde. Die Mitarbeitenden nutzten diese Möglichkeit aber trotzdem […]" (Levy, 2012, S. 161). In der Zwischenzeit haben weitere Unternehmen Varianten dieser durch 3M und Google initiierten Freiraum-Prozent-Regeln entwickelt. Tate (2012, S. 6) zählt zu solchen Freiraum-Prozent-Initiativen auch sogenannte „Hack Days", an denen beispielsweise Programmierer in einem Unternehmen aufgefordert werden, innerhalb von 24 h einen Prototyp einer neuen Software zu entwickeln. Solche Phänomene im Sinne von mehrstündigen Innovationsmarathons usw. können als abgespeckte Varianten der 20-%-Regel interpretiert werden.
>
> In diesen klar definierten formalen Arbeitsprozenträumen herrschen weniger klassische Zwänge. Das heißt aber nicht, dass keine Zwänge herrschen – sie werden nur weniger als „Regelzwänge", sondern vielmehr als „Entwicklungszwänge" interpretiert. Levy (2012, S. 161) beschreibt die Führungsphilosophie von Larry Page und Sergey Brin mit der Behauptung von Maria Montessori: „Disziplin muss aus Freiheit resultieren." Dieses Disziplin-Freiheit- bzw. Arbeit-Spiel-Paradox spiegelt sich unter anderem in den Sanitäreinrichtungen bei Google wider. Die Mitarbeitenden konnten auf japanischen Toiletten mit Sitzheizung und Bedienpulten platznehmen und die Toiletten glichen einer Raumfähre – aber auf Augenhöhe waren kleine Lektionen zur Verbesserung von Programmcodes zum Durchblättern angebracht (Levy, 2012, S. 161). Dieses Motto könnte man „beidseitig" beschreiben, entweder: „Kein Spaß ohne Arbeit", oder: „Keine Arbeit ohne Spaß".◄

Unternehmen, die mit dem Gedanken spielen, ebenfalls offiziell solche „Nebenprojekte" für eine Gruppe von Mitarbeitenden zu organisieren, sollten sich mit diesen Gestaltungsempfehlungen kritisch auseinandersetzen und die Chancen und Risiken der

Implementierung einer solchen Prozent-Regel vor dem Hintergrund ihrer etablierten Organisationskultur und -struktur sowie der kommunikativen Rahmenbedingungen im Unternehmen reflektieren. Es bleibt insgesamt kritisch zu hinterfragen, ob dieses **Arbeit-Spiel-Paradox à la Google** ursprünglich nicht etwas zu positiv konnotiert und unreflektiert in die Welt des Innovationsmanagements gelangt ist.

Im Zusammenhang mit expliziten Zeitbudgets für Innovationsarbeit entstehen vielmehr neue Erwartungshaltungen, die andere Facetten beinhalten, aber sobald über Projekte gesprochen wird, sind damit automatisch Erwartungshaltungen verknüpft. Es ist kaum zu erwarten, dass die Arbeit, die im Rahmen solcher Projekte anfällt, in Wirklichkeit in einem klaren „Nebenprojekt"-Rahmen im Sinne eines 20-%-Pensums bleibt. Vielmehr ist davon auszugehen, dass nur kürzere Projekte in diesen 20 % bearbeitet werden und die Mitarbeitenden so eine gewisse Unverbindlichkeit aufrechterhalten können. Längerdauernde 20-%-Projekte werden sich in ihrer (Führungs-)Struktur kaum mehr von „normalen" Business-Projekten unterscheiden.

> **Fünf Wahrheiten zur 15-%-Regel**
> Diese „geplante Unverbindlichkeit" kommt auch in den von Jaworski und Zurlino (2009, S. 127) zusammengestellten **„Fünf Wahrheiten zur 15-%-Regel"** der Firma 3M zum Ausdruck:
>
> - Die 15-%-Regel erzeugt mehr Kreativität, mehr Innovationen.
> - Die Anwendung erfolgt dezentral und flexibel.
> - Nahezu jede Idee ist erlaubt.
> - Besonders attraktive Ideen werden gesondert gefördert.
> - Es gibt immer einen klaren Exit.

Jaworski und Zurlino (2009) betonen, dass bei den Projekten aus der 15-%-Regel die Aufgabe im Zentrum steht, eine Idee zu konkretisieren. Wenn diese Idee nach den ersten Wochen bis Monaten greifbar geworden ist, muss gemeinsam mit den Mitarbeitenden entschieden werden, ob sie weiterverfolgt wird oder nicht. Projekte aus 15-%-Entwicklungsfreiräumen dürfen nicht zur „never ending story" werden (Jaworski & Zurlino, 2009, S. 130).

Solche explizit geschaffenen, formalen Freiräume müssen tagtäglich mit Sinn gefüllt werden, und die Freiheits- bzw. Schließungsgrade sind situationsgerecht und sorgfältig durch das Management auszubalancieren; sie müssen von Führungspersonen angeleitet werden. Die Prozent-Regeln können funktionieren, sind aber nur einer von vielen möglichen Ansätzen, damit Mitarbeitende ihre Freiräume als Chance zur Gestaltung von Innovationsvorhaben nutzen.

Durch die vielen Berichte über die Prozent-Regeln wird aber auch deutlich, dass die Arbeit in Nebenprojekten zu einem Motivationsschub führen kann und den Mitarbeitenden damit das Gefühl geben wird, dass sie sich auch mal einen Fehler erlauben dürfen. Das ist sicher eine große Chance und kann einen wertvollen Beitrag zur Entwicklung einer Innovationskultur leisten.

5.3.6 Methodische Freiräume

Freiraum wird den Mitarbeitenden hauptsächlich im Bereich der Lösungssuche zuteil: Ihnen wird ein Problem vorgegeben. Wie sie jedoch vorgehen, um dieses Problem zu lösen, ist jedem bzw. den Entwicklungsteams freigestellt. Die Vorgesetzten stellen sich zur Verfügung, um Feedback zu geben, aber sie schreiben letztlich nicht vor, *wie* die Lösung beziehungsweise der Lösungsweg auszusehen hat. Die Methodenwahl ist in diesem F&E-Kontext (zumindest für die befragten ausgebildeten Fachkräfte) mehrheitlich frei. Auch ist oft ein so großes Spezialwissen gefragt, dass die Vorgesetzten die Wahl der Methoden fachlich gar nicht genau beurteilen können. Es bleibt ihnen nichts anderes übrig, als den Mitarbeitenden diese Form von Freiheit zu gewähren. Je einzigartiger das Spezialwissen ist, desto größer ist vor diesem Hintergrund auch das Abhängigkeitsverhältnis zwischen der vorgesetzten Person und dem jeweiligen Experten/der Expertin.

> **Perspektive Mitarbeitende: Die Lösungsmethode ist frei**
>
> Freiräume sind für mich, dass der Vorgesetzte sagt: „Herr XY, Sie entwickeln jetzt diesen Roboterarm, der Kostenrahmen ist so hoch, kommen Sie erst wieder, wenn Sie eine Lösung gefunden haben." Das ist für mich Freiraum. (F&E MA)◄

> **Perspektive Führung: Die Leute sind an der langen Leine**
>
> Also die Leute sind an einer relativ langen Leine. Den Leuten ist bewusst, was die Ziele sind, was man erreichen will. Das ist das, was ich vorgebe. Und nachher, auf dem Weg dorthin, lasse ich den Leuten sehr viel Spielraum. (F&E Leader)◄

Es wird deutlich, dass die Führungskräfte eigentlich nichts anderes tun können, als den Mitarbeitenden bei der Lösungssuche den Rücken freizuhalten. Die F&E-Mitarbeitenden versuchen prinzipiell nur, Probleme zu lösen; der Ausgang ist ungewiss. Führung wird deshalb oft als *„Führung an der langen Leine"* beschrieben. Das wird abhängig von der jeweiligen Führungskraft mal als mehr, mal als weniger ausgeprägt beschrieben, aber im Großen und Ganzen ist das die gängige Führungspraxis.

In den forschungsintensiven, technologieorientierten Fallunternehmen ist die technische Entwicklung zur Lösung bestehender Kundenprobleme grundsätzlich frei. Natürlich determinieren Sicherheitsstandards, Gesetze, Kosten, Lasten- und Pflichtenhefte usw. den Entwicklungsprozess, aber der Ablauf der Entwicklung ist frei und die Entwickler können Freiräume in der Bearbeitung der Fragestellung nutzen. Tendenziell ist es aber nicht üblich, die Problemstellung beziehungsweise das Kundenproblem während des Prozesses zu hinterfragen, außer es handelt sich um unüberwindbare technische Hürden.

Die Bearbeitung von Entwicklungsaufträgen, die im Zusammenhang mit Kundenanfragen stehen, kann nach einem klar definierten und mit Nachdruck umgesetzten Prozess abgebildet werden. Diese Klarheit in der Struktur verengt allerdings die Möglichkeitsräume, in denen Lösungen erarbeitet werden können, und reduziert damit auch das Zusammenfallen verschiedener Lösungsansätze, die zu innovativen Lösungen führen können. Die Problemlösung wird somit effizienter, fällt aber als Impulsgeber für Innovation weg.

5.3.7 Kooperationsfreiräume

Freiraum wird auch dann erlebt, wenn sich die Frage nach den Kooperationspartnern in F&E-Projekten (intern und extern) stellt. Sehr oft orientieren sich die Kooperationen an sehr langen und vertrauensvollen Beziehungen zu internen oder externen Projektpartnern. Wenn es externe Partner sind, dann besteht häufig eine enge Vertrauensbeziehung aus früheren gemeinsamen Studienzeiten, aus gemeinsamen Projekten bei vorangegangenen Arbeitgebern oder aus regelmäßigem fachlichem Austausch in „communities of practice" (Brown & Duguid, 1991). Sehr häufig kooperieren die Firmen mit Hochschulen, dabei ist der Bezug zur jeweiligen Technologie ausschlaggebend. Dies hat teilweise auch den Vorteil, dass eine Hochschule in einem gewissen Spezialgebiet über eine Infrastruktur für Versuche verfügt, die das Unternehmen nicht hat.

Auch spielt die geografische Lage eine zentrale Rolle. Ein F&E-Partner in China oder Indien kennt die dortigen Kundenbedürfnisse besser und so werden Innovationsrisiken gesenkt. Vor diesem Hintergrund ist die Wahl der Kooperationspartner nicht frei, sondern gründet in dem teilweise sehr engen Kooperationsfenster kraft Kompetenz. Aber hier gibt es selten klare Vorgaben, sondern die Wahl der Kooperationspartner wird als emergenter Prozess beschrieben. Die F&E-Netzwerke sind häufig weit verzweigt und verlaufen sehr dynamisch.

Ein wichtiges Motiv für die Kooperation ist das Benchmarking mit Konkurrenten. Durch die Zusammenarbeit mit Hochschulen oder Beratern erhalten die Unternehmen ein gutes Bild, wo sie im Vergleich zur Konkurrenz stehen.

Perspektive Führung: Benchmarking im Blick haben

Die Zusammenarbeit mit Hochschulen, insbesondere auf der Grundlagenseite, ist sehr wichtig. Also nicht auf der konkreten Komponentenentwicklung, wo Hardware rauskommen muss, sondern auf der Grundlagenseite. Aus zwei Gründen: Das eine ist, dass wir im Benchmark wirklich noch aktuell sind, und der andere Grund ist, dass wir dann vielleicht auch irgendwo Lücken, die wir an Wissen haben, schließen und versuchen, das über eine externe Forschungsstelle einzuholen. (F&E Leader)◄

Damit sich die F&E-Mitarbeitenden besser kennenlernen und überhaupt die Chance zur Kooperation und Vernetzung wahrnehmen, wird der Austausch durch verschiedene interne Meetings wie zum Beispiel Entwicklertreffen oder Weiterbildungen gefördert. So wird versucht, die Wahrscheinlichkeit der Kooperation mit internen und externen Partnern zu erhöhen. Auf diese Art und Weise kommen häufig Ideen „bottom-up" zustande, und die Mitarbeitenden suchen rund um diese Ideen auch zum Teil ihre Projektpartner selbst aus – vorausgesetzt, die Weiterführung der Idee in ein Projekt ist genehmigt und ein Entwicklungsbudget wird zur Verfügung gestellt.

5.4 Fazit und Reflexionsfragen

Für eine wirksame Gestaltung innovatorischer Freiräume kann man nun folgende Schlussfolgerungen ziehen: Die Summe macht's, und tendenziell werden in Prozent-Freiräumen eher kürzere Projekte realisiert. Je länger die Projekte dauern, desto stärker nähert sich die Projektstruktur und -kultur derjenigen von „normalen" Business-Projekten an. Die Abgrenzung zwischen Business-Projekten und innovationsorientierten Freiraum-Projekten gestaltet sich im Alltag generell schwer.

▶ Es gibt keine Musterlösung, die man auf alle Unternehmen übertragen kann. Grundsätzlich ist es empfehlenswert, durch ein Benchmarking mit anderen Unternehmen der Branche Freiraum-Lösungen für die eigene Entwicklungsabteilung auszuprobieren. Die Führung sollte sich vor jeder Implementierung einer Freiraum-Regelung die Frage stellen, welche Widersprüche bzw. Paradoxien damit in der Organisation ausgelöst werden, um diese explizit und frühzeitig in Führungsbeziehungen zu thematisieren.

Bei einer wirksamen Führung von formal eingerichteten Freiräumen kommt es darauf an, dass Führungskräfte mit unstrukturierten und unüberschaubaren Situationen umgehen und nicht der Versuchung erliegen, das mit Freiräumen erstrebte, temporäre kreative Chaos sofort wieder zu ordnen. Aber was heißt das nun in der Umsetzung? Wie kann „Sowohl-als-auch"-Leadership trainiert werden? Bisher gibt es dafür nicht viele Angebote im Rahmen von Führungsweiterbildungen. Gemäß Stahl (2013) wird die **heuristische Kompetenz** in der Aus- und Weiterbildung von Führungskräften „sträflich vernachlässigt" (S. 202). Dazu zählt die Fähigkeit, kompetent mit Paradoxien umzugehen. In diesem Zusammenhang wurde oben der Begriff der **Paradoxietoleranz** eingeführt, welcher nahe am Begriff der Ambiguitätstoleranz liegt. **Ambiguitätstoleranz** wird ebenfalls als wichtige Führungseigenschaft für Innovation Leader immer wieder genannt (Abschn. 3.4). Sie

5.4 Fazit und Reflexionsfragen

gibt an, wie sehr eine Person unstrukturierte Situationen zu tolerieren vermag. Personen mit niedriger Toleranzschwelle gegenüber Ambiguität fühlen sich gestresst, wenn es wenig Strukturen und Vorgaben gibt (Weinert, 2004). Das ist gerade vor dem Hintergrund der Arbeit in „dualen Betriebssystemen" keine gute Voraussetzung (Abschn. 7.1.1). Hofstede (1984) stellte fest, dass Kulturen mit geringer Ambiguitätstoleranz auch ein geringes Maß an Toleranz gegenüber dem haben, was oder wer anders ist. Kulturen mit größerer Toleranz für Mehrdeutigkeit akzeptieren eher neue oder innovative Produkte. Eine Toleranz für Mehrdeutigkeit ist verbunden mit Anpassungsfähigkeit, Unternehmergeist, der Bereitschaft, etwas Neues oder Anderes auszuprobieren, und der Toleranz gegenüber der freien Meinungsäußerung.

Wenn nun ein innovationsgetriebenes Unternehmen erkennt, dass es seine Führungskräfte in dieser Eigenschaft schulen möchte, könnte eine Selbstevaluation in Bezug auf die eigene Ambiguitätstoleranz (vgl. die folgenden Fragen) ein geeigneter Startpunkt sein. Die Fragen können mit Punkten von 1–5 bewertet werden, und danach sollte die Punktzahl mit Kolleginnen und Kollegen, die die Testfragen auch ausgefüllt haben, verglichen werden.

Reflexionsfragen Ambiguitätstoleranz

1. Ich kann mit Widersprüchlichkeiten gut umgehen.
2. Ich stehe in gutem Einklang mit meiner Intuition.
3. Ich kann vielen Dingen und Situationen auch eine komische Seite abgewinnen.
4. Ich neige dazu, intuitiv Schlüsse zu ziehen.
5. Ich mag Rätsel und Wortspiele.
6. Ich weiß, was mir Angst macht, und vertraue meinen Instinkten.
7. Ich achte darauf, genug Zeit für mich zu haben und Fragen intuitiv auf die Spur zu kommen.
8. Ich habe Spaß an Paradoxien und bin für Ironie empfänglich.
9. Es macht mir keine Mühe, auch in Widersprüchen zu denken.
10. Ich weiß, dass Konflikte die Kreativität anregen können, und ich nutze meine Kreativität im Umgang mit Konflikten.

(Quelle: in Anlehnung an Gelb, 2004, S. 151)

Anhand dieser Reflexions- bzw. Testfragen kann die Kompromissfähigkeit sowie die Neigung, mit Widersprüchen humorvoll, spielerisch und auch neugierig umzugehen, reflektiert werden.

Es ist ebenfalls hilfreich, in der Vergangenheit liegende **Situationen zu beschreiben**, wo das **Gefühl der Ambiguität** stark zum Ausdruck kam. Nach einer kurzen Skizze dieser Situationen kann man sich fragen, welche Erfahrungen man daraus zieht und was das für die gegenwärtige Führungsaufgabe der Innovationsförderung bedeutet. Auch kann es nützlich sein, anhand der Episoden zu überlegen, wie genau das Gefühl der Ambiguität mit dem **Gefühl der Angst bzw. Unsicherheit** zusammenhängt und woran sich diese Verbindung genau festmachen lässt (Gelb, 1999, S. 85–86).

Wie bereits mehrfach erwähnt, steht und fällt ein innovationsfördernder, generativer und auf der Gestaltung von Freiräumen basierender Führungsansatz mit der Verankerung in der Unternehmensstrategie, daraus abgeleitet der Innovationsstrategie sowie den strukturellen und unternehmenskulturellen Rahmenbedingungen. Diese umrahmenden Führungsdimensionen werden in den Kap. 6, 7 und 8 diskutiert.

Literatur

Amabile, T. M. (1996). *Creativity in context: Update to the social psychology of creativity*. Westview Press.

Bourgeois, L. J. (1981). On the measurement of organizational slack. *Academy of Management Review, 6*, 29–39.

Bowen, H. P., & Wiersema, M. F. (2005). Foreign-based competition and corporate diversification strategy. *Strategic Management Journal, 26*, 1153–1171.

Breaugh, J. A. (1985). The measurement of work autonomy. *Human Relations, 38*, 551–570.

Breaugh, J. A. (1989). The work autonomy scales: Additional validity evidence. *Human Relations, 42*(11), 1033–1056.

Brown, J. S., & Duguid, P. (1991). Organizational learning and communities of practice. *Organization Science, 2*(1), 40–57.

Cyert, R. M., & March, J. G. (1963/1992). *A behavioral theory of the firm* (2. Aufl.). Prentice Hall.

DeMarco, T. (2001). *Spielräume – Projektmanagement jenseits von Burn-out, Stress und Effizienzwahn*. Hanser.

Dodd, N. G., & Ganster, D. C. (1996). The interactive effects of variety, autonomy, and feedback on attitudes and performance. *Journal of Organizational Behavior, 17*, 329–347.

Frare, A. B., & Beuren, I. M. (2021). Job autonomy, unscripted agility and ambidextrous innovation: Analysis of Brazilian startups in times of the Covid-19 pandemic. *Revista de Gestão, 28*(3), 263–278.

Gassmann, O., & Friesike, S. (2012). *33 Erfolgsprinzipien der Innovation*. Hanser.

Gebert, D. (2002). *Führung und Innovation*. Kohlhammer.

Geiger, S. W., & Cashen, L. H. (2002). A multidimensional examination of slack and its impact on innovation. *Journal of Managerial Issues, 14*(1), 68–84.

Gelb, M. (1999). *The how to think like Leonardo da Vinci workbook. Your personal companion to how to think like Leonardo da Vinci*. Dell Publishing.

Gelb, M. (2004). *How to think like Leonardo da Vinci. Seven steps to genius every day*. Delta.

Greenwood, R., & Hinings, C. (1993). Understanding strategic change. The contribution of archetypes. *Academy of Management Journal, 36*(5), 1052–1081.

Hackman, J. R., & Lawer, E. E., III. (1971). Employee reactions to job characteristics. *Journal of Applied Psychology, 55*, 259–286.

Hackman, J. R., & Oldham, G. R. (1976). Motivation through the design of work: Test of a theory. *Organizational Behavior and Human Performance, 16*, 250–279.

Hauschildt, J., Salomo, S., Schultz, C., & Kock, A. (2023). *Innovationsmanagement*. Vahlen.

Herold, D. M., Jayaraman, N., & Narayanaswamy, C. R. (2006). What is the relationship between organizational slack and innovation? *Journal of Managerial Issues, 18*(3), 372–392.

Hohn, H. (2000). *Playing, leadership and team development in innovation teams*. Eburon.
Hofstede, G. (1984). Cultural dimensions in management and planning. *Asia Pacific Journal of Management, 1*, 81–99.
Jaworski, J., & Zurlino, F. (2009). *Innovationskultur: Vom Leidensdruck zur Leidenschaft*. Campus.
Kannheiser, W., Hormel, R., & Aichner, R. (1997). *Planung im Projektteam. Bd. 1: Handbuch zum Planungskonzept Technik-Arbeit-Innovation (P-TAI)* (2. Aufl.). Hampp.
Kant, I. (2005). *Kritik der reinen Vernunft*. Voltmedia.
Kaudela-Baum, S. (2019). Autonomiefördernde Führung in wissensintensiven Organisationen. In P. Kels & S. Kaudela-Baum (Hrsg.), *Experten führen* (S. 305–343). Springer Gabler.
Krcal, H.-Ch (2009). *Das Management des (un)erwünschten Ressourcenüberschusses. Teil I. Funktionen, Zustände und Entstehung des organizational slack*. Discussion Paper Series No. 482, University of Heidelberg, Department of Economics.
Kriegesmann, B., Kley, T., & Schwering, M. G. (2007). „Mutige Nachahmer gesucht!" – Mit dem Wettbewerb zum „Kreativen Fehler des Monats" zu einer neuen Fehlerkultur. In B. Kriegesmann & F. Kerka (Hrsg.), *Innovationskulturen für den Aufbruch zu Neuem. Missverständnisse – praktische Erfahrungen – Handlungsfelder des Innovationsmanagements* (S. 250–271). Gabler.
Kuczmarski, T. (1996). *Innovation. Leadership strategies for the competitive edge*. NTC Business Books.
Langfred, C. W. (2000). The paradox of self-management: Individual and group autonomy in work groups. *Journal of Organizational Behavior, 21*, 563–585.
Lawson, M. (2001). In praise of slack: Time is of the essence. *Academy of Management Executive, 15*(3), 125–135.
Levy, S. (2012). *Google Inside. Wie Google denkt, arbeitet und unser Leben verändert*. MITP.
Luhmann, N. (1994). *Funktionen und Folgen formaler Organisation* (5. Aufl.). Duncker & Humblot.
Luhmann, N. (2000). *Organisation und Entscheidung*. Westdeutscher.
Manns, C. L., & March, J. G. (1988). Financial adversity, internal competition, and curriculum change in a university. In J. G. March (Hrsg.), *Decisions and organizations* (S. 61–75). Blackwell.
March, J. G., & Simon, H. A. (1959). *Organizations* (2. Aufl.). Wiley.
Martins, E. C., & Terblanche, F. (2003). Building organisational culture that stimulates creativity and innovation. *European Journal of Innovation Management, 6*(1), 64–74.
Moldaschl, M. (2001). Herrschaft durch Autonomie – Dezentralisierung und widersprüchliche Arbeitsanforderungen. In B. Lutz (Hrsg.), *Entwicklungsperspektiven von Arbeit. Ergebnisse aus dem Sonderforschungsbereich 333 der Universität München* (S. 132–164). Akademie.
Müller-Christ, G. (2007). Formen der Bewältigung von Widersprüchen. Die Rechtfertigung von Trade-offs als Kernproblem. In G. Müller-Christ, L. Arndt, & I. Ehnert (Hrsg.), *Nachhaltigkeit und Widersprüche. Eine Managementperspektive* (S. 127–177). LIT.
Müller, A. K. (2018). *Offene Geschäftsmodellinnovation durch Kooperation in Netzwerken: Eine empirische Studie am Beispiel des deutschen Fernbusmarktes*. Springer Gabler.
Musil, R. (2009). *Der Mann ohne Eigenschaften*. Rowohlt.
Nohria, N., & Gulati, R. (1997). What is the optimum amount of organizational slack? A study of the relationship between slack and innovation in multinational firms. *European Management Journal, 15*(6), 603–611.
Ohly, S., & Plückthun, L. (2013). Arbeitsgestaltung und Kreativität. In D. Krause (Hrsg.), *Kreativität, Innovation und Entrepreneurship* (S. 113–132). Springer Gabler.
Orth, M., & Volmer, J. (2017). Daily within-person effects of job autonomy and work engagement on innovative behaviour: The cross-level moderating role of creative self-efficacy. *European Journal of Work and Organizational Psychology, 26*(4), 601–612. https://doi.org/10.1080/1359432X.2017.1332042

Ramamoorthy, N., Flood, P. C., Slattery, T., & Sardessi, R. (2005). Determinants of innovative work behavior: Development and test of an integrated model. *Creativity and Innovation Management, 14*(2), 142–150.

Richtnér, A., & Åhlström, P. (2006). Organizational slack and knowledge creation in product development projects: The role of project deliverables. *Journal of creativity and Innovation Management, 19*(4), 428–437.

Sharfman, M. P., Wolf, G., Chase, R. B., & Tansik, D. A. (1988). Antecedents of organizational slack. *The Academy of Management Review, 13*(4), 601–614.

Stahl, H. K. (2013). *Führungswissen*. Erich Schmid.

Stahl, H. K., & Fischer, H. R. (2013). Herausforderungen im Dazwischen. Balanceakte des neuen Führens. *Konfliktdynamik, 2*(2), 96–105.

Tate, R. (2012). *The 20% doctrine: How tinkering, goofing off, and breaking the rules at work drive success in business.* Harper Business.

Wall, T. D., Kemp, N. J., Jackson, P. R., & Clegg, C. W. (1986). Outcomes of autonomous workgroups: A long-term field experiment. *Academy of Management Journal, 29*(2), 280–304.

Wang, A.-C., & Cheng, B.-S. (2010). When does benevolent leadership lead to creativity? The moderation role of creative role identity and job autonomy. *Journal of Organisational Behaviour, 31*, 106–121.

Weinert, A. B. (2004). *Organisations- und Personalpsychologie* (5. Aufl.). Beltz.

Zeuch, A. (2010). *Feel it! So viel Intuition verträgt ihr Unternehmen!* Wiley.

6 InnoLEAD-Gestaltungsfeld 2: Strategische Dimension der innovationsfördernden Führung

Das in Kap. 6 vorgestellte Gestaltungsfeld umfasst die strategischen Fragen der innovationsfördernden Führung auf Topmanagement-Ebene. In einem ersten Schritt werden die Grundlagen zur Gestaltung von Innovationsstrategien beleuchtet. Danach werden bewährte Denkinstrumente und Entscheidungshilfen des strategischen Innovationsmanagements vorgestellt und schließlich typische Innovationsakteure aus einer strategischen Perspektive beleuchtet. Zentral ist der Zusammenhang zwischen der Steuerung der Strategieumsetzung auf der Ebene der Geschäftsleitung, der Visions- und Strategieentwicklung und den daraus folgenden Maßnahmen zur Innovationsförderung (Freiraum-Praxis). In Abb. 6.1 findet sich noch einmal der Bezug zum InnoLEAD-Modell.

Die nachfolgende Diskussion ist von der Annahme geleitet, dass es sich bei allen Strategieentwürfen lediglich um **„Rationalitätsentwürfe auf Zeit"** handelt, deren Resultate keine „objektive" strategische Entscheidungssicherheit vermitteln (Nagel & Wimmer, 2002). Wenn also nachfolgend auf einzelne Strategiekonzepte eingegangen wird, dient dies dazu, „Rationalitätsentwürfe" vorzustellen und deren Chancen im Hinblick auf eine Freiräume eröffnende Führungsphilosophie zu diskutieren. Die Innovationsstrategie wird hier nicht in einem instrumentellen Verhältnis zu anderen innovationsorientierten Führungsdimensionen betrachtet, sondern vielmehr als Gestaltungsfeld in einem integrierten innovationsorientierten Führungssystem, das in einer **rekursiven Beziehung** zu allen anderen Gestaltungsfeldern steht.

6.1 Perspektiven aus der Praxis

Der Blick in die Praxis verrät, dass sich viele, insbesondere größere Unternehmen bezüglich ihrer strategischen Ausrichtung meist klar verorten lassen: Sie sind in ihren jeweiligen spezifischen Marktsegmenten Markt- und/oder Technologieführer, was sie aus einer

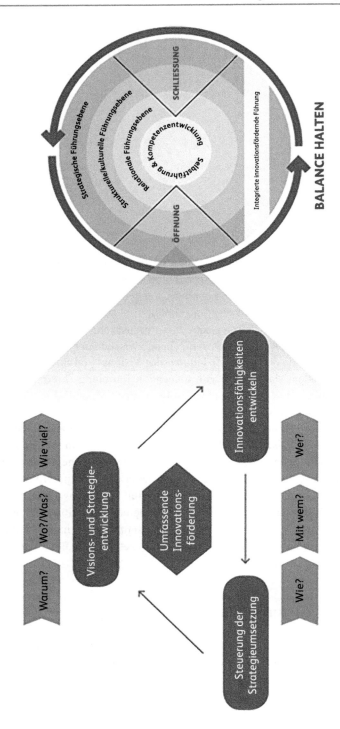

Abb. 6.1 InnoLEAD: Gestaltungsfeld 2: Strategische Führungsebene

Position der Stärke agieren lässt. Diese Stellung eröffnet ihnen wiederum große Gestaltungsfreiräume und ermöglicht eine langfristig ausgerichtete Innovationsstrategie. Nur die wenigsten Unternehmen sehen sich dabei als Pioniere. Vielmehr versuchen viele, ihre Marktposition mit inkrementellen Innovationen und hoher Qualität **aus der zweiten Reihe** heraus zu verteidigen. Sie innovieren maßvoll, und die strategischen Felder ergeben sich aus der Tradition des Unternehmens. Die starke Fokussierung auf **Kundenbedürfnisse** und **Qualität** führt zu einer Risikoaversion und schränkt so auch die Innovationstätigkeit ein. Es besteht immer latent die Gefahr, zu viel Zeit und Anstrengungen in die Optimierung von Prozessen anstatt in zukunftsträchtige, aber risikobehaftete Innovationsprojekte zu investieren. Letztere werden eher zurückhaltend und punktuell gefördert. Prinzipiell dominieren „sichere" Kundenprojekte oder organisationale Innovationen im Sinne von Prozessoptimierungen und damit Initiativen zur Kostensenkung. Wichtig ist, eine gewisse Balance zu halten und ein wohlüberlegtes Portfolio zu entwickeln.

Nachfolgend werden die typischen Strategieverständnisse thematisch zusammengefasst und zum Schluss in Bezug zur übergeordneten „Öffnungsthese" gesetzt: Es wird der Frage nachgegangen, welche Freiräume sich durch die gewählten Strategiemuster in Unternehmen ergeben.

6.1.1 Strategieverständnis: suchende Innovatoren

Vielen Unternehmen ist heute gemein, dass sie in Märkten agieren, die durch große, teils disruptive Technologieentwicklungen geprägt sind. Obschon in solchen Märkten gravierende technologische Veränderungen zu beobachten sind (z. B. Big Data, künstliche Intelligenz, Virtual Reality, mRNA-Technologie oder Internet of Things, vgl. Tidd & Bessant, 2021, S. 55 ff.), innovieren Unternehmen dennoch oft auf dem Wege inkrementeller Verbesserungen.

Die Technologieentwicklung der untersuchten Unternehmen ist ebenfalls geprägt durch einen großen Anteil an inkrementellen Verbesserungen. Die **Suche nach neuen Ideen** orientiert sich an Innovationsaktivitäten der Konkurrenz und dem Bestreben, die Produkte für die bestehenden Industriekunden noch perfekter auf den Markt zu bringen. Aufgrund dieser „Suchstrategie" werden die Unternehmen als **„suchende Innovatoren"** (Kaudela-Baum & Wolf, 2010) bezeichnet. Die Suche nach Ideen ist durch zahlreiche Normen und Standards determiniert, welche die Qualität und Sicherheit der Produkte gewährleisten. Die Kreativität ist somit oft auf die technische Lösungssuche vordefinierter Problembeschreibungen begrenzt; selten wird die Problembeschreibung selbst hinterfragt.

Solche Unternehmen agieren heute jedoch immer öfter in Marktsegmenten mit **dynamischer Technologieentwicklung** und sind dadurch herausgefordert, immer rascher neue Produkte auf den Markt zu bringen, die auf den kontinuierlich weiterentwickelten Technologien basieren. Dies gilt vor allem für digitale Technologien, aber auch für bestimmte andere Technologiefelder. Die Unternehmen investieren sowohl in Produkt- als auch komplexe Plattforminnovationen, die auf vielfältigen Technologien beruhen. Daher ist nicht von einer einheitlichen Innovations- und Technologiestrategie in den jeweiligen Unternehmen zu sprechen. Vielmehr balancieren diese Unternehmen **mehrere Innovations- und Technologiestrategien** gleichzeitig und setzen diese durch diverse kleinere Aktionen um. Viele Unternehmen sind dabei, sich im Bereich des Innovationsmanagements stetig zu professionalisieren, und haben zahlreiche Maßnahmen zur Innovationsförderung eingeführt. In dynamischeren Geschäftsfeldern sind Entscheidungen über den Aufbau und die Substitution von Technologien erfolgskritische Faktoren. Das Risiko, technologische Fehlentscheidungen zu treffen, ist dort deutlich höher als in stabilen Märkten. Daher ist die **Technologiefrüherkennung und -bewertung** durch „Technologie-Scouts" von großer Bedeutung (Gerpott, 2005, S. 99 ff.).

Eine Marktsegmentierung sowie eine bewusste Orientierung an den Kundenbedürfnissen, die Loyalität zu den Geschäftspartnern schafft, sind nicht selten die Basis für höhere Preise. Aber: Die Eintrittsbarrieren der etablierten Anbieter sind zu überwinden und es besteht die Gefahr, sich bei der Marktsegmentierung und der hohen Kundenorientierung in zu viele Einzellösungen zu verzetteln. Große, radikale Innovationsschritte werden nicht angestrebt, weil das Innovationsumfeld als *„beruhigende Glocke"* wirkt: Unternehmen sind im Hier und Jetzt erfolgreich in dem, was sie tun, und es besteht kaum (wahrnehmbarer) Innovationsdruck.

Hier wird die Ambivalenz der Innovationspraxis deutlich: Einerseits ermöglicht die „beruhigende Glocke" **finanziellen Slack**: Wenn man mal einen Fehler macht, fällt das finanziell nicht so sehr ins Gewicht. Andererseits verhindert die „schützende Glocke" aber auch Entwicklungs- und Lernprozesse sowie die unternehmerische Kreativität. Nicht innovativ zu sein, wird nicht umgehend vom Markt „bestraft". Man denkt nicht an potenzielle Folgen des Nicht-Innovierens, vielmehr glaubt man an Kontinuität und Stärke. Durch Effizienzsteigerung und Internationalisierung der Geschäftstätigkeit gelingt es den Unternehmen erfolgreich, weiterhin Marktanteile zu halten beziehungsweise weiter in den bestehenden Märkten zu wachsen.

Gerade vor dem Hintergrund des Gefühls, dass man in einer „beruhigenden Glocke" innoviert und nicht alle Innovationspotenziale ausschöpft, ist die **parallele Verfolgung von inkrementellen und radikalen Innovationsvorhaben** ein wichtiges Führungsthema (Raisch & Birkinshaw, 2008). Die Unternehmen streben grundsätzlich nach mehr Öffnung, Unternehmergeist und Risikobereitschaft. Doch die Umsetzung gleicht vor dem Hintergrund der bisherigen Innovationsstrategie und der Exzellenz in der Umsetzung kontinuierlicher Innovationsprozesse einem Hürdenlauf.

Wenn Industrieunternehmen in eher gesättigten, traditionsreichen Märkten nach Innovationen streben, suchen sie in regelmäßigen Abständen nach Möglichkeiten, wie sie mit ihrer bestehenden Technologie in völlig **neue Märkte** vorstoßen. Fragen wie diese tauchen dabei auf:

- Wie können wir mit einer Messtechnik für Abwasseranlagen in die Heizungsindustrie vordringen?
- Wie können wir mit einer Technologie für Turbolader in der Automobilindustrie erfolgreich sein?
- Wie können wir mit einer Technologie für die Herstellung von Pralinen den Markt für Geschirrspülmittel erobern?

All dies sind Beispiele für **Cross-Industry-Innovationen** (Behne et al., 2021; Dingler & Enkel, 2016), die ein Sprungbrett aus einem gesättigten Markt sein können und die im besten Fall einen Beitrag zur Diversifizierung und damit zur Zukunftssicherung leisten.

Erkenntnisse aus der Forschung zeigen, dass hier die Einschätzungen in vielen Unternehmen – nicht nur im Topmanagement-Team – weit auseinandergehen. Die einen haben eventuell einen Vorstoß in eine andere Industrie gewagt und dies erfolgreich gemeistert, so neue Märkte erobert und den Umsatz gesteigert. Die anderen, die ebenfalls einen Vorstoß in neue Märkte gewagt haben, sind aber aufgrund fehlender Markt- und Kundenkenntnisse gescheitert. Nicht selten wird dann in der Folge des Scheiterns die ausschließliche Konzentration auf das Kerngeschäft ausgerufen nach dem Motto: *„Wir innovieren in Märkten, die wir gut kennen, und schöpfen die Spielräume aus, die wir in bestehenden Märkten haben."* Als Folge eines Innovationsfehlers (Frese & Keith, 2015; Välikangas et al., 2009) wird rasch auf allen Führungsebenen beziehungsweise bei allen Führungsakteuren im gesamten Innovationssystem ein implizites Denkverbot eingeführt.

Neben Produktinnovationen stehen Dienstleistungs- und Prozessinnovationen im Vordergrund. Alle Ideen, die die Herstellungskosten senken, tragen zur Zukunftssicherung bei. „Prozessoptimierung" ist also ein zentraler Innovationsauftrag. Denn mit den eingesparten finanziellen Ressourcen kann wieder in Produkt- und Dienstleistungsinnovationen investiert werden.

Die F&E-Abteilung nimmt die Marketingabteilung typischerweise als strategieleitend wahr; sie übernimmt eine Expertenfunktion im Rahmen einer kundenorientierten Innovationsstrategie. Damit verbunden ist das Selbstverständnis der F&E-Mitarbeitenden als interne Provider innovativer Konzepte und Verfahren ohne direkten Kundenkontakt. Innovationen sind nützlich, um den *„Bauchladen der Vertriebsleute"* konstant zu füllen.

Es ist eine Standardregel des Innovationsmanagements, sich am Kunden zu orientieren. Wer sich mit etablierten Kunden zusammensetzt und mit ihnen gemeinsam den Bedarf für die Zukunft analysiert, der setzt sich aber vor allem mit Stammkunden auseinander, die mit den momentan angebotenen Produkten relativ zufrieden sind (sonst wären sie nicht bereit, gemeinsam über die Zukunft beider Unternehmen nachzudenken). Kunden als Innovationspartner sind also **eher an inkrementellen und weniger an radikalen Innovationen** interessiert. Die Innovationsstrategie leitet sich dann eben nicht aus einer nach innen gerichteten, selbstbezogenen, beziehungsweise ressourcenorientierten Perspektive ab.

Kunden werden besonders im **industriellen B-to-B-Umfeld** nicht selten als konservativ beschrieben, ihre Erwartungen als stabil und berechenbar. Sie suchen oft weniger nach neuen Produkten, sondern nach Produkten, die *„100-%ig funktionieren, unter allen Umständen [...] für die nächsten zwanzig Jahre und am liebsten so, dass sie die Geräte hinnehmen und vergessen dürfen"*. Dies gründet auch in der **Pfadabhängigkeit der Produkt- bzw. Plattformentwicklungen**: Investitionen in Produkt- und Plattforminnovationen ziehen immer auch beim Kunden größere Investitionen nach sich (Umstellung von Maschinen, Prozessen, Verfahren). Daher steigt der Innovationsdruck auch nicht sprunghaft an, sondern ist berechenbar. Innovation wird ausgelöst durch veraltete Technologien beziehungsweise Bauteile, die man zwingend ersetzen muss, oder die Innovation ist die Folge von kleineren Verbesserungen in Bezug auf die Qualität oder Kosten.

6.1.2 Strategische Führungsebene und die Bedeutung von Freiräumen

Dieser Abschnitt behandelt die Frage, welche Bedingungen vorhanden sein müssen, damit sich Freiräume auf einer strategischen Führungsebene eröffnen. Zentral sind auf dieser Ebene die finanziellen und damit auch personellen sowie materiellen Ressourcen, die das Unternehmen für Innovationsaktivitäten zu verwenden fähig ist: Kann sich das Unternehmen Gedankenspiele rund um neue Trendthemen leisten (wie zum Beispiel „Metaverse" oder „Distributed Ledger Technology"), oder muss aufgrund mangelnder Ressourcen alles jenseits der etablierten Prozesse ausgeblendet werden? Auch eröffnet bspw. eine Pionierstrategie Freiräume. Wer auf noch nicht gesättigten Märkten agiert, hat Wahlmöglichkeiten und bestimmt die Erwartungen am Markt mit. Auf einer strategischen Ebene wird auch entschieden, auf welcher Führungsebene die Verantwortung für den Innovationserfolg angesiedelt beziehungsweise wie zentral oder dezentral diese Verantwortung verteilt ist. Weiterhin entscheidet das Topmanagement, wie viel Slack in Form von Redundanz beziehungsweise der **Akzeptanz von Doppelspurigkeiten** geduldet wird, um das Flexibilisierungspotenzial des Unternehmens zu erhalten (Abschn. 5.2.5). Sind durch Lean-Management-Prozesse alle Doppelspurigkeiten automatisch beseitigt? Oder leistet sich das Unternehmen auch bewusst Experimentierräume, das heißt zum Beispiel Mitarbeitende, die nicht immer hundertprozentig ausgelastet sind? Oder richtet es großzügig definierte Vertretungsstellen ein, die dann im Rahmen von Innovationsprozessen eventuell zusätzlich zu den geplanten Ressourcen mobilisiert werden?

Die **wesentlichen Strategiedimensionen** der analysierten Unternehmen können wie folgt zusammengefasst werden:

- Innovieren in bekannten Märkten und Position der Stärke ausbauen

- Erweiterung des bestehenden Produktportfolios und keine großen Risiken eingehen
- Inkrementelles Innovieren und lange Produktlebenszyklen (PLZ) von sieben bis zwanzig Jahren – Perspektive: „Radikale Innovationen würden unsere Kunden überfordern."
- Sowohl-als-auch-Strategie: Kundenorientierung bzw. Trendorientierung und ausgeprägte Technologieorientierung
- Variierende Innovationsstrategien unter einem Dach, je nach Technologie- bzw. Marktdynamik

Auf der strategischen Führungsebene können zwei **typische Spannungsfelder** identifiziert und die **Bedeutung von Freiräumen** innerhalb dieser Spannungsfelder abgeleitet werden:

Zentrale vs. dezentrale Verantwortung für Innovationserfolg

Innovation braucht Orientierung (Pisano, 2015). Der Unternehmensleitung kommt demnach für die Innovationsfähigkeit eine entscheidende Rolle zu (Hauschildt et al., 2023, S. 71 ff.; Jansen et al., 2008, Jansen et al., 2009; Lubatkin et al., 2006). Sie gibt die strategischen Leitplanken vor (Visionen, Strategien, Innovationsziele), innerhalb derer sich die Innovationstätigkeiten – und die damit verbundenen Investitionen – abspielen. Je dezentraler die Verantwortungs-, Kompetenz- und Aufgabenverteilung für Innovationen innerhalb der Unternehmen organisiert ist, umso breiter und vielfältiger ist der Wissensbestand, auf dem sich die organisationale Innovationsfähigkeit entwickelt (Jansen et al., 2012; Rangus & Slavec, 2017). Freiräume entstehen dadurch, dass untere Managementebenen eine große Handlungsautonomie haben, im Wissen darum, dass nicht alle Initiativen kontrolliert und eng begleitet werden. Da es sich im industriellen Umfeld mehrheitlich um Mehrjahres-Innovationsziele handelt, wird in den untersuchten Unternehmen ein **delegativer Führungsstil** (Abschn. 3.6.2), der die Verantwortung für strategische Feinjustierungen auf Abteilungs- oder Projektleitungsebene delegiert, als sinnvoll erachtet.

Innovationsziele können enger oder weiter gefasst und kommuniziert werden. Je konkreter die Ziele definiert sind, desto einfacher sind sie in operative Prozesse herunterzubrechen und damit auch in Anforderungen an Führungskräfte beziehungsweise unterstützende Personen seitens des Innovations- oder Technologiemanagements (z. B. Innovation-Agents). Je diffuser die Zielvorgaben sind, desto unklarer sind die Rahmenbedingungen, um die Freiräume zur Erreichung dieser Zielvorgaben zu gestalten. Gleichzeitig entstehen gerade aufgrund von diffusen Innovationsstrategien wiederum Entwicklungsfreiräume für Innovatorinnen und Innovatoren sowie deren Vorgesetzte. Die Möglichkeit, eigenverantwortlich und dezentral Innovationsstrategien mitzugestalten und „frei" umzusetzen, erhöht die Chancen für radikalere Lösungsvorschläge.

Kundenorientierung vs. Zwang zur Erneuerung

Freiräume einzurichten mit dem Ziel, den „Experimentierraum" für radikale Innovationen auszudehnen, führt nicht immer zum Erfolg. Die Annahme, dass größere zeitliche Freiräume unmittelbar, praktisch *„auf Knopfdruck"* zur Innovationsförderung beitragen, greift oft zu kurz. Freiräume werden als Vorbedingung angesehen, um sich von rein inkrementellen Optimierungsprozessen zu lösen. Allerdings braucht es dazu Mitarbeitende, die die gewährten Freiräume auch eigenverantwortlich und eigeninitiativ nutzen und sich mit radikalen Innovationen, Markttrends oder technologischen Entwicklungen auseinandersetzen *wollen*. Ohne *„kreative Typen"* von Mitarbeitenden verpufft das Potenzial von Freiräumen. Eine Häufung dieses Mitarbeitenden-Typus ist jedoch bei der oben beschriebenen strategischen Ausprägung eher unwahrscheinlich. Jeglicher Erneuerungsdruck oder „Innovationszwang" muss in diesem Kontext sehr glaubwürdig und nachhaltig kommuniziert und unbedingt mit einer entsprechenden Personalselektions- und -entwicklungspraxis begleitet werden (Abschn. 9.5). Unternehmen versuchen häufig, diesen Spagat mit der Selektion von potenziellen Innovatorinnen und Innovatoren und deren Vernetzung in ausgewählten Innovationsteams inmitten einer ausgeprägten Qualitätsmanagement- und Prozessoptimierungskultur zu meistern. Eigeninitiatives Handeln kann die Führung generell nicht delegieren.

6.2 Innovationsstrategie und Grundlagen der Unternehmenssteuerung

Unternehmen haben sich durch Innovationen kontinuierlich oder periodisch zu erneuern, um langfristig kompetitiv zu sein; die Innovationstätigkeit geht dabei zielgerichtet vonstatten. Die Unternehmensführung muss deshalb eine **strategische Vision** über spezifische Entwicklungsräume haben und diese im Kontext potenzieller Marktveränderungen antizipieren. Basierend auf den internen Stärken und Fähigkeiten und unter Berücksichtigung der externen Marktanforderungen wird so in einer **Innovationsstrategie** (Hauschildt et al., 2023, S. 65 ff.) ein Entwicklungskorridor definiert, in dem sich das Unternehmen erneuert und in dem alle Innovationsaktivitäten gebündelt werden (Corsten et al., 2006, S. 233).

▶ Gegenstand der **Innovationsstrategie** ist zunächst die Bestimmung des Innovationsfeldes, also des für die zukünftigen Marktanforderungen und technologischen Möglichkeiten anzustrebenden optimalen Produkt- und Dienstleistungsportfolios. Zudem müssen Entscheidungen hinsichtlich des Zeitpunktes der Technologieentwicklung sowie des Markteintritts getroffen werden. Eng verbunden mit diesen strategischen Fragestellungen sind Entscheidungen zur Herkunft der notwendigen Ressourcen und Kompetenzen, inklusive der relevanten „Make-or-Buy"-Entscheidungen. Ergebnis ist oft eine Kooperationsstrategie, die das Verhältnis zu Entwicklungs- und Wertschöpfungspartnern aber auch zur Konkurrenz definiert. (Hauschildt et al., 2023, S. 66)

Eine klare Innovationsstrategie verhindert so, dass Ressourcen und Energie ergebnislos verpuffen (Pisano, 2015). Dieses Kapitel bietet Führungskräften einen **Leitfaden zur gezielten Beobachtung und Reflexion** der eigenen strategischen Praxis in Bezug auf

Innovation. Zuerst wird die Bedeutung einer innovationsorientierten Unternehmenssteuerung diskutiert, wofür der Begriff „Innovation Governance" eingeführt wird. Danach steht die strategiegeleitete Auswahl von Innovationsakteuren im Fokus. Zum Schluss werden mögliche Strategietypen und -instrumente vorgestellt und Reflexionsfragen sowie ein Fazit entwickelt.

6.2.1 Innovationsorientierte Steuerung des Unternehmens

Die Betrachtung innovationsfördernder Führung umfasst auch die oberste Führungsebene, die sich nicht mit der operativen Umsetzung von Strategien detailliert auseinandersetzt, sondern mittel- und langfristige Entwicklungen im Markt feststellt und frühzeitig eine Weichenstellung vornimmt, die das Unternehmen in eine vorteilhafte Richtung bewegt (Smith & Tushman, 2005; Lin & McDonough, 2011). Auf einer strategischen Ebene definiert die Führung auch, wie zentral oder dezentral die Verantwortung für den Innovationserfolg verteilt ist. Wenn Innovieren innerhalb von Unternehmen als komplexer, funktionsübergreifender, multidisziplinärer und (eigen)dynamischer Prozess betrachtet wird, dann stellt sich mehr als bei allen anderen unternehmerischen Aktivitäten die Frage, wie die Unternehmensführung diese Prozesse wirksam und ganzheitlich steuert und gestaltet.

Des Weiteren ist zu klären, wie sich dieser **Steuerungsanspruch in den Topmanagement-Gremien** abbildet (Deschamps, 2013a). Die nachfolgenden Fragen bieten eine Grundlage zur Reflexion und Standortbestimmung.

> **Innovation Governance: Eine Checkliste**
> Dabei geht es beispielsweise um die Beantwortung von Führungsfragen wie:
>
> - Wer verpflichtet sich in der Geschäftsführung zu Innovation?
> - Wer entscheidet über Investitionen in Innovationsaktivitäten?
> - Wie hoch sind diese Investitionen?
> - Wer übernimmt Verantwortung für welche Bereiche?
> - Wer nimmt welche Rolle im Rahmen von Innovationsprozessen ein?
> - Welche grundlegenden Werte leiten alle Innovationsinitiativen an?
> - Wie soll Innovationserfolg gemessen werden?
> - Welche Innovationsvorhaben haben strategische Priorität?
> - Welche Rolle spielt das Innovations- und Technologiemanagement?
> - Wird diese Funktion als reine Expertenfunktion betrachtet oder ist sie auf mehrere Manager, d. h. ein ganzes Führungssystem verteilt?

Zudem hat die oberste Führung die Aufgabe, immer wieder innovatorische Unsicherheit in unternehmerische Sicherheit zu verwandeln und auf der Basis dieser **selbstgeschaffenen Orientierung** die Innovationsfähigkeit immer wieder zu erneuern. Dies geschieht dadurch, dass sie einerseits Innovationsstrategien formuliert und implementiert, andererseits die Thematik auch qua ihrer Persönlichkeit beispielhaft repräsentiert. Hinter diesem Ansatz steht die Einsicht, dass Unternehmen durch ihre in Interaktionen geprägte strategische Wirklichkeit die für ihre Innovationen relevanten Umwelten mitgestalten. Im täglichen Austausch mit anderen „Systempartnern" (Nagel & Wimmer, 2002, S. 21) wird eine bestimmte **Innovationsidentität** geprägt, welche entweder durch Fortführung gestärkt oder durch eine Abweichung im Innovationsverhalten verändert werden kann.

Gemäß Weidmann und Armutat (2008, S. 75) hat sich gezeigt, dass bei **erfolgreichen Unternehmensstrategien** in innovativen Bereichen:

1. diese unter Integration eines großen Personenkreises entwickelt werden,
2. die beteiligten Personen jeweils einen unterschiedlichen professionellen Hintergrund haben und in verschiedenen Unternehmensbereichen arbeiten und
3. die Strategiekomponenten einen sehr flexiblen Charakter haben.

Diversität im Unternehmensleitungsteam durch unterschiedliche funktionale Hintergründe oder durch unterschiedliche Erfahrung im Industriesektor oder in der Führung hat einen Einfluss auf die Entwicklung der Innovationsstrategie. In einem Topmanagement-Team, das sich durch Diversität auszeichnet, fließen unterschiedliche Informations- und Wissensbausteine zusammen und Chancen auf Innovation können besser erkannt und weiterverfolgt werden. Homogene Unternehmensleitungsteams stützen und stabilisieren eher den Status quo (Hauschildt et al., 2023, S. 70–71).

> Die Diversität in der Komposition von Topmanagement-Teams (Guo et al., 2018) kann verschiedene Formen von Wissen und Entscheidungsstile hervorbringen und dies kann sich positiv auf die Unternehmensperformance auswirken (Ndofor et al., 2015). Heterogenität kann jedoch auch Spannungen und Konflikte auslösen, die die Teamleistung negativ beeinflussen (Li & Hambrick, 2005).

Angesichts dieser widersprüchlichen Ergebnisse wird Diversität daher in verschiedene Formen eingeteilt, so zum Beispiel in sichtbare, aber nicht arbeitsplatzbezogene Merkmale (z. B. Alter oder Geschlecht), und weniger sichtbare, aber stark arbeitsplatzbezogene Merkmale (z. B. Funktions- und Bildungshintergrund). Einige Studien legen nahe, dass diese Merkmale zu unterschiedlichen Innovationsleistungen führen können (Bengtsson et al., 2020; Pelled, 1996). Vordergründige Vielfalt führt oft zu Klassifizierung und Stereotypen unter den Teammitgliedern und löst affektive Konflikte aus, was zu negativen Ergebnissen führt, wohingegen Attribute auf der Tiefenebene die kognitiven Konflikte eines Teams eher verstärken und zu positiven Ergebnissen führen (Bengtsson et al., 2020; Roberson et al., 2017).

Warum sind unterschiedliche Sichtweisen so zentral? Weil sie die Komplexität unternehmerischer Wirklichkeit zu erfassen vermögen und einseitige, ideologisch geprägte Annahmen einzelner Entscheidungsträger erkennen und hinterfragen können. So partizipativ und konsensbasiert wie möglich fließen die Anforderungen der Innovationsstrategie in verschiedene Unternehmensbereiche – im InnoLEAD-Modell unterteilt in die organisationale Dimension, in der die Organisationsstruktur und -kultur passend zur Strategie ausgerichtet werden. Weiterhin beeinflusst die strategische Dimension die Art und Weise der Führung und stellt spezifische Anforderungen an die personalen Kompetenzen von Innovatorinnen und Innovatoren sowie deren Vorgesetzte.

Die Praxis innovationsverantwortlicher Führungskräfte ist oft geprägt von Nichtwissen und **Unsicherheit** in Bezug auf die innovationsstrategische Ausrichtung des Unternehmens, die Bewertung von Führungsinstrumenten im Hinblick auf deren Wirkung auf die Innovationsdynamik, die Begutachtung von einzelnen Entwicklungsschritten im Innovationsprozess oder die Vernetzungsmöglichkeiten mit externen Partnern. Wenn die Innovationsstrategie diffus bleibt und nicht explizit formuliert wird, bleiben auch alle innovationsfördernden Maßnahmen diffus. Infolgedessen können die Mitarbeitenden den **Sinn hinter den Maßnahmen** nicht klar rekonstruieren.

Die **strategische Steuerung** von Innovation stellt insbesondere für Großunternehmen, die ein sehr breites und hoch diversifiziertes Produktangebot vermarkten, eine Herausforderung dar. Gerade in diesem Organisationstyp werden aufgrund von verschiedenen Technologie- und Marktdynamiken sowie von Kundenbedürfnissen oft mehrere Innovationsstrategien gleichzeitig nebeneinander balanciert. Da dieses Ausbalancieren inklusive der damit verbundenen Risikobewertungen nicht eine Führungsperson allein leiten und verantworten kann, braucht es eine „Governance" dieser komplexen Innovationssysteme. Mit der Begriffswahl „Governance" wird auch klar, dass die Verantwortung für die Innovationsfähigkeit nicht nach unten delegiert wird, sondern klar beim Topmanagement liegt (Deschamps, 2013a). Hauschild und Salomo (2011) sprechen in diesem Zusammenhang vom **„Innovationssystem der Unternehmung"** (S. 57), betonen aber ebenso wie Deschamps die ganzheitliche Ausrichtung der Unternehmen auf Innovation. Gemäß Hauschildt und Salomo (2011) versteht man unter einem integrierten Innovationssystem das „Positions- und Kompetenzgefüge" sowie „das Kommunikations- und Interaktionsgefüge des Innovationsmanagements" (S. 57).

▶ Unter **Innovation Governance** versteht man eine multiperspektivische Betrachtung von Innovation, die in vielen Bereichen eine kohärente Führungskommunikation und -aktivität voraussetzt. Innovation Governance kann als System funktionsübergreifender Entscheidungsprozesse verstanden werden, das alle Innovationsaktivitäten steuert und die Erreichung der strategischen Ziele sichert.

Häufig wird Innovation auf die Entwicklung neuer Technologien und Produkte reduziert; dabei werden andere Innovationstypen vergessen. Die Aufgabe von **Senior Managern** besteht darin, sicherzustellen, dass eine Unternehmung nicht nur in den erwähnten Bereichen Technologie und Produkte innoviert, sondern den Innovationsradius auch auf weitere mögliche Bereiche des Unternehmens ausdehnt. Häufig entstehen nachhaltige Wettbewerbsvorteile durch die Kombinationen verschiedener Technologien, Produkte oder Dienstleistungen. Entwicklungen in einem Bereich beflügeln Entwicklungen in einem anderen (Deschamps, 2013a). Zu solchen Kombinationsinnovationen zählen bspw. das Produkt Apple iPod und die Dienstleistung iTunes.

Van Ruyssevelt (2010) unterstreicht bei seinen Ausführungen zu Innovation Governance, dass es folgenreiche Lücken zwischen den (gut gemeinten) Bestrebungen der Führungskräfte und dem effektiven organisationalen Verhalten im Innovationskontext gibt, die nicht allein durch ein versiertes Innovationsmanagement überwunden werden können. Mit der Forderung nach einer Innovation Governance wird ein umfassenderes Verständnis von Innovationsvorgängen im Unternehmen unterstrichen. Um diese Lücke zu füllen, braucht es neben Prozessoptimierungen auch kulturelle Umgestaltungen sowie Änderungen im Mitarbeitendenverhalten. Gemäß Barsh et al. (2008) muss das Topmanagement deshalb folgende Punkte realisieren:

- Integration bzw. Aufnahme der Thematik Innovation in die eigene strategische Agenda und Übernahme einer Vorbildfunktion.
- Aufbau eines Netzwerks mit Innovatoren sowie Förderung und Unterstützung von Innovation Leaders.
- Förderung der Experimentierfreude und Akzeptieren von Fehlschlägen, um daraus zu lernen.

Dadurch verbinden die Mitarbeitenden positive Erfahrungen mit Innovation.

Mit Abb. 6.2 lässt sich die oberste Ebene der Innovationsführung abbilden (Deschamps, 2013a). Die strategische Steuerung eines Innovationssystems startet mit dem Aufbau einer nachvollziehbaren und verständlichen Vision und einer Strategie für die Innovation, welche die Freiräume für die Entwicklung neuer Produkte oder Dienstleistungen umreißen. Diese Phase wird begleitet von der Reflexion dreier zentraler Fragen:

1. **Warum innovieren wir?** Diese Frage kann das Topmanagement meist rasch beantworten. Aber haben alle Mitarbeitenden im Unternehmen das gleiche, klare Verständnis der Innovationsziele? Kennt und teilt jeder im Unternehmen diese Ziele und versteht die Gründe, warum das Unternehmen so und nicht anders innoviert?
2. **Wo suchen wir nach Innovation?** Worauf fokussiert sich die Suche und wo liegen die Prioritäten bei der Suche nach neuen Ideen? Was verlangt die Geschäftsstrategie?

Abb. 6.2 Der Spielraum von Innovation Governance. (Quelle: in Anlehnung an Deschamps, 2013a)

Soll sich das Unternehmen auf die Entwicklung neuer Produkte, neuer Dienstleistungen, robusterer Geschäftsmodelle oder eher auf die Senkung der Produktionskosten konzentrieren?

3. **Wie viel Innovation wollen wir?** Dabei geht es um die Definition der Risiko- und Investitionsbereitschaft der Unternehmung und die Bestimmung des angestrebten Innovationsgrades bzw. auch die mögliche Festlegung, sowohl radikale als auch inkrementelle Innovationsvorhaben zu fördern. Die Antworten müssen allen Organisationsmitgliedern bewusst sein, damit sowohl die Handlungsfreiräume in Bezug auf die Risikobereitschaft der gesamten Organisation abgestimmt werden können als auch die Anerkennung von Leistungen im Rahmen der Ideenentwicklung zur strategischen Ausrichtung passt.

Danach müssen Unternehmen sukzessiv die passenden Fähigkeiten aufbauen und entwickeln, welche die wirksame Gestaltung dieser Freiräume möglich machen.

Dabei stellen sich ebenfalls drei Fragen:

1. **Wie können wir wirksamer innovieren?** Darunter fallen v. a. Fragen zur Beschleunigung von Innovationsprozessen, Time-to-Market etc.
2. **Mit wem sollen wir innovieren?** Hier stellt sich die Frage, mit welchen internen oder externen Partnern das Innovationsvorhaben realisiert werden soll.
3. **Wer ist für was verantwortlich in Bezug auf Innovation?** Hierbei wird geklärt, wer welche Aufgabe im Bereich des Innovationsmanagements übernimmt

Damit die entwickelte innovationsstrategische Ausrichtung umsetzbar ist, sind grundsätzliche Fähigkeiten zu entwickeln. Es ist unabdingbar, dass *alle* Mitarbeitenden Teillösungen für unternehmerische Herausforderungen beisteuern. Die Steuerung der Umsetzung einer definierten Innovationsstrategie macht dann zum Beispiel die Messung verschiedener Entwicklungsindikatoren nötig, um Fortschritte kontrollieren zu können.

Dass Innovationsführung auf höchster Ebene erfolgversprechend ist, hat van Ruyssevelt (2010) belegt. In einer Studie wies er nach, dass die positiven Effekte einer Anwendung von Innovation Governance messbare Gewinne erzielen:

- 75–85 % Erfolgsrate bei neuen Produkten im Vergleich zu vorherigen 50 %,
- 15–30 % schnellere Innovationsdurchlaufzeit und
- 75–100 % höherer Wert der Produktportfolios.

Die Zielklarheit ist wesentlich für eine klare Ausrichtung des Unternehmens insgesamt und der Innovationsstrategien insbesondere. Probleme können aber auf dieser Ebene entstehen, wenn in Publikumsgesellschaften die Informationsasymmetrie zwischen Aktionären beziehungsweise Eigentümern der Firma und dem Management groß ist und wenn vor diesem Hintergrund Unklarheit bezüglich der anzustrebenden Innovationsziele herrscht. Dies wirkt sich vor allem bei Unternehmen nachteilig aus, die in Marktsegmenten tätig sind, die einem steten und schnellen Wandel unterliegen. Hier müssen die **Freiheitsgrade des Managements** so ausgestaltet sein, dass es innovationsstrategische Veränderungen innerhalb angemessener Fristen ausarbeiten kann, ohne deshalb den Fokus der Geschäftstätigkeit zu häufig neu auszurichten (Bitar, 2003, S. 8). Insgesamt liegen zu diesem Thema erste Erkenntnisbausteine vor (Belloc, 2012). Belloc (2012, S. 837) hat in einer Metastudie verschiedene Studien zum Thema Innovation und Corporate Governance untersucht und darin insbesondere **drei Hauptdimensionen** eruiert, die einen Einfluss auf die Innovationsfähigkeit haben:

- die Besitzverhältnisse eines Unternehmens,
- die Finanzierung der Innovationstätigkeit und
- die Incentivierung der Mitarbeitenden im Innovationskontext.

Die Schlussfolgerungen aus diesen Studien ergeben kein kohärentes Bild, sondern sind teilweise widersprüchlich. Bezüglich der Besitzverhältnisse wird in verschiedenen Studien ein positiver Einfluss auf die Innovationsfähigkeit von Großunternehmen vor allem dann gesehen, wenn die Unternehmen in der Hand von nur wenigen Besitzern sind und das Aktionariat aus Investoren mit langen Anlagehorizonten besteht (bspw. Pensionskassen). Bezüglich der finanziellen Dimensionen wurde festgestellt, dass der Einkauf von Know-how durch Übernahmen von Unternehmen sich tendenziell negativ auswirkt, weil dadurch die langfristigen Investitionsüberlegungen unterminiert werden (Belloc, 2012). Um ein besseres Verständnis der Wirkmechanismen zwischen Besitzverhältnissen und Innovationsfähigkeit zu erhalten, sind noch weitere Studien notwendig.

6.2.2 Innovationsakteure strategiegeleitet definieren

Neben den oben skizzierten Fragen zur Innovation Governance stellt sich auch die Frage, wer in einem Innovationsführungssystem Verantwortung für Innovationserfolge beziehungsweise Innovationsprozesse trägt (Deschamps, 2013b; Pisano, 2015). Der Titel dieses Buches lautet: „Innovation Leadership": Aber wer sind diese Innovation Leaders? Diese Frage wird anhand der Abb. 6.3 diskutiert. Auf der vertikalen Achse ist die Frage der Verantwortung in Relation zum Hierarchielevel verortet, auf der horizontalen Achse sind vier Kategorien im Hinblick auf die Anzahl der Personen, die für den Innovationserfolg verantwortlich sind, definiert.

Anhand der Abbildung lassen sich nun **verschiedene Führungskonstellationen** durchspielen.

Das **Modell „Topmanagement-Team"** beziehungsweise eine Untergruppe des Topmanagements ist das am häufigsten vorkommende Modell (Deschamps, 2013b; Smith & Tushman, 2005). Die Zusammensetzung dieser Gruppe variiert je nach Unternehmen und dessen innovationsstrategischer Ausrichtung (Smith & Tushman, 2005). Auch variiert der Grad der Formalität dieser Verortung der Innovationsverantwortung. In der schwächsten Ausprägung der Formalisierung werden Innovationsthemen wie alle anderen Themen auch in den regulären Geschäftsleitungssitzungen thematisiert. Es ist auf der Traktandenliste, hat aber kein spezifisches Zeitfenster. In der stärksten formalen Ausprägung werden Geschäftsleitungssitzungen ausschließlich zu Innovationsthemen abgehalten und es findet ein Austausch unter Geschäftsleitungsmitgliedern statt, die verschiedene Innovationsprojekte leiten. Meistens geht es auf dieser hierarchischen Ebene um Projekte mit einer hohen Risikobehaftung und um Innovations*themen*. Innovations*prozess*fragen werden meistens auf der mittleren Führungsebene verantwortet.

Das **Modell „CEO als Innovationskönig"** ist das zweithäufigste Modell. Meistens füllen diese Rolle charismatische Führungspersonen aus, oft die Unternehmensgründer selbst. Unter der Führung von Steve Jobs hätte niemand bei Apple dessen Führungsrolle in Bezug auf Innovation angezweifelt. Wenn solche charismatischen Führungspersonen

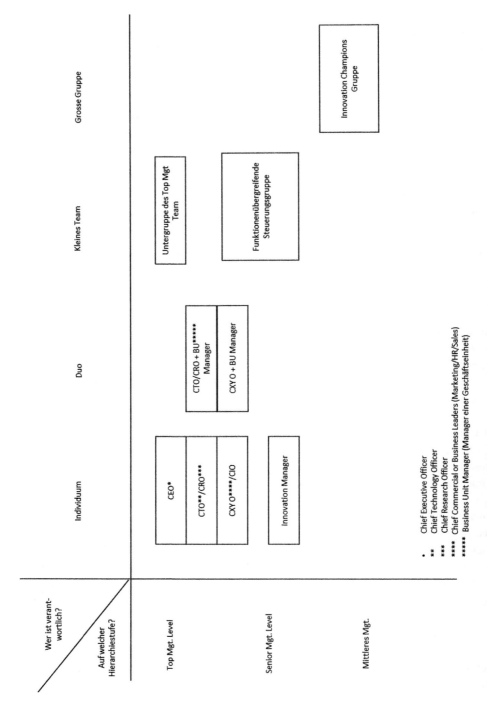

Abb. 6.3 Innovation Leadership Akteure. (Quelle: in Anlehnung an Deschamps, 2013b)

abtreten, stellt sich dann häufig die Frage, ob das Innovation-Governance-Modell umgestellt werden muss und die Verantwortung eventuell auf mehrere Schultern zu verteilen ist. Wenn der CEO selbst für Innovation steht, dann ist die Botschaft meistens für alle Organisationsmitglieder klar: Innovation hat alleroberste Priorität (Deschamps, 2013b).

Das **Modell „Funktionenübergreifende Steuerungsgruppe", „Innovation Committee"** oder auch **„Innovation Governance Board"** tritt in verschiedenen Ausprägungen auf. Auch müssen nicht alle Gruppenmitglieder aus dem Topmanagement kommen. Meistens wird eine derartige Steuerungsgruppe jedoch von einem Mitglied des Topmanagement-Teams geleitet, nicht selten vom CTO oder vom CRO. Ansonsten setzt sich die Steuerungsgruppe auf der Basis der jeweiligen Funktionsleitung (Leiter/in HR, Leiter/in Marketing, Leiter/in Produktion usw.), der persönlichen Neigung und des Commitments zu Innovation zusammen (Deschamps, 2013b).

Das **Modell „CTO/CRO als Innovationschampion"** findet man häufig in forschungs- und technologiegetriebenen beziehungsweise ingenieurswissenschaftlich ausgerichteten Unternehmen. Meistens haben diese Unternehmen eine eigene CTO/CRO-Abteilung (häufig sind das Stabsabteilungen) mit diversen Experten in Bezug auf Innovationsthemen und Innovationsprozesse. In diesen Abteilungen werden Technologie-Roadmaps, Technologie-Scouting-Aktivitäten, Innovationscontrolling-Maßnahmen oder auch Wissensmanagementaktivitäten durchgeführt. Meistens unterstützt ein Netzwerk von F&E-Leitenden und Leitungspersonen verschiedener Geschäftseinheiten die CTOs. Teilweise fokussieren sich diese Stellen auch auf technologiebasierte Zukäufe von innovativen Firmen und Geschäftsmodellinnovationen. Meistens fühlen sich diese Stellen aber nicht verantwortlich für eine integrierte Umsetzung der Innovationsstrategie, das heißt, diese Stellen sind in der Regel weder in kulturelle noch strukturelle Wandelprozesse zur Innovationsförderung integriert.

Das **Modell „Innovationsmanager"** oder **„Chief Innovation Officer"** ist eine weitere Führungskonstellation: Wenn eine Unternehmung einen Teilzeit- oder Vollzeit-Innovationsmanager einstellt, dann ist diese Stelle oftmals nicht der Linie zugeordnet. Meistens agieren die professionellen Innovationsmanager als Katalysatoren beziehungsweise als Support-Stelle für die Linie. Das heißt, sie unterstützen Linienmanager dabei, ihre Innovationsziele effektiv und effizient umzusetzen. Meistens kommen die Innovationsmanager aus den Funktionsbereichen F&E oder Marketing. Vielfach übernehmen sie die Verantwortung für die Erhebung und Auswertung von Innovationskennzahlen, leiten daraus Maßnahmen ab und stehen der Linienführung beratend zur Seite. Das Innovationsmanager-Modell kommt häufiger vor als das CIO-Modell. CIOs rapportieren meist direkt dem CEO und sind dem Topmanagement-Team angegliedert. CIOs oder Vice Presidents for Innovation verfügen meist über mehr Ressourcen als Innovationsmanager und haben mehr Einfluss im Board. Häufig sind CIOs verantwortlich für Innovationsförderungsmaßnahmen wie „Business Incubators", „Innovation Labs" oder „Innovation Hubs". Sie sind sowohl für den Inhalt als auch den Prozess zuständig.

Das **Modell „Innovation-Champions-Gruppe"** beschreibt ein Leitungsteam, das sich meistens aus eigeninitiativen, intrinsisch motivierten mittleren bis oberen Führungskräften zusammensetzt, die Spaß an der Weiterentwicklung neuer Ideen haben. Diese Personen müssen selbst keine neuen Ideen generieren, sondern setzen sich intern für zukunftsträchtige Ideen ein und stellen dafür ihre Erfahrung zur Verfügung. Sie sind unabhängige Enthusiasten, die sich meistens nur auf spezifische Innovationsprojekte konzentrieren. Für die Förderung aussichtsreicher Ideen gehen die Champions auch einmal Risiken ein und setzen ihre eigene Karriere aufs Spiel (wenn z. B. ein Innovationsprojekt am Ende scheitert). Man könnte diese Gruppe auch als **„echte" Intrapreneure** (Abschn. 3.6.3) interpretieren. Manche Firmen haben auch ein Innovation-Agents- oder „Innovationsgötti"-System entwickelt, das in eine ähnliche Richtung geht. Meistens agieren erfahrene, erfolgreiche Senior Manager als Mentoren für die kreativen Ideenlieferanten und unterstützen diese im Auftrag des/der CEO oder CIO.

Innovation Champions oder Innovationspromotoren haben oft eine gewisse Seniorität erreicht, das heißt eine langjährige Erfahrung in Bezug auf die Förderung von Innovationsvorhaben. Sie haben bereits eine Menge „Faustregeln" erlernt, die wichtig sind, um intuitiv die „richtigen" Ideen weniger erfahrener Innovatorinnen und Innovatoren zu fördern. **Innovationspromotoren** vereinen oft Eigenschaften wie Kommunikationsfähigkeit, Durchsetzungsstärke, Organisationstalent, machtpolitische Fähigkeiten usw. All diese Eigenschaften nehmen im Alter nicht ab, sondern eher zu. In der Forschung und Entwicklung ist häufig zu beobachten, dass gerade ältere Mitarbeitende Funktionen des Forschungs- und Bildungsmanagements übernehmen (Schuler & Görlich, 2007, S. 43). Man könnte auch sagen, dass mit zunehmender Betriebszugehörigkeit und zunehmendem Lebensalter gerade in der F&E der Fokus auf individuellen Statuserwerb und individuelle Fachreputation vom Fokus auf Beziehungsgestaltung usw. abgelöst wird. Diese Unterstützungsleistungen von Promotoren korrelieren oft signifikant mit dem Innovationserfolg (Kriegesmann et al., 2007, S. 69).

Innovation Agents übernehmen demgegenüber oft die Verantwortung, Innovation in unterschiedlichen Formen auf allen Stufen zum Thema zu machen. Sie etablieren so **„bottom-up"** eine Lernkultur, welche die Freiräume jenseits der Betriebslogik nutzt, um so das Thema der Innovation zu einer unhinterfragbaren organisationalen Handlungslogik werden zu lassen. Sie unterstützen Mitarbeitende aktiv bei der Selbstorganisation von Freiräumen im Sinne von Hilfe zur Eigeninitiative und Hilfe bei der Einführung von Innovationsmanagement-Methoden.

Innovationsagenten erwecken gemeinsam mit den Linienführungskräften (mittleres Management), Projektführungskräften (untere Managementebene) und Projektmitarbeitenden Innovationsstrategien zum Leben und setzen diese operativ um. Dabei werden auch Strategien entwickelt, wie man die Bedeutung der Innovationsfähigkeit symbolisch aufladen, das heißt geschickt Innovationswerte nach innen „transformieren" kann (Abschn. 3.6.1). Die Agenten haben auch die Aufgabe, die Innovatorinnen und Innovatoren mit externen Experten zusammenzubringen. Sie sind intern wie auch extern bestens vernetzt und informieren sich auch in zahlreichen Erfahrungsaustauschmeetings und durch den Besuch verschiedener interner und externer Plattformen ständig weiter in Bezug auf Good Practices.

Beim **Modell „Duo"** stehen zwei Personen im Tandem in der Verantwortung. Dieses Modell kommt nicht so häufig vor. Die Idee dahinter ist jedoch einfach: Wenn Innovationsprozesse mehrheitlich auf mehreren Disziplinen basieren und funktionsübergreifend realisiert werden, dann sollten auch unterschiedliche Perspektiven in der Führung zusammenlaufen. Meistens arbeitet in diesem Modell eine technisch orientierte mit einer marketingorientierten Führungsperson zusammen.

Natürlich existiert – vor allem in kleinen und mittleren Unternehmen – auch das **Modell „Keiner ist formal verantwortlich"**. Dabei wird häufig argumentiert, dass Innovation jedes Organisationsmitglied angeht und kein zu delegierendes Gestaltungsfeld darstellt. Innovation wird dann als Selbstverständlichkeit betrachtet, und jeder sollte sich dafür verantwortlich fühlen und Innovation fördern. Dies kann auch nur temporär der Fall sein, zum Beispiel in einer wirtschaftlichen Krise des Unternehmens (Deschamps, 2013b).

Auch existieren häufig **Mischformen** der oben beschriebenen Verantwortungsmodelle. Führungsstellen in diesem Bereich werden auch oft als Teilzeitstellen ausgeübt. Klar ist, dass eine Reflexion der Frage: **„Wer trägt die Verantwortung für Innovationserfolg in unserem Unternehmen?"** auf mittlerer und oberer Führungsebene absolut zentral ist für eine wirksame Innovationsführung. Wer Innovationsstrategien, Maßnahmen zur Umsetzung und Innovationscontrolling-Maßnahmen definiert, der muss auch sorgfältig klären, wer die Verantwortung für den Innovationserfolg übernimmt, wie auch immer „Erfolg" definiert wird.

Wichtig ist zudem auch die Frage, ob die Verantwortung ausschließlich an eine Spezialisten-Stelle (Technologie- oder Innovationsmanager) delegiert wird oder ob die Verantwortungsträger in der Linie zu verorten sind. Letzteres wird in der Innovationsforschung nicht selten als Voraussetzung für eine integrierte und damit nachhaltige Förderung der Innovationsfähigkeit betrachtet.

▶Unter **innovationsverantwortlichen Führungskräften** verstehen wir Führungspersonen, welche die Aufgabe haben, die Zukunftsvision bzw. die strategische Ausrichtung des Unternehmens mit der Innovationsdynamik in Einklang zu bringen, und die versuchen, über die Beziehungsgestaltung zu ihren Unterstellten ihre Innovationsziele zu erreichen. Eine rein operative Verantwortung für den korrekten Ablauf von Innovationsprozessen im Sinne einer reinen Strukturierungs-, Standardisierungs- oder Kontrollaufgabe entspricht eher dem Aufgabenportfolio eines Innovations- oder Technologiemanagers (Abschn. 3.5).

Gemäß Ailin und Lindgren (2008) gilt: „Innovation leadership depends on organizational competences and encourages the exploration and exploitation of external sources of competences, i. e. network partners" (S. 97). Innovation Leadership bezieht sich auf Führungspersonen, die eine Strategie entwickeln, strategisch relevante Beziehungsnetze knüpfen und das Engagement aufbringen, etwas Neues umzusetzen, um einen

Mehrwert für ihre Organisation zu schaffen. Die Hauptaufgabe dieser Führungskräfte besteht darin, Innovationsprozesse und alle damit verbundenen Aufgaben strategisch zu leiten (Alsolami et al., 2016; Ailin & Lindgren, 2008; Deschamps, 2003), Mitarbeitende zu motivieren, ihre Innovationspotenziale auszuschöpfen, ihnen passende Rollen zuzuweisen, Feedback zu deren Innovationsleistungen zu geben und ein vertrauensvolles Klima zu schaffen (Carmeli et al., 2010). Weiterhin unterstützen innovationsverantwortliche Führungskräfte kontinuierliche wie auch diskontinuierliche Innovationsinitiativen und verfolgen eine langfristige Innovationsstrategie (Lin & McDonough, 2011).

6.2.3 Innovationsstrategien entwickeln: Strategietypen und -instrumente

Im Folgenden gilt es, die Strategieentwicklung genauer in den Blick zu nehmen. Die Führung ist gezwungen, Entscheidungen über die Zukunft zu treffen, von der sie keine vollständigen Informationen hat. Des Weiteren werden verschiedene Strategietypen definiert und deren Verbindung zu Technologielebenszyklen dargelegt.

6.2.3.1 Strategieentwicklung zwischen Wissen und Nichtwissen

Halten wir gleich zu Beginn fest: Dem Anspruch der Entwicklung einer Innovationsstrategie beziehungsweise deren Reflexion wohnt eine Paradoxie inne. Wie bereits im Abschn. 2.4.2 ausgeführt, lässt sich nämlich die Zukunftsfähigkeit von Innovationen im Voraus nicht abklären. Innovationsstrategische Festlegungen werden notgedrungen immer mit einem hohen Anteil an Nichtwissen getroffen und sind somit immer auch riskant. Zudem existieren in mittleren und großen Unternehmen nicht selten mehrere Innovationsstrategien unter einem Dach, die oft nicht genügend orientiert werden oder sogar gegenläufig sind. Darüber hinaus sind auch Innovationsstrategien einem Wandel unterworfen und müssen bspw. im Rahmen einer Entwicklungsallianz oder aufgrund des Zukaufs eines Unternehmens sehr rasch den neuen Realitäten angepasst werden, ohne dass jedoch der Eindruck von Ziellosigkeit entstehen darf. Führungspersonen haben die Aufgabe, diese Unsicherheit mit Entscheidungen zu stabilisieren. Nagel und Wimmer halten vor diesem Hintergrund fest:

> Dieses ständige, sich auf Rationalität berufende Herstellen von Gewissheit bei gleichzeitigem Wissen um die Unausweichlichkeit von Unsicherheit ist zum Kerngeschäft der Führung geworden. [...] Strategieentwicklung ist ein besonders prominentes Anwendungsfeld für dieses faszinierende **Oszillieren zwischen Wissen und Nichtwissen** im Herbeiführen von Entscheidungen, die als orientierungsstiftende Prämissen für weitere Entscheidungen im Alltag fungieren sollen. (Nagel & Wimmer, 2002, S. 11, Hervorhebung durch die Autoren)

An diesem Grundproblem orientieren sich die nachfolgenden Ausführungen.

6.2 Innovationsstrategie und Grundlagen der Unternehmenssteuerung

▶ Strategieentwickler müssen mit der **Paradoxie, der Dynamik und der Vielfalt von strategischen Ausrichtungen** tagtäglich fertig werden und dabei versuchen, die innovationsstrategische Ausrichtung immer wieder in ein logisch stringentes Fundament zu gießen – wohlwissend, dass sich alles auch ganz anders entwickeln könnte und wahrscheinlich auch wird.

Ein logisch stringentes Instrument ist die **Stärken- und Schwächenanalyse**. In der internen Stärken- und Schwächenanalyse geht es in erster Linie darum, die unternehmensspezifischen Kernkompetenzen zu klären und sichtbar zu machen. Kernkompetenzen sind die Fähigkeiten und Kenntnisse, die Unternehmen auszeichnen und sie von Konkurrenten unterscheiden. Es sind „elitär beherrschte und entsprechend wirksam nutzbare Fähigkeiten" (Stern & Jaberg, 2007, S. 241).

[Prahalad und Hamel (1990) definieren Kernkompetenzen anhand dreier Kriterien:

- Kernkompetenzen sind Fähigkeiten, die nicht nur auf einen Markt ausgerichtet sind, sondern auch die Entwicklung eines Zugangs zu ganz neuen Märkten erlauben würden.
- Kernkompetenzen haben einen wichtigen Anteil daran, dass der Kundennutzen im Endprodukt erhöht wird.
- Kernkompetenzen können Mitbewerber und andere Marktplayer nur schwer kopieren.

Kernkompetenzen lassen sich in einem Analyseprozess ermitteln. Dieser besteht aus einer detaillierten Untersuchung des gesamten Wertschöpfungsprozesses, der im Unternehmen stattfindet, um ein ganzheitliches Bild der Leistungserbringung zu erhalten. Corsten et al. (2006) streichen vor allem drei Sichtweisen heraus, die vertieft analysiert werden und zu einem Gesamtbild beitragen:

a) die funktionsbezogene Sicht, die vor allem die Stärken- und Schwächenprofile der verschiedenen Funktionsbereiche berücksichtigt (F&E, Marketing, Produktion etc.)
b) die wertschöpfungsbezogene Sicht, die in erster Linie die (häufig ineinander verschränkten) Wertschöpfungsaktivitäten innerhalb des Unternehmens fokussiert
c) die ressourcenorientierte Sicht, die die kritischen Ressourcen des Unternehmens verdeutlicht (Corsten et al., 2006, S. 255 ff.)

Auf diese Weise wird sichergestellt, dass die zu definierende Strategie auf einem internen Stärkenprofil aufbaut.

▶ Die Entwicklung einer erfolgversprechenden **Innovationsstrategie** berücksichtigt aber nicht nur die internen Stärken und Kernkompetenzen. Das Umfeld des Unternehmens, die externen Bedingungen und sich ankündigende Veränderungen müssen ebenfalls in die Innovationsstrategie mit einfließen. In diesem Bereich schafft eine Umweltanalyse Klarheit. Dieses Vorgehen untersucht, wie sich das unternehmerische Umfeld präsentiert und welche Entwicklungen plausiblerweise zu erwarten sind. Dabei fließen vor allem Aspekte ein, die Märkte nachhaltig prägen und verändern und deshalb auch auf längere Sicht die Tätigkeit sowie die Marktchancen von Unternehmen beeinflussen. Zu nennen sind hier insbesondere ökologische, technologische, gesellschaftliche und sozio-kulturelle Aspekte des Zielmarkts. Dazu gehört heute auch immer mehr eine Technologiefolgenabschätzung zur mittel- und langfristigen Risikoanalyse. Daneben gilt es aber auch, die anderen Marktteilnehmer zu beobachten und deren Entwicklungsschritte zu verfolgen (Corsten et al., 2006, S. 252 ff.).

Die externe und die interne Perspektive sind zusammenzubringen, um nutz- und umsetzbare Erkenntnisse zu erarbeiten. Die Portfolioanalyse ist hierbei ein probates Instrument, um die strategischen Geschäftsfelder mit den internen Kernkompetenzen abzugleichen. Die Portfoliotechnik hat sich in der Unternehmenspraxis durchgesetzt, weil sie auf anschauliche Weise einen Überblick über das gesamte Spektrum der Tätigkeiten und deren Passung zu einzelnen Geschäftsfeldern zulässt. Auf diese Weise können umsetzbare Teilstrategien für spezifische Geschäftsbereiche abgeleitet werden (Gelbmann & Vorbach, 2003).

In der Umsetzung bedeutet die Portfoliotechnik, dass das Angebot eines Unternehmens in strategische Geschäftseinheiten unterteilt wird und dann für die einzelnen Zweige die ganz spezifischen Marktbedingungen und Chancen eruiert werden. Strategische Geschäftseinheiten bestehen dabei aus einem Bündel von einzelnen Produkten, passenden Dienstleistungen oder kombinierten Angeboten, die für den Kunden eine konkrete Funktion erfüllen. Dabei stehen diese Angebote auf dem Markt in Konkurrenz mit anderen Anbietern (Gelbmann & Vorbach, 2003). In der Analysephase werden nun die unternehmensinternen und -externen Informationen für die verschiedenen strategischen Geschäftsfelder gesammelt und ausgewertet. Die Erkenntnisse werden dann in ein Koordinatensystem eingepflegt, in dem die Umweltvariablen und die Bewertung der internen Stärkeanalyse dargestellt werden. Die strategischen Geschäftseinheiten (SGE) erhalten so zum Analysezeitpunkt eine unterschiedliche Positionierung (Macharzina, 1999, S. 262; siehe Abb. 6.4). Aufgrund dieser Verortung lassen sich dann spezifische Vorgehensweisen für die einzelnen Geschäftseinheiten ableiten.

Grundsätzlich müssen Unternehmen sich ständig in diesem Kräftefeld zwischen internen Kernkompetenzen und externen Marktanforderungen positionieren. Man unterscheidet hierbei aufgrund der innovationsauslösenden Impulse zwischen Technology-Push-

6.2 Innovationsstrategie und Grundlagen der Unternehmenssteuerung

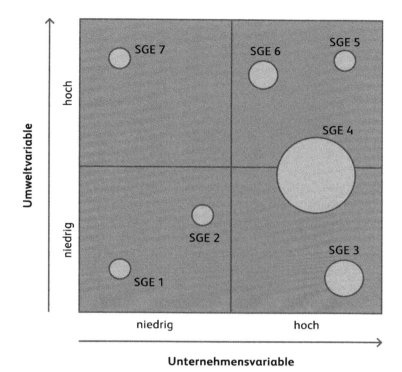

Abb. 6.4 Grundaufbau der Portfoliotechnik. (Quelle: Macharzina, 1999, S. 262)

oder Market-Pull-Innovationen. Wenn sich die Innovationstätigkeit maßgeblich auf die internen Kompetenzen stützt, dann spricht man von Technology-Push-Innovationen. Dabei werden neue Angebote aufgrund klaren technologischen Fortschritts entwickelt und vermarktet. Sie setzen sich aufgrund augenfälliger Vorteile von selbst durch. Wenn sich die Innovationstätigkeit maßgeblich auf die Kompetenz stützt, dass die Marktsituation gut verstanden wird, dann spricht man von Market-Pull-Innovationen. Es werden Angebote für neu entstehende Märkte oder für vielversprechende Marktlücken entwickelt (Bergmann & Daub, 2006, S. 73).

6.2.3.2 Strategietypen

Innovationsstrategien unterscheiden sich auch in puncto Markteintritt und prädefiniertes Innovationsverhalten am Markt. Die verschiedenen Rollen, die ein Unternehmen in diesem Bereich einnehmen kann, werden uneinheitlich abgegrenzt und bezeichnet. So unterscheidet Trott (1998, S. 201 ff.):

1. *Innovation Leaders* (im Sinne einer strategischen Innovationsführerschaft des gesamten Unternehmens), die eine offensive Innovationsstrategie pflegen,

2. *Fast Followers*, die eher eine defensive Strategie umsetzen,
3. *Kostenminimierer*, die am Markt insbesondere preislich konkurrieren wollen und als Imitierer auftreten, und
4. *Spezialisten*, die sich in eine Marktnische begeben und dort ganz spezifischen Anforderungen genügen wollen.

Bergmann und Daub hingegen (2006, S. 72 ff.) sprechen von Pionierstrategien, Second-Best-Strategien und Late Followers. Disselkamp (2005, S. 64 ff.) unterscheidet Pioniere, frühe Folger, Modifizierer und Nachzügler, um die verschiedenen Rollen zu kategorisieren. All diesen Ansätzen ist gemein, dass – unabhängig von der letztlich gewählten Bezeichnung – eine *zeitliche Dimension* und eine *stetig ablaufende Marktentwicklung* mitgedacht werden. Die verschiedenen Strategien lassen sich so anhand eines Produktlebenszyklus (oder Technologielebenszyklus) verorten (vgl. Abb. 6.5).

Pioniere zeichnen sich in diesem Verständnis dadurch aus, dass sie neue Technologien oder Produkte als Erste auf den Markt bringen und damit ein hohes Risiko eingehen. Sie nehmen die Gefahr des Scheiterns ihres Produkts oder ihrer neuen technologischen Lösung auf sich. Für sie ist das Risiko der Innovationstätigkeit am stärksten ausgeprägt. Im Erfolgsfall profitieren sie im Gegenzug von einer ersten Phase, in der sie als Monopolist auf dem Markt hohe Preise erzielen können. Damit werden die Aufwendungen in der Forschungs- und Entwicklungsphase und der frühen Kommerzialisierungsphase

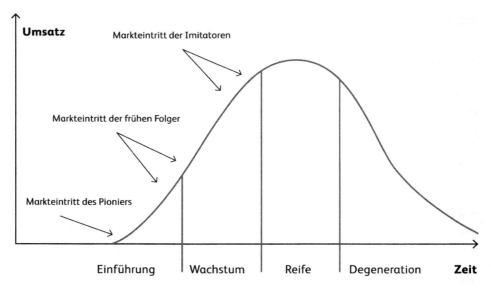

Abb. 6.5 Timing in Bezug auf den Produktlebenszyklus. 2003 (Quelle: Gelbmann und Vorbach, zitiert in Strebel, S. 170)

refinanziert. Zudem profitieren Pioniere einerseits vom Wissenszuwachs für künftige Entwicklungen und setzen andererseits Marktstandards, an denen die Nachfolger gemessen werden.

> **Pioniere oder: Nur das Neue zählt**
>
> Innovationen, die auf fortschrittlichen Technologien basieren, sind nicht selten ihrer Zeit voraus. Deshalb ist das einseitige Setzen auf interne Kompetenzen ohne Berücksichtigung externer Faktoren problematisch. Ein Beispiel hierfür ist High-Definition-Fernsehen (HDTV) oder Telekommunikationsangebote wie Voice-over-IP (VoIP). Unternehmen wie Philips oder Sony drängten mit ihren Produkten als Pioniere auf einen Markt, der diese neuartigen Angebote noch gar nicht annehmen konnte. So fielen bei diesen Firmen Entwicklungskosten an den Endgeräten in Milliardenhöhe an, die sie bereits Anfang der 1990er-Jahre auf den Markt gebracht hatten. Aber die beiden Unternehmen konnten zu dem Zeitpunkt noch nicht die Früchte ihrer Entwicklung ernten. Andere komplementäre Systeme oder Rundfunkstandards waren noch nicht hinreichend entwickelt beziehungsweise implementiert, sodass die meisten Zielgruppen die Endgeräte nicht nutzen konnten (Weidmann & Armutat, 2008, S. 73).◄

Die frühen Folger sind die ersten Nutznießer von Pioniertätigkeiten. Sie müssen aber ebenfalls über eine hohe Technologiekompetenz verfügen, um Neuentwicklungen schnell nachzuvollziehen und auf die Marktveränderung zu reagieren. Der Vorteil dabei ist, dass man als früher Folger bereits auf erste Erfahrungen mit dem neuen Produkt oder der neuen Technologie zurückgreifen kann. So werden sowohl Risiko als auch Entwicklungskosten verringert. Frühe Folger müssen aber über ein ausgeprägtes Sensorium für ihr Marktumfeld verfügen, um mit dieser Strategie erfolgreich zu sein.

Späte Folger oder Imitatoren greifen zum Schluss der Wachstumsphase auf ein bestehendes Know-how zurück und profitieren so von den Erfahrungen und dem akkumulierten Wissen der Vorgänger. Späte Folger versuchen deshalb oft, sich mit Tiefpreisstrategien zu etablieren und die bestehenden Anbieter auf diese Weise herauszufordern. Für sie stehen eher Preis-Mengen-Strategien im Vordergrund, die sich auf effiziente Produktionsprozesse stützen (Gelbmann & Vorbach, 2003).

6.2.3.3 Innovationsstrategien und Lebenszyklus-Modelle

Das Angebot eines jeden Unternehmens ist einem Alterungsprozess unterworfen, und auch Technologien durchlaufen Lebenszyklen. Das „Alter" von Kerntechnologien muss demnach in einer umfassenden Portfolioanalyse mitberücksichtigt werden. Beispielhaft für die Darstellung solcher Alterungsprozesse soll das Modell von Ford und Ryan (1981) angeführt werden (vgl. Abb. 6.6).

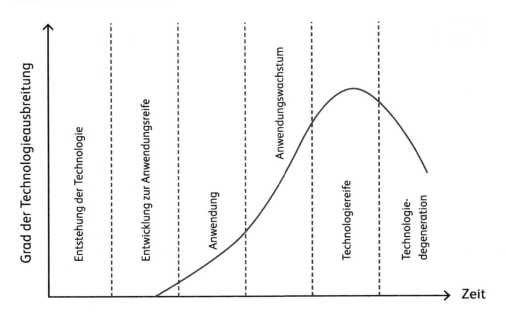

Abb. 6.6 Technologielebenszyklus. (Quelle: Ford & Ryan, 1981)

In diesem Modell werden sechs verschiedene Phasen eines Technologielebenszyklus dargestellt. In der Entstehungsphase geht es vor allem darum, ganz neue technologische Lösungen und Angebote zu entwickeln. In dieser Frühphase, die sich durch hohe Unsicherheit auszeichnet, ist schon früh zu entscheiden, ob das nötige Wissen für ganz neue Entwicklungen innerhalb der Unternehmung aufgebaut werden kann oder ob gegebenenfalls das nötige Know-how eingekauft werden soll. Je nach Marktbedingungen und eigener Technologieposition kann es für Unternehmen von Vorteil sein, Entwicklungen nicht selbst zu finanzieren und umzusetzen, wenn Basistechnologien auch eingekauft werden können (Gelbmann & Vorbach, 2003). In der folgenden Entwicklungsphase wird die neue Technologie in einem mehr oder weniger klar definierten Prozess zur Marktreife gebracht. In der Anwendungsphase und der folgenden Wachstumsphase werden die neuen Produkte oder produktspezifischen Dienstleistungsangebote am Markt platziert und im besten Fall auch durchgesetzt. In der Reifephase ist das neue Angebot am Zenit seines Erfolgs, Verbesserungen und Optimierungen können nun nur noch in kleinen Schritten erfolgen. Zu diesem Zeitpunkt setzt dann auch die Degenerationsphase ein: Das einst erfolgreiche Angebot wird schrittweise durch neue verdrängt und vielleicht irgendwann ganz ersetzt (Corsten et al., 2006, S. 346). Die Gesamtdauer solcher Lebenszyklen ist je nach Markt und Technologie unterschiedlich lang, Alterungsprozesse finden aber immer statt.

6.3 Fazit und Reflexionsfragen

Innovationsstrategien und die Auswahl strategischer Innovationsakteure haben zusammenfassend einen bedeutenden Einfluss auf alle weiteren organisationalen und personalen Gestaltungsfaktoren für die Schaffung innovatorischer Freiräume (Pisano, 2015). Die grundlegende Idee, wie Innovation im Kontext einer langfristigen Lern- und Wachstumsperspektive des Unternehmens zu verstehen ist, kommt in der Vision, der Innovationsstrategie und den Innovationszielen zum Ausdruck. Auf der Topmanagement-Ebene muss ein klares Verständnis in Bezug auf die Bedeutung von Innovation vorhanden sein (Smith & Tushman, 2005). Auch wenn der Innovation eine geringe Bedeutung für die zukünftige Entwicklung beigemessen wird, empfiehlt es sich, diese Haltung gegenüber den Geführten klar zu kommunizieren. Es gibt auch Unternehmen, die keine klare Innovationsstrategie formulieren. Solche Unternehmen akzeptieren diese „strategische Lücke" oft ganz bewusst und haben eine ziemlich klare Vorstellung davon, was oder wer diese Lücke füllt und welche Chancen und Risiken damit verbunden sind. Auch der Verzicht auf eine Innovationsstrategie kann natürlich Gestaltungsfreiräume eröffnen.

Aber die empirischen Ergebnisse zeigen deutlich, dass Mitarbeitende Freiräume nur dann sinnvoll zur Innovationsförderung nutzen können, wenn die strategischen Leitplanken klar formuliert sind. „Sage mir, wie eine Reise beginnt, und ich sage dir, wie sie enden wird", lautet eine Volksweisheit (Nagel & Wimmer, 2002, S. 125). Diese Weisheit sollten auch die Unternehmensstrategen in Bezug auf den unsichersten Leistungsbereich ihres Unternehmens berücksichtigen. Wenn Innovationsstrategien offiziell formuliert werden, ist die Glaubwürdigkeit der strategischen Akteure und ihrer Aktivitäten als Fundament für alle weiteren Maßnahmen zur Innovationsförderung enorm wichtig. Ein zentraler Aspekt, der die Glaubwürdigkeit der innovationsstrategischen Ausrichtung und der Innovation Leaders aus der Perspektive der Mitarbeitenden maßgeblich beeinflusst, ist der für Innovationstätigkeiten zur Verfügung stehende **Slack** (Abschn. 5.2.5). Nur vor dem Hintergrund ausreichend großer **finanzieller, personeller und materieller Spielräume** können überhaupt methodische und zeitliche Freiräume sowie Kooperationsfreiräume als Gestaltungsfeld der Führung gedacht werden. Viele Unternehmen haben sich als „suchende Innovatoren" diese finanziellen Spielräume durch eine hohe Anzahl inkrementeller Innovationen und eine sehr hohe Kundenorientierung erarbeitet und investieren von diesen finanziellen Mitteln immer wieder einen hohen Prozentsatz in die Entwicklung von neuen Ideen. In traditionelleren Unternehmen, beispielsweise in der Industrie, wird das Risiko einer Pionierstrategie selten in Kauf genommen, vielmehr agieren die Unternehmen eher abwartend aus der zweiten Reihe. Die großen strategischen Gestaltungsfreiräume entstehen so nicht, aber die strategischen Freiheitsgrade, die im Wettbewerb als Fast Follower übrig bleiben, reichen für die Zukunftsentwicklung aktuell in vielen Branchen noch aus.

Zentral ist, dass die Führung auch immer wieder eine „Bottom-up"-Perspektive einnimmt, immer wieder alle potenziellen organisationalen und personellen Ressourcen in die innovationsstrategische Ausrichtung miteinbezieht und vor allem kommunikative

Bedingungen schafft, die dies ermöglichen. Zentral ist hier eine Überprüfung, wie der **Dialog zwischen den Hierarchieebenen und zwischen den einzelnen Funktionsbereichen** in Bezug auf die innovationsstrategische Ausrichtung organisiert ist (Smith & Tushman, 2005). In welchen Kommunikationsgefäßen werden die innovationsstrategischen Schlüsseleinschätzungen erörtert? Wo können Widersprüche, Spannungsfelder oder Paradoxien bei der Umsetzung von Innovationsstrategien zum Ausdruck kommen? Arbeiten Mitglieder oder Assistierende der Geschäftsleitung in den Diskussionen der einzelnen Geschäftseinheiten mit? Wie funktioniert die Aufwärtskommunikation von Forschenden und Entwicklern „nach oben"? Insbesondere bei Konkurrenz um knappe Ressourcen spielt eine transparente Kommunikation darüber, für welche Innovationsvorhaben strategische Mittel eingesetzt werden, eine zentrale Rolle.

Nachfolgend sind **zwei „Checklisten"** zur Überprüfung und Reflexion der eigenen Strategiepraxis aufgeführt. Erstere bezieht sich ganz grundsätzlich auf die strategische Steuerung des Unternehmens als Innovationssystem, und letztere bezieht sich konkreter auf das strategische Management in Abhängigkeit von der jeweiligen Innovationsstrategie.

Führungspersonen, die an der Gestaltung von Innovationsstrategien mitwirken, sollten diese Fragen schlüssig beantworten können.

Reflexionsfragen „Strategische Steuerung des Unternehmens als Innovationssystem"

Überdenken Sie, wie Sie Ihr Unternehmen als Innovationssystem steuern, und reflektieren Sie folgende Fragen:

1. *Vision des Unternehmens:* Warum wollen Sie innovieren? Vereinen Sie mit dieser Frage die in Ihrem Unternehmen herrschenden unterschiedlichen Perspektiven und fokussieren Sie auf ein Ziel.
2. *Fokus und Prioritäten:* Wo suchen Sie nach Innovationen? Was verstehen Sie in Ihrem Unternehmen unter Innovation und was brauchen Sie, um sie realisieren zu können? Schaffen Sie mit dieser Frage Klarheit über Innovationsziele.
3. *Intensität und Risikobereitschaft:* Wie viel „Innovation" ist Ihr Ziel? Innovationsinitiativen können auch scheitern und so zu Kosten statt neuen Erträgen führen. Wägen Sie ab, welchen Grad an Innovationstätigkeit Sie anstreben und wie groß Ihre Risikobereitschaft ist.
4. *Instrumente und Prozesse:* Wie können Sie effektiver innovieren? Überprüfen Sie periodisch Ihre Innovationsprozesse und -vorgaben. Wie wird die Innovation im Unternehmen konkret umgesetzt? Und fragen Sie sich, ob diese Vorgaben noch zeitgemäß sind oder ob Sie Gefahr laufen, dass die Markt- und Technologierealität Ihr Innovationsinstrumentarium überholt.
5. *Partnerschaften und Kooperation:* Mit wem könnten Sie innovieren? Überlegen Sie sich, mit welchen anderen Unternehmen und Partnern Sie heute in anderen Kontexten schon arbeiten. Könnten diese Beziehungen, in denen bereits Vertrauen

aufgebaut wurde, auch für Innovationszwecke genutzt werden? Und welche potenziellen Partner kennen Sie noch nicht? Bedenken Sie dabei, dass der Aufbau von Netzwerken Zeit braucht. Hat Ihre Organisation überhaupt diesen zeitlichen Freiraum, und welches wären die Anreize zur Vernetzung?
6. *Verantwortlichkeiten:* Wer ist für die Innovationsfähigkeit des Unternehmens verantwortlich? Überlegen Sie sich, wie die Verantwortlichkeiten verteilt sind und wie diese Leistung überhaupt gemessen werden kann.

Quelle: Fragen angelehnt an Deschamps (2013a)

Reflexionsfragen „Innovationsstrategie und strategisches Management"

Überdenken Sie Ihre Innovationsstrategie und reflektieren Sie folgende Fragen:

1. *Kernkompetenzen des Unternehmens:* Was ist Ihre Kernkompetenz? Was können Sie, was Ihre Mitbewerber nicht können? Klären Sie mit dieser Frage die Stärken, die Ihnen einen entscheidenden Marktvorteil verschaffen, und bauen Sie darauf auf.
   - Welches sind Ihre strategischen Geschäftseinheiten?
   - Wo können Sie Ihre Produkte oder Angebotsbündel verorten?
2. *Portfolioanalyse:* Welches sind für jede strategische Einheit die Aussichten am Markt? Klären Sie in Ihrem Unternehmen, in welchen Bereichen Innovation und Erneuerung notwendig ist, und priorisieren Sie diese Bereiche.
3. *Innovationsstrategie:* Welche strategische Rolle wollen Sie auf welchem Markt spielen? Zu welchem Zeitpunkt wollen Sie Ihre neuen Leistungsangebote auf den Markt bringen? Vermeiden Sie es, zu viele parallellaufende Innovationsaktivitäten zu starten. Jedes Innovationsvorhaben benötigt eine hohe Aufmerksamkeit, einen hohen Kommunikations- und Abstimmungsaufwand und Risikoabwägungen seitens der Führung.
4. *Ressourcenallokation:* Wie setzen Sie Prioritäten, sodass jedes Innovationsvorhaben genügend Spielraum erhält? Schaffen Sie in Ihrem Unternehmen Klarheit über „strategische Umsetzungslücken".
   - Passen Ihre strukturellen und kulturellen Bedingungen zur gewählten Strategie?
   - Haben Sie die Fähigkeiten für die strategische Umsetzung?
5. *Strategischer Fit:* Stimmt die Personalstrategie mit Ihrer Innovationsstrategie überein? Klären Sie im Unternehmen, ob Sie alle zentralen Know-how-Träger:innen und alle laufenden Innovationsinitiativen in die Strategiediskussion miteinbezogen haben.
   - Ist sichergestellt, dass alle vorhandenen Wissensquellen genutzt werden?
   - Sind die formellen und informellen Innovationspromotoren bzw. -agenten angemessen eingebunden?

- Wie ist innerhalb der Organisation Transparenz bezüglich laufender Innovationsvorhaben sichergestellt?
6. *Change-Management-Kompetenzen:* Klären Sie im Unternehmen, welche zentralen Widersprüche durch neue Innovationsvorhaben ausgelöst werden. Welche Change-Management-Kompetenzen müssen parallel aufgebaut werden?
   - Welche Widerstände wird das Innovationsvorhaben auslösen?
   - Wie gehen Sie in der Geschäftsleitung damit um?
   - Wie kann das Unternehmen potenzielle „Verlierer" (z. B. durch Abwertung von Know-how) proaktiv in Veränderungsprozesse einbinden, die mit der Entwicklung der Innovation zusammenhängen?

In den folgenden Ausführungen wird nun ausgehend von der strategischen Führungsebene auf die strukturellen Bedingungen von Innovation in Unternehmen und die damit verbundenen Führungsaufgaben zur Innovationsförderung eingegangen.

Literatur

Ailin, M., & Lindgren, P. (2008). Conceptualizing strategic innovation leadership for competitive survival and excellence. *Journal of Knowledge Globalization, 1*(2), 87–108.

Alsolami, H. A., Cheng, K., & Twalh, A. (2016). Revisiting innovation leadership. *Open Journal of Leadership, 5*(2), 31–38.

Barsh, J., Capozzi, M. M., & Davidson, J. (2008). Leadership and innovation. *McKinsey Quarterly, 1*, 36–47.

Behne, A., Heinrich Beinke, J., & Teuteberg, F. (2021). A framework for cross-industry innovation: Transferring technologies between industries. *International Journal of Innovation and Technology Management, 18*(03), 2150011.

Belloc, F. (2012). Corporate governance and innovation: A survey. *Journal of Economic Surveys, 26*(5), 835–864.

Bengtsson, M., Raza-Ullah, T., & Srivastava, M. K. (2020). Looking Different vs Thinking Differently: Impact of TMT Diversity on Coopetition Capability. *Long Range Planning, 53*(1), 101857.

Bergmann, G., & Daub, J. (2006). *Systemisches Innovations- und Kompetenzmanagement: Grundlagen – Prozesse – Perspektiven* (1. Aufl.). Gabler.

Bitar, J. (2003). The impacts of corporate governance on innovation: Strategy in turbulent environments. *HEC Montreal Cahier de Recherche*, No. 05-01.

Carmeli, A., Gelbard, R., & Gefen, D. (2010). The importance of innovation leadership in cultivating strategic fit and enhancing firm performance. *The Leadership Quarterly, 21*(3), 339–349.

Corsten, H., Gössinger, R., & Schneider, H. (2006). *Grundlagen des Innovationsmanagements*. Franz Vahlen.

Deschamps, J. P. (2003). Innovation and leadership. In L. V. Shavinina (Hrsg.), *The international handbook on innovation* (S. 815–834). Elsevier.

Deschamps, J.-P. (2013a). *What is innovation governance? – Definition and scope.* http://www.innovationmanagement.se/2013a/05/03/what-is-innovation-governance-definition-and-scope. Zugegriffen: 21. Jan. 2023.

Deschamps, J.-P. (2013b). *9 different models in use for innovation governance.* http://www.innovationmanagement.se/2013b/05/08/9-different-models-in-use-for-innovation-governance. Zugegriffen: 21. Jan. 2023.

Dingler, A., & Enkel, E. (2016). Cross-industry innovation. In T. Abele (Hrsg.), *Die frühe Phase des Innovationsprozesses* (S. 109–122). Springer Gabler.

Disselkamp, M. (2005). *Innovationsmanagement. Instrumente und Methoden zur Umsetzung im Unternehmen.* Gabler.

Ford, D., & Ryan, C. (1981). Taking technology to market. *Harvard Business Review, 59*(2), 117–126.

Frese, M., & Keith, N. (2015). Action errors, error management, and learning in organizations. *Annual Review of Psychology, 66*(1), 661–687.

Gelbmann, U., & Vorbach, S. (2003). Strategisches Innovations- und Technologiemanagement. In H. Strebel (Hrsg.), *Innovations- und Technologiemanagement* (S. 93–209). WUV Universitätsverlag.

Gerpott, T. J. (2005). *Strategisches Technologie- und Innovationsmanagement* (2. Aufl.). Schäffer-Poeschel.

Guo, B., Pang, X., & Li, W. (2018). The role of top management team diversity in shaping the performance of business model innovation: A threshold effect. *Technology Analysis & Strategic Management, 30*(2), 241–253.

Hauschildt, J., & Salomo, S. (2011). *Innovationsmanagement* (5. Aufl.). Vahlen.

Hauschildt, J., Salomo, S., Schultz, C., & Kock, A. (2023). *Innovationsmanagement* (7. Aufl.). Vahlen.

Jansen, J. J. P., George, G., Van den Bosch, F. A. J., & Volberda, H. W. (2008). Senior team attributes and organizational ambidexterity: The moderating role of transformational leadership. *Journal of Management Studies, 45*(5), 982–1007.

Jansen, J. J. P., Simsek, Z., & Cao, Q. (2012). Ambidexterity and performance in multiunit contexts: Cross-level moderating effects of structural and resource attributes. *Strategic Management Journal, 33*(11), 1286–1303.

Jansen, J. J. P., Vera, D., & Crossan, M. (2009). Strategic leadership for exploration and exploitation: The moderating role of environmental dynamism. *The Leadership Quarterly, 20*(1), 5–18.

Kaudela-Baum, S., & Wolf, P. (2010). Innovationsstrategien in KMU. Typologien und Handlungsempfehlungen für Führungskräfte. *KMU Magazin, 13*, 106–109.

Kriegesmann, B., Kerka, F., & Kley, T. (2007). Orientierung für den Aufbruch zu Neuem – Zur Kultur des Umgangs mit Innovationsideen in den früheren Phasen von Innovationsprozessen. In B. Kriegesmann & F. Kerka (Hrsg.), *Innovationskulturen für den Aufbruch zu Neuem. Missverständnisse – praktische Erfahrungen – Handlungsfelder des Innovationsmanagements* (S. 47–84). Gabler.

Li, J., & Hambrick, D. C. (2005). Factional groups: A new vantage on demographic faultlines, conflict, and disintegration in work teams. *Academy of Management Journal, 48*(5), 794–813.

Lin, H.-E., & McDonough, E. F., III. (2011). Investigating the role of leadership and organizational culture in fostering innovation ambidexterity. *IEEE Transactions on Engineering Management, 58*(3), 497–509.

Lubatkin, M. H., Simsek, Z., Ling, Y., & Veiga, J. F. (2006). Ambidexterity and performance in small- to medium-sized firms: The pivotal role of top management team behavioral integration. *Journal of Management, 32*(5), 646–672.

Macharzina, K. (1999). *Unternehmensführung. Das internationale Managementwissen, Konzepte – Methoden – Praxis* (3. Aufl.). Gabler.

Nagel, R., & Wimmer, R. (2002). *Systemische Strategieentwicklung. Modelle und Instrumente für Berater und Entscheider.* Klett-Cotta.

Ndofor, H., Sirmon, D., & He, X. (2015). Utilizing the firm's resources: How TMT heterogeneity and resulting faultlines affect TMT tasks? *Strategic Management Journal, 36*, 1656–1674.

Pisano, G. P. (2015). You need an innovation strategy. *Harvard Business Review, 93*(6), 44–54.

Prahalad, C. K., & Hamel, G. (1990). The core competence of the corporation. *Harvard Business Review, 68*(3), 79–91.

Raisch, S., & Birkinshaw, J. (2008). Organizational ambidexterity: Antecedents, outcomes, and moderators. *Journal of Management, 34*(3), 375–409.

Rangus, K., & Slavec, A. (2017). The interplay of decentralization, employee involvement and absorptive capacity on firms' innovation and business performance. *Technological Forecasting & Social Change, 120*, 195–203.

Roberson, Q., Holmes, O., & Perry, J. L. (2017). Transforming research on diversity and firm performance: A dynamic capabilities perspective. *Academy Management Annals, 11*(1), 189–216.

Schuler, H., & Görlich, Y. (2007). *Kreativität. Ursachen, Messung, Förderung und Umsetzung in Innovation.* Hogrefe.

Smith, W. K., & Tushman, M. L. (2005). Managing strategic contradictions: A top management model for managing innovation streams. *Organization Science, 16*(5), 522–536.

Stern, T., & Jaberg, H. (2007). *Erfolgreiches Innovationsmanagement. Erfolgsfaktoren – Grundmuster – Fallbeispiele.* Gabler.

Tidd, J., & Bessant, J. (2021). *Managing innovation.* Wiley.

Trott, P. (1998). *Innovation management and new product development* (4. Aufl.). Pearson Professional Limited.

Välikangas, L., Hoegl, M., & Gibbert, M. (2009). Why learning from failure isn't easy (and what to do about it): Innovation trauma at sun microsystems. *European Management Journal, 27*(4), 225–233.

Van Ruyssevelt, F. (2010). *Innovation governance: Aligning strategy, ideation and execution for better business results.* White Paper. Sopheon. https://consumergoods.com/innovation-governance-aligning-strategy-ideation-and-execution-better-business-results. Zugegriffen: 21. Jan. 2023.

Weidmann, R., & Armutat, S. (2008). *Gedankenblitz und Kreativität – Ideen für ein innovationsförderndes Personalmanagement.* Bertelsmann.

7 InnoLEAD-Gestaltungsfeld 3: Strukturelle Dimension der innovationsfördernden Führung

Innovatorische Freiräume werden nicht nur in der alltäglichen Führungsarbeit eingeräumt, sie fließen auch in die Aufbau- und Ablauforganisation in Unternehmen ein. Die Gestaltung innovationsfördernder struktureller Bedingungen und die Berücksichtigung öffnender und schließender Führungsweisen stehen im Folgenden im Fokus. *Erstens* werden Wahrnehmungen von Führenden und Geführten in Bezug auf die innovationsfördernde Wirkung von Organisationsstrukturen präsentiert (Perspektiven aus der Praxis). *Zweitens* wird ein Blick auf grundlegende innovationsfördernde Strukturen und typische Prozessmodelle zur Gestaltung von Innovationsvorhaben geworfen. Insbesondere liegt das Augenmerk auf der Strukturierung von Innovationsprozessen. *Drittens* werden Implikationen für die jeweiligen Führungsaufgaben bei der Gestaltung innovationsfördernder Strukturen beschrieben. Den Abschluss bilden das Fazit und Reflexionsfragen.

Im Zentrum der nachfolgenden Ausführungen steht die grundlegende Herausforderung für Führungskräfte – und das gilt vor allem in Anlehnung an die Perspektive der „Beidhändigkeit" in der Führung von ambidextren Organisationen (Abschn. 2.4.1) –, die Dringlichkeit von Routine- und Innovationsaufgaben in der Gestaltung von Organisationsstrukturen gleichzeitig abzubilden. Diese Form der Führung beziehungsweise des „Grenzmanagements" (Abschn. 2.4.2) zwischen einem „Business-Betriebssystem" und einem „Innovations-Betriebssystem" gehört zu den zentralen Führungsaufgaben eines Innovation Leaders. In Abb. 7.1 ist der Bezug zum InnoLEAD-Modell noch einmal gesondert dargestellt.

In den nachfolgenden Kapiteln steht diese „duale" Perspektive im Zentrum der Diskussion.

198 7 InnoLEAD-Gestaltungsfeld 3: Strukturelle Dimension …

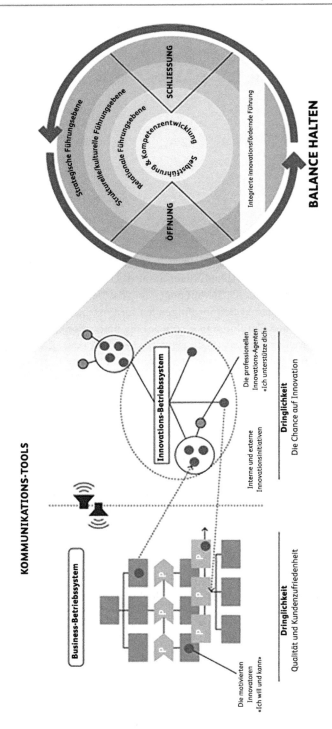

Abb. 7.1 InnoLEAD-Gestaltungsfeld 3: Strukturelle Führungsebene

7.1 Innovationsfördernde Strukturen: Grundlagen

Organisationen, in denen Innovationen stattfinden, legen mit ihren Strukturen eine Grundlage für die Form und auch den Verlauf von Innovationen, doch bestimmen sie deren Entwicklung nicht vollständig. Denn soziale Systeme sind „eigensinnige lebendige Einheiten, die ihren historisch gewachsenen Erfolgsmustern folgen" (Nagel & Wimmer, 2002, S. 18). Diese Muster bestimmen auch, wie Innovationsvorhaben systemintern verarbeitet werden.

Die Gestaltung innovationsfördernder Strukturen bewegt sich deshalb immer im Spannungsfeld zwischen **Effizienz** bei der gegenwärtigen Ausführung von Routineaufgaben im Rahmen des Kerngeschäfts und der **Offenheit** zur Förderung von Innovationsvorhaben, um die Zukunftsfähigkeit des Unternehmens zu sichern. Grundsätzlich kann eine Differenzierung in mechanische und organische Organisationsstrukturen vorgenommen werden (Burns & Stalker, 1961). Diese Differenzierung wird einleitend vertieft, danach wird der Fokus auf die Verflachung von Hierarchie zur Förderung von Innovationen gelegt. Zum Schluss folgt eine Diskussion zu den Prozessstrukturen.

7.1.1 Mechanische versus organische Systeme

Wie bereits in Abschn. 2.3 eingeführt, werden Unternehmen als soziale Systeme betrachtet. Sie sind nicht durch mechanische, sondern durch organische Strukturen geprägt.

Mechanische Strukturen sind für einen Innovationskontext denkbar ungeeignet, denn sie eignen sich für die Bearbeitung repetitiver Aufgaben. Je mehr standardisierte Aufgaben anfallen, desto stärker tendieren Unternehmen zur Ausbildung von Formalismen und hierarchischen Strukturen. In solchen Kontexten werden Spezialistentum und eine genaue Beschreibung von Rechten und Pflichten gefördert (Morgan, 2002). Bei der Aufgabenkoordination und Ressourcenallokation dominiert eine vertikal orientierte Kommunikation. „Mechanische Systeme neigen zur Inflexibilität: Sie sind nur bedingt improvisationsfähig, reaktionsträge und beharrlich" (Lühring, 2007, S. 138).

Organische Systeme lassen sich hingegen durch eine Evolutionsfähigkeit charakterisieren, mit der sie sich in Form von Selbstorganisation (Abschn. 2.3.2) ständig an dynamische Umweltbedingungen anpassen. Organische Systeme sind lebendige, offene Systeme, die sich insbesondere dazu eignen, Nicht-Routineaufgaben zu bearbeiten (Morgan, 2002). Unter der Perspektive der „Offenheit" werden die Schlüsselbeziehungen zwischen der Umwelt und dem internen Funktionieren des Systems hervorgehoben. Dieser Offenheit sozialer Systeme steht die Geschlossenheit vieler physikalischer oder mechanistischer Systeme entgegen. Organische Systeme tendieren zur Entwicklung vernetzter Strukturen, die flach und dezentral organisiert sind. Mitarbeitende in organischen Systemen müssen eher generalistische Kompetenzen aufweisen und gut mit Veränderungsprozessen umgehen können. Von ihnen wird eine hohe Flexibilität und Anpassungsbereitschaft erwartet.

Im Gegensatz zu mechanischen Systemen spielt die horizontale und informelle Kommunikation eine bedeutende Rolle bei der Aufgabenkoordination und der Allokation von Ressourcen (Lühring, 2007).

Spannend ist vor dem Hintergrund der **„Balance"-These** (Abschn. 3.4), wie viel mechanische und organische Strukturen für die Innovationsförderung funktional sind. Häufig wird sehr einseitig behauptet, dass mechanische Strukturen die Innovativität verhindern und organische Strukturen sie fördern. In dieser Absolutheit lässt sich diese Aussage aber nicht vertreten, denn die Strukturtypen können sich auch wandeln.

Innovationsprojekte sind irgendwann in den „Dauervollzug" zu überführen; aus Daueraufgaben werden Innovationsprojekte (Hauschildt & Salomo, 2016, S. 87). Diese Übergänge kosten Zeit und erfordern eine intensive Begleitung durch die Führung.

7.1.2 Flache Hierarchien

Stark hierarchisch geprägte Strukturen werden eng mit Vorgaben und Überprüfung der Ergebnisse in Verbindung gebracht. Hierarchien sind dazu da, dass Mitarbeitende mit ihren Entscheidungen andere Mitarbeitende „erreichen können müssen und dass sie wissen können müssen, welche Entscheidungen im Konfliktfall zurate zu ziehen sind, um weitere Entscheidungen sicherzustellen" (Baecker, 2000, S. 242). Die **Funktion von Hierarchien** besteht demgemäß darin, **Erreichbarkeit** und **Konfliktlösung** zu gewährleisten. Wenn Entscheidungen in einem Unternehmen auch auf einem alternativen Wege koordiniert werden, zum Beispiel mit Entscheidungsformen der agilen Managementlehre (Oesterreich & Schröder, 2019), dann geht das nur, weil diese Ansätze ebenfalls einen gewissen Druck auf die Interaktion von Mitarbeitenden auswirken. Gemäß Baecker (2000) können mit flachen Hierarchien verbundene **partizipativ-delegative Führungsstile** nur funktionieren, weil man davon ausgeht, dass alle „empowerten" Mitarbeitenden im Rahmen ihrer Interaktionen mit anderen Mitarbeitenden immer *für* und nicht *gegen* das Unternehmen agieren. Das kann wiederum nur durch eine hierarchische Differenzierung sichergestellt werden, die dafür sorgt, dass alle Mitarbeitenden, „die nicht hinreichend ‚partizipativ' mitziehen, durch Entlassungsentscheidungen oder auch Entscheidungen des Ressourcenentzugs erreicht werden können" (Baecker, 2000, S. 244). Irgendwie führen also alle nicht-hierarchischen Organisationsstrukturen immer wieder auf hierarchische Strukturen zurück. Ganz ohne Hierarchie geht es nicht.

Die Umsetzung innovativer Organisationsstrukturen vollzieht sich in den meisten Unternehmen heute in der Überlagerung einer langfristig angelegten Linienorganisation **(Primärorganisation)** mit einer temporären, flexiblen, teamorientierten Struktur **(Sekundärorganisation)**. Im Rahmen der Entwicklung und Umsetzung von Innovationsvorhaben ergibt sich ein vielfältiger Koordinationsbedarf, der die besonderen Eigenschaften der Beziehungen zwischen Primär- und Sekundärstruktur zu berücksichtigen hat (Lühring,

2007). Trotz der Dominanz von Innovationsprojekten erfüllt die Hierarchie im Hintergrund oft die **Funktion der Unsicherheitsabsorption**. Diese Funktion wird eher der Gesamtorganisation zugerechnet und nicht einzelnen Einheiten, in welchen zum Beispiel Projekte lanciert werden. Man könnte auch sagen, dass die Hierarchie hintergründig die flexibleren Organisationsstrukturen von den eher unangenehmen Entscheidungen „entlastet".

Hierarchien üben klar Zwang aus und grenzen Freiheitsgrade von Mitarbeitenden ein. In stark hierarchisch geprägten Unternehmen sind die Entscheidungsfreiräume auf einige wenige Abteilungen, Stellen oder Einzelpersonen verteilt. Weiterhin sind Hierarchien geprägt von einem hohen Standardisierungs- und Formalisierungsgrad. Dieser bezieht sich auf den Umfang und die Detailliertheit mündlich und schriftlich festgelegter Regeln. Je mehr Regeln (z. B. detaillierte Pflichten- und Lastenhefte bei der Entwicklung neuer Produkte), desto geringer die Handlungsautonomie von Mitarbeitenden. Schon Thompson (1965) hat festgestellt, dass eine starke Zentralisierung von Entscheidungsfindungen, wie sie bei vorrangig hierarchischen Strukturen die Regel ist, einen negativen Einfluss auf die Innovationsfähigkeit hat. Die Verteilung von Entscheidungsfreiräumen ist ein zentrales Erfolgskriterium von Innovation.

Hierarchien wirken auch komplexitätsreduzierend und identitätsstiftend. Sie tragen aber nicht dazu bei, dass Mitarbeitende Verantwortung für die Entwicklung eigener innovativer Ideen übernehmen. Vielmehr richten sich Mitarbeitende in stark hierarchisch geprägten Unternehmen an den Entscheidungsmustern der Führung aus. In hierarchisch geprägten Unternehmen werden großzügige Entwicklungs- und Zeitbudgets oft als Zumutung erlebt. Die dort beschäftigten Mitarbeitenden meiden Entscheidungssituationen beziehungsweise Wahlfreiheit, weil sie nicht bereit sind, ein mögliches Scheitern in Kauf zu nehmen. Sie haben Angst vor Fehlern und damit verbundenen negativen Sanktionen. Hierarchien funktionieren stark über Sanktionsstrategien: Positive Handlungen werden belohnt, negative bestraft. Es ist für die Entwicklung neuer Ideen sicher nicht hilfreich, wenn sich die Mitarbeitenden vor allem mit der Vermeidung von Sanktionen auseinandersetzen und ihre Aktivitäten daran ausrichten. Kreativität basiert auf intrinsischer Motivation.

Eine Verflachung von Hierarchien führt hingegen tendenziell zu mehr Selbstverantwortung und fördert eigeninitiatives Verhalten. Gerade Netzwerkstrukturen (Abschn. 7.2.3) basieren stark auf partizipativen Ansätzen und fördern intensiver den Austausch von Ideen und das gemeinsame Entwickeln von Innovationen. Aber auch bei der Entwicklung von Netzwerktheorien im Sinne des Open-Innovation-Paradigmas (Abschn. 1.4) muss man genau verstehen, auf welcher Struktur ein Unternehmen basiert, bevor man über „Öffnung" nachdenkt. Eine Organisationsstruktur schafft einen Wiedererkennungseffekt und liefert Stabilität – eine wichtige Voraussetzung für eine organisationale Öffnung und die Gestaltung von intraorganisationalen Beziehungen zu Innovationspartnern.

Eine Verflachung von Hierarchien fördert weiterhin die Diffusion von Wissen zwischen Individuen. Wissensentwicklung und -verbreitung in Unternehmen gelingt am besten über die gemeinsame, partnerschaftliche Bearbeitung von konkreten Projekten, wie es in „Communities of Practice" der Fall ist (Brown & Duguid, 1991).

Vernetzung und flache Hierarchien beziehungsweise die **Einfachheit der Strukturen** können sogar zum obersten Führungsprinzip erhoben werden, wie das untenstehende Beispiel der Firma Gore zeigt:

> **Das Gore-Prinzip**
>
> Als Beispiel für flache Hierarchien kann die Firma Gore gelten, die ihren Verzicht auf hierarchische Strukturen zum Management-Credo erhoben hat: „No ranks, no titles." Einen der wichtigsten Erfolgsfaktoren sehen die Gründer in der Vereinfachung von Kommunikation zwischen den Mitarbeitenden. Aus diesem Grund wird die Größe der einzelnen Gore-Einheiten auf 150 Mitarbeitende begrenzt. Die Überlegung dahinter: Ab dieser Größe kennen sich die Arbeitskollegen nicht mehr, und die Kommunikation beginnt zum Problem zu werden. In vielen Firmen entwickeln sich auf diese Art und Weise „Silos": Die verschiedenen Abteilungen konzentrieren sich stark auf ihre Kernkompetenzen, und die Kommunikation zwischen den verschiedenen Einheiten verschwindet allmählich. Es sind dann neue Strukturen zu entwickeln, die den Austausch innerhalb des Unternehmens wieder anstoßen (Ideenmanagement-Tools, Workshops etc.). Der Erfolg solcher Maßnahmen ist häufig ungewiss.
>
> „Starre Strukturen müssen selbstregulierenden Systemen Platz machen, die den Kern eines sich entwickelnden, ‚fließenden' Unternehmensgefüges bilden" – so ein Zitat von Heinrich Flik, langjähriger Geschäftsführer der Gore-Niederlassung in Deutschland. Für das Gore-Modell wählt er die Metapher einer Amöbe:
>
>> Die Amöbe, deren Name sich vom altgriechischen Wort für Veränderung ableitet, nimmt ständig neue Formen an, bleibt aber nach außen klar definiert und nach innen stabil. Mit sogenannten Scheinfüßchen tastet sie sich an Nahrungspartikel heran, die sie untersucht, umschließt und schließlich absorbiert. Erweist sich der Fremdkörper als ungenießbar, zieht sie ihre Füßchen schnell wieder ein. Nach ihrem Vorbild sollen lern- und entscheidungsfähige Teams innerhalb einer Organisation, die sich kontinuierlich wandelt und auf eine hierarchische Architektur verzichtet, Marktchancen identifizieren und nutzen. Oder eben schnellstmöglich davon ablassen, falls sich eine Idee als untauglich herausstellt. Abgesehen von ein paar konsistenten Grundprinzipien scheint die Veränderung tatsächlich das Einzige zu sein, was bei Gore Bestand hat. „Bei uns ist alles in Bewegung", sagt Mira Czutka. „Eine Gruppe wächst, braucht Platz, verdrängt eine andere Gruppe, die sich daraufhin neu organisieren muss. Da braucht man die Bereitschaft, sich an neue Situationen anzupassen." Seit 13 Jahren arbeitet sie bei Gore. Alle zwei bis zweieinhalb Jahre ist sie innerhalb des Werks umgezogen. (Zwirner, 2022)

Die klare Beschränkung der Abteilungsmitglieder auf 150 stellt sicher, dass sich die Mitarbeitenden noch kennen und sich automatisch untereinander austauschen. Es müssen keine aufwendigen Kommunikationstools implementiert werden. Es ist auch offenkundig, dass die Mitarbeitenden untereinander über die Arbeitsinhalte und aktuellen Herausforderungen informiert sind. Diese Reduktion von Strukturierungsanforderungen eröffnet unter anderem die Möglichkeit, mehr Ressourcen in die Innovationsförderung zu lenken. Es bleiben mehr Freiräume, um sich mit neuen Ideen auseinanderzusetzen und neues Wissen zu erarbeiten. Die Freiräume sind klar an Fähigkeiten und Erfahrung geknüpft. Mit jedem Erfolg gewinnen die Organisationsmitglieder mehr Freiräume, und je risikoreicher die Handlungen in den Freiräumen, desto mehr Personen tragen die Entscheidung am Ende mit. So entwickelt sich mit der Zeit ein Unternehmen, in dem keine Top-down-Entscheidungen eingeübt, sondern noch selbst Entscheidungen getroffen und verantwortet werden. Und in dezentralen Strukturen, aber dadurch auch marktnahen Geschäftseinheiten, wird tendenziell relativ schnell entschieden.

Bei Gore existieren keine Dienstwege über Vorgesetzte. Die Kommunikation soll immer „one to one" stattfinden. An die Stelle von Vorgesetzten treten bei Gore sogenannte „natural leaders". Projektgruppen bilden sich eigenständig, und ein oder mehrere Mitarbeitende übernehmen die Führungsrolle. Die Berechtigung zur Übernahme der Führungsrolle gründet in der Akzeptanz der Teammitglieder. Die Aufgabe eines „natural leaders" ist die Entwicklung eines „winning teams", und diese werden von „Sponsoren" begleitet, die von den Teams selbst ausgewählt werden (Flik & Rosatzin, 2011).◄

Hauschildt und Salomo (2016) kommen zu dem Schluss, dass es **sieben Bedingungen** sind, die zu erhöhtem Innovationserfolg beitragen:

1. Systemoffenheit: Das Unternehmen soll sich nicht abschotten, sondern den Austausch mit verschiedenen Anspruchsgruppen pflegen.
2. Niedriger Organisationsgrad, um eine hohe Flexibilität zu erhalten. Arbeiten werden je nach Fähigkeiten vergeben.
3. Möglichst geringe Formalisierung der Informationsbeziehungen und ein schlanker Dienstweg.
4. Förderung der Zusammenarbeit zwischen verschiedenen Akteuren und Betroffenen. Dies fördert Problemlösung und die Durchsetzung neuer Vorschläge.
5. Konfliktbewusstsein und Konflikte produktiv zur Erarbeitung neuer Lösungen einsetzen.
6. Achtsamkeit bei der Rekrutierung und Personalförderung.
7. Kompetenzen und Verantwortung so verteilen, dass der Einzelne sich Freiräume außerhalb der routinisierten Alltagstätigkeit verschaffen kann.

7.2 Gestaltung innovationsförderlicher Strukturen als Führungsaufgabe

Nachfolgend werden zwei Perspektiven aus der Innovation-Leadership-Praxis eingehender entfaltet: einerseits die Perspektive der Dualität der strukturellen Führung zwischen „Business-Betriebssystem" und „Innovations-Betriebssystem" und die damit verbundenen Spannungsfelder sowie die Wahrnehmung von Freiräumen in Führungssituationen. Andererseits werden Beschreibungen beziehungsweise Zuschreibungen von Führenden und Geführten in Bezug auf die Gestaltung von Innovationsprozessen als elementare Strukturierungslogik fokussiert.

7.2.1 Führung zwischen zwei Betriebssystemen

In Unternehmen finden sich „duale Betriebssysteme" (Kotter, 2012): Einerseits Betriebssysteme, die eher auf Effizienz, Qualitätssicherung und Kostenminimierung ausgerichtet sind (**Business-Betriebssystem**), und andererseits Betriebssysteme, die eher auf die Entwicklung von Neuem ausgelegt und von kreativen Prozessen, Dynamik und Netzwerken geprägt sind (**Innovations-Betriebssysteme**) (Olivan & Schimpf, 2018; Plugmann, 2018; Wildhirt & Bub, 2018).

In Abb. 7.2 sind die beiden Betriebssysteme idealtypisch abgebildet: Auf der linken Seite das „Business-Betriebssystem", das eine hierarchische Struktur mit einer hohen Prozessdurchdringung und einem multiplen Projektmanagement (mit „P" gekennzeichnet) aufweist. Das Ziel in dieser Handlungslogik lautet: Kundenprojekte 100-%ig ausführen, inkrementelles Innovieren mit einem hohen Fokus auf Prozessinnovationen, Qualitätssteigerung oder Kostenreduktion. Hier laufen Six-Sigma-Programme sowie Kaizen- und Business-Exzellenz-Programme aller Art ab, immer dem Ziel der Effizienzmaximierung verpflichtet. Es finden sich aber auch in diesem „System" Mitarbeitende, die gerne ab und zu auf die „andere Seite" (gestrichelte Linie) wechseln und ein großes Kreativitäts- oder Innovationspotenzial (schwarze Punkte) aufweisen. Diese sind dazu prädestiniert, eine gewisse Zeit lang im „Innovations-Betriebssystem" zu arbeiten. Hier orientiert man sich an der Handlungslogik: Neues erschaffen, neue Produkte und Dienstleistungen entwickeln, neue Geschäftsmodelle entwerfen, mit externen Partnern und professionellen Innovationsagenten (helle Punkte innerhalb und außerhalb der Organisationsgrenze) zusammenarbeiten und neue Marktanteile mit Innovationen gewinnen. Auch von diesem System wechseln immer wieder Mitarbeitende in das Business-Betriebssystem und beschäftigen sich dort mit der Abwicklung und Umsetzung gestarteter Projekte. Gerade die Wechselmöglichkeit zwischen den Systemen ist wichtig und von der Führung sorgfältig zu organisieren.

Das „Business" verlangt nach klaren, effizienten Aufbau- und Ablaufstrukturen. Verantwortung, Weisungsbefugnisse, Schnittstellen müssen klar geregelt sein. Man versucht,

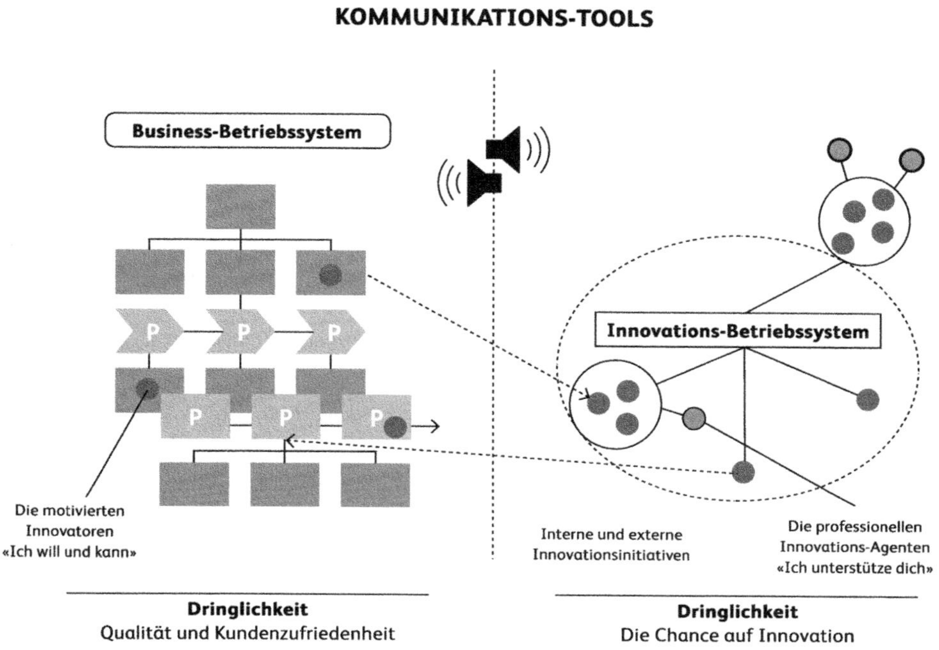

7.2 Gestaltung innovationsförderlicher Strukturen als Führungsaufgabe

KOMMUNIKATIONS-TOOLS

Business-Betriebssystem

Innovations-Betriebssystem

Die motivierten Innovatoren
«Ich will und kann»

Interne und externe Innovationsinitiativen

Die professionellen Innovations-Agenten
«Ich unterstütze dich»

Dringlichkeit
Qualität und Kundenzufriedenheit

Dringlichkeit
Die Chance auf Innovation

Abb. 7.2 Duale Betriebssysteme und Anforderungen an die Führung und Kommunikation

überall Doppelspurigkeit zu vermeiden und die Mitarbeitenden zu 100 % auszulasten. Im Zentrum stehen Berechenbarkeit und Kontinuität. Die „Innovation" verlangt hingegen nach dezentraler Verantwortung, Selbstorganisation, Netzwerkorganisation, temporären und flexiblen Strukturen, ad hoc eingerichteten Insel- beziehungsweise Ausnahmestrukturen. Entscheidend sind Kreation und Entwicklung.

Für die Führungskräfte entstehen dadurch besondere Anforderungen: Sie müssen als „Grenzgänger zwischen den Systemen" Kommunikationsinhalte beziehungsweise **Kommunikationstools** entwickeln, die für die jeweiligen Betriebssysteme funktional sind und mit deren Hilfe sie mit den oft **widersprüchlichen Anforderungen der Betriebssysteme** kompetent umgehen können. Nur so können duale Systeme zum echten strategischen Vorteil werden und nur so können Mitarbeitende ihre Rollen in den jeweiligen „Betriebssystemen" finden und ausfüllen. Führungskräfte müssen die Bedeutung der beiden Systeme auch immer aufs Neue klären, verteidigen und einfordern. Gerade wenn sich Unternehmen in einer Wachstumsphase oder in einer wirtschaftlich herausfordernden Phase befinden, wird immer wieder das Innovations-Betriebssystem auf Kosten des Business-Betriebssystems vernachlässigt.

Nachfolgend werden die typischen **innovationsfördernden strukturellen Bedingungen** noch einmal zusammengefasst:

- Zentralisierung des Innovationsmanagements: saubere Prozesse definieren, interne Kommunikation und Wissensfluss steuern
- Dezentralität und Selbstorganisation kleinerer Innovationszellen bzw. F&E-Einheiten
- Wissen sichtbar machen und vernetzen (inkl. Etablierung eines digitalen Wissensmanagements)
- Physische Treffen initiieren: Entwicklertreffen, Lerngruppen, Communities of Practice (CoP)
- Netzwerkarbeit mit Kunden, Start-up-Unternehmen, Hochschulen und anderen Stakeholdern
- Technologie- und Innovationsmanager als Netzwerker und „Innovationsreisende" in weit verzweigten Innovationsnetzwerken
- Vertriebsinformationen zentral sammeln und intern an die richtige Teilorganisation weitergeben
- Einkauf innovativer Unternehmen und Beibehaltung der ursprünglichen Organisationsstruktur, soweit es möglich ist
- Prinzip eher kleinerer Organisationseinheiten und Führung überschaubarer Innovations-Projektteams.

In der Praxis zeigt sich immer wieder: Je dezentraler die Verantwortung, desto intensiver zeigen sich Aushandlungssituationen in Bezug auf Puffer-Ressourcen beziehungsweise **Freiräume**. Entscheidungsprozesse laufen dann manchmal auf einer sehr persönlichen Ebene ab, in engem, formlosem Austausch zwischen Mitarbeitenden und Vorgesetzten – Freiräume werden so entsprechend individuell ausgelegt. Im Gegensatz dazu erlauben klare Strukturen innovatorische Freiräume, in denen Handeln jenseits von zentral definierten Prozessen und Standards explizit möglich ist (Reduktion von Zwang) und dann aber auch erwartet werden kann. Diese Freiräume können sich beispielsweise auf zeitlich und inhaltlich klar begrenzte Grundlagenprojekte beziehen. Vor einem strukturellen Hintergrund werden Freiräume auch oft als Möglichkeit zur Vernetzung über Abteilungs- und Organisationsgrenzen hinaus interpretiert (Vermehrung von Alternativen). Freiräume sind aber aus Führungssicht keine Selbstläufer. Es zeigt sich, dass sie bei fehlender Klarheit oft gar nicht wirksam genutzt werden, auch wenn die Unternehmensführung sie offiziell gewährt hat. Sind die zeitlichen Freiräume bspw. zu kurz oder zu verzettelt organisiert, kann der Wechsel ins andere „Betriebssystem" kognitiv nicht sinnvoll gemacht werden. Freiräume für Kreativarbeit oder zeitliche Freiräume werden dann immer wieder für andere Tätigkeiten unterbrochen. Sobald Mitarbeitende in beiden Betriebssystemen tätig sind, steht die Arbeit im Innovations-Betriebssystem immer unter *„Legitimitätsvorbehalt"*, das heißt *„Hauptprojekte"* gehen immer vor. Das führt zu einem andauernden Gefühl der *„Zerrissenheit"* der Grenzgänger.

> **Perspektive Mitarbeitende: Fertigungsoptimierung geht immer vor**
>
> Man hat wohl erkannt, dass man die Leute nicht nur in feste, strikte Entwicklungsabläufe pressen kann, sondern dass man ihnen auch Freiheiten geben will. Dass ich momentan dafür nicht so viel Zeit habe, hat nichts damit zu tun, dass die Firma dies eigentlich nicht will. Sondern es hat damit zu tun, dass ich halt momentan sehr viel Zeit in die Fertigungsoptimierung stecke. Und da hoffe ich, dass es irgendwann einmal wieder besser wird. (F&E MA).◄

Wenn Führungspersonen die Gestaltung von strukturellen Bedingungen nicht sorgfältig wahrnehmen und umsetzen, erzielen die organisierten Freiräume nicht die intendierte Wirkung. Das Schema öffnender und schließender Handlungen im Bereich von innovationsfördernden Strukturen spielt auch bei Innovationsprozessen eine bedeutende Rolle. In deren Gestaltung haben die Verantwortlichen das Gefühl, die Innovationstätigkeit direkt zu steuern und anhand klarer Kriterien zu leiten. In der Praxis zeigt sich jedoch, dass Innovationsprozesse ganz unterschiedlich ausgestaltet werden und sich sowohl Führende als auch Geführte in ganz unterschiedlichem Ausmaß an Prozessvorgaben halten.

Je enger und rigider die Rahmenbedingungen in Innovationsprozessen vorgegeben sind, umso stärker ist man in bisherigen Vorgehensweisen gefangen. Effizienzdenken ist aber für Innovationsprozesse meist nicht tauglich. Denn größere Diskussionen oder Umwege verlangsamen Entwicklungsprozesse – will man dies verhindern, bleibt man auf vertrauten Pfaden. Der *„Druck des Alltagsgeschäfts lässt einen nach Vertrautem suchen"* und schränkt dadurch den Horizont möglicher Problemlösungen deutlich ein. Zu eng verstandene „Prozesse" werden mehrheitlich als innovationsverhindernd beschrieben, mit viel **Bürokratie** verknüpft und – ganz zentral – mit der **Bewertung von Innovationsrisiken**. Die Innovationschancen sind per se ungewiss und der (Miss-)Erfolg liegt in der Zukunft, die Innovationsrisiken hingegen sind real und kommen in gegenwärtigen Kosten, Angst vor Veränderung, rechtlichen Risiken usw. zum Ausdruck.

Sinnvoll definierte Prozesse geben einerseits **Sicherheit** und spuren Entwicklungswege vor, schaffen die Gelegenheit für Führungsentscheide und erleichtern ganz generell die **Kommunikation über Entwicklung** und Innovationen. So werden zum Beispiel verschiedene Entwicklungsschritte dokumentiert, im Unternehmen visualisiert und auf diese Weise die **Grundlage für Erfahrungs- und Ideenaustausch** geschaffen. Sie sind aber andererseits auch so ausgestaltet, dass dank gezielter Freiräume Innovationsprozesse nicht zu einer Einengung in der Lösungssuche führen.

Von Führungskräften erwarten die Mitarbeitende tendenziell, dass sie „*vernünftig*" mit Prozessbeschreibungen umgehen, den „*bürokratischen Wahnsinn*" im Auge behalten und auch mal Deadlines großzügig nach hinten verschieben. Zentral ist auch, dass die Entwicklungsziele von „Gate" zu „Gate" klar formuliert sind, aber der Weg dahin „frei" gewählt werden kann (methodischer Freiraum) (vgl. Abschn. 7.3.2). Für die Innovationsförderung ist der Verzicht auf „Prinzipienreiterei" der Führung von zentraler Bedeutung.

Perspektive Mitarbeitende: Weiche Prozessrichtlinien

Also ich denke, das ist eher so eine Richtlinie. Jedes Projekt ist wieder anders. Und ich habe schon oft gesehen, auch bei anderen Leuten, dass sie irgendeine Phase übersprungen oder nicht beachtet haben. Oder es ist zusätzlich eine dazugekommen, weil sie es als nötig empfanden. (F&E MA)◄

Perspektive Führung: Doppelspurigkeit lässt sich nicht vermeiden

Wenn man die Leute so frei entscheiden lässt, was sie tun, kommt es immer zu Koordinationsverlusten und dass die Leute Dinge zweimal tun. Wir haben versucht, das zu vermeiden, es ist aber trotzdem vorgekommen. Aber es ist jetzt nicht so, dass man massiv daran verloren hätte. Das ist sicher ein Nachteil. Ein Vorteil hingegen ist, dass die Leute eine sehr viel höhere Motivation haben. (F&E Leader)◄

Weniger klar gefasste Prozesse können zu Doppelspurigkeit und Effizienzverlusten führen. Die gewährten Räume eröffnen aber immer auch neue Chancen. Insofern ergibt sich auf dieser strukturellen Ebene ein Bereich, den die **Führung bewusst ausbalancieren muss**.

7.2.2 Umgang mit Zielkonflikten im Hintergrund

Das Auftreten von Zielkonflikten zwischen Innovationsprozess- oder Innovationsprojektverantwortlichen (Sekundärorganisation) und der Linie (Primärorganisation) kann auf verschiedene Ursachen zurückzuführen sein. Einerseits führen unterschiedliche Taktungen und Planungsvorgaben der beteiligten Funktionsbereiche zu Konflikten. Gerade der Marketingbereich ist nahe an den Endkunden (Abschn. 6.1.1), baut häufig „Druck" auf und fordert vom F&E-Bereich rasche Erfolge. Durch neue Produkte oder Produktapplikationen kann der Vertrieb den „Bauchladen" wieder füllen und kommt rascher zu Abschlüssen. F&E-Abteilungen geben sich eher langfristige Planungshorizonte und vermeiden schnelle Reaktionen. Vor allem im Rahmen der Produktentwicklung tauchen diese Konflikte häufig auf, wenn es zum Beispiel F&E-Teams nicht gelingt, flexibel auf neue Anforderungen seitens des Marketings beziehungsweise seitens der Endkunden zu reagieren. Irgendwann

7.2 Gestaltung innovationsförderlicher Strukturen als Führungsaufgabe

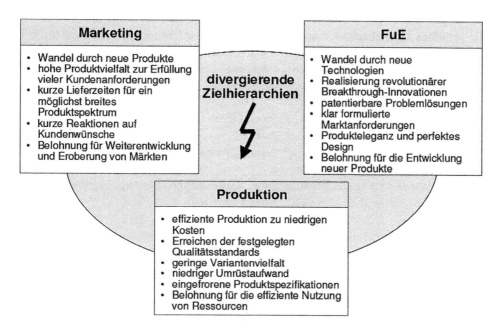

Abb. 7.3 Divergierende Zielhierarchien der Funktionsbereiche. (Quelle: Lühring, 2007, S. 148, in Anlehnung an Song et al., 1997, S. 38)

wird zum Beispiel im Bereich der Technologie- oder Materialwahl eine Entscheidung getroffen, die dann nur noch schwer rückgängig zu machen ist.

Auch die räumliche Distanz zwischen den verschiedenen Funktionsbereichen ist eine potenzielle Konfliktquelle zwischen Primär- und Sekundärorganisation. Durch die räumliche Distanz wird die informelle Kommunikation erschwert. Der Ideenaustausch und -transfer läuft nicht spontan. Der Trend zur Internationalisierung der F&E (Abschn. 1.5) verstärkt diese Problematik noch zusätzlich. Je stärker der Austausch auf virtuellen Strukturen basiert, desto voraussetzungsvoller ist die Kommunikation (Lühring, 2007).

Die Funktionsbereiche „Marketing", „Produktion" und „F&E" verfolgen je sehr unterschiedliche Ziele, und Innovation Leaders sind gut beraten, sich dieser unterschiedlichen Zielhierarchien ständig bewusst zu sein, diese in ihrer Kommunikation entsprechend zu berücksichtigen und die verschiedenen Ansprüche abzuwägen (vgl. Abb. 7.3).

7.2.3 Aufbau von Netzwerkstrukturen

Wenn es um „öffnende" Aspekte im Rahmen von Innovationspraktiken geht, liegt der Vorteil von Netzwerktheorien auf der Hand. Aber das heißt nicht, dass sich nach außen vernetzte Unternehmen nicht ständig auf interne Strukturen beziehen und sich die Frage stellen müssen, ob die interne Struktur noch das geeignete Repertoire an Antworten auf die aktuellen Umweltanforderungen bereithält. Netzwerktheorien liefern Antworten auf die Herausforderung, Kooperationen mit externen Partnern zu organisieren (Erler & Wilhelmer, 2010). Zu den zentralen **Voraussetzungen einer Entwicklung netzwerkartiger Strukturen** zählen gemäß Weidmann und Armutat (2008, S. 82 f.):

1. die Identifikation mit der Organisation und ihren Leistungen,
2. das persönliche Interesse an hoher Qualität,
3. ein hohes Commitment zu Innovationsinitiativen und der unternehmensweiten Förderung von Innovationsfähigkeiten,
4. ein Verständnis für die langfristige Entwicklungsrichtung der Organisation und
5. die Bereitschaft und die Fähigkeit, Wissen zu teilen.

Die Zusammenarbeitsformen in externen Netzwerken sind auch für die Führungspraxis innerhalb von Unternehmen wegweisend, denn vielfach bedingt heute die unternehmensinterne Förderung von Innovativität ähnliche Strukturen und Vorgehensweisen. Führungskräfte haben sicherzustellen, dass der Informationsfluss innerhalb des Unternehmens gewährleistet ist und nutzbringend gefördert werden kann.

Wie bereits oben erwähnt, stellen allerdings Netzwerkstrukturen allein nicht die Funktion von Hierarchien im Sinne von Erreichbarkeit und Konfliktlösung sicher. Ein weiteres Spannungsfeld, das von Innovation Leaders sorgfältig ausbalanciert werden sollte, liegt in der geeigneten **Kombination aus eher dezentralen, hochflexiblen Netzwerk-Organisationen (Öffnung) und einem hierarchischen Grundgerüst (Schließung)** (vgl. Abb. 7.4).

Beide Strukturdimensionen haben einen bedeutenden Einfluss darauf, wie viele innovative Produkte oder Dienstleistungen mit welcher Qualität und in welcher Geschwindigkeit erfolgreich vermarktet werden.

Während die hierarchische Gestaltung der Innovationstätigkeit eher dazu dient, Orientierung zu stiften, das heißt die Innovationsakteure auf ein gemeinsames Ziel ausrichtet und die damit verbundenen Konflikte reguliert, leisten Netzwerkstrukturen die Grundlage für die Entstehung von Innovationen und generieren damit Koordinationsbedarf. Durch Netzwerkstrukturen fließt neues Wissen in die Organisation, das verschiedene Organisationseinheiten verarbeiten. Rund um hierarchische Entscheidungslinien werden kontinuierlich zahlreiche Projekte lanciert und Prozesse gestaltet. Im operativen Geschäft werden ständig Entscheidungen getroffen, und es finden viele kleinere Abstimmungen mit Akteuren innerhalb und außerhalb der Organisation statt; es entstehen immer wieder neue Organisationselemente, (Sub-)Arbeitsformen oder neue Kommunikationswege.

Die Linienführungskräfte legen in regelmäßigen Abständen, oft gemeinsam mit dem Innovations- und Technologiemanagement, die Innovationsstrategie, den favorisierten Zugang zu bestimmten Märkten sowie die Variationsbreite der zu entwickelnden Produkte oder Dienstleistungen fest. Die Hierarchie hat also eher die Funktion, Informationen

7.2 Gestaltung innovationsförderlicher Strukturen als Führungsaufgabe

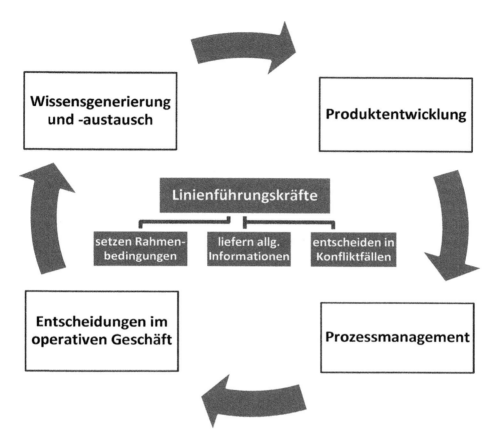

Abb. 7.4 Kombination von Hierarchie und Netzwerkstruktur. 2008 (Quelle: in Anlehnung an Weidmann, 2005, zitiert in Weidmann und Armutat, S. 81)

zu bündeln beziehungsweise zu kanalisieren und die Innovationsakteure zu orientieren. Das heißt aber nicht, dass die hierarchische Struktur keine Freiräume lässt, um Netzwerkstrukturen auszugestalten. Im Gegenteil: Es gilt, beides sinnvoll zu vereinen.

Die mit dem Auf- und Ausbau von Netzwerken verbundenen Freiräume sind oben (Abschn. 5.3.7) den Kooperationsfreiräumen zugeordnet worden. Eine innovationswirksame Gestaltung dieser Kooperationsfreiräume als eine Möglichkeit der ergänzenden Steuerung der Innovationsfähigkeit hängt vom Ausbalancieren der Gegensätze „Vertrauen und Kontrolle", „Autonomie und Abhängigkeit" sowie „Kooperation und Wettbewerb" ab (Erler & Wilhelmer, 2010, S. 230).

Das Konzept der **Führung als Beziehungsgestaltung** wird unter dem Netzwerk-Ansatz bedeutend geöffnet, womit die Komplexität der Führungsaufgabe steigt. Eine **wirksame Führung von Netzwerken** gründet in einem mehrstufigen Prozess. Neben dem Aufbau und der Pflege des Netzwerkes gilt es, dieses stetig unter den folgenden Aspekten zu beobachten: *Erstens*, wie gestalten sich die Beziehungen zwischen den Netzwerkpartnern, und *zweitens*, über welche Netzwerke verfügen die Netzwerkpartner außerhalb des eigenen Netzwerkes? Während die Führungskraft nur den Aufbau und die Pflege des Netzwerkes mitbestimmt, hängt der Führungserfolg auch stark von den nicht kontrollierbaren wechselseitigen Beziehungen der Netzwerkpartner ab (Balkundi & Kilduff, 2006, S. 431).

▶ Vertrauensvolle und tragfähige Netzwerke aufzubauen und zu nutzen ist eine komplexe Aufgabe und ist fast nur über persönliche Beziehungen wahrzunehmen (Stipler et al., 2010). **Die erfolgreich netzwerkende Führungskraft** zeichnet sich durch **Bescheidenheit** und gute **Selbstführungskompetenzen** aus (Abschn. 9.3.1), denn sie ist sich der eigenen Grenzen in Bezug auf die Führungsaufgabe durchaus bewusst und nutzt das Netzwerk, um eigene (Wissens-/Informations-/Kompetenz-)Lücken zu füllen.

Besonders in komplexen, sich schnell verändernden Situationen ist ein autoritärer oder direktiver Führungsstil nicht angemessen. Vielmehr besteht vor diesem Hintergrund eine zentrale innovationsfördernde Führungsaufgabe darin, ein Beziehungsnetz mit Personen zu kultivieren und zu koordinieren, welches die unvermeidbaren Wissens-, Informations- oder Kompetenzlücken schließt (Ancona et al., 2007).

7.3 Innovationsprozesse

Die erfolgreiche Gestaltung von Innovationsprozessen ist seit jeher ein relevantes Thema für Wissenschaft und Praxis. Im Folgenden werden die zentralen Herausforderungen im Rahmen des Prozessmanagements beschrieben sowie die klassischen Prozessmodelle, die sich in der Praxis finden sowie deren Konsequenzen für die Führung.

7.3.1 Zentrale Herausforderungen

Innovation wird in Unternehmen in den meisten Fällen als Prozess strukturiert und organisiert. Dass diese Prozessbeschreibungen meist vereinfachend sind und der Komplexität der Abläufe in der Realität nicht gerecht werden, ist schon erwähnt worden. Die Form und der Verlauf der Innovation sind vom sozialen Kontext abhängig, in dem Neuerungen entstehen und sich entwickeln. Dabei ist der Ausgang eines Innovationsprozesses unvorhersehbar. Die Betrachtung des Innovationsprozesses mit den Phasen Ideengenerierung, -akzeptierung und -realisierung ist einerseits hoch aggregiert. Andererseits kann die Ideensuche in modernen Unternehmen nicht als klar definierte Ausnahmeaufgabe verstanden werden, sondern ist eine Daueraufgabe. Weiterhin ist vor dem Hintergrund der oben gewählten systemischen Perspektive auch klar, dass sich Prozessphasen zeitlich nicht klar voneinander trennen lassen. Auch in den Phasen der Ideenumsetzung gibt es Nicht-Routineaufgaben, die zur Erfüllung mitunter auch größere Freiräume benötigen. Das muss sich in den Strukturen widerspiegeln.

▶ Die **Gestaltung von Innovationsprozessen** ist vor diesem Hintergrund als Beziehungs- und Kommunikationsgestaltung zu charakterisieren. Ein erfolgreich vollzogener Innovationsprozess ist nicht mehr Individuen zuzurechnen, sondern als kollektive Interpretationsleistung zu begreifen.

Die **klassischen Modelle** von Innovationsprozessen (Hauschildt et al., 2023, S. 137 ff.) zeichnen sich durch sequenzielle Planungskonzeptionen, die Bestimmung verantwortlicher Funktionen und Personen sowie die Definition von Meilensteinen und Abbruchkriterien aus. Die Aufteilung des Prozesses ermöglicht es Führungskräften, Ideen effizient zu generieren und umzusetzen, die Produktionseinführungszeit zu messen sowie die Rationalität der Prozesse zu betonen (Bergmann & Daub, 2008). Weiterhin können die Zufälligkeit des Prozesses und die Risiken reduziert sowie Transparenz und Kontrollierbarkeit erhöht werden.

Der Innovationsprozess lässt sich aber nicht rein linear planen, denn es bestehen verschiedene Verlaufsmöglichkeiten, und eine solche vereinfachte, modellhafte Vorstellung wird der Komplexität der beobachtbaren Praktiken nicht gerecht. Innovative Prozesse zeichnen sich durch Komplexität, Unsicherheit und Unordnung aus und sind Ausgangspunkt verschiedener Veränderungsinitiativen. Innovation ist kein Prozess, der sich nach immer gleichen, allgemeingültigen Prinzipien organisieren lässt. Doch damit verringert sich auch die Voraussagbarkeit, wie es bereits Utterback und Abernathy (1975) in ihrer Modellierung ausführen. An die Stelle der linearen treten deshalb nun multidirektionale und durch Netzwerkstrukturen ergänzte dynamische und agile Prozessmodelle.

7.3.2 Klassische Prozessmodelle

Das prozessuale Verständnis von Innovation ist **hoch anschlussfähig** an die betriebliche Realität. Innovationen entwickeln sich aus Ideen oder aufgrund von Innovationspotenzialen und durchlaufen in den allermeisten Organisationen einen Prozess, der mehr oder weniger stark strukturiert und detailliert beschrieben ist. Die Definition und die Ausdifferenzierung von Prozessen bestimmen die innovationsfördernde Führungspraxis maßgeblich. Prozesse bieten eine Möglichkeit, die Innovationstätigkeit von Unternehmen als gestaltbare, steuerbare, kontrollierbare und evaluierbare Tätigkeiten zu beschreiben und die Innovationspraxis auf ein Innovationsziel auszurichten.

Die **Grundcharakteristika der verschiedenen Innovationsprozess-Modelle** stimmen in den Eckpunkten überein. Alle Prozesse haben einen mehr oder weniger klar definierten Anfangspunkt, zu dem eine Idee auftaucht oder entwickelt wird. Dann folgt eine

Entwicklungs- oder Konkretisierungsphase und zum Prozessende hin die Überführung des innovativen Produkts oder Angebots in den Markt. In verschiedenen Modellen werden diese drei Kernelemente eines jeden Innovationsprozesses in verschiedene Phasen unterteilt (vgl. Tab. 7.1).

Betrachtet man diese Auswahl von Innovationsprozessbeschreibungen, so stellt man fest, dass sich die Zahl und die beschriebenen Inhalte der Phasen zwar unterscheiden, dass der Grundaufbau von Innovationsprozessen in den unterschiedlichen theoretischen Ansätzen dennoch Übereinstimmungen aufweist. Es sind vor allem die **drei Haupttätigkeiten**, die sich unterscheiden lassen (Burr, 2004): Die Inventionsphase, in der die neuen Ideen entstehen, die Innovationsphase, die der Konkretisierung der Idee dient und sie zur Marktreife führt, und die Diffusionsphase, die den Markteintritt der Innovation bezeichnet. In den letzten Jahren hat sich die Diskussion um die Agilität im Rahmen von Innovationsprozessen weiterentwickelt. Dabei wird nach wie vor der Gedanke verfolgt, dass Prozesse sich zwar in grundsätzliche Phasen mit entsprechenden Gates strukturieren lassen, dass aber agile Methoden innerhalb der verschiedenen Phasen zu einer höheren Varianz der Prozessschritte beitragen können. Unterschieden werden hier vier verschiedene Möglichkeiten zur Agilitätssteigerung (Lichtenthaler 2020):

1. Agilität innerhalb der Gates: Iterationen zwischen strukturierten Prozessschritten und agilen Methoden innerhalb spezifischer Phasen.
2. Agilität vor den Gates: Nutzen agiler Methoden zur schnellen Generierung (kunden-) spezifischer Ideen, die dann innerhalb eines strukturierten Prozesses finalisiert werden.
3. Agilität nach den Gates: Agile Methoden werden dazu genutzt, um die Markttauglichkeit von Prototypen im Austausch mit Kundengruppen oder Marktteilnehmern sicherzustellen.
4. Agilität neben den Gates: Hier werden Unterscheidungen zwischen klar strukturierten Prozessen und parallel laufenden, agileren Prozessen getroffen. Die Ergebnisse der beiden Prozesse müssen im Nachgang innerhalb der Organisation auf sinnvolle Weise zusammengebracht werden.

Im „InnoDev-Ansatz" (Dobrigkeit et al., 2019) werden die agilen Methoden Design Thinking, Scrum und Lean Startup in den Entwicklungsprozess von Software integriert (Abb. 7.5). Bei diesem Ansatz werden drei Phasen unterschieden: 1) Design Thinking (Design-Thinking-Phase), 2) Vorentwicklung (Initial-Development-Phase) und 3) Entwicklung (Development-Phase). Design Thinking kommt vor allem in der ersten Phase zum Einsatz, während Lean Startup zur Validierung am Anfang und Ende der Vorentwicklungsphase genutzt wird. Scrum wird für die komplette Projektplanung in allen drei Phasen genutzt. Ähnliche Beispiele von agilen Stage-Gate-Prozessen werden in Wobser (2022) diskutiert. Auch Hauschildt et al., (2023, S. 144 ff.) greifen agile Managementkonzepte und insbesondere das Konzept der Selbststeuerung im Kontext des Managements

7.3 Innovationsprozesse

Tab. 7.1 Phasenmodelle des Innovationsprozessmanagements. (Quelle: in Anlehnung an Derenthal, 2009, S. 44)

Phase 1	Phase 2	Phase 3	Phase 4	Phase 5	Phase 6	Phase 7
Thom (1980, 2013)						
Ideengenerierung: Neue Ideen erarbeiten	Ideenakzeptierung: Neue Ideen prüfen	Ideenrealisierung und Erfolgsbeurteilung				
Albers und Eggers (1991)						
Ideengenerierung	Ideenumsetzung	Implementierung				
Cooper und Kleinschmidt (1991)						
Idee	Ideenselektion	Entwicklung	Test und Validierung	Produktion und Markteinführung		
Page (1993)						
Konzeptsuche	Konzeptscreening	Konzepttest	Wirtschaftlichkeitsanalyse	Produktentwicklung	Produkttest	Markteinführung
Song und Parry (1997a)						
Ideenfindung und Screening	Wirtschaftlichkeits- und Marktanalyse	Technische Entwicklung	Produkttest	Markteinführung		
Gruner und Homburg (2000)						
Ideengenerierung	Konzeptentwicklung	Projektdefinition	Produktentwicklung	Markteinführung		
Tidd und Bessant (2021)						
Ideen suchen	Ideen auswählen	Ideen implementieren	Abschöpfen/Nutzen erzielen			
Hauschildt et al. (2023)						
Ideen/Initiativen	Initiierung	Konzept- und Prototypentwicklung	Implementierung	Markt		

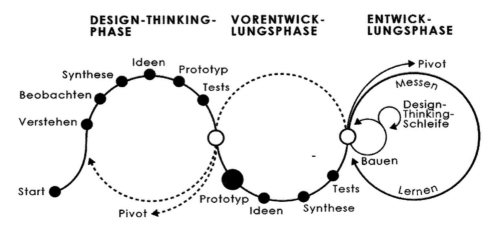

Abb. 7.5 InnoDev-Prozess mit den Methoden Design Thinking. (Quelle: Dobrigkeit et al., 2019)

von Innovationsprozessen auf und sortieren die Literatur vor dem Hintergrund von Phasenmodellen.

Führungspersonen müssen bei linearen oder agilen Prozessmodellen immer Ansprüche in Bezug auf **Freiheitsgrade bzw. Grade der Selbstbestimmung** abwägen. Für diese Überlegungen ist es sinnvoll, die Phasen in Kreativ- und Umsetzungsphasen zu unterteilen.

In der **Kreativphase** lassen sich alle Ansätze der Ideengenerierung und Konzeptentwicklung als die Suche nach dem Kern der letztlich umzusetzenden Innovationen beschreiben. Diese Suche ist in vielen Fällen noch unspezifisch und nicht immer klar strukturiert.

Die **Umsetzungsphase** umfasst die Selektion der richtigen Ideen und deren stetige Weiterentwicklung in stärker strukturierten Entwicklungs- und Umsetzungsprozessen. Diese Prozesse umfassen in einigen der oben beschriebenen Ansätze auch Test- und Validierungszyklen zur Verfeinerung und Justierung von Innovationen. Zum Schluss dieser Phase erfolgen die Kommerzialisierung der Neuentwicklung und deren Implementierung am Markt. In der Folge soll darauf eingegangen werden, welche Anforderungen diese beiden Phasen an das Führungsverhalten stellen.

7.3.3 Klassische Prozessmodelle und Implikationen für die Führung

Das Führungsverhalten kann nicht in allen Phasen des Innovationsprozesses gleich sein, und die Ausgestaltung der nutzbaren Freiräume muss den jeweiligen spezifischen Bedingungen der Phase angemessen sein. De Jong und Den Hartog (2007) haben das

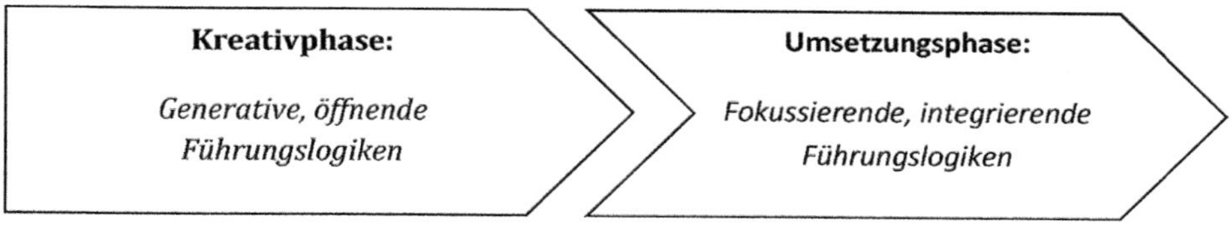

7.3 Innovationsprozesse

Kreativphase:	Umsetzungsphase:
Generative, öffnende Führungslogiken	*Fokussierende, integrierende Führungslogiken*

Abb. 7.6 Führungslogiken in der Kreativitäts- und Umsetzungsphase

Führungsverhalten in Bezug zu innovativem Verhalten in zwei unterschiedliche Rubriken unterteilt: einerseits Führungsverhalten, das eher die Phase der Ideengenerierung beeinflusst und das die kreative Entwicklung von Innovationen ermöglicht. Andererseits ist ein Führungsverhalten auszudifferenzieren, das eher mit der Umsetzung von Ideen zusammenhängt und insofern eine stärker zielgerichtete Komponente beinhalten muss.

Abb. 7.6 illustriert diese unterschiedlichen Anforderungen an das Führungsverhalten mit der Zuordnung von **generativen Führungslogiken** in der Kreativphase und von eher **fokussierenden Führungslogiken** in der Umsetzungsphase. Eine generative Logik im Führungsverhalten fördert die Generierung neuer Ideen und Lösungsvorschläge. Eine fokussierende Logik fördert in der Schlussphase des Innovationsprozesses die nötige Konkretisierung und Fokussierung auf das Produkt oder die Dienstleistung (Hohn, 2000, S. 204).

Mumford und Licuanan (2004) weisen richtigerweise darauf hin, dass diese beiden Logiken oder „Modi" sorgfältig zu unterscheiden sind:

> We cannot expect that extant models, typically models developed to account for leadership performance in more routine, or more normative, settings can be arbitrarily extended to account for the leadership of creative ventures. (Mumford & Licuanan, 2004, S. 170)

Innovative Firmen müssen sicherstellen, dass diese beiden Arten des Führungsverhaltens in der Organisation praktisch umgesetzt werden. Denn das Unternehmen muss grundsätzlich sicherstellen, dass alle Führungskräfte sich bewusst sind, dass sie phasenbezogen führen, auch wenn sich die Phasen in der Praxis nicht trennscharf unterscheiden lassen.

Die Kreativphase ist durch die Ideenfindung geprägt. In Gesprächen mit Innovatoren fällt dabei in der Rückschau oft auf, dass die Generierung von Ideen entweder mystifiziert oder rational und planungslogisch rekonstruiert wird. Kreative Prozesse lassen sich jedoch nicht einfach und monokausal erklären. Dem berühmten „Einfall" oder „Geistesblitz" geht oft eine „Phase der Inkubation" voraus, in der man eine Idee länger mit sich herumträgt, Analogien und Verbindungslinien zu den entstehenden Konzepten sucht und diese immer wieder prüft. Dies findet jedoch oft nicht bewusst statt, daher der Eindruck, dass Ideen einfach so vom Himmel fallen (Schuler & Görlich, 2007, S. 33–34). Wie die obigen Phasenmodelle aufgezeigt haben, sind in der Kreativphase bis hin zur Phase der

Umsetzung nicht nur Ideen gefordert, sondern auch eine Bewertung zu deren Brauchbarkeit sowie zu deren Kompatibilität zu strategischen Überlegungen und aktuellen oder künftigen Marktanforderungen. Zuerst wird also eine Idee im Hinblick auf ihre Realisierbarkeit bewertet, zu der bereits auch deren Durchsetzbarkeit und potenzielle Akzeptanz zählen kann. Parallel wird man allerdings meistens auch schon in dieser Phase bemüht sein, Kosten und Nutzen der Idee abzuschätzen und eventuell erste Anpassungen vorzunehmen, um das Kosten-Nutzen-Verhältnis zu optimieren, wobei in einer Frühphase der Entwicklung die Auswirkungen einer Idee nur schwer abgeschätzt werden können.

Hier stellt sich die Frage, ob und inwieweit die Führung die Generierung von Ideen fördern kann. Die Führung hat dazu einerseits die Möglichkeit, solche Mitarbeitenden einzustellen, die „relativ zur Grundpopulation mehr Einfälle als andere Individuen haben (,kreative Persönlichkeiten')" (Guldin, 2012, S. 219), und andererseits kann die Führung dafür sorgen, dass diese kreativen Mitarbeitenden Arbeits- und Organisationsbedingungen vorfinden, die es ihnen ermöglichen, ihr Talent zu entfalten und erfolgversprechende Ideen zu entwickeln.

In der Kreativitätsphase werden dies, wie in Abb. 7.6 dargestellt, generative beziehungsweise öffnende Führungspraktiken und -prinzipien sein, die vor allem auch einen **delegativen Führungsstil** bedingen (Abschn. 3.6.2). Wenn Mitarbeitende mit Kreativitätspotenzial herausfordernde Aufgabenstellungen, die dazu nötigen Ressourcen beziehungsweise Handlungsfreiräume und die daraus resultierende Handlungsverantwortung konsequent übertragen werden, dann macht dies Mut, eigeninitiativ zu handeln. Dies wiederum ist die Bedingung dafür, dass Freiräume überhaupt für Experimente und Lernen genutzt und dadurch die Ideensuche und -prüfung gefördert werden (Gebert, 2002, S. 174). Aber Delegation allein reicht als innovationsfördernde Führungsaufgabe nicht aus. Dazu muss ein **partizipativer und diskursiver Führungsstil** kultiviert und gefördert werden. Ohne die Möglichkeit zur kritischen Reflexion bestehender Denk- und Handlungsmuster im Unternehmen erhält die Führung keine kritischen Signale. Ohne eine „kritische Aufwärtskommunikation" (Gebert, 2002, S. 177) gelangen eventuell wichtige, innovationsrelevante Informationen nicht bis zu den Entscheidungsträgern, und dadurch werden dann auch keine Ressourcen zur Kreativitäts- und Innovationsförderung bereitgestellt. In einer Kultur des „kollektiven Schweigens" (Gebert, 2002, S. 177) finden keine Lern- und Entwicklungsprozesse statt. Vielmehr siegt die Macht der Gewohnheit, es kommt zur Senkung des Anspruchsniveaus und es kommt kein Innovationsdrang auf (Gebert, 2002, S. 178).

Die Umsetzung einer Idee beziehungsweise eines Lösungsansatzes stellt hingegen neue Anforderungen an die Führung und verlangt eher nach schließenden, konkretisierenden Führungsansätzen. Hier gilt es als Führungskraft, den Innovationsprozess effektiv und effizient zu gestalten sowie verschiedene Arbeitsschritte zu überschauen und in den Kontext der Innovationsstrategie zu stellen. Dabei ist die **Nähe zu Change-Management-Themen** automatisch gegeben, denn Innovationen führen per Definition zu Veränderungen des bisherigen Status und sind daher immer auch als eine Form der organisationalen Veränderung zu betrachten.

Die zentrale Führungsaufgabe in der Umsetzungsphase ist es, für die Durchsetzung, Einführung und Verbreitung der Kreation zu sorgen. Neben den technischen müssen organisationale Voraussetzungen geprüft werden, zum Beispiel die Frage: Können wir dieses Produkt überhaupt auf unseren Maschinen herstellen oder müssen wir die Produktion eventuell auslagern und dafür Partner suchen? Daneben müssen betroffene Mitarbeitende oder ganze Abteilungen informiert und vom Nutzen der Umsetzung der Idee überzeugt werden.

Insbesondere wenn die Innovation auf **Widerstand** stößt und sich größere interne Barrieren aufbauen, sollten einflussreiche Personen (sog. Machtpromotoren) oder Fachexperten (sog. Fachpromotoren) hinzugezogen werden (Abschn. 6.2.2). „Wird auch die Phase der Implementierung allein den Erfindern überlassen, scheitern nicht die schlechteren Ideen – was gut wäre –, sondern diejenigen, die nicht überzeugend genug vorgebracht werden" (Schuler & Görlich, 2007, S. 36).

> **Die folgenden Faktoren begünstigen die Akzeptanz kreativer Leistung**
>
> - erkennbare Nützlichkeit (Kosten-Nutzen-Relation)
> - Kompatibilität mit existierendem sozioökonomischem bzw. soziotechnischem System
> - moderate Abweichung vom Gewohnten, Akzeptierten
> - moderate Komplexität
> - geringe Störung sozialer Interessen
> - Überzeugungsgeschick der Protagonisten
> - Unterstützung durch statushohe Personen
> - Aufgeschlossenheit der Betroffenen gegenüber Neuerungen

Wenn diese Bedingungen insbesondere vor dem Hintergrund des weiter vorne im Buch skizzierten Wechselspiels zwischen Routine und Innovation beziehungsweise Konformismus und Nonkonformismus geschaffen werden (Abschn. 2.4.2), dann steigt die Wahrscheinlichkeit, dass Ideen als Innovationen in die betriebliche Wertschöpfung einfließen. Die oben aufgeführten Kriterien liefern einen guten Überblick über **zentrale Change-Barrieren** im Rahmen der Umsetzungsphase.

Damit ist aber noch nicht die Frage beantwortet, welche kreative Leistung es wert ist, diesen Akzeptanzrahmen zu sprengen. Die Innovation Leaders müssten sich jedenfalls auf ungemütliche und widerstandsreiche Zeiten einstellen. Die Einführung von Neuem ist immer riskant und verlangt natürlich auch Mut, sich Widersprüchen und schwelenden Konflikten zu stellen und Wege zu finden, damit konstruktiv umzugehen. Hierin liegt gerade die zentrale Führungsfunktion im Rahmen der Umsetzungsphase. Die Auflistung ist also nicht so zu interpretieren, dass man die einzelnen Bedingungen anstreben sollte, sondern vielmehr als „Frühwarnsystem" für Innovation Leaders.

Die Umsetzungsphase puffert die in der Kreativphase eingegangene Risiken durch drei Faktoren ab: 1) klare strategische Ausrichtung und Innovationsziele, 2) die strategische Ausrichtung ist allen im Unternehmen bekannt und wird von allen geteilt und 3) als Ausdruck der gemeinsam getragenen strategischen Ausrichtung herrscht ein großes Vertrauen untereinander. In der Umsetzungsphase wird individuelle Kreativität in organisationale Innovativität verwandelt, und Führungskräfte haben zu entscheiden, welche Innovationsinitiative angenommen oder abgelehnt werden soll. Damit weisen die Führungsentscheide in der Umsetzungsphase vor allem auch eine politische Dimension auf. Hier ist im Rahmen von Ablehnungs- und Priorisierungsentscheidungen viel Verhandlungsgeschick und Kompromissbereitschaft gefragt (Gebert, 2002, S. 188 ff.).

Die Umsetzungsphase ist also die **„Hochphase" des Balance-Managements**. Hier werden Innovation Leaders mit den meisten Widersprüchen konfrontiert, und diese gilt es geschickt auszubalancieren (Abschn. 3.4 und Kap. 5).

Häufig ist denn auch nicht die Generierung neuer Ideen die Herausforderung. Die zentrale Führungsarbeit, die im Rahmen des Innovationsprozesses anfällt, ist die Selektion von Ideen. Die im Unternehmen aufkommenden Ideen sind zu filtern und zu bewerten beziehungsweise eben für Entscheidungsprozesse vorzustrukturieren. Diese Führungsarbeit ist sehr zeitintensiv und erfordert viele Ressourcen. Ideengeber erwarten erstens Feedback, zweitens müssen Entscheidungsgrundlagen erarbeitet und drittens diese in Entscheidungsgremien studiert und kritisch reflektiert werden. Gerade im Industriegüterbereich sind Selektionsentscheidungen im Wissen zu treffen, dass vielfach hohe Investitionen zu tätigen sind.

Innovation Leaders müssen mit diesen oft unklaren Anforderungen und kontradiktorischen Bedingungen (Smith & Tushman, 2005) umgehen und sie akzeptieren, um insgesamt ein wirksames Führungsverhalten in Innovationsprozessen an den Tag zu legen.

7.4 Fazit und Reflexionsfragen

Innovations-Betriebssysteme, die von Selbstorganisation und dementsprechend mehr Freiräumen für die Geführten geprägt sind, gelten oft als erstrebenswert. Die Mitarbeitenden aus den Business-Betriebssystemen betrachten die Mitarbeitenden aus den innovatorischen Betriebssystemen oft als *„privilegiert"* oder *„auserwählt"*, denn sie müssen weniger Regeln einhalten beziehungsweise werden nicht so streng kontrolliert. Die Kriterien der Leistungsbewertung sind andere und die Projekt-Deadlines sind nicht so streng. Oft sind die Fachkenntnisse so spezifisch ausgerichtet, dass nur wenige die Kompetenz haben, Fortschritte oder Leistungen zu bewerten. Zentral ist die Erkenntnis, dass sowohl Business- als auch Innovations-Betriebssysteme zentrale Funktionen zur Zukunftssicherung des Unternehmens übernehmen. Zudem gestaltet sich die Führung aus einer strukturellen Sicht als „Grenzmanagement".

In beiden Systemen sind innovationsfördernde Führungsaufgaben zu übernehmen, nur sind diese Aufgaben unterschiedlich. Die Arbeit ist aber in beiden Systemen dringlich und tatsächlich arbeiten Mitarbeitende auch häufig gleichzeitig in beiden Systemen. Eine wichtige Handlungsmaxime für Führungskräfte muss also lauten: Tue Gutes und rede darüber! Das heißt, je komplexer die Strukturen, desto höher die Anforderungen an die Führungskräfte in Bezug auf Schnittstellenmanagement und die damit verbundenen kommunikativen Bedingungen.

Indem Unternehmen eine Kommunikationsphilosophie entwickeln, die den Austausch zwischen Mitarbeitenden mit verschiedenen Freiheitsgraden fördert und ermöglicht, dass die „Routine-Gruppe" immer weiß, was die „Freiraum-Gruppe" macht, und umgekehrt, kann ein duales Betriebssystem gelingen.

Wenn ein duales Betriebssystem aber dazu führt, dass sich die Mitarbeitenden ständig unter Druck gesetzt fühlen, und darin eine **Zerrissenheit** zwischen den Anforderungen des einen und des anderen Systems zum Ausdruck kommt, dann ist die Struktur in ihrer Wirkung kontraproduktiv. Die empirischen Ergebnisse haben deutlich gezeigt: Den Kopf freizubekommen, Muße zu haben, um neue Ideen zu entwickeln, und gleichzeitig in alltägliche Geschäfte und laufende Projekte eingebunden zu sein, ist kaum möglich. Wenn das Gefühl der Zerrissenheit zwischen Effizienz und Qualitäts- und Innovationszielen überwiegt und die Spannung zwischen diesen Zielen nicht als Quelle für die Innovationsfähigkeit genutzt werden kann, dann muss sich die Führung im Sinne der Kreativitätsförderung wieder für langfristigere Schonräume einsetzen.

Im Folgenden werden zusammenfassend einige **Gestaltungsempfehlungen für die Führung in Kreativ- und Umsetzungsphasen** formuliert:

> Gestaltungsempfehlung
>
> **Führung in der Kreativphase**
>
> - Freiräume organisieren, Zeit für Ideengenerierung, Nachdenken und Experimentieren
> - Eigenverantwortung fördern, Vertrauen schaffen und Mitarbeitende ermutigen, sich für ihre Ideen einzusetzen
> - Vernetzung, Wissenszuwachs managen
> - Umgang mit Unsicherheit, Risiken und Fehlern schulen

- fachliche und emotionale Vertiefung und kreatives Schaffen zulassen und Identifikation mit der Tätigkeit fördern

Führen in der Umsetzungsphase

- Innovationscontrolling-Instrumente beherrschen und an Organisationskontext anpassen
- interne Vermarktung von Ideen vereinfachen – Hierarchien überbrücken
- Unterstützung von Mitarbeitenden beim Umgang mit Widerstand
- Innovationsfortschritt sichtbar machen und Wissensströme miteinander vernetzen

Reflexionsfragen Innovationsstrukturen und Innovationsprozesse

Innovationsstrukturen

1. Wie stark sind Verfahren und Strukturen am Arbeitsplatz formalisiert? Wird die Vermeidung unnötiger Bürokratie unterstützt?
2. Sind die Mitarbeitenden darauf bedacht, ihr Revier zu schützen?
3. Können Ideen rasch mit Entscheidungsträgerinnen und -träger ausgetauscht werden?
4. Werden grundsätzlich kleine, flexible Innovationsprojektteams bevorzugt?
5. Weisen Entwicklungs- und Innovationsteams einen hohen Grad an Selbstorganisation auf?
6. Existieren separate Organisationseinheiten für hochkreative Arbeit (z. B. Creative Labs, Innovation Labs, Garagen, Protospaces, Zentren für neue Technologien)?
7. Werden zur Problemlösung Ideen und Ansätze von verschiedenen Abteilungen bzw. Fachbereichen hinzugezogen?
8. Behindern andere Organisationseinheiten den Fortschritt der eigenen Projekte?
9. Wird die interne Vernetzung zwischen Expertinnen und Experten gefördert?
10. Existiert eine gute Vernetzung mit externen Expertinnen und Experten?
11. Begünstigen die Strukturen die Vernetzung mit externen Unternehmen im Sinne von potenziellen Innovationspartnern?
12. Erreichen die Informationen von Kunden das Unternehmen schnell an der richtigen Stelle?
13. Ist das Unternehmen offen für die Integration von neuen Unternehmen?
14. Kann aufgrund der Strukturen Wissen effektiv umgesetzt werden?

15. Begünstigen die internen Strukturen den Austausch in Fachgemeinschaften (z. B. F&E-Gruppen, Lerngruppen, Communities of Practices)?

Innovationsprozesse

1. Existieren wirksame Prozesse, um Ideen voranzutreiben?
2. Stehen für die Validierung neuer Ideen geeignete Infrastruktur und interne Dienstleistungen zur Verfügung?
3. Ist der Zugang zu Ressourcen im Innovationsprozess klar geregelt?
4. Ist das Budget für Innovationsprojekte im Allgemeinen angemessen?
5. Können die Mitarbeitenden alle Informationen und Daten erhalten, die sie für die erfolgreiche Durchführung ihrer Innovationsprojekte benötigen?
6. Kommen die Mitarbeitenden leicht an die Materialien, die sie zum Experimentieren mit neuen Ideen benötigen?
7. Werden Mitarbeitende ermutigt, neue Ideen innerhalb der Organisation zu testen und ggf. umzusetzen?
8. Werden Mitarbeitende ermutigt, neue Ideen auch außerhalb der Organisation (z. B. in Zusammenarbeit mit Netzwerkpartnern) zu testen und ggf. umzusetzen?

Literatur

Albers, S., & Eggers, S. (1991). Organisatorische Gestaltungen von Produktinnovations-Prozessen – Führt der Wechsel des Organisationsgrades zu Innovationserfolg? *Schmalenbach's Zeitschrift für betriebswirtschaftliche Forschung, 43*(1), 44–64.
Ancona, D., Malone, T. W., Orlikowski, W. J., & Senge, P. M. (2007). In praise of the incomplete leader. *Harvard Business Review, 85*(2), 92–100.
Baecker, D. (2000). Mit der Hierarchie gegen die Hierarchie. In P. M. Hejl & H. K. Stahl (Hrsg.), *Management und Wirklichkeit. Das Konstruieren von Unternehmen, Märkten und Zukünften* (S. 235–264). Carl Auer.
Balkundi, P., & Kilduff, M. (2006). The ties that lead: A social network approach to leadership. *The Leadership Quarterly, 17*(4), 419–439.
Bergmann, G., & Daub, J. (2008). *Systemisches Innovations- und Kompetenzmanagement. Grundlagen – Prozesse – Perspektiven.* (2. Aufl.). Gabler.
Brown, J. S., & Duguid, P. (1991). Organizational learning and communities of practice. *Organizational Science, 2*(1), 40–57.
Burns, T., & Stalker, G. M. (1961). *The management of innovation.* Tavistock.
Burr, W. (2004). *Innovationen in Organisationen. Organisation und Führung.* Kohlhammer.
Cooper, R. G., & Kleinschmidt, E. J. (1991). New product processes at leading industrial firms. *Industrial Marketing Management, 20*, 137–147.
De Jong, J., & Den Hartog, D. (2007). How leaders influence employees' innovative behaviour. *European Journal of Innovation Management, 10*(1), 41–64.

Derenthal, K. (2009). *Innovationsorientierung von Unternehmen. Messung, Determinanten und Erfolgswirkungen.* Gabler.

Dobrigkeit, F., Paula, D. D., & Uflacker, M. (2019). InnoDev: A software development methodology integrating design thinking, scrum and lean startup. In C. Meinel & Leifer (Hrsg.), *Design thinking research* (S. 199–227). Springer.

Erler, H., & Wilhelmer, D. (2010). Swarovski: Mit Netzwerken Innovationsprozesse starten. In S. Ili (Hrsg.), *Open Innovation umsetzen: Prozesse, Methoden, Systeme, Kultur* (S. 225–269). Symposion.

Flik, H. & Rosatzin, Ch. (2011). Innovationskultur: „It don't mean a thing if it ain't got that swing". In O. Gassmann & P. Sutter (Hrsg.), *Praxiswissen Innovationsmanagement. Von der Idee zum Markterfolg* (S. 253–269). Hanser.

Gebert, D. (2002). *Führung und Innovation.* Kohlhammer.

Gruner, K. E., & Homburg, C. (2000). Does customer interaction enhance new product success? *Journal of Business Research, 49,* 1–14.

Guldin, A. (2012). Führung und Innovation. In S. Grote (Hrsg.), *Die Zukunft der Führung* (S. 213–233). Springer.

Hauschildt, J., & Salomo, S. (2016). *Innovationsmanagement* (6. Aufl.). Vahlen.

Hauschildt, J., Salomo, S., Schultz, C., & Kock, A. (2023). *Innovationsmanagement* (7. Aufl.). Vahlen.

Hohn, H. (2000). *Playing, leadership and team development in innovation teams.* Eburon.

Kotter, J. P. (2012). Die Kraft der zwei Systeme. *Harvard Business Manager, 12,* 22–36.

Lichtenthaler, U. (2020). Agile innovation: The complementarity of design thinking and lean startup. *International Journal of Service Science, Management, Engineering, and Technology (IJSSMET), 11*(1), 157–167.

Lühring, N. (2007). Innovationsfördernde Organisationsstrukturen unter Berücksichtigung früher Innovationsphasen. In C. Herstatt & B. Verworn (Hrsg.), *Management der frühen Innovationsphasen. Grundlagen – Methoden – Neue Ansätze* (S. 136–164). Gabler.

Morgan, G. (2002). *Bilder der Organisation.* Klett-Cotta.

Mumford, M. D., & Licuanan, B. (2004). Leading for innovation: Conclusions, issues, and directions. *Leadership Quarterly, 15,* 163–171.

Nagel, R., & Wimmer, R. (2002). *Systemische Strategieentwicklung. Modelle und Instrumente für Berater und Entscheider.* Klett-Cotta.

Oestereich, B., & Schröder, C. (2019). *Agile Organisationsentwicklung: Handbuch zum Aufbau anpassungsfähiger Organisationen.* Vahlen.

Olivan, P., & Schimpf, S. (2018). Ambidextre Organisation als Stellhebel zur erfolgreichen Entwicklung radikaler Innovationen. *IDIM Ideen-und Innovationsmanagement, 44*(4), 112–116.

Page, A. L. (1993). Assessing new product development practices and performance: Establishing crucial norms. *Journal of Product Innovation Management, 10,* 273–290.

Plugmann, P. (2018). Einleitung – 15 Jahre Lernkurve „Innovationsumgebung". In P. Plugmann (Hrsg.), *Innovationsumgebungen gestalten* (S. 1–17). Springer Gabler.

Schuler, H., & Görlich, Y. (2007). *Kreativität. Ursachen, Messung, Förderung und Umsetzung in Innovation.* Hogrefe.

Smith, W., & Tushman, M. (2005). Managing strategic contradictions: A top management model for managing innovation streams. *Organizational Sciences, 16*(5), 522–562.

Song, X. M., Montoya-Weiss, M. M., & Schmidt, J. B. (1997). Antecedents and consequences of cross-functional cooperation: A comparison of R & D, manufacturing and marketing perspectives. *Journal of Product Innovation Management, 14,* 35–47.

Stippler, M., Moore, S., Rosenthal, S., & Dörffer, T. (2010). Führung. Ansätze – Entwicklungen – Trends. *Teil 3: Führung als Beziehungsphänomen, Transformationale Führung, Werte und Ethik.* Leadership Series. Gütersloh: Bertelsmann Stiftung.

Thom, N. (1980). *Grundlagen des betrieblichen Innovationsmanagements* (2. Aufl.). Hanstein.

Thom, N. (2013). Ohne Leadership kein Innovationserfolg. *HR Today, 12,* 40–41.

Thompson, V. A. (1965). Bureaucracy and innovation. *Administrative Science Quaterly, 10,* 1–20.

Tidd, J., & Bessant, J. (2021). *Managing innovation.* Wiley.

Utterback, J. M., & Abernathy, W. J. (1975). A dynamic model of process and product innovation. *Omega, 3*(6), 639–656.

Weidmann, R. (2005). Über die Provokation von Unternehmensinnovationen: Wie man die Komplexität sozioökonomischer Systeme nutzen und kreative Potentiale zur Entfaltung herausfordern kann. In S. Etzel (Hrsg.), *Professionelles Personalmanagement im Gesundheits- und Sozialwesen.* Die Werkstatt.

Weidmann, R., & Armutat, S. (2008). *Gedankenblitz und Kreativität – Ideen für ein innovationsförderndes Personalmanagement.* Bertelsmann.

Wildhirt, K., & Bub, U. (2018). Innovate Innovation Management: Den digitalen Wandel beidhändig meistern. *Wirtschaftsinformatik & Management, 10,* 8–17. https://doi.org/10.1007/s35764-018-0028-7

Wobser, G. (2022). *Agiles Innovationsmanagement.* Springer.

Zwirner, H. (2022). *Von der Amöbe lernen.* Brand eins. https://www.brandeins.de/corporate-services/mck-wissen/mck-wissen-menschen/von-der-amoebe-lernen. Zugegriffen: 11. Dez. 2022.

8

InnoLEAD-Gestaltungsfeld 4: Kulturelle Dimension der innovationsfördernden Führung

Die Auseinandersetzung mit den organisationskulturellen Rahmenbedingungen für Innovation ist zentral. Aus diesem Grund werden im Folgenden einerseits die grundlegenden Merkmale einer Unternehmenskultur sowie verschiedene Innovationskulturtypen vorgestellt, andererseits wird die Führungsfunktion im Rahmen von Kulturentwicklung beleuchtet. Führungskräfte beziehen sich sehr häufig auf die entscheidende Bedeutung der Kultur für die Innovationskraft ihrer Unternehmung. Aber was genau steckt dahinter? Welchen Beitrag leisten Führungskräfte konkret zu einer „Innovationskultur"? Wie kann man von dem häufig sehr pauschal formulierten Anspruch, eine „offene Kultur", ein „offenes Klima", eine „Vertrauenskultur" oder eine „Fehlerkultur" zu pflegen, hin zu dem Anspruch einer innovationsfördernden Führungskultur gelangen? Führungs- und Unternehmenskultur beeinflussen sich wechselseitig; Innovationskulturen kann man nicht „irgendwie" offen leben.

Eine innovationsfördernde Kultur ist ein emergentes Phänomen, das sich aus vielen Faktoren zusammensetzt. Führungskräfte sollten sich mit der „Kulturformel" nicht aus der Verantwortung stehlen, vielmehr müssen sie Kultur als Gestaltungsauftrag interpretieren, den sie zusammen mit den Mitarbeitenden erfüllen. Führungskräfte vermögen mit zahlreichen Konzepten beziehungsweise Praktiken die Wahrscheinlichkeit einer innovationsfördernden Kultur zu erhöhen. Sie sollten sich also als **Kulturarbeitende** verstehen und versuchen, aktiv einen Beitrag zu leisten, um eine Innovationskultur zu entfalten. „Kultur" ist zwar überall, wirkt sich aber auch negativ aus, wenn sie keine Aufmerksamkeit erfährt. Deshalb kommt der Führung hier eine besonders exponierte Rolle zu.

In Abb. 8.1 ist der Bezug des hier zugrunde gelegten „Kulturmodells" zum InnoLEAD-Modell noch einmal gesondert dargestellt.

Das Kapitel widmet sich zuerst theoretischen Ausführungen zur Unternehmens- und Führungskultur sowie deren Bedeutung für die Entfaltung von innovationsförderlichen

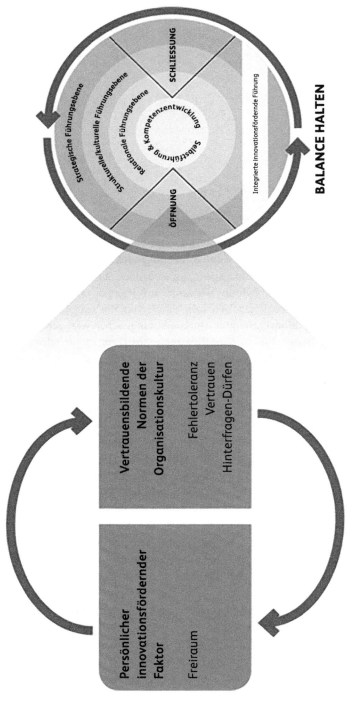

Abb. 8.1 InnoLEAD-Gestaltungsfeld 4: Kulturelle Führungsebene

8.1 Grundlagen: Innovationsfördernde kulturelle Bedingungen

organisationalen Realitäten. Das Kapitel schließt mit einem Fazit und Reflexionsfragen zur Umsetzung eines Innovationskultur-Checks.

8.1 Grundlagen: Innovationsfördernde kulturelle Bedingungen

> **Perspektive Führung: Meine Leute spüren, dass sie Freiheiten haben**
>
> Ich möchte eigentlich, dass meine Leute spüren, sie haben Freiheiten, egal, wo sie sich bewegen; sie müssen sich einfach innerhalb der vorgegebenen Ziele aufhalten. (F&E Leader).◄

> **Perspektive Mitarbeitende: Kontrolle ist gut, Vertrauen ist besser**
>
> Ich denke, eine gewisse Basis an Vertrauen, eine gewisse Basis an Anti-Stress [braucht es], sage ich jetzt einmal. Ich habe schon in Firmen gearbeitet, wo die Fehlertoleranz nicht hoch war, und dann geht man natürlich grundsätzlich mehr auf die sichere Seite. (F&E MA).◄

> **Perspektive Mitarbeitende: Vertrauen und Selbstbestimmung**
>
> Ich denke, der Erfolg ist sicher ein wichtiger Motivationsfaktor. Und die Freiheit, also die Eigenverantwortung war für mich immer wichtig: selbst entscheiden zu können, selbst versuchen, einen Weg zu gehen. Und das war für mich immer wichtig, und das habe ich auch immer bekommen, das ist unsere Firmenkultur. (F&E MA)◄

Der Blick in die Praxis zeigt immer wieder: Die Unternehmenskultur hat einen erheblichen Einfluss auf die *Konstruktion von Wirklichkeiten* und hat eine entscheidende Bedeutung für die Innovationsförderung. Im Folgenden wird der Begriff der Unternehmenskultur theoretisch untermauert und in einem zweiten Schritt erläutert, wie eine innovationsfördernde Kultur aussieht und wie Führungskräfte diese leiten und initiieren.

8.1.1 Definition der Unternehmenskultur

Edgar Schein (1984) hat in den 1980er-Jahren ein theoretisches Konzept entwickelt, das eine sinnvolle Struktur bietet, um den Begriff der Unternehmenskultur fassbar zu machen. Seine Ausführungen dienen als Ausgangspunkt für die später erscheinenden Arbeiten zur Organisationskultur. Schein definiert den Begriff „Organisationskultur" als

[…] the pattern of basic assumptions that a given group has invented, discovered, or developed in learning to cope with its problems of external adaptation and internal integration, and that have worked well enough to be considered valid and, therefore, to be taught to new members as the correct way to perceive, think, and feel in relation to those problems. (Schein, 1984, S. 3)

Die Unternehmenskultur wird in diesem Verständnis als Organisationsprinzip verstanden, das sich nur schwer fassen lässt. Dennoch wird den kulturellen Bedingungen für die Innovationsfähigkeit von Organisationen eine grundlegende Bedeutung zugesprochen. Prozesse können sehr klar beschrieben und Strategien sehr zielgerichtet sein: Wie die Mitglieder in einer Organisation aber letztlich handeln, hängt immer auch von diffusen und nur bedingt steuerbaren Bedingungen ab.

Schein (1984, 2010) hat das Konzept der „Unternehmenskultur" in drei Ebenen eingeteilt, wodurch sie besser beobachtet und analysiert werden kann: 1) die Ebene der Artefakte, 2) die der bewussten Werte und 3) die der unbewussten Annahmen (vgl. Abb. 8.2).

Die Ebene der Artefakte („artifacts") umfasst die sichtbaren Strukturen und Prozesse einer Organisation. Dies schließt die Architektur der Gebäude, Logos und Kommunikationsunterlagen, die Ausstattung in den Räumen, die Art und Weise, wie sich die Mitarbeitenden kleiden, und alles weitere Sicht- und Beobachtbare mit ein. Als Artefakte

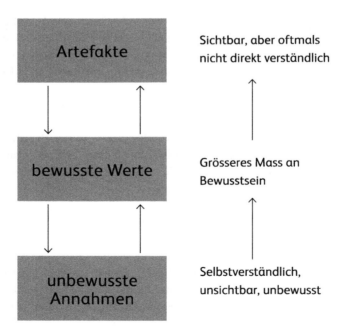

Abb. 8.2 Ebenen der Unternehmenskultur. (Quelle: in Anlehnung an Schein, 2010, S. 23 f.)

werden auch Teile der Kommunikation oder die Art und Weise der Kooperation verstanden, wie beispielsweise der wahrnehmbare Umgang mit Fehlern, die tradierten Mythen und (Miss-)Erfolgsgeschichten oder die ritualisierten Handlungen im Geschäftsalltag. Die Manifestation von organisationskulturellen Bedingungen auf dieser Ebene ist demnach gut wahrnehmbar, sie sind aber vertieft zu analysieren, um ihre Bedeutung und Verbindung mit anderen Ebenen zu verstehen.

Die mittlere Ebene der bewussten Werte („espoused values") umfasst Ziele, Ideale, akzeptierte Normen und Prinzipien, die von den Mitarbeitenden einer Organisation geteilt werden. Sie bilden eine mehr oder weniger bewusste, aber selten niedergeschriebene Handlungsanleitung, wie mit bestimmten Situationen und neuen Anforderungen innerhalb der Unternehmung umgegangen wird. Auf der zweiten Ebene sind die Verhaltensregeln angesiedelt, an die sich der Großteil der Mitarbeitenden hält und bei deren Missachtung individuelle Sanktionen zu erwarten sind. Sanktionen können dabei formell oder informell in Erscheinung treten.

Die unterste Ebene der unbewussten Annahmen („basic underlying assumptions") beeinflusst die beiden erstgenannten. Dies sind die bindenden und unhinterfragten Regeln der Zusammenarbeit. „[They] are so taken for granted that someone who does not hold them is viewed as crazy and automatically dismissed" (Schein, 1984, S. 16). Die unbewussten Grundannahmen prägen das Weltbild der Individuen innerhalb der Organisation und deren Stellung in der Welt. Es sind Glaubenssätze, die sich häufig in diffusen Gefühlen äußern und die sich um die Gestaltbarkeit der Welt, die Zukunftsfähigkeit von Organisationen, den Wert von Wahrheit und andere ähnliche große Sinnfragen drehen.

> Die Vorstellungen umfassen u. a. Basisannahmen über die Umwelt (beherrschbar, übermächtig), die Realität (wie, durch welche Autoritäten/Verfahren wird entschieden, was wahr und damit Entscheidungsgrundlage ist), über die Natur des Menschen, die Verhaltensorientierungen, die Arbeit, menschliche Beziehungen. (Blättel-Mink, 2006, S. 173)

Diese Glaubenssätze sind zentral für die Diskussion von innovationsfördernden organisationalen Bedingungen und der Funktion von Führung. Sie bestimmen den Öffnungsgrad einer Organisation, ihre Bereitschaft, sich mit externen Partnerinnen und Partnern zu vernetzen, oder auch wie – und ob überhaupt – über Freiräume nachgedacht wird.

Die **Funktion von Organisationskulturen** vergleicht Simon mit dem Bestehen verschiedener Sprachen. „Ob man einer Sprach-(=Kommunikations-)Gemeinschaft angehört, weiß man, wenn man sie sprechen hört" (Simon, 2007, S. 99). Außenstehend ist der, der die Regeln der Grammatik nicht beherrscht. Diejenigen, die der Sprache mächtig sind, müssen sich dagegen nicht immerzu auf grammatikalische Finessen konzentrieren. Ihr Sprachgebrauch ist intuitiv oder eingeübt korrekt und passend. Sprache erhält so – wie Organisationskulturen auch – eine inkludierende und ausschließende Funktion. Wer dazugehört, merkt es. Wer nicht dazugehört, wird sich immer wieder an den impliziten Regeln stoßen.

Insofern ist Kultur eine wirkungsvolle Art, gewünschte Handlungsweisen innerhalb eines Unternehmens zu verankern, auch wenn eine direkte Steuerbarkeit nicht gegeben ist. Schließlich entstehen Werte „nicht zweckrational, sondern sie entwickeln sich evolutionär" (Simon, 2007, S. 96). In diesem sozialkonstruktivistisch zu interpretierenden Verständnis sind Werte nicht zu steuern oder gar zu kontrollieren. Denn die Organisationsmitglieder interpretieren, verändern und erneuern in ihren alltäglichen Handlungen laufend die Unternehmenskultur. In Veränderungsprozessen wird oft ignoriert, dass dieser Vorgang so verläuft. „Kulturen sind demzufolge keine starren ‚Sachverhalte', sondern **Organisationskulturen definieren den Handlungsspielraum** und die Handlungsweise der in ihr interagierenden und kommunizierenden Individuen" (Bergmann & Daub, 2008, S. 97, Hervorhebung durch die Autoren).

> Mit der Erkenntnis, dass wir uns die Realität unseres Alltags erschaffen oder vervollkommnen, verfügen wir über eine Sicht unserer Kultur, die große Auswirkungen hat. Denn das heißt, dass wir versuchen müssen, unsere Kultur als einen fortlaufenden, **proaktiven Vorgang der Konstruktion von Realität** zu verstehen. Dadurch wird das gesamte Phänomen Kultur lebendig. (Morgan, 2002, S. 185, Hervorhebung durch die Autoren)

Absichtsvolle kulturelle Veränderungen können in Organisationen Widerstände auslösen. Anpassungen und Initiativen, die auf die oberste Kulturebene einwirken, vermögen durchaus positive Effekte und gewünschte Folgen nach sich zu ziehen. Je mehr die Führungspersonen aber versuchen, auf tieferliegende Ebenen einzuwirken, umso eher müssen sie mit ablehnenden Reaktionen der Mitarbeitenden rechnen. Die **Zugriffsmöglichkeit von Führungspersonen** ist hier äußerst limitiert, und Beeinflussungsversuche können kontraproduktiv wirken.

> Es ist für die Mitglieder eben leichter, auf der Sachebene Neuentscheidungen als Prämissen des eigenen Verhaltens zu akzeptieren (technische Regeln: Programme, Strukturen), statt Entscheidungen über die Prämissen der eigenen Identität hinzunehmen. (Simon, 2007, S. 101)

Der beschriebene Mechanismus der **In- und Exklusion** von passenden beziehungsweise unpassenden Mitarbeitenden führt dazu, dass die herrschenden kulturellen Verhältnisse über die Zeit verstärkt werden. Sie werden zur Norm. Pittrof (2011) weist darauf hin, dass bis in die 1980er-Jahre eine solche „starke" Unternehmenskultur als grundsätzlich positiv bewertet wurde (S. 96), diese Haltung aber über die Zeit überdacht werden musste und aufgrund von Forschungsresultaten nicht mehr haltbar war (Sackmann, 1991). Seither wird der sich gegenseitig bereichernden individuellen **Vielfalt innerhalb einer Organisation** auch Positives abgewonnen und die Stärke einer facettenreicheren Unternehmenskultur unterstrichen.

Ob eine Kultur als „stark" oder „schwach" definiert wird, hängt von unterschiedlichen Dimensionen ab. Üblicherweise werden in der Literatur drei hervorgehoben: (1) Ausmaß

8.1 Grundlagen: Innovationsfördernde kulturelle Bedingungen

Tab. 8.1 Chancen und Gefahren starker Unternehmenskulturen. (Quelle: in Anlehnung an Bleicher, 2004; Pittrof, 2011)

Chancen einer starken Unternehmenskultur	Risiken einer starken Unternehmenskultur
• Handlungsorientierung durch Komplexitätsreduktion • Effizientes Kommunikationsnetz • Rasche Informationsverarbeitung und Entscheidungsfindung • Beschleunigte Implementation von Plänen und Projekten • Geringer Kontrollaufwand • Hohe Motivation und Loyalität • Stabilität und Zuverlässigkeit	• Tendenz zur Abschottung • Blockierung neuer Ausrichtungen • Implementationsbarrieren • Fixierung auf traditionelle Erfolgsmotive • Kollektive Vermeidungshaltung • „Kulturdenken" • Mangel an Flexibilität • Tradition anstatt Innovation

der Prägnanz (Wie eindeutig leiten die Orientierungsmuster und Werthaltungen das Handeln der Organisationsmitglieder an?), (2) Verbreitungsgrad (In welchem Ausmaß werden die kulturellen Muster geteilt?) und (3) Verankerungstiefe (Inwieweit sind die kulturellen Muster zum festen Bestandteil des Handelns geworden?) (Schreyögg & Koch, 2020).

Chancen und Risiken einer starken Unternehmenskultur sind in Tab. 8.1 dargestellt.

Mit der Idee starker Unternehmenskulturen ist die Vorstellung einer integrierten, stimmigen und kohärenten Ganzheit verbunden. Das kann sich allerdings negativ auf die organisationale Innovativität auswirken. Aus dieser Perspektive haben pluralistische, durch verschiedene Subsysteme mit einer völlig unterschiedlichen Ausprägung geprägte Kulturen, eine hohe Bedeutung. Gerade Unternehmenseinheiten mit einer hohen Kundenorientierung können und sollen zum Beispiel andere Werte kultivieren als Einheiten mit einer geringeren Kundenorientierung (Gehm, 2022). Der nachfolgende Abschnitt widmet sich den zentralen Charakteristika einer innovationsförderlichen Organisationskultur.

8.1.2 Innovationsfördernde Unternehmenskultur

Unternehmenskulturen übernehmen wichtige Funktionen innerhalb von Unternehmen. Pittrof (2011) listet ein ganzes Bündel von Funktionen auf, die in verschiedenen Untersuchungen nachgewiesen worden sind. Er geht zum Beispiel davon aus, dass eine Unternehmenskultur einen entscheidenden Einfluss darauf hat, ob sich Leistungsträger an eine Organisation binden oder durch Konkurrentinnen und Konkurrenten entzogen werden. Er bezeichnet diesen Sachverhalt als **Abschirmungsfunktion**. Die Kultur hat ebenso einen Einfluss einerseits auf die Führungsarbeit, andererseits auf die Produktivitätssteigerung und die Kosteneinsparungen. Sie stiftet **Identität** oder gibt Orientierung, hat integrierende Wirkung für die Mitarbeitenden, motiviert sie, reguliert Konflikte, fördert eventuell den Austausch zwischen verschiedenen Unternehmungen, wirkt sinnstiftend – und fördert die Innovation (S. 30 ff.).

Gerade zur Steigerung der organisationalen Innovationsfähigkeit kommt der Organisationskultur nachweislich eine wichtige Funktion zu (vgl. bspw. Büschgens et al., 2013). Gleich wie die Strategie zur Orientierung der Innovationstätigkeit gegen innen von großer Wichtigkeit ist, entfalten auch bewusste Werte oder sogar geteilte unbewusste Annahmen Wirkung. Büschgens et al. (2013) weisen darauf hin, dass geteilte unternehmenskulturelle Werte auf eine **Angleichung der Ziele von Management und Mitarbeitenden** hinwirken (S. 766). Die Setzung kultureller Werte vermag demnach durchaus, die Handlungsweise innerhalb einer Organisation zu bündeln und zu orientieren.

Goffin et al. (2009) plädieren dafür, dass vor allem sechs Bereiche des Unternehmens zu diesem Zweck fokussiert werden sollen: 1) Organisationsstrukturen, 2) Machtstrukturen, 3) Symbole, 4) Geschichten, 5) Routinen und Rituale und 6) Kontrollsysteme. In diesen für die Autoren wesentlichen Bereichen werden jeweils **Best Practices** vorgeschlagen, welche die Innovationsfähigkeit verbessern:

1. Die Organisationsstrukturen sind so auszurichten, dass Einflüsse aus dem Markt schnell zum Tragen kommen und Dringlichkeit innerhalb der Organisation erzeugen. Wiederholte Umstrukturierungen stellen sicher, immer wieder geeignete Lösungen für neue Herausforderungen zu entwickeln. Das Einsetzen eines Innovationsmanagers erlaubt es, dass Innovationsbestrebungen an einer konkreten Stelle ausgerichtet werden. Zudem sind Teams zu bilden, die über eine gewisse Autonomie verfügen, spezifische Fragestellungen zu bearbeiten.
2. Die Machtstrukturen werden gezielt nivelliert, indem Führungspersonen darin geschult werden, Macht und Verantwortung zu delegieren.
3. Symbole werden genutzt, um den Innovationserfolgen nach innen zu mehr Aufmerksamkeit zu verhelfen: Kommunikation der Innovationsziele in Logos oder Claims, Innovationserfolge feiern und sichtbar machen, Anerkennung zollen und Innovationserfolge auszeichnen.
4. Erfolgsgeschichten tradieren und verbreiten.
5. Routinen und Rituale im Umgang mit gescheiterten Ideen; die Aktivität würdigen und Fehler tolerieren.
6. Kontrollsysteme flexibilisieren, adäquate Messgrößen definieren und Innovationsprozesse nicht zu eng fassen (S. 452).

Eher kritisch zu beurteilen ist hingegen eine Form der künstlichen und rein symbolischen „Inszenierung" von Innovationsorientierung nach innen (mit Wandpostern, Innovationsmarathons, Innovation-Awards, Vorstellung von Innovationen in der Firmenzeitschrift etc.), ohne eine nachhaltige Lern- und Entwicklungsperspektive oder einen organisationalen Veränderungsprozess damit zu verknüpfen. Denn dann tauchen – verunsichert in der Kluft zwischen Innovationsmarketing und der Wirklichkeit des Alltags – Aussagen von Mitarbeitenden auf wie: *„Ich glaube schon, dass wir innovativ sind."* Wenn Innovativität seitens der Führung als Ziel ausgerufen und mit zahlreichen Innovationssymbolen untermauert wird, dann müssen unbedingt auch Taten folgen. Ansonsten entsteht bei den Mitarbeitenden eine lähmende Unsicherheit und mit der Zeit Demotivation („Für Innovation ist das Innovationsmanagement zuständig, mit mir hat das nichts zu tun").

Thom und Piening (2009) betonen, dass sich eine innovationsfördernde Unternehmenskultur in einem kooperativen Führungsverhalten, dem Arbeiten mit Zielvereinbarungen, der Delegation von oben nach unten, einer Fehlerkultur, die risikobewusste Entscheidungen fördert, und einer offenen und transparenten Kommunikation widerspiegelt.

Innovationskultur bei Pixar

"It is not the manager's job to prevent risks. It is the manager's job to make it safe to take them." – Ed Catmull

In den meisten Kreativkulturen behindern Egoismus und Individualismus die Arbeit. Ed Catmull und sein Team haben viel Energie und Hingabe in den Aufbau einer kollektiven Kreativkultur gesteckt. Die Pixar Animation Studios sind ein bekannter Name in der Kreativbranche, insbesondere bei Animationsfilmen. Das Unternehmen legt großen Wert auf die psychologische Sicherheit der Mitarbeitenden – eine Tatsache, die sich nicht nur in der Unternehmenskultur, sondern auch in den Filmen zeigt.

Das Maß an Motivation, Freiheit und psychologischer Sicherheit, das die Firma ihren Mitarbeitenden bietet, spiegelt sich in hohem Maße in der finanziellen Performance des Unternehmens wider. Pixar versucht, die kreativen Potenziale jedes Mitarbeitenden zu fördern.

Pixar nimmt die Anregungen der Creative Directors ernst, egal in welchem Kontext. Selbst das kritischste und heftigste Feedback wird aufgegriffen, um die Qualität der Filme auf höchstem Niveau zu halten. Kein Kommentar wird gefiltert. Regelmäßig wird in Auseinandersetzungen unter Expertinnen und Experten auf Schwachstellen hingewiesen, um mittelmäßige Ergebnisse zu vermeiden.

Diese Ehrlichkeit und Offenheit ist es, die Pixar-Teams zusammenhält. Alle sind bereit, zuzuhören und Feedback anzunehmen. Das Topmanagement hat die Interessen der Mitarbeitenden aus der Produktion konstant im Blick. So bleibt das Vertrauen erhalten – ein Element, das für ein Team unerlässlich ist, um Spitzenleistungen und Erfolg zu erzielen.

Pixars zentrale Werte:

- Failure isn't a necessary evil.
- Don't confuse the process with the goal.
- Quality is the best business plan.
- People are more important than ideas.
- Everybody should be able to talk to anybody.

- Prepare for the unknown.
- Give good notes

Pixar hat weiterhin die folgenden Grundsätze für die Zusammenarbeit festgelegt:

- Smart people even over breakthrough ideas.
- Trust people even over the process.
- Build community over free-agency.
- Creative vision even over conformism.

(Razetti, 2020).◄

Zu einer innovationsfördernden, kundenzentrierten Unternehmenskultur zählen gemäß Gehm (2022, S. 134 ff.) die nachfolgenden Aspekte: 1) Zukunftsorientierung, 2) Empathie für den Nutzer/die Nutzerin, 3) Anreizsysteme und Wertschätzung, (4) holistische Mitarbeiterbeteiligung und Freiräume, 5) internes Wagniskapital, 6) interne Märkte, 7) Ergebnisoffenheit und Kultur des Lernens und 8) Bereitschaft zur „Kannibalisierung", 9) strategisches Risikomanagement und 10) ausgewogenes Projektportfolio.

Hauschildt et al. (2023) heben verschiedene „Gestaltungsansätze" (S. 104 ff.) hervor, die zu einer Innovationskultur führen, unter anderem die Offenheit des Systems an sein Umfeld, einen sinnvollen Organisationsgrad, der die Handlungsmöglichkeiten der Einzelnen nicht zu stark beschneidet, einen Informationsaustausch, der nicht durch starre Regeln oder zu eng gefasste Vorgaben erschwert wird, und die Förderung von Kooperation, im Wissen darum, dass auch aus konflikthaften Situationen kreative Lösungen entstehen. Daneben spielen auf Organisationsebene auch Rekrutierungs- und Fördermechanismen eine wichtige Rolle: Geeignete, innovationsfähige Personen sind zu erkennen und entsprechend einzusetzen. Freiraum-Modelle dienen denn auch dazu, dass Mitarbeitende Verantwortung für die Weiterentwicklung des Unternehmens übernehmen. Eine Verbesserung des Innovationsklimas lässt sich durch Vertrauen, Offenheit, Ideenunterstützung, persönliche Gestaltungsfreiheit, Akzeptanz unüblicher Ideen, Diskussionstoleranz und eine dynamische Atmosphäre (Sundgren et al., 2005) eher erreichen.

Die innovationsfördernden Kulturmerkmale decken sich so zu einem Großteil mit den Charakteristika von Kulturmerkmalen moderner Organisationen. In diesen Organisationen setzt die Führung auf eine hohe Produktivität gut ausgebildeter Mitarbeitender, auf Teamentwicklung, Selbststeuerung von Teams und flache Hierarchien, und sie legt Wert auf Sozialkompetenz. Die Führungsbeziehungen in diesen Organisationen basieren auf „Respekt, Wertschätzung, Aufrichtigkeit, Offenheit, Transparenz, Eigenverantwortung, Kritikfähigkeit, Bereitschaft zum Lernen und Entwickeln oder Delegation von Verantwortung an Mitarbeitende" (Weidmann & Armutat, 2008, S. 91).

8.1 Grundlagen: Innovationsfördernde kulturelle Bedingungen

> **[Förderung von Innovativität]**
> Für die **Förderung von Innovativität** sind jedoch zusätzliche **Kulturelemente** von besonderer Bedeutung (Weidmann & Armutat, 2008, S. 91):
>
> - produktiver Umgang mit Unterschieden
> - Freizügigkeit und Toleranz (Gewährenlassen)
> - Kontinuität
> - Offenheit
> - Risikobereitschaft

Damit bestätigt sich das Bild, dass kulturellen Bedingungen ein großer Stellenwert einzuräumen ist, dass aber im Detail die Umsetzung in den Unternehmen sehr unterschiedlich ausfallen kann und auch muss, da sie zu den unternehmensspezifischen Bedingungen passen soll.

Entscheidend sind, wie die hier vorgestellten Kulturansätze deutlich zeigen, die vertrauensbildenden Werte, die in der Organisationskultur verankert sind. **Offenheit** basiert auf der Bereitschaft, dem Beziehungspartner Einblick in das „Selbst" zu gewähren. **Toleranz** beschreibt die Akzeptanz des Andersseins. Beides sind wichtige Elemente einer Innovationskultur (vgl. Abb. 8.3). Und diese Werte wirken sich direkt auf die vertrauensbildenden Faktoren aus, die in der Persönlichkeit der handelnden Person verankert sind (Stahl, 2013, S. 118 f.).

Eine **innovationsförderliche Organisationskultur** ist vor diesem Hintergrund charakterisiert durch eine grundsätzliche Offenheit für digitale Innovationen und dadurch, dass Fach- und Führungskräfte die damit verbundenen digitalen Transformationsprozesse proaktiv unterstützen.

> Eine solche Kultur transportiert folglich die mehr oder weniger implizite Erwartung, dass neue digitale Technologien kontinuierlich dahingehend überprüft werden, inwiefern sie zur Stärkung der Zukunftsfähigkeit des Unternehmens genutzt werden können und sollten und welche organisationalen Veränderungen hierfür nötig sind. Formalstrukturell eingebettet ist eine solche Kultur in Fähigkeiten, die den Betrieb in die Lage versetzen, neue digitale Lösungen zu adaptieren und in die eigenen Arbeitspraktiken, -routinen und Rollen zu integrieren. (Jackwerth-Rice et al., 2022)

Laut einer Studie von Schaefer & Bohn von Capgemini Consulting im Jahr 2017 gaben über 50 % der befragten Unternehmen Kultur als größtes Hindernis an, eine Digitalstrategie erfolgreich umzusetzen. Es ist daher nachvollziehbar, dass der Ruf nach einem nötigen Kulturwandel immer lauter wird.

Ein zentraler Wert für eine innovationsorientierte Digitalkultur ist ein starker Kundenfokus. Eine kundenzentrierte Grundhaltung des Unternehmens, das heißt die Ausrichtung sämtlicher Prozesse und Produkte an den Bedürfnissen der Kundinnen und Kunden und

Abb. 8.3 Vertrauensbildung durch persönliche Faktoren und Werte der Organisationskultur. (Quelle: Stahl, 2013, S. 119)

das Ziel, diese bestmöglich zu bedienen, gewinnt vor dem Hintergrund sich rasant verändernder Kundenwünsche enorm an Bedeutung. Ein Verständnis für die sich durch digitale Technologien verändernden Kundenbedürfnisse ist zentral, um diese zu bedienen und entsprechende Marktentwicklungen aufzugreifen (Hess, 2019).

Aus der Literatur geht nicht eindeutig hervor, welche konkreten Erwartungen damit an die Mitarbeiter zu stellen sind. Diskutiert werden eine hohe Agilität, Veränderungsbereitschaft, Markt- und Kundenorientierung, die Bereitschaft zum Experimentieren mit neuen digitalen Lösungen und zur Vernetzung mit internen und externen Innovationsakteuren (Jackwerth-Rice et al., 2022).

8.1.3 Führungskulturelle Bedingungen

Die Ausführungen zur Unternehmenskultur zeigen klar, dass der Führung eine bedeutende Rolle in Bezug auf die Entwicklung einer innovationsfördernden Kultur zukommt (Schein, 1995, S. 34; Sackmann, 2000, S. 155). „In ihrer Rolle als Vorgesetzte sind sie immer Vor-Bild – ob sie wollen oder nicht. Führungskräfte stellen eine der besten Orientierungshilfen für Mitarbeitende dar" (Sackmann, 2000, S. 155). Führungsbeziehungen gewähren oder verhindern die Möglichkeiten zur Innovation, deshalb sollte sich jedes Unternehmen im Rahmen einer bewussten Kulturgestaltung immer wieder die Frage stellen, welche innovationskulturelle Realität seine Führungskräfte tatsächlich vorleben.

8.1 Grundlagen: Innovationsfördernde kulturelle Bedingungen

Nach Burla et al. (1995) betont Führungskultur „das Beziehungsmäßige zwischen allen beteiligten Akteuren" (S. 24), wohingegen die Organisationskultur das kollektive Selbstverständnis als ein aufeinander bezogenes Handlungsgefüge versteht. Dies bedeutet, dass die Führungskultur als Teil der Organisationskultur zu betrachten ist. Sie stellt den Mitgliedern eines kulturellen Kontextes ein gemeinsames Vorverständnis von Führung und Geführt-Werden zur Verfügung. Dieses Vorverständnis beinhaltet das notwendige Wissen, um bestimmte Handlungsweisen als Führungshandeln zu erkennen.

▶ Damit vermittelt die **Führungskultur** dem Handeln jenen Sinn, der im kulturellen Kontext akzeptierbar ist. Somit wird nicht jedes beliebige Führungshandeln realisiert, denn nur das im jeweiligen kulturellen Kontext verständliche und anerkannte Handeln hat eine Chance innerhalb des organisationalen Kollektivs (Burla et al., 1995, S. 24).

Zugleich richtet die Führungskultur das Führungshandeln an gewissen Grundprämissen aus (Burla et al., 1995, S. 24), das heißt an der spezifischen Ausgestaltung der Beziehungsthemen und Dynamiken. Diese „Themen wirken untergründig als ‚soziales Koordinatensystem' im Sinne einer ‚Grundprogrammierung' der Akteure und als heimliche Regisseure im gegenseitigen Beziehungshandeln" (Müller & Hurter, 1999, S. 22). Denn sie sind der einzelnen Person meist nicht bewusst und in der Regel nur schwer zugänglich. So nehmen sie als Selbstverständlichkeiten auf das Handeln Einfluss.

Neben Führungskulturen sind Kulturen zugleich **Lernkulturen**, indem sie die Veränderung von Werten und Normen, Wissensbeständen und Handlungsfreiräumen mehr oder weniger fördern. Kultur ist das Resultat kollektiver Lernprozesse im Umgang mit internen und externen Problemen in Unternehmen. Es gibt Problemlösungen, die anschlussfähig sind, und andere sind es nicht. Mit der Zeit entwickeln sich in der Zusammenarbeit präferierte Denk- und Handlungsrahmen, die die zukünftigen Handlungen der Organisationsmitglieder vorspuren. Unternehmenskultur ist das Ergebnis einer Entwicklungsgeschichte (Schreyögg & Koch, 2020). Bei Unternehmenskulturen geht es um „all jene Verhaltenserwartungen, die nicht über Entscheidungen festgelegt wurden, sondern die sich langsam eingeschlichen haben" (Kühl, 2018).

Das **Führungsselbstverständnis** der Führenden (Ebene: Individuum) und die **Führungskultur** der jeweiligen Organisation (Ebene: Organisation) bilden die Grundlage für das Führungshandeln in der Organisation (vgl. Abb. 8.4). Das konkrete Führungshandeln wirkt dann auf das Führungsverständnis und die Führungskultur zurück, indem es beide bestätigt oder ihnen partiell widerspricht. Dieser Widerspruch kann zu Lernprozessen, aber genauso auch zu Konflikten führen. Führungsentwicklung greift demnach zu kurz, wenn versucht wird, isoliert eine Veränderung der Verhaltensweisen der Führungsperson herbeizuführen.

Führungsentwicklung im Dienst der Innovationsförderung bedeutet eine Auseinandersetzung sowohl mit den individuellen als auch den **kollektiven Vorstellungen von**

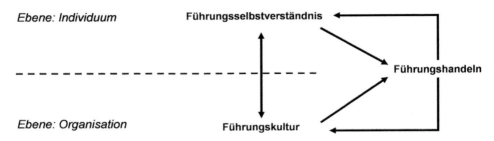

Abb. 8.4 Führungsselbstverständnis und Führungskultur. (Quelle: Kaudela-Baum et al., 2018, S. 17)

Innovation Leadership. Diese Vorstellungen können allerdings nicht einfach so abgefragt werden, denn in die Führungspraxis fließen unbewusste Grundannahmen sowohl der Führungsperson wie auch der Organisation ein. Und sie müssen nicht mehr begründet werden, weil sie weitgehend selbstverständlich sind: Man führt auf eine bestimmte Art und Weise, weil man es eben so macht. Die Führungskultur einer Organisation(seinheit), einer Branche oder eines Kulturraumes wird geprägt von einer Vielzahl ungeschriebener Regeln, Normen und Wertvorstellungen (Nagel et al., 1999), die häufig in sich widersprüchlich sind.

8.2 Fazit und Reflexionsfragen

Unternehmenskulturelle Bedingungen sind zentral für die Steigerung der Innovationsfähigkeit von Unternehmen. Führungskräften kommt bei dieser Entwicklung eine große Verantwortung zu. Denn Kulturen lassen sich zwar nicht steuern oder punktgenau umsetzen. Aber einerseits beeinflusst das Verhalten von Führungskräften die Handlungsweisen der Mitarbeitenden und andererseits lassen sich durchaus Bedingungen so gestalten, dass sie für die organisationale Innovationsstärke förderlich sind. Offenheit gegenüber dem Umfeld, schlanke Organisationsformen, sinnvolle Formen des Wissens- und Informationsaustauschs, das Sicherstellen von Kooperationsmöglichkeiten und nicht zuletzt die Rekrutierung passender Mitarbeitender bieten Führungskräften Einfluss- und Gestaltungsmöglichkeiten. Auch das Setzen von passenden und sinnvollen Anreizen und der Aufbau von zielführenden Strukturen beeinflussen die Unternehmenskultur und können von Führungskräften gestaltet werden, um die Innovationsfähigkeit zu verbessern.

Innovationsfördernde Führungsentwicklung bedeutet vor diesem Hintergrund, dass sich die einzelne Führungsperson mit ihrem individuellen Führungsselbstverständnis und die Organisation mit ihrer Führungskultur und mit Werten auseinandersetzen.

8.2 Fazit und Reflexionsfragen

▶ Oft werden in der Praxis Freiheiten als Wert unhinterfragt gewährt und genutzt. Deutlich zur Sprache kommen Freiheiten eigentlich nur, wenn sie entzogen oder ständig bedroht werden. An Freiheiten gewöhnt man sich schnell, ihre Abschaffung wird im Gegensatz dazu als massiver und vor allem demotivierender Einschnitt in die Alltagsrealität erlebt.

Führungsentwicklungsmaßnahmen können nach der Zusammensetzung der Teilnehmenden unterschieden werden:

1. **Fokus Führungsperson:** Setzt sich die Führungsperson mit ihrem eigenen Führungsselbstverständnis und -verhalten auseinander, geschieht dies in der Regel im Rahmen von Coaching-Gesprächen oder Führungsweiterbildungen (Abschn. 9.3.1).
2. **Fokus Organisation:** Entscheidet sich ein Team, eine Abteilung, ein Departement oder eine ganze Organisation dazu, Führung zum Thema zu machen, arbeiten zahlreiche Personen im Führungsentwicklungsprozess mit, die eine Führungsaufgabe wahrnehmen. Zusätzlich können (und sollten) auch die Mitarbeitenden, die Führung erleben, einbezogen werden (Abschn. 9.2.4).

Die Bearbeitung von Fallstudien oder Geschichten über ausgewählte Innovationsprojekte (Storytelling) kann eine **Auseinandersetzung mit der eigenen Führungsrealität** fördern. Zwar handelt es sich eventuell nicht um die eigene Führungssituation, aber vielleicht um Fälle mit Wiedererkennungseffekt.

Doch was bedeutet nun Führungsentwicklung, wenn wir davon ausgehen, dass unter Führung die Gestaltung von Beziehungen verstanden wird? Führungshandeln kann das Bezweckte, das Gegenteil, gar nichts oder Unerwartetes bewirken. **Versuche der Steuerung** haben die Eigendynamik der Führungsbeziehung zu respektieren. Eine differenzierte individuelle Reflexion erlaubt es, ein anderes Licht auf Führungssituationen zu werfen und damit Blockaden zu beheben, aber auch Potenziale zu erkennen und zu fördern. In diesem Sinne leisten verhaltensorientierte Fallstudien oder die Auseinandersetzung mit dem eigenen Führungsverständnis einen Beitrag zur Führungs- und damit immer auch zur Organisationsentwicklung.

Der **Fragenkatalog zur innovationsfördernden Führungskultur** kann zur Reflexion der Führungskultur in Bezug auf die Innovationsorientierung herangezogen werden.

> **Reflexionsfragen zur innovationsfördernden Führungskultur: Trägt unsere Führungskultur zur Innovationsförderung bei?**

Widersprüche und Unterschiedlichkeit

1. Wie gehen wir in der Führung mit Widersprüchen um?
2. Wie handhaben wir unterschiedliche Stärken von Mitarbeitenden?

3. Wie viel Varianz lassen wir in der Bearbeitung von Aufgaben zu?
4. Setzen wir auf Unterschiede in der Zusammensetzung von Gruppen?

Freiräume

1. Wie viele Standards und Formalitäten haben wir, an die sich Mitarbeitende halten sollen?
2. Wie freizügig werden Standards gegenüber Mitarbeitenden ausgelegt?
3. Inwieweit können Mitarbeitende frei entscheiden, solange sie das gesetzte Gesamtziel erreichen?
4. Was lassen wir Mitarbeitende tatsächlich alleine entscheiden?
5. Wo liegen die „Warnstufen", wenn etwas nicht nach unserer Vorstellung läuft?
6. Wie offen sind wir für Ausnahmelösungen?
7. Wie frei können Mitarbeitende ihre Kooperationspartner (intern und extern) und Projekte auswählen?
8. In welcher Zeit können Mitarbeitende ihren eigenen Ideen nachgehen und diese weiterverfolgen?

Entscheiden zwischen Herz und Verstand

1. Wie kommen wir im Führungsgremium zu Entscheidungen?
2. Wie spontan oder durchdacht fällen wir Entscheidungen?
3. Wie sehr fließen emotionale und intuitive Verarbeitungsformen von Informationen in die Entscheidungsfindung ein?
4. Sind die Einschätzungen, die unseren Führungsentscheidungen zugrunde liegen, von Dauer?

Offenheit und Vernetzung

1. Mit wie vielen externen Partnerinnen und Partnern arbeiten wir in der Entwicklung und Umsetzung von Innovationsvorhaben zusammen?
2. Sind unter den externen Partnern auch immer wieder neue, oder arbeiten wir immer mit den gleichen Partnern?
3. Wie viele Impulse nehmen wir wahr und in unsere Überlegungen auf, die unsere aktuellen Haltungen und Entscheidungen nicht stützen?

4. Welche Informationen geben wir in einer kritischen Situation an Mitarbeitende weiter?

Risikobereitschaft und Delegation

1. Was machen wir, wenn Mitarbeitende oder externe Partnerinnen und Partner mehr Informationen haben möchten, als es uns behagt?
2. Was machen wir, wenn unsere Mitarbeitenden mehr Verantwortung übernehmen wollen?
3. Unter welchen Umständen sind wir bereit, Risiken einzugehen?

Kulturentwicklung

1. Haben wir (als Führungsgremium) ein gemeinsames Verständnis von kulturellen Werten, die der Innovationsförderung dienen? Sind wir bereit, dieses Verständnis zu hinterfragen?
2. Was machen wir, wenn die Mitarbeitenden ein abweichendes Verständnis von kulturellen Werten haben?
3. Was symbolisiert im Unternehmen unsere Innovationskultur?
4. In welchen Kommunikationsforen und bei welchen Events werden kulturelle Werte erörtert?
5. Wie kommunizieren wir? Wie kommunizieren unsere Mitarbeitenden? Welche Wertschätzung für abweichende Meinungen wird hierbei deutlich?
6. Kommen unsere Werte in der Personalrekrutierung und -entwicklung zum Ausdruck? Welche Instrumente haben wir, um das sicherzustellen?

Nicht alle Fragen sind auf jede Führungssituation anwendbar. Führungskräfte sollten einfach die Fragen auswählen, die in Bezug auf das eigene Unternehmen und auf das eigene Führungsverhalten von Bedeutung sind. Für die **Entwicklung einer innovationsfördernden Führungskultur** ist es wichtig, dass solche Reflexionsfragen ehrlich beantwortet und kritisch diskutiert werden. Dafür könnten sich **moderierte Führungsworkshops mit Kleingruppen** anbieten, die Gelegenheit für einen kritischen Austausch bieten.

Die Orientierung von Führungskräften an innovationsorientierten kulturellen Werten und Normen kann sich im Führungsalltag einerseits in konkreten **veränderten Verhaltensweisen** äußern und andererseits in der Inszenierung dieser Veränderungen durch eine **öffentliche Verpflichtung** (z. B. in Form von öffentlich publizierten Artikeln oder Führungsleitbildern).

Nehmen wir an, dass in einem Unternehmen zum Beispiel bürokratische Verfahren immer großzügiger interpretiert werden und Führungskräfte prinzipiell nicht mehr so genau hinschauen, ob bspw. Gesuche für die Ideenentwicklung formal exakt eingereicht werden. Wie könnte man „Entbürokratisierung" als Führungsthema in der Organisation bekanntmachen beziehungsweise „inszenieren" oder durch Symbolik unterstreichen? Durch einen großzügigen Umgang mit formalen Prozessen, ein **gut kommuniziertes Pilotprojekt** für eine Teilorganisation oder eine offizielle Umgestaltung von bürokratischen Prozessen (z. B. Online-Eingaben, kurze Anträge bei kleineren Projekten usw.) können Erfolgserlebnisse geschaffen werden, die den Mitarbeitenden die Bedeutung des kulturellen Wandels aus Führungssicht nachhaltig vermittelt.

Literatur

Bergmann, G., & Daub, J. (2008). *Systemisches Innovations- und Kompetenzmanagement. Grundlagen – Prozesse – Perspektiven* (2. Aufl.). Gabler.

Blättel-Mink, B. (2006). *Kompendium der Innovationsforschung.* VS Verlag für Sozialwissenschaften.

Bleicher, K. (2004). *Das Konzept integriertes Management. Visionen – Missionen – Programme* (7. Aufl.). Campus.

Burla, S., Alioth, A., Frei, F., & Müller, W. R. (1995). *Die Erfindung von Führung. Vom Mythos der Machbarkeit in der Führungsausbildung.* Verlag der Fachvereine.

Büschgens, T., Bausch, A., & Balkin, D. B. (2013). Organisational culture and innovation: A meta-analytic review. *Journal of Product Innovation Management, 30*(4), 763–781.

Gehm, J. (2022). *Design Thinking etablieren.* Springer Gabler.

Goffin, K., Herstatt, C., & Mitchell, R. (2009). *Innovationsmanagement. Strategien und effektive Umsetzung von Innovationsprozessen mit dem Pentathlon-Prinzip.* FinanzBuch.

Hauschildt, J., Salomo, S. Schultz. C. & Kock, A. (2023). *Innovationsmanagement* (7. Aufl). Vahlen.

Hess, T. (2019). *Digitale Transformation strategisch steuern.* Springer. https://doi.org/10.1007/978-3-658-24475-0_5

Jackwerth-Rice, T. et al. (2022). Gestaltung einer digitalisierungsförderlichen Unternehmenskultur bei mittelständischen Industrieunternehmen. In V. Nitsch, C. Brandl, R. Häußling, J. Lemm, T. Gries, & B. Schmenk (Hrsg.), *Digitalisierung der Arbeitswelt im Mittelstand 1.* Springer Vieweg. https://doi.org/10.1007/978-3-662-64803-2_4

Kaudela-Baum, S., Nagel, E., Bürkler, P., & Glanzmann, V. (Hrsg.) (2018). *Führung lernen. Fallstudien zu Führung, Personalmanagement und Organisation* (2. Aufl.). Springer Gabler.

Kühl, S. (2018). *Organisationskulturen beeinflussen.* Springer Fachmedien.

Morgan, G. (2002). *Bilder der Organisation.* Klett-Cotta.

Müller, R. W., & Hurter, M. (1999). Führung als Schlüssel der organisationalen Lernfähigkeit. In G. Schreyögg & J. Sydow (Hrsg.), *Führung – neu gesehen* (S. 1–54). de Gruyter.

Nagel, E., Alioth, A., & Keller, T. (1999). Führungsentwicklung in der öffentlichen Verwaltung: Die Erkundung der Führungslandschaft. In R. Klimecki & W. R. Müller (Hrsg.), *Verwaltung im Aufbruch: Modernisierung als Lernprozess* (S. 235–260). NZZ-Verlag.

Pittrof, M. (2011). *Die Bedeutung der Unternehmenskultur als Erfolgsfaktor für Hidden Champions.* Gabler.

Razzetti, G. (2020). *How Pixar designed a culture of collective creativity.* https://www.fearlessculture.design/blog-posts/pixar-culture-design-canvas. Zugegriffen: 23. Jan. 2023.

Sackmann, S. (1991). Uncovering culture in organizations. *Journal of Applied Behavioral Science, 27*(3), 295–317.

Sackmann, S. (2000). Unternehmenskultur – Konstruktivistische Betrachtungen und deren Implikationen für die Unternehmenspraxis. In P. M. Hejl & H. K. Stahl (Hrsg.), *Management und Wirklichkeit. Das Konstruieren von Unternehmen, Märkten und Zukünften* (S. 141–158). Carl Auer.

Schaefer, D., Bohn, U., & Crummenerl, C. (2017). *Culture First!: Von den Vorreitern des digitalen Wandels lernen.* Change Management Studie 2017. https://www.capgemini.com/consulting-de/wp-content/uploads/sites/32/2017/10/change-management-studie-2017-capgemini-consulting.pdf. Zugegriffen: 6. Dez. 2022.

Schein, E. H. (1984). Coming to a new awareness of organizational culture. *Sloan Management Review, 25*(2), 3–16.

Schein, E. H. (1995). *Unternehmenskultur. Ein Handbuch für Führungskräfte.* Campus.

Schein, E. H. (2010). *Organizational culture and leadership* (4. Aufl.). Jossey-Bass.

Schreyögg, G., & Koch, J. (2020). *Management.* Springer Gabler.

Simon, F. B. (2007). *Einführung in die systemische Organisationstheorie.* Carl Auer.

Stahl, H. K. (2013). *Leistungsmotivation in Organisationen. Ein interdisziplinärer Leitfaden für die Führungspraxis.* Erich Schmid.

Sundgren, M., Dimenäs, E., Gustaffson, J.-E., & Selart, M. (2005). Drivers of organizational creativity: A path model of creative climate in pharmaceutical R & D. *R & D Management, 35*(4), 359–374.

Thom, N., & Piening, A. (2009). *Vom Vorschlagswesen zum Ideen- und Verbesserungsmanagement. Kontinuierliche Weiterentwicklung eines Managementkonzepts.* Lang.

Weidmann, R., & Armutat, S. (2008). *Gedankenblitz und Kreativität – Ideen für ein innovationsförderndes Personalmanagement.* Bertelsmann.

InnoLEAD-Gestaltungsfeld 5: Relationale Dimension der innovationsfördernden Führung

Im Rahmen der personalen und relationalen Führungsebene – ein weiterer Baustein, um nicht zu sagen das „Herzstück" des InnoLEAD-Modells – geht es einerseits um typische Merkmale innovativer Personen (Führungspersonen und Geführte) und andererseits um die Beziehungsgestaltung zwischen diesen beiden sowie zwischen Führenden und Innovationsteams. Für diesen inneren Kern des InnoLEAD-Modells wurde ein Führungsbeziehungsmodell (vgl. Abb. 9.1) entwickelt, welches ausgehend von einer Führungsperson vier Beziehungsdimensionen aufspannt: *Erstens* die Beziehung der Führungsperson zu sich selbst sowie *zweitens* zu ihrer innovationsfördernden Rolle im gesamten Führungssystem des Unternehmens; *drittens* die Beziehung der Führungsperson zu ihren direkt unterstellten Mitarbeitenden und *viertens* ihre Beziehung zu Innovationsteams als etablierter Organisationsform für die Entwicklung von Innovationen. Darüber hinaus werden hier die Grundlagen für die Kompetenzentwicklung von „Innovation Leaders" erarbeitet.

In Abb. 9.1 ist der Bezug des Führungsbeziehungsmodells zum InnoLEAD-Modell noch einmal gesondert dargestellt.

Die bisher erläuterten Zusammenhänge führen idealerweise zu konkreten Handlungen. Diese spielen sich in Führungsbeziehungen ab. Im Rahmen der Personalführung werden die Weichen für die Umsetzungen der vorherigen Gestaltungsfelder gestellt. Dazu gehören aus Führungssicht zentrale Fragen wie: Wie kann ich erreichen, dass sich meine Mitarbeitenden unternehmerischer verhalten? Welche Voraussetzungen müssen gegeben sein, damit sich meine Mitarbeitenden Freiräume selbst organisieren? Wie schaffe ich es, dass meine Mitarbeitenden die von uns organisierten Freiräume auch nutzen? Wie kann ich die Selbstorganisation von Innovationsteams steigern? Wie erkenne ich kreative und innovative Fähigkeiten von Individuen? Wie stelle ich Innovationsteams zusammen? Wie kann ich zu akzeptierten Selektionsentscheiden von Ideen kommen?

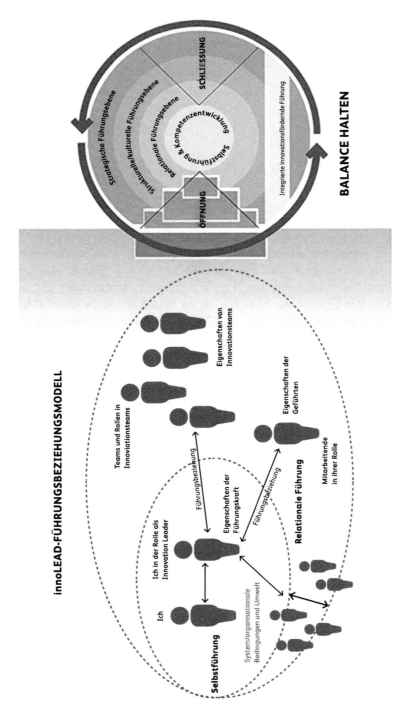

Abb. 9.1 InnoLEAD und das Führungsbeziehungsmodell

Die Antworten auf diese Fragen sollen zu einer kompetenteren Beziehungsgestaltung zwischen Führenden mit Innovationsverantwortung und Geführten beitragen. Betrachtet man Unternehmen als soziale, lern- und entwicklungsorientierte Systeme, stellt diese Beziehungsgestaltung den Kern des Modells, den zentralen „Treiber" der Innovativität dar. Weiterhin wird in diesem Abschnitt des Buches die Rolle des Personalmanagements als Partner im Rahmen der Innovationsförderung diskutiert.

9.1 Perspektiven aus der Praxis

Dieses Kapitel beleuchtet die Gestaltung von Führungsbeziehungen zwischen innovationsfördernden Führungskräften und ihren direkten Mitarbeitenden und die Herausforderungen, die dabei zu meistern sind.

Wie beschreiben die befragten Führungspersonen ihre innovationsfördernde Funktion genau? Welches **Führungsselbstverständnis** kommt dabei zum Ausdruck? Oft wird das kritische Hinterfragen von bestehenden Lösungen, bestehenden Produkten, Dienstleistungen oder Prozessen hervorgehoben. Innovationsfördernde Führungskräfte treiben Reflexions- und damit Lernprozesse an. Sie stellen kritische Fragen und versuchen, ihre Mitarbeitenden im Rahmen von Entwicklungsprozessen in der **Rolle eines Coaches** zu begleiten.

> **Perspektive Führung: Die Leute begleiten**
>
> Also unser Job ist eigentlich, die Leute zu begleiten, die Leute zu coachen, so, dass sie es eigentlich fast nicht merken. Dann finde ich, machen wir einen guten Job. Und trotzdem muss man halt irgendwann einen Entscheid fällen, das gehört halt einfach dazu. Aber wenn die Spielregeln klar sind, wie entschieden wird, dann mache ich auch die Erfahrung, dass das kein Problem ist, die Leute akzeptieren das. (F&E Leader)◄

Auch ist es die Aufgabe der Innovation Leaders, die potenziellen Kreativen beziehungsweise Innovatoren zu identifizieren, gezielt zu fördern und Teams zu entwickeln, in welchen diese Personen ihre Talente optimal entfalten und das nötige Wissen aus verschiedenen Disziplinen zusammenkommt.

> **Perspektive Führung: Talente freischaufeln**
>
> Man muss […] wissen, wer die Leute sind, die man für die Innovation herauspicken kann. Das sind gewisse Pioniere, Vorreiter, und denen muss man auch irgendwie Zeit geben. Das Blöde ist, dass diese Leute meistens wirklich sehr gut sind und daher sehr beliebt. Meistens sind das langjährige Mitarbeitende. Wenn die mitmachen, dann kommt das Projekt gut vorwärts. Die muss man daher wirklich freischaufeln, sodass

man sagen kann: Du hast jetzt Zeit, dich um etwas Neues zu kümmern, und das Tagesgeschäft lassen wir jetzt etwas auf der Seite liegen. (F&E Leader)◄

Innovationstalente muss man nicht motivieren, sie haben bereits eine ausgeprägte Neigung, **eigeninitiativ und eigenverantwortlich** zu handeln. Das ist ein absolut durchgängiges und zentrales Thema in allen Unternehmen. Allerdings muss man diese **Selbstläufer** auch sorgfältig in Teams integrieren, ihnen *„Bodenhaftung geben"* und im Rahmen der Teamzusammenstellung darauf achten, dass diese Personen auch inspirierende Partner an die Seite bekommen, die *„auf dem gleichen Niveau"* sind. Das ist eine wichtige Grundlage für die Motivation in den F&E-Teams. Die nachfolgende Episode illustriert dieses Phänomen:

> **Perspektive Führung: Selbstläufer integrieren**
>
> Es gibt die innovativen Mitarbeitenden, und die funktionieren von selbst. Man muss es dann höchstens noch ein bisschen allgemeinverträglich gestalten. Dann muss man ab und zu für eine gewisse Bodenhaftung sorgen. Diese Leute müssen auch einen gewissen Produkteunterhalt machen. Dann muss man auch versuchen, denen Mitarbeitende auf dem gleichen Niveau mitzugeben. (F&E Leader)◄

In den Interviews kam zum Ausdruck, dass das häufig nicht die *„bequemsten"* Mitarbeitenden sind, *„die können auch sehr unangenehme Fragen stellen"*. Das wird einerseits geschätzt, aber andererseits fordern sie auch etwas, da *„kann man sich nicht zurücklehnen"*. Das heißt, wenn es sich eine Führungskraft zur Aufgabe macht, Innovationsförderung kompetent zu gestalten, dann ist das mitunter anstrengend und erfordert viel Kommunikation, ein hohes Einfühlungsvermögen und eine hohe Achtsamkeit in Bezug auf die Zusammensetzung von Mitarbeitenden beziehungsweise die Beziehungskonstellationen.

Freiräume in Führungsbeziehungen entstehen auch automatisch durch **Wissensvorsprung** von Mitarbeitenden. Insbesondere in Expertenorganisationen gibt es Spezialisten, deren Wissen nur wenige im Unternehmen teilen, das heißt, die Kontrolle ist auf einer fachlichen Ebene sehr schwer. So lässt sich nur schwer beurteilen, ob die gewährten Freiräume wirklich im Sinne der Innovationsstrategie genutzt werden, weil das Fachwissen der Führungspersonen in diversen Spezialgebieten nicht ausreicht, um fundierte Entscheidungen zu treffen.

In der direkten Führungsbeziehung *(relationale Führungsebene)* eröffnen sich wichtige „Stellhebel" zur Innovationsförderung. Hier befindet sich die zentrale Quelle der Motivation, der Leistungsbereitschaft der Mitarbeitenden, und hier entscheidet sich, ob die Kreativen und Innovativen einen Platz im Team, in der Abteilung, im Unternehmen haben oder nicht.

Führungspersonen sprechen häufig von **innovativen und nicht innovativen Typen**, im Sinne von: Man hat's oder eben nicht. Damit ist auch eine Haltung verbunden, dass man Innovationskompetenzen nicht so leicht entwickeln kann. Die Führung geht davon aus, dass ein Großteil der für die Innovationsarbeit notwendigen Kompetenzen „angeboren" ist und nur noch schwer im Zuge von Personalentwicklungsmaßnahmen erlernt werden kann. Oft ist auch die Rede von einem „inneren Feuer" beziehungsweise einer „inneren Triebfeder", die nur schwer durch Führungsmaßnahmen zu beeinflussen sei. Nachfolgend werden nun verschiedene Bausteine zusammengetragen, was den **innovativen Mitarbeitenden-Typus** ausmacht.

> **Perspektive Mitarbeitende: Die Aufgabe reizt mich**
>
> Wenn Sie richtig gute Problemstellungen haben […], aber die kriegen Sie gar nicht so oft. Also kriegt man eine gute Problemstellung, dann nimmt man sich den Freiraum. Da bin ich überzeugt. […] vor allem, wenn er selbst an diesem Projekt arbeitet. Dann muss eine Lösung gefunden werden, da setzt man dann alles daran. (F&E MA)
>
> Ja. Also im Prinzip kann man auch generell sagen, dass so kreative Ideen, also kreatives Arbeiten nicht jedem liegt. Es muss einem vom Typ her liegen, dass man wirklich den [freien Halbtag] so verwendet. Das merkt man klar. […] Richtig gut läuft es eigentlich da, wo die Leute von sich aus kreativ sind, denen es Spaß macht, die das Ganze reizt, die sowohl Ideen bringen als auch Spaß haben, Dingen auch mal auf den Grund zu gehen. (F&E MA)◄

In diesen Interviewausschnitten kommt die **intrinsische Motivation** zum Ausdruck, die Neugier und die Lust, den Dingen auf den Grund zu gehen. Kreativ sein ist mit Spaß verbunden. Es kommt die Nähe zwischen **Experimentieren** und **Spielen** zum Ausdruck. Weiterhin spielt die **Urheberschaft** eine große Rolle. „Selber machen" ist ein zentraler Antrieb. Auch ist der innere Drang herauszulesen, dass man einem Gefühl folgt, dass eine Lösung her *„muss"* – unbedingt. Dafür werden alle Hebel in Bewegung gesetzt. Das heißt, bei spannenden Problemstellungen, welche die eigene fachliche Weiterentwicklung und den Erfinder- beziehungsweise Forschergeist berühren, organisieren die Mitarbeitenden ihre Freiräume ganz selbstverständlich selbst. Die Leistungsbereitschaft basiert auch maßgeblich auf der **Selbstbestimmung** der Mitarbeitenden:

> **Perspektive Mitarbeitende: Es ist mein innerer Antrieb**
>
> Ich werde nicht gedrängt, um irgendetwas herauszufinden, sondern das ist von mir selbst, mein innerer Trieb. (F&E MA)◄

> **Perspektive Führung: Es ist ihre Entscheidung**
>
> Gute Führung ist, wenn es einem gelingt, die Mitarbeitenden in einen Flow zu kriegen. Also, dass sie die Ziele selbst wollen. (F&E Leader)

> Nein, das möchte ich nicht, dass da praktisch jemand dazu gezwungen wird, innovativ zu sein. Das ist wie, wenn Sie mir jetzt sagen, ich soll ab morgen Klavier spielen können. Entweder ich habe da Lust dazu, das könnte mir liegen, dann mache ich es, oder aber ich habe andere Stärken. (F&E Leader)◄

In diesem Zusammenhang ergibt sich ein klares Bild: Zwang und Kreativität schließen sich aus der Sicht der Befragten klar aus. In den rund sechzig Interviews mit Führungskräften und Mitarbeitenden war nie die Rede von einer Form von „aktivierendem Zwang", der sich positiv auf die Förderung der Innovationsfähigkeit auswirkt. Zeitdruck wird bis zu einem gewissen Grad als normal betrachtet. Elemente eines direktiven Führungsstils kamen nie zum Ausdruck. Kreative, innovatorische Tätigkeiten werden seitens Führenden *und* Geführten mit der Befreiung von Zwängen, Lust, Spaß, Leidenschaft, Eigenantrieb, Selbstbestimmung, Urheberschaft, Flow, Spontaneität und dem inneren Antrieb, Dingen auf den Grund gehen zu wollen, beschrieben.

Freiraum bedeutet, den Mitarbeitenden keine Steine in den Weg zu legen, wenn das Engagement als sinnvoll erachtet wird. Dann versucht die Führung, dieser „Bottom-up"-Energie einen Raum zu geben. Viele Mitarbeitende haben Mühe, sich tatsächlich auf „Auszeiten" einzulassen und der hektischen Betriebsamkeit zu entfliehen. Dauernd mit Routineaufgaben unter Druck zu stehen hat mitunter auch etwas Entlastendes.

Wenn Mitarbeitende hocheffizient organisiert sind und keine freie Minute im Sinne von Muße zum Nachdenken haben, dann geht mit der Zeit die Kunst verloren, sich selbst Ziele zu setzen, sich sein Tätigkeitsfeld selbst zu entwickeln, sich selbst Entwicklungsräume zu schaffen (Abschn. 5.3.3). Da Mitarbeitende bei vielen Aufgaben auf die Mitarbeit von Teammitgliedern angewiesen sind, können individuell definierte zeitliche Freiräume mit einem großen Koordinationsaufwand einhergehen. Auch wird im obigen Zitat deutlich, dass **zeitliche Freiräume** oft nur **theoretisch vorhanden** sind. Prinzipiell kann sich jeder die Zeit nehmen, die er oder sie braucht, das gehört zur „Innovationskultur", aber eigentlich bräuchten die Mitarbeitenden **spontan Zeit**, und zwar dann, wenn sie „von der Muse geküsst" sind. Hier könnten dann Promotoren-Freiräume helfen, indem man auf direktem Wege und unbürokratisch spontan Zeit freischaufelt (z. B. mit Vertretungslösungen).

Die Ergebnisse der Studie Kap. 4 weisen darauf hin, dass die **Zusammenstellung der Innovationsteams** von der Phase des Innovationsprozesses abhängig ist. In einer frühen Entwicklungsphase setzen die Unternehmen eher auf homogene Teams, in den folgenden Phasen eher auf heterogene Teams. Die Sensibilität für die Vorteile heterogener Teams ist stark ausgeprägt. Weiterhin wird die Führungsfunktion sehr oft als die **Moderation von Teams** beschrieben.

9.1 Perspektiven aus der Praxis

> **Perspektive Führung: Den Sound im Team moderieren**
>
> Wenn man Teams zusammenstellt, […] da muss der Sound im Team da sein […] Es müssen Querdenker drinnen sein, aber auch die Akzeptanz dieser Querdenker, es muss eine gute Mischung da sein. Das Ganze muss man moderieren. (F&E Leader)◄

Ein weiteres zentrales Thema in Bezug auf die Führung von Innovationsteams ist die **Schaffung von Diversität** unter den Teammitgliedern und ganz generell die Akzeptanz von Haltungen beziehungsweise Wertvorstellungen, die nicht konform sind:

> **Perspektive Mitarbeitende: Diversität in den Persönlichkeitsstrukturen**
>
> Die Frage ist doch, wie schaffe ich Diversität, und das ist auch wieder eine Stärke einer Organisation. […] Wie schaffe ich Diversität in Persönlichkeitsstrukturen? Wie gehe ich mit Haltungen um, die nicht Teil der Unternehmenskultur sind? Wer darf eigentlich mitreden? (F&E MA)◄

Nachstehend werden die **typischen innovationsfördernden Führungsmuster** zwischen Führenden und Geführten zusammenfassend dargestellt (siehe Abb. 9.2).

Die Bedeutung von **Freiräumen** im Rahmen dieser „Beziehungslogik" spielt eine zentrale Rolle und ist durch folgende Aspekte geprägt:

- Freiräume müssen berechtigt (legitimiert) sein und sind mit einer hohen Verantwortung verbunden
- Wer mit Freiräumen umgehen kann bzw. wer diese sucht, der bekommt sie auch
- Freiraum entsteht durch Seniorität und gute Kenntnisse organisationaler Bedingungen (Selbstorganisation der Freiräume fällt leichter)

Abb. 9.2 Typische innovationsfördernde Führungsmuster

- Freiräume entstehen implizit durch Wissensvorsprünge von hochspezialisierten Mitarbeitenden (Kontrolle unmöglich)
- Freiräume heißt, der Vorgesetzte hält den Rücken frei und wehrt Störung ab
- Freiräume entstehen durch die Organisation von Sonderlösungen.

Die Verhandlung von Freiräumen ist geprägt von Widersprüchen und ein wesentliches Element von Führungsbeziehungen im Innovationskontext. Wenn Führungskräfte die Mitarbeitenden und deren Leistungen gut einschätzen und entsprechend auch Freiräume gezielt einsetzen, entsteht **Vertrauen**. Das ist vor allem auch eine Frage der Nähe zu den Mitarbeitenden. Und Vertrauen ist ein wichtiger Baustein für die Innovationsförderung. Setzen Führungskräfte Freiräume qua strategischer Entscheidungen um, besteht die Gefahr, dass die Mitarbeitenden diese als etwas Aufoktroyiertes wahrnehmen und gegebenenfalls nicht akzeptieren. Freiräume müssen aus eigenem Antrieb heraus gestaltet werden, das ist absolut prägend für die Beziehungslogik zwischen Führenden und Geführten im Innovationskontext.

9.2 Theoretische Grundlagen

Auf der Basis der in Kap. 3 entwickelten theoretischen Grundlagen zu Führung und Innovation stand bisher die Gestaltung der organisationalen Bedingungen im Zentrum der innovationsfördernden Führungsaufgabe. Diese organisationale Sicht und der starke Bezug auf Förderung der Innovationsfähigkeit werden nun um die Persönlichkeitsmerkmale von Führenden und Geführten sowie die Charakteristika von Innovationsteams ergänzt. Diese neue Sicht erfordert eine Ergänzung der bisherigen sozialwissenschaftlichen Theorien und Modelle um **eigenschaftstheoretische Ansätze**.

9.2.1 Führungsbeziehungen, Führungsrolle und Eigenschaften: Ein Rahmenmodell

Aus der in Abschn. 2.3 entfalteten systemisch-konstruktivistischen Perspektive ist klar, dass erfolgreiche Führung als soziale Konstruktion zwischen Führungsperson und Geführten zu denken ist und dass Führung vor allem Anschlüsse in organisationalen Kommunikationsmustern finden muss, um Wirkung zu erzielen. Geführte sind in der Lage, sich an die Persönlichkeit der Führungsperson beziehungsweise der Führungspersonen anzupassen, *et vice versa*. Eigenschaften von Menschen und Kontext beeinflussen sich wechselseitig und können nicht isoliert betrachtet werden. Führung wird hier als **multifaktorielles, beziehungsorientiertes Geschehen** verstanden, in dem die Faktoren wie Führende, Geführte, Aufgaben, Umwelt etc. in komplexen Zusammenhängen zueinanderstehen.

9.2 Theoretische Grundlagen

Die Reduktion des klassischen Eigenschaftsansatzes auf einen Faktor ist zu einseitig. Daher sind die hier zusammengestellten Forschungsergebnisse weniger als Rollenklischees oder Vermessung von Führungskräften oder Mitarbeitenden konzipiert, sondern vielmehr als Gelegenheit, über prägende Merkmale in den jeweiligen Führungsbeziehungen nachzudenken, um sich und die Organisation weiterzuentwickeln.

Um der Fülle von Literaturbeiträgen beziehungsweise Forschungsergebnissen in Bezug auf Rollen von Führenden und Geführten in der Innovationsförderung sowie kreativitäts- und innovationsfördernden Persönlichkeitseigenschaften einen Rahmen zu geben, wurde die Abb. 9.3 entwickelt.

Zur Diskussion der verschiedenen Beziehungsdimensionen und der jeweiligen Bedeutung der Eigenschaftsansätze im Rahmen der Kreativitäts- und Innovationsforschung werden **vier Dimensionen** unterschieden:

• Dimension Individuum:	Ich und meine innovationsfördernde Rolle
• Dimension Dyade:	Ich und innovative Mitarbeitende
• Dimension Gruppe:	Ich und Innovationsteams
• Dimension Selbst:	Ich und meine Beziehung zu mir selbst

Die vier Dimensionen werden in dieser Reihenfolge den nachfolgenden Kapiteln zugeordnet. Diese Zuordnung zu den einzelnen Dimensionen ist für die analytische Betrachtung wichtig, die Ebenen schließen sich jedoch nicht gegenseitig aus. Denn in der Führungspraxis gibt es verschiedene „Mischrollen" (Abschn. 6.2.2), mitunter wechseln Mitarbeitende

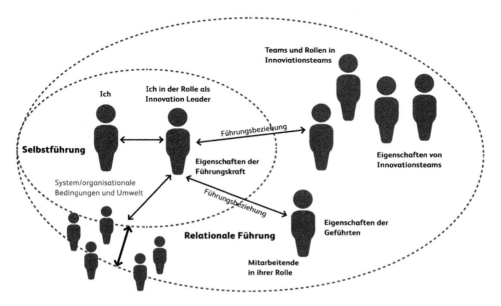

Abb. 9.3 InnoLEAD Führungsbeziehungsmodell

diese Rollen in verschiedenen Kontexten mehrmals täglich. Weiterhin besteht eine rekursive Beziehung zwischen den Selbstverständnissen und Rollenkonzepten der Führenden und Geführten, deren Beziehungsverständnissen und den organisationalen Bedingungen sowie der Systemumwelt (Gruppierung von Personen außerhalb des Systems).

9.2.2 Dimension Individuum: Ich und meine innovationsfördernde Rolle

Innovationsförderndes Führen setzt sich aus eigenschaftstheoretischer Perspektive mit der Frage auseinander, wie die Kreativität der Geführten am besten erkannt, gefördert und für innovatives Handeln genutzt werden kann.

Die Auffassung, dass sich Führungspersönlichkeiten durch angeborene, angeeignete oder attribuierte Eigenschaften von den Geführten unterscheiden, dass man also als Führungskraft geboren wird oder eben nicht, prägte besonders die frühe Führungsforschung (Wright, 1996; Den Hartog & Koopman, 2002). Durchsetzungsfähigkeit, Dynamik, Verantwortungsgefühl, Mut, Intelligenz, Entscheidungsfähigkeit und Selbstsicherheit zählen zu den häufig genannten Persönlichkeitsmerkmalen von Führungskräften. Diese Eigenschaften werden heute auch gerne erfolgreichen Topmanagern zugeschrieben (Neuberger, 2002). Die Empirie eigenschaftstheoretischer Untersuchungen ist im Hinblick auf den Zusammenhang zwischen Persönlichkeitsmerkmalen und Führungserfolg eher schwach: Die zahlreichen Studien fokussieren meist einzelne elementare Eigenschaften (wie z. B. Mut) oder vergleichen die Wirkung unterschiedlicher Eigenschaften. Daher variieren auch die Ergebnisse von eigenschaftstheoretischen Untersuchungen stark (Bass, 1981; Lord et al., 1986; Kirkpatrick & Locke, 1991; Lord & Hall, 1992; DeRue et al., 2011).

Zahlreiche der aktuell in der Führungs- und Innovationsliteratur diskutierten Führungseigenschaften wurden bereits in den klassischen Führungsansätzen im Abschn. 3.6 erläutert. Die **transformationale Führung** setzt vor allem auf Anregung, Inspiration, Vorbild, Wertschätzung, und im besten Fall kommt der Führungsperson ihr Charisma zugute (Abschn. 3.6.1). Durch diese Führungsweise sollen die Geführten sich eigenständig motivierende Ziele setzen, sich mit ihren Aufgaben und den Unternehmenszielen identifizieren und mit Begeisterung an der Erfüllung dieser Ziele arbeiten.

Die Implikationen aus der hier gewählten sozialwissenschaftlichen Perspektive und dem damit verbundenen Ansatz der **„beidhändigen Führung"**, der Netzwerktheorie und ihrer Implikationen für die Rolle der Führung in Bezug auf die Gestaltung von „offenen" Innovationskulturen vermitteln ein anderes Bild von innovationsfördernden Führungseigenschaften.

Abb. 9.4 fasst aus diesem Blickwinkel die zentralen **Eigenschaften** zusammen, welche innovationsfördernde Führungskräfte mitbringen sollten.

9.2 Theoretische Grundlagen

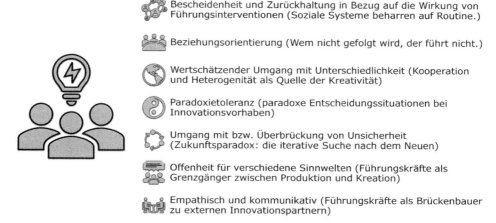

- Bescheidenheit und Zurückhaltung in Bezug auf die Wirkung von Führungsinterventionen (Soziale Systeme beharren auf Routine.)
- Beziehungsorientierung (Wem nicht gefolgt wird, der führt nicht.)
- Wertschätzender Umgang mit Unterschiedlichkeit (Kooperation und Heterogenität als Quelle der Kreativität)
- Paradoxietoleranz (paradoxe Entscheidungssituationen bei Innovationsvorhaben)
- Umgang mit bzw. Überbrückung von Unsicherheit (Zukunftsparadox: die iterative Suche nach dem Neuen)
- Offenheit für verschiedene Sinnwelten (Führungskräfte als Grenzgänger zwischen Produktion und Kreation)
- Empathisch und kommunikativ (Führungskräfte als Brückenbauer zu externen Innovationspartnern)

Abb. 9.4 Eigenschaften innovationsfördernder Führungskräfte

Eng mit diesen Führungseigenschaften verknüpft sind die unten aufgeführten Führungspraktiken im Sinne von „Good Practices"

- Förderung autonomen Handelns von Individuen und Teams (Loslassen und Freiräume schaffen für die Mitarbeitenden)
- Vertrauen schaffen und Ressourcen besorgen (Sicherheit und Kontinuität erreichen)
- Anerkennung, Begeisterung und Ermutigung mit auf den Weg geben (den Mitarbeitenden Inspiration geben)
- Reflexion von Handlungen und Entscheidungen (Lernen und Entwicklung vorantreiben)

Die Liste ließe sich noch um einige Eigenschaften und „Good Practices" erweitern. Aber bereits diese Zusammenstellung stellt hohe und vielfältige Ansprüche an Innovation Leaders und beschreibt ein komplexes Eigenschaftsbündel. Kommt dazu noch der nicht seltene Zustand, dass **Innovation Leaders als Experten** auch noch selbst als Innovierende tätig sind, dann können die oben genannten Eigenschaften leicht in Konflikt zu den Bedürfnissen als Mitarbeitende geraten.

> Glücklicherweise werden Vorgesetzte in der Wissenschaft stärker aufgrund ihrer fachlichen Kompetenz anerkannt, als dies in anderen Tätigkeiten der Fall ist, wodurch die über das Fachliche hinausgehende Führungsleistung in den Rang einer notwendigen, aber nicht primären Aufgabe zurückfallen kann. (Schuler & Görlich, 2007, S. 54)

Umso wichtiger ist es, Mitarbeitende mit einer ausgeprägten Neigung zum eigeninitiativen und selbstbestimmten Handeln auszuwählen, um für möglichst wenige Führungssituationen zu sorgen, in denen ein direktiver Führungsstil notwendig ist.

Ganz generell ist der Einfluss von Expertenwissen als handlungsorientierende Kraft nicht zu unterschätzen. Eine vorgesetzte Person führt Innovationsvorhaben auf der Grundlage von **Expertenwissen**, wenn sie der geführten Person fachliche Anregungen gibt und ihre Kompetenz oder nützliche Erfahrung einsetzt. Der Einsatz von Expertenwissen durch Vorgesetzte ist im Innovationskontext besonders bedeutsam, weil hierdurch die Kreativität der Mitarbeitenden besonders stimuliert wird (Krause & Gebert, 2004, S. 59).

Weiterhin müssen die oben aufgelisteten Eigenschaften auch nicht von einer einzelnen Führungskraft erfüllt werden, sondern wie bereits erwähnt, wird „Innovation Leadership" nicht selten in dualen Führungskonstellationen, das heißt im „**Tandem**" praktiziert oder von einem **Leadership-Gremium** wahrgenommen.

9.2.3 Dimension Dyade: Ich und innovative Mitarbeitende

Die Resultate einer Gallup-Studie (Wigert & Robison, 2018) zeigen, dass in den vergangenen Jahren ein Richtungswechsel in der Bewertung kreativer Fähigkeiten stattgefunden hat. Diese werden gezielter genutzt werden: Kreativität wird nicht mehr nur als Ausnahmefähigkeit einiger weniger Mitarbeitender betrachtet, sondern als Kernfähigkeit und als Erfolgsgröße. Gerade aufgrund solcher aktuellen Erkenntnisse lohnt es sich, sich genauer mit Forschungsresultaten auseinanderzusetzen, die beschreiben, was eine „**kreative Persönlichkeit**" ausmacht, was diese von einer „**innovativen Persönlichkeit**" unterscheidet und wie man insgesamt Mitarbeitende mit entsprechenden Persönlichkeitsmerkmalen entweder individuell oder im Team wirksam fördert und entwickelt. Dafür werden zuerst Persönlichkeitsmerkmale von kreativen und danach von eher umsetzungsorientierten Mitarbeitenden mit dem Talent, Ideen in Innovationen zu verwandeln, erläutert.

9.2.3.1 Ich und der kreative Mitarbeitende

Galton (1869) hat den Grundstein zur empirischen Begabtenforschung beziehungsweise personalen Kreativitätsforschung gelegt. Aus seiner empirischen Studie leitet er **drei Merkmale als Quelle schöpferischer Leistung** ab: 1) Intelligenz, 2) Motivation und 3) Macht. Konsequent weiterverfolgt hat diesen Forschungszweig dann Lewis Terman (1959). Seine Arbeiten bestätigten Galtons Annahme, dass Intelligenz sich in verschiedenen Varianten außerordentlicher Lebensleistungen bemerkbar macht beziehungsweise Kinder mit einem sehr hohen IQ ihr Leben erfolgreich meistern (Schuler & Görlich, 2007, S. 11 f.). Somit war das Feld für die weiterführende eigenschaftsbezogene Kreativitätsforschung eröffnet, und in den nachfolgenden Jahren entstand eine regelrechte Flut an Merkmalslisten (Schuler & Görlich, 2007) und Erklärungen von kreativem und innovativem Verhalten von Personen in deren Charakterzügen beziehungsweise Eigenschaften (Barron, 1955; MacKinnon, 1965).

Was zeichnet Personen mit Kreativitätspotenzial aus? „Kreative Köpfe" bringen, empirisch nachweisbar, gewisse Charaktereigenschaften mit sich.

Diese **kreativitätsbedingenden und -begünstigenden Eigenschaften von Personen** lassen sich wie folgt zusammenfassen (Gardner, 1999; Csikszentmihalyi, 2010; Holm-Hadulla, 2010; Schuler & Görlich, 2007; Weidmann & Armutat, 2008; Guldin, 2012):

1. **Intelligenz:** Kreative Personen sind überdurchschnittlich intelligent, wissensdurstig und bemühen sich um Bildung, zeigen vielfältige Interessen, haben Freude am Neuen, machen gerne neue Erfahrungen, verfügen über Fantasie und Vorstellungskraft, haben Freude daran, kreativ zu denken und zu handeln.
2. **Intrinsische Motivation:** Personen mit Kreativitätspotenzial beantworten schwierige Fragen aus eigenem Antrieb, bemühen sich um Einsicht und Erkenntnis, arbeiten ausdauernd, entschlossen und konzentriert an einer Sache, legen ein eigenständiges Vorgehen an den Tag und sind geschickt in der Beschaffung von Informationen.
3. **Leidenschaft und Energie:** Kreative Menschen ziehen ihre Energie aus der Leidenschaft für ihre Arbeit. Ohne Leidenschaft oder Passion verlieren sie schnell das Interesse, schwierige Aufgaben über eine längere Zeit hinweg zu verfolgen. Kreative halten eine affektiv-intuitive Sensibilität (Weidmann & Armutat, 2008, S. 21) aufrecht und nutzen diese auch gezielt. Auch beziehen sich kreative Personen häufig auf geistige oder spirituelle Energien, den berühmten „sechsten Sinn".
4. **Nonkonformität und Ungebundenheit:** Kreative sind häufig „Querdenker", haben originelle Ideen, streben nach Unabhängigkeit, handeln eigenwillig und äußern unkonventionelle und abweichende Meinungen, die sie fundiert begründen. Kreative Menschen schätzen auch „das lockere Herumspielen mit Ideen" (Csikszentmihalyi, 2010, S. 94).
5. **Selbstvertrauen und Stärken ausspielen:** Das unter Selbstvertrauen zusammengefasste Bündel an Merkmalen vereint eine große Zuversicht in Bezug auf zukünftige kreative Leistungen, eine hohe emotionale Stabilität und die Bereitschaft, Risiken einzugehen. Damit verbunden ist auch der Mut, mit Traditionen zu brechen. Entscheidend ist jedoch nicht nur das Selbstvertrauen, sondern auch das Ausmaß, in dem es einer kreativen Person gelingt, ihre Stärken zu erkennen und für sich zu nutzen.
6. **Offenheit:** Zu diesen Merkmalen zählen Neugierde bzw. Wissbegierde, das Bedürfnis nach Information und Hintergründen, das Bedürfnis nach Komplexität, ein breiter Interessenfokus und die Fähigkeit, Vieldeutigkeit und Unsicherheit zu ertragen.
7. **Reflektieren:** Kreative Persönlichkeiten zeichnen sich dadurch aus, dass sie ihre Arbeit ständig hinterfragen und häufig ihre Gedanken und Problemstellungen notieren, um diese Notizen später mit anderen kritisch diskutieren. Holm-Hadulla (2010) zieht als prominente Beispiele Pablo Picasso, Siegmund Freud, Mahatma Gandhi und W. A. Mozart heran. Zentral sind die Bemühungen um eine Rückmeldung zur eigenen Arbeit,

die Fähigkeit, anderen zuzuhören, und auch die Neigung, über das eigene potenzielle Publikum bzw. die Zielgruppe der Erfindung nachzudenken.
8. **Erfahrungen sinnvoll bewältigen:** Merkmale wie Intelligenz werden ergänzt um Erfahrung, den erforderlichen Wissenshintergrund (hohe und breite Fachkompetenz) und die Fähigkeiten zur Selbststeuerung und -beurteilung, das heißt auch die proaktive Entgegennahme von Feedback. Bei außergewöhnlich kreativen Menschen wird die systematische Erfahrungsbewältigung zu einer „Lebensgewohnheit" (Holm-Hadulla, 2010, S. 182).

Diese Zusammenstellung ist weder vollständig noch sind die Eigenschaften überschneidungsfrei (Schuler & Görlich, 2007, S. 13). Gemäß Csikszentmihalyi (2010, S. 88) zeichnen sich kreative Menschen gerade dadurch aus, dass sie die oben genannten, teilweise widersprüchlichen Eigenschaften miteinander vereinen. Beispielsweise kann demnach eine hohe Intelligenz die Kreativität auch negativ beeinflussen. Einige Menschen mit einem hohen IQ werden „selbstgefällig", verlieren die Neugier beziehungsweise auch den Anreiz, das bestehende Wissen ständig kritisch zu hinterfragen. Zur Intelligenz sollte sich immer auch eine gewisse kindliche Naivität sowie Skepsis gesellen. Auch kommt bei kreativen Menschen die **paradoxe Eigenschaftskombination** von Disziplin und Spieltrieb häufig vor. Ohne harte Arbeit und Ausdauer lassen sich keine Experimente durchführen und auch die damit verbundenen Rückschläge und Hindernisse nicht bewältigen. Kreative Menschen gelten auch als rebellisch. Aber um Rebellion auszuleben, müssen auch kreative Köpfe die Regeln erlernt haben, von denen sie sich abheben. Auch Neugier führt nur zu kreativen Leistungen, wenn genügend Sicherheit in der Person und der Umgebung vorhanden ist. „Neugier wird erst produktiv, wenn sich fundierte Kennerschaft entwickelt hat" (Holm-Hadulla, 2010, S. 52).

Die **Balance zwischen widersprüchlichen Eigenschaften** zu halten ist ein wesentlicher Aspekt kreativer Persönlichkeiten, und diese Balance muss von jedem Kreativen und seinem Umfeld immer wieder neu definiert werden (Csikszentmihalyi, 2010; Holm-Hadulla, 2010). Insbesondere bei Gardner (1999) und Csikszentmihalyi (2010) kommt deutlich zum Ausdruck, dass innovative Leistungen häufig nicht *en passant* entstanden sind, sondern das Ergebnis eines hohen und längerfristigen Engagements darstellen, das der Entfaltung einer Vielfalt an Eigenschaften und Mitteln bedarf.

Vor dem Hintergrund der häufig geäußerten These, dass Störenfriede und Eigenbrötler für die Innovationsfähigkeit von Organisationen funktional seien, lohnt es sich des Weiteren, sich mit dem Zweig der Kreativitätsforschung auseinanderzusetzen, der sich mit den **„psychopathologischen Zügen"** (Schuler & Görlich, 2007, S. 18) von Kreativen auseinandersetzt. Schuler und Görlich referieren auf die Forschungsarbeit von Eysenck (1995), welche belegt, dass kreative Menschen überdurchschnittlich häufig durch **mangelnde Anpassungsbereitschaft** und Rücksichtnahme auffallen. Das sind sprichwörtlich die Leute, die in einem Kollektiv *„aus dem Rahmen fallen"* oder für die *„Sonderlösungen getroffen werden"*.

9.2 Theoretische Grundlagen

Eine anhaltende, aufgabenbezogene Aufmerksamkeit (**Abtauchen in die Materie**) kann eine Strategie von kreativen Mitarbeitenden sein, um Stress zu mindern und Erregung und Affekte zu kontrollieren.

> Hierzu bietet der **Tätigkeitsbereich Kunst** – mit Einschränkungen auch die Wissenschaft – den erforderlichen Freiheitsspielraum, andere Berufsbereiche weniger, die Schule am wenigsten. Deshalb fallen kreative Kinder (im Unterschied zu allgemein intelligenten Kindern) manchmal als hypersensibel, feindselig, arrogant und unangepasst auf. Wirklich „Verrückte", die große Leistungen erbringen, finden sich allenfalls in der Kunst, weil es dort kein Richtigkeitskriterium gibt. (Schuler & Görlich, 2007, S. 19, Hervorhebung durch die Autoren)

Das heißt, in allen anderen begrenzteren Kreativ-Räumen neben der Kunst, in denen es Strategien, Ziele, Richtigkeitskriterien oder Deadlines gibt, können Kreative nicht ganz so extensiv oder eben nur ein bisschen aus dem Rahmen fallen und müssen sich immer auch ein Stück weit anpassen. Auch hier liegt ein **Schlüssel in der Personalführung von Kreativen: Wie verrückt kann sich jemand aufführen** beziehungsweise wie sehr kann jemand aus dem Rahmen fallen? Wo sind die Grenzen und welche Kriterien werden für diese Entscheidung entwickelt?

[Eigenschaften kreativer Personen]

In Bezug auf den Umgang mit **Freiräumen** beziehungsweise Autonomie stechen vor allem die folgenden Eigenschaften von kreativen Menschen ins Auge (Schuler & Görlich, 2007):

- Nonkonformität
- Offenheit
- intrinsische Motivation
- Leidenschaft

Nonkonformität bedeutet, dass eine Person Unkonventionelles bevorzugt, ein hohes Autonomiestreben hat, individualistisch geprägt ist und durch Eigenwilligkeit auffällt. **Offenheit** meint, dass die Person flexibel ist. Hierzu gehört auch, Widersprüche und unsichere Situationen zu ertragen. Personen, die **intrinsisch motiviert** sind, zeichnen sich aus durch einen Wunsch nach Wahlfreiheit und Autonomie, den Wunsch nach Herausforderung, eine starke Einbindung in ihre Aufgaben, Neugierde und Spaß. Extrinsisch Motivierte zeichnen sich aus durch ihren Wunsch nach Wettbewerb und Bewertung, ihre Fokussierung auf monetäre Anreize und den Wunsch, über andere zu bestimmen. Sie sehnen sich nach Kontrolle, orientieren sich an Strukturen und Zielen, die andere vorgeben, und verspüren keinen Wunsch nach Autonomie (Amabile et al., 1994). Sie bevorzugen Ordnung (Myers & McCaulley, 1988). Studien, die den Zusammenhang zwischen intrinsischer Motivation und innovativem Handeln belegen, wurden zum Beispiel von Schwennen et al. (2007) oder von Unsworth et al. (2000) durchgeführt. Organisationsmitglieder, die sich durch einen **leidenschaftlichen Bezug zur Arbeit** auszeichnen und eine hohe emotionale Beteiligung an den Tag legen, können den Abstand zu Organisationszielen verlieren. Sie sind so in ihren Schaffensbereich vertieft, dass sie zum Beispiel Kundeninteressen oder Marktbedürfnisse ausblenden oder Tabus ignorieren, die ihr eigenes kreatives Entwickeln stören könnten (Weidmann & Armutat, 2008). Weiterhin benötigen leidenschaftlich arbeitende Menschen Freiräume für selbstbestimmtes, intuitives und nicht rational begründbares Handeln.

Die Beziehungsgestaltung zwischen der kreativitätsfördernden Führungsperson und der geführten Person sollte als ein **Führen in die Selbstverantwortung** betrachtet werden. Führungskräfte sollten ihre Mitarbeitenden dabei unterstützen, einen Überblick über die Ziele der Organisation(seinheit) zu erhalten, ihre Entscheidungen unterstützen, was für sie wichtig beziehungsweise unwichtig ist, und auch dafür Sorge tragen, dass die Wichtigkeit eines Aspektes so konkret wird, dass Mitarbeitende damit auch selbstständig umgehen können und handlungsfähig werden (Weidmann & Armutat, 2008).

Führungskräfte sollten Mitarbeitende dabei stärken, auf ihr **Bauchgefühl**, ihre Intuition zu hören. Für die Urteilskraft sind Emotionen und Intuitionen von großer Bedeutung. Sie sind häufig entscheidend dafür, welche Elemente und welche Kombinationen von komplexen Zusammenhängen wahrgenommen beziehungsweise nicht wahrgenommen werden, und wie Informationen und Konzepte in einer neuartigen Weise miteinander verknüpft werden (Gigerenzer, 2008). Nichts öffnet das eingefahrene Denken so sehr wie der persönliche spontane Gedankenaustausch mit Kollegen oder mit Interessierten, die ihrerseits an etwas ganz anderem arbeiten. Viele Unternehmen wissen das und bauen die Büroräumlichkeiten ihrer Innovationsteams so, dass möglichst viel spontaner Kontakt zwischen den Mitarbeitenden entstehen muss. Es sind die sogenannten „dritten Orte", an denen Ideen und Inspirationen entstehen, meist im Vorbeigehen und unbeabsichtigt – dann ist die Intuition am aktivsten.

Neue Ideen können sowohl von erfahrenen als auch unerfahrenen Mitarbeitenden angestoßen werden. Intuition zeigt sich oft genau an dieser Reibungsfläche zwischen Erfahrung und Unbekümmertheit.

▶ **Intuition**

Das Wort **„Intuition"** stammt aus dem Lateinischen, und *intuere* bedeutet so viel wie „hineinsehen" oder „erkennen". Intuition ist das, was Menschen erfahren, wenn sie ihren Blick nach innen richten, in sich hineinhören und hineinspüren. Intuition ist also etwas sehr Individuelles und Persönliches:

> Intuition ist immer dann gefragt, wenn ich mich auf keine äußeren Vorgaben stützen kann. Wenn ich mich nicht an starren Regeln orientiere, wenn ich bei meinen Entscheidungen auf mich verwiesen bin, wenn ich mich von einem Gefühl für das Richtige, das Stimmige, das im Moment Passende leiten lasse, ohne genau sagen zu können, warum. Immer dann bin ich im Reich der Intuition. (Gonschior, 2013, S. 8)

9.2 Theoretische Grundlagen

Der Umgang mit Intuition spiegelt also den Kern unserer Persönlichkeit. Sie kann auch als „das Geheimnis des Nichtwissens" (Gonschior, 2013, S. 143) betrachtet werden. Intuition ist unser gesamter Denkapparat, in dem Logik nur eine von vielen Funktionen erfüllt (Gonschior, 2013, S. 63). Viele bekannte Wissenschaftler, unter anderem Physiker und Mathematiker begründen ihre wissenschaftliche Kreativität nicht mit dem Verstand, sondern mit Intuition (Gonschior, 2013). Mit ihr lassen sich die richtigen Fragen ausspüren, Fragen, die man dann mithilfe des Verstandes bearbeiten kann.

Intuition bezeichnet ein Urteil, „das rasch im Bewusstsein auftaucht, dessen tiefere Gründe uns nicht ganz bewusst sind und das stark genug ist, um danach zu handeln" (Gigerenzer, 2008, S. 25). Bauchgefühle basieren demnach auf einfachen Faustregeln, die sich „evolvierende Fähigkeiten des Gehirns zunutze machen" (Gigerenzer, 2008, S. 26). Intuitive Urteile sind also als Instrumente zur schnellen Verarbeitung komplexer Problemstellungen zu interpretieren und sind daher sehr nützlich für Unternehmen. Das Gehirn versucht, auf der Grundlage von Faustregeln die wichtigsten Informationen für eine Entscheidung zu sondieren, der Rest wird außer Acht gelassen. Tiefere Gründe sind nicht bewusst genug, um danach zu handeln.

Intuition berührt aber nicht nur die individuelle Kompetenz, sondern ist auch ein Kulturthema, eine kollektive Kompetenz, sie basiert auf Erfahrungswissen von allen Mitarbeitenden (Zeuch, 2010, S. 113 ff.).

Oft wird innovativen Mitarbeitenden die Fähigkeit zugeschrieben, „das Gras wachsen zu hören", „Trends aufzuspüren" oder „den richtigen Riecher zu haben". Das Neue kommt in unsere Welt, indem an Dingen gearbeitet wird, die es so noch nicht gibt. Innovationsarbeit kann somit nicht beziehungsweise nur zu einem geringen Grad rational begründet werden. Gleichzeitig ist die Investition (Zeit, Energie, Geld, Personal) in die Entstehung von Innovationen häufig sehr hoch, und dadurch entstehen Risiken, die von Entscheidungsträgern – nicht nur, aber eben häufig zu einem großen Teil – auf der Basis von Intuitionen, getroffen und legitimiert werden müssen. Gerade hier kommt die Bedeutung von **Vertrauen** (in die Intuitionen der Mitarbeitenden) und **Offenheit** (für Ausdrucks- und Bewertungsformen von Innovationschancen jenseits des Verstandes) im Rahmen der Kulturentwicklung von Unternehmen zum Ausdruck.

9.2.3.2 Ich und der/die innovative Mitarbeitende mit Umsetzungspotenzial

Gemäß Schuler und Görlich (2007) sowie Guldin (2012) sind für die Befähigung zur Innovation zusätzliche, teilweise vollkommen andere Eigenschaften zentral. Organisationsmitglieder, die **Ideen in Innovationen umsetzen** und diese durchsetzen, kann man an den folgenden Eigenschaften erkennen (in Anlehnung an Schuler & Görlich, 2007, S. 19):

[Eigenschaften von Mitarbeitenden, die Ideen umsetzen. (Quelle: in Anlehnung an Schuler & Görlich, 2007, S. 19)]

- Kontakt- und Kommunikationsfähigkeit
- Überzeugungskraft
- Anpassungsbereitschaft
- Realitätssinn
- verkäuferisches Geschick
- unternehmerisches Denken und Handeln
- Ressourcen akquirieren können
- Teams, Koalitionen und Netzwerke bilden können
- konkurrierende Ideen integrieren
- Probleme antizipieren
- Planen und Gestalten
- Mikropolitik zum Wohle der Umsetzbarkeit betreiben
- Freude an der Durchsetzung von Ideen und der Ausübung von Macht

Aus der Balance-Management-Perspektive ist sicher der Kontrast zwischen dem hohen **Autonomiestreben** und der **Unkonventionalität** als Merkmale kreativer Personen einerseits und dem **Realitätssinn** sowie der **Anpassungsbereitschaft** von Personen, die Ideen in marktfähige Produkte verwandeln, andererseits hervorzuheben. Erfolgreiche Innovatoren sind also im Vergleich zu kreativen Personen leichter in ein bestehendes System zu integrieren und arbeiten lieber in Teams und gemeinsam. Sie brauchen entsprechend weniger Freiräume zur Entfaltung ihres Beitrages zur Innovationsfähigkeit der Organisation, sondern eher unternehmerischen Weitblick, ein gutes Beziehungsnetz und **Durchsetzungskraft**. Diesbezüglich sollte die Führung sich unbedingt mit der Frage auseinandersetzen, in welche Hände die Produktion von Ideen und in welche Hände die Verantwortung für die wirtschaftliche Umsetzung gelegt werden sollte. Kreative investieren ihre Energie typischerweise in die Entwicklung neuer Ideen und nicht in die Durchsetzung der alten. Viele gute Ideen scheitern in der Phase der Durchsetzung (Schuler & Görlich, 2007).

Führungskräfte beschweren sich nicht über den Mangel an guten Ideen (*„Ideen haben wir genug, das ist nicht das Problem, wir haben sogar noch Hunderte Ordner im Archiv mit Ideen"*), sondern eher über mangelnde Fähigkeiten und Ressourcen im Hinblick auf deren Bewertung und Umsetzung. Es bringt also nichts, wenn Unternehmen in der „Frühphase" des Innovationsprozesses (Abschn. 7.3) großzügig Freiräume gewähren, um danach in der Umsetzungsphase sofort in den „Effizienzmodus" beziehungsweise eine stark fokussierende Führungspraxis zu verfallen und keine Ressourcen mehr für die Ideenbewertung und -selektion zur Verfügung zu stellen. Häufig sind die verfügbaren Ressourcen von professionellen Innovationsmanagerinnen und -managern nicht ausreichend, um alle Ideen, die in der Frühphase generiert werden, sorgfältig zu bewerten. Was passiert? Die

Kreativen fühlen sich nicht ernst genommen, warten auf Feedback und es kommt Frustration auf. Dies kann durch das richtige Verhältnis von Kreativen und umsetzungsstarken Mitarbeitenden entschärft werden.

9.2.4 Dimension Gruppe: Ich und Innovationsteams

Aus einer ganzheitlich verstandenen, organisationsbasierten Innovation-Leadership-Perspektive interessieren aber nicht nur die kreativen Spitzenleistungen, sondern auch, wie Führungskräfte Spitzen- und „normale" Leistungsträger in der gleichen Organisationseinheit führen und vor allem **Teams so zusammenstellen**, dass sich in einem Team sowohl Kreativitäts- als auch Innovationspotenzial möglichst gut entfalten.

9.2.4.1 Zentrale Herausforderungen

Zahlreiche Unternehmen arbeiten in globalisierten Teams mit internen und externen Wissenspartnern zusammen, um neue Produkte und Dienstleistungen zu entwickeln (von Zedtwitz et al., 2004). Innovationsteams, die mit der Aufgabe betraut sind, diese globalen Ressourcen zu nutzen und in erfolgreiche Innovationen umzuwandeln, sind daher zunehmend heterogen und über mehrere Standorte verteilt (Hirshhorn et al., 2002). Innovieren findet heute maßgeblich in Teams statt. Die Steuerung und Förderung innovationsorientierter Teamarbeit zählt zu den zentralen Aufgaben von Innovation Leaders auf einer **unteren und mittleren Führungsebene** (Stoker et al., 2001; Jassawalla & Sashittal, 2002; Eisenbeiss et al., 2008). Im Rahmen dieser Teamführungsaufgabe stellen sich **zwei grundsätzliche Herausforderungen** (Gebert, 2004):

> **Die erste Herausforderung** besteht darin, dass man bei der Gestaltung von innovationsförderlicher Teamarbeit auf dilemmatische Konstellationen stößt. Zum Beispiel wird der offenen Kommunikation und dem offenen Austausch von Ideen und Meinungen grundsätzlich eine positive Wirkung auf den Teamerfolg zugeschrieben. Doch gleichzeitig stellt Offenheit auch ein Risiko dar: Sie kann auch den Dissens verstärken und das Konfliktpotenzial im Team so fördern, dass die Zusammenarbeit maßgeblich erschwert wird (Gebert, 2004, S. 10). Die innovationsförderliche Teamarbeit birgt zahlreiche der weiter oben (Abschn. 3.4) erörterten „Sowohl-als-auch"-Entscheidungssituationen und -Konstellationen.
>
> **Die zweite Herausforderung** lautet, dass viele Erkenntnisse und Handlungsempfehlungen zur Führung von Innovationsteams stark kontext- und kulturgebunden zu interpretieren sind. Daher schreiben zahlreiche Autoren unterschiedlichen Entwicklungsphasen eines Teams unterschiedliche Erfolgsfaktoren zu (Stoker et al., 2001). Beispielsweise kann die Zusammenarbeit von Teammitgliedern über längere Zeit anfänglich negative Effekte von Diversität ins Positive wenden (van Knippenberg & Schippers, 2007). Auch die Differenzierungen zwischen inkrementeller und radikaler

Innovation, zwischen Ideengenerierung und -implementierung (West, 2002) oder zwischen Forschungs- und Entwicklungsaktivitäten erweisen sich in diesem Kontext als sinnvoll (Elkins & Keller, 2003; Mann, 2005; Vetterli et al., 2012).

9.2.4.2 Teaminnovation und Innovationsteam

Der Begriff *Teaminnovation* steht für die Kombination von Quantität und Qualität von Ideen, die im Team entwickelt und implementiert werden (Eisenbeiss et al., 2008, S. 1439) und die anhand unterschiedlicher Indikatoren, wie beispielsweise Patenten, innovativen Prozessen oder neu entwickelten Verkaufskonzepten, gemessen werden (Mann, 2005, S. 308).

▶ **Teaminnovation** Ist ein dynamisches Zusammenspiel individueller Fähigkeiten einzelner Teammitglieder und innovationsorientierter Teamprozesse, die über die individuelle Kreativität von Teammitgliedern kreative Teamprodukte entstehen lassen (Pirola-Merlo & Mann, 2004).

▶ **Innovationsteams** Stellen daher einen grundlegenden Baustein für die Innovationsaktivitäten in einem Unternehmen dar und lassen sich grundsätzlich definieren als „Teams aus Mitarbeitern, die bei der Lösung von Problemen oder der Suche nach Verbesserungsmöglichkeiten im Unternehmen in organisatorischer Weise zusammenarbeiten" (Noé, 2013, S. 160). Meist zeichnen sich Innovationsteams durch funktionsübergreifende Erfahrungen und Fachwissen (Noé, 2013), multidisziplinäre Hintergründe und Ausbildungen (Stoker et al., 2001), hochqualifizierte Arbeitskräfte (Mann, 2005) sowie Aufgaben mit Forschungs- und Entwicklungscharakter (Messinger, 2008) aus.

Typischerweise arbeiten Innovationsteams unter schwierigen Bedingungen, geprägt von einem hohen Grad an Unsicherheit über die Ziele, hohem Zeitdruck, sich schnell verändernden Prioritäten und hohen Interdependenzen. Die häufigsten Problemstellungen in Innovationsteams sind dementsprechend Stress, Konflikte mit anderen Arbeitsgruppen und mangelnde Anerkennung (Messinger, 2008).

In der aktuellen Literatur werden einerseits Innovationsteams beschrieben, die der gängigen Vorstellung eines Teams als feste organisationale Einheit im Unternehmen entsprechen, das heißt, das Team sitzt räumlich zusammen und arbeitet über einen längeren Zeitrahmen an unterschiedlichen Innovationsaufgaben zusammen (Messinger, 2008). Andererseits gewinnen zunehmend auch alternative Formen von Innovationsteams an Bedeutung. Diese arbeiten oftmals virtuell zusammen und/oder werden ad hoc und nach den Kompetenzen der einzelnen Mitarbeitenden für spezifische Innovationsaufgaben zusammengestellt (Edmondson, 2012). Auch die Aufgaben beziehungsweise Ziele der Innovationsteams unterscheiden sich: Einige werden explizit mit dem Ziel gegründet, die Selbsterneuerung der Organisation durch **radikale Innovationen** voranzutreiben (Vetterli et al., 2012), während andere vielmehr das Ziel verfolgen, im Sinne von **inkrementellen**

9.2 Theoretische Grundlagen

Innovationen „kundeninduzierte Kreativität und Innovation zu steigern, und Arbeitsprozesse kontinuierlich verbessern und die Verpflichtung zur Qualität erhöhen" (Noé, 2013, S. 160).

Relevant ist auch, in welchem Bereich das Team angesiedelt ist. Im Gegensatz zu einem Produktionsteam feilen F&E-Teams selten an der Qualität und Effizienz ihrer Zusammenarbeit, vielmehr arbeiten sie in Form von Projektgruppen zusammen, wobei die Projektdauer von einem Monat zu einem Jahrzehnt reichen kann und sich die Teams jeweils bei Beendigung des Projekts wieder auflösen (Elkins & Keller, 2003; Mann, 2005). In diesen Projekt- oder Wissensteams arbeiten hochqualifizierte Wissenschaftler, Techniker, Ingenieure und weitere Spezialisten fachübergreifend daran, aus Wissen Innovationen zu generieren (Elkins & Keller, 2003; Mann, 2005). Demgemäß betont insbesondere der F&E-Sektor die Bedeutung von innovationsorientierter Teamarbeit (Eisenbeiss et al., 2008).

Ein Innovationsteam entwickelt sich in mehreren Phasen. In der Anfangsphase ist es entscheidend, dass die Mitglieder dem Innovationsteam freiwillig angehören und das Projekt gemeinsam entwickeln wollen. Da das Team aus Einzelpersonen mit unterschiedlichen Kompetenzen und Persönlichkeiten besteht, sollte die Erarbeitung von Normen und Gruppenzugehörigkeit im Vordergrund stehen. Das Team sollte schrittweise mit seinen Aktivitäten beginnen und allmählich sein Wissen darüber erweitern, wie Innovationsarbeit durchgeführt wird. In diesem Prozess wird es das Innovationsteam auch wagen, das Projekt in seiner täglichen Arbeit und mit Personen außerhalb des Teams zu diskutieren. Nach einiger Zeit, wenn das Team einen gewissen Wissensstand erreicht hat, ist es in der Lage, bisher unentdeckte Möglichkeiten zu erkennen, möglicherweise mit Unterstützung eines Moderators, und es können neue Produkte, Dienstleistungen oder Geschäftsmodelle entwickelt werden. Wie lange dieser Prozess dauert, hängt vom Umfang und der Komplexität des Projekts ab. Ganz allgemein gesprochen findet er in der Regel nach der Problemerkennung statt bis hin zur Auswahl, welche Idee weiterentwickelt werden soll. Sobald das Team beginnt, neue Chancen oder Problemlösungen zu entdecken, ist es im „Flow" und nicht mehr zu stoppen (Johnsson, 2022). Die Ergebnisse einer Studie von Johnsson (2018) zeigen, dass die Präsenz und die praktischen Ratschläge eines Moderators in der Vorphase und in den ersten beiden Phasen des Innovationsprozesses am wichtigsten waren. Später, in der Umsetzungsphase, wird es immer wichtiger, bei Bedarf Zugang zu einem Moderator zu haben.

Zu den zentralen Herausforderungen von neu gegründeten Innovationsteams zählen unter anderem Zeitmangel, Isolation und Intransparenz in Bezug auf Leistungsgrößen beziehungsweise Erfolgskriterien. Nach dem Kick-off sind die Teammitglieder oft voller Energie und bereit, loszulegen. Aber allzu oft behindert die tägliche operative Arbeit die Teilnahme am Innovationsprojekt und bremst den Innovationsfortschritt. Mitglieder eines Innovationsteams sollten daher unbedingt die Hoheit über die Terminplanung bewahren und der Innovationsarbeit immer wieder Priorität einräumen. Eine weitere Gefahr ist, dass sich das Innovationsteam vom Rest der Organisation isoliert, indem es die gesamte Innovationsarbeit selbst erledigt. Wenn die Kommunikation zwischen dem Team und dem Rest der Belegschaft nicht sorgfältig gesteuert wird, dann ist die Gefahr der Isolation relativ hoch. Häufig dauert es eine gewisse Zeit, bis das Innovationsteam selbst an die eigene Innovationsarbeit glaubt, von der Entwicklung überzeugt ist und einen gewissen Teamgeist herausgebildet hat. Die Isolation kann auch durch Organisationsmitglieder verstärkt werden, die der Arbeit des Innovationsteams skeptisch gegenüberstehen, weil sie zum Beispiel die Gründe der Innovationsvorhaben nicht verstehen (klassischer Widerstand gegenüber Veränderungsinitiativen). Daher ist es wichtig, dass Innovationsteams einen Moderator bestimmen, der immer wieder für Transparenz sorgt und die Innovationsarbeit erklärt sowie den Austausch mit den Organisationsmitgliedern sucht und diese gegebenenfalls auch zur Teilnahme einlädt (Johnsson, 2022).

9.2.4.3 Der innovationsorientierte Teamgeist

Anhand eines zweidimensionalen Konstruktes (vgl. Abb. 9.5) und aufbauend auf empirischen Studien (vgl. u. a. Edmondson, 1999; Gilson et al., 2002) definiert Gebert den innovationsorientierten Teamgeist zusammenfassend als „eine Funktion hoher Ausprägung sowohl auf der kognitiven als auch auf der sozialen Dimension" (S. 24).

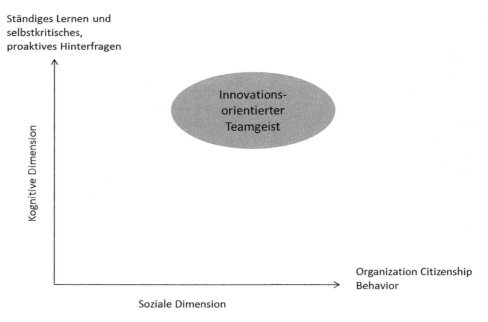

Abb. 9.5 Zweidimensionales Konstrukt „innovationsorientierter Teamgeist". (Quelle: in Anlehnung an Gebert, 2004, S. 24)

Die **kognitive Dimension** steht dabei für das ständige Lernen und das selbstkritische und proaktive Hinterfragen von bisherigen Problemlösungen und Problemlösestrategien. Die **soziale Dimension** steht für das Engagement und den gruppenspezifischen Zusammenhalt. Viele Studien zur innovationsorientierten Teamarbeit setzen entweder bei der kognitiven oder sozialen Dimension an und sind daher an diese Definition anschlussfähig (Gebert, 2004, S. 24).

Ferner wird dem **Teamklima** eine stark innovationsfördernde Rolle zugeschrieben (Eisenbeiss et al., 2008; Mann, 2005; Michaelis et al., 2010). Gebert (2004) definiert das „innovationsorientierte Teamklima über kognitive, soziale und motivationale Voraussetzungen innovationsbezogenen Engagements" (S. 64). Mann (2005) wiederum beschreibt es kurzerhand als eine allgemeine Teamstimmung, die von einem lebendigen, gut gelaunten Austausch an Ideen geprägt ist (S. 308).

Ein innovationsförderndes Teamklima wird generell gefördert durch Empowerment, Freiraum für innovative Arbeit und das Vertrauen, Ideen mit anderen Teammitgliedern zu teilen (Johnsson, 2022).

9.2.4.4 Innovationsfördernde Teamzusammenstellungen und -prozesse

Wenn es um innovationsfördernde Teamzusammenstellungen geht, werden Charakteristiken des Teams, wie beispielsweise Teamgröße und -zugehörigkeit, Diversität oder Ziel- und Aufgabenabhängigkeit, auf ihre innovationsfördernde Wirkung untersucht. Insbesondere der Zielabhängigkeit konnten Hülsheger et al. (S. 1136) eine positive Beziehung zur Teaminnovation nachweisen. Die Zielabhängigkeit ist die Abhängigkeit der Leistungsbewertung und Honorierung einzelner Teammitglieder von der Zielerreichung. Der **Diversität von Innovationsteams** wird generell eine starke innovationsfördernde Bedeutung nachgesagt (Cox & Blake, 1991; Keller, 2001). Aufgrund einer höheren Diversität können Teams schließlich von unterschiedlichen, oft komplementären Fähigkeiten, Wissenssammlungen und Sichtweisen profitieren, was unterschiedliche Vorteile mit sich bringt (Cox & Blake, 1991). Je stärker die Diversität jedoch ausgeprägt ist, desto höher ist auch die Wahrscheinlichkeit, dass dilemmatische Konstellationen entstehen, Konflikte auftreten und betroffene Teams zunehmend Gefahr laufen, das gemeinsame Verständnis der Aufgabe zu verlieren (van Knippenberg & Schippers, 2007). Deshalb wird Diversität in der Literatur nicht selten als zweischneidiges Schwert bezeichnet, welches sich sowohl positiv als auch negativ auf Kreativität, Innovation und die allgemeine Leistungsfähigkeit von Teams auswirken kann (siehe z. B. Bassett-Jones, 2005; Chi et al., 2009 oder Jackson & Joshi, 2011). Die Variabilität und Inkonsistenz aktueller Forschungsergebnisse hinsichtlich der Frage, wie Diversität und Kreativität in Teams zusammenhängen, legt gleichzeitig die Vermutung nahe, dass die Beziehung durch situativ-kontextuelle Faktoren beeinflusst wird (Wang et al., 2016; Wang et al., 2019; Bodla et al., 2018; Lu et al., 2018). Einige Beispiele solcher Faktoren, die als zentrale Voraussetzungen für die positiven Effekte der Diversität in Teams genannt werden, sind etwa psychologische Sicherheit (Kessel et al., 2012), ein inklusives Klima (Bodla et al., 2018; Li et al., 2015) oder ein

Vision	Aufgabenorientierung
- Gemeinsames Verständnis von Teamzielen - Hohes Commitment, Ziele gemeinsam zu erreichen	- Gemeinsames Bemühen um hohe Leistung und Qualität - Streben nach Exzellenz - Intrinsische Motivation
Partizipative Sicherheit	**Unterstützung für Innovation**
- Eine kooperative Haltung der Teammitglieder untereinander - Offener, vertrauensvoller Austausch von Ideen und Meinungen - Gegenseitige Unterstützung - Partizipation	- Erwartung, Zustimmung und praktische Unterstützung bei der Entwicklung und Umsetzung von neuen Ideen - Offenheit für Veränderungen

Abb. 9.6 Dimensionen eines innovationsförderlichen Teamklimas. (Quelle: in Anlehnung an Anderson & West, 1998; Hülsheger et al., 2009)

geeigneter Führungsstil (Wang et al., 2016; Lu et al., 2018). Die Herausforderung besteht deshalb vor allem darin, ausreichend, aber nicht zu viel Diversität im Team zuzulassen.

Auch dem **Teamprozess** wird in Anlehnung an die Teamklimatheorie von Anderson und West (1998) eine innovationsförderliche Wirkung zugeschrieben. Dabei sind insbesondere **vier Dimensionen** zentral: 1) Vision, 2) Aufgabenorientierung, 3) Partizipative Sicherheit und 4) Unterstützung für Innovation (vgl. Abb. 9.6). Die Ausführungen betonen eine Kombination zwischen Orientierung, Vertrauen und praktische Unterstützung.

Die ausführliche Meta-Analyse von Hülsheger et al. (2009) zeigt, dass die Erkenntnisse zu innovationsförderlichen Teamprozessen nur schwer zu verallgemeinern sind. Doch die vier in Abb. 9.6 aufgeführten Variablen weisen eine signifikante Beziehung zu Kreativität und Innovation auf (S. 1136). Als weitere innovationsförderliche Variablen des Teamklimas werden zudem ein ausbalancierter und ausgeprägter Umgang mit interner und externer Kommunikation (Mann, 2005; Messinger, 2008; Hülsheger et al., 2009), der Teamzusammenhalt (Messinger, 2008) und der konstruktive Umgang mit hohen Erwartungen, die an das Team gerichtet werden (West, 2002), genannt.

Die Ergebnisse von Mann (2005) heben zudem hervor, dass unterschiedliche Aspekte des Teamklimas für unterschiedliche Teams und verschiedene Phasen der Zusammenarbeit von stärkerer Bedeutung sind: Für **Forschungsteams** zeigt die partizipative Sicherheit die stärkste Beziehung zu Innovation auf, während für die **Entwicklungsteams** der Aufgabenorientierung eine größere Bedeutung zugeschrieben worden ist (S. 309).

9.2.4.5 Die Rolle der Teamführung

Die herausragende Rolle in der Förderung von Teaminnovationen kommt daher der **Team- oder Projektleitung** zu (Elkins & Keller, 2003; Mann, 2005; Johnsson, 2022).

9.2 Theoretische Grundlagen

> **[Herausforderungen von Teamleitenden]**
> Diese Aufgabe umfasst den kompetenten Umgang mit fünf grundlegenden Herausforderungen für Personen, die Innovationsteams leiten (Bain et al., 2005, S. 50 ff.):
>
> - ein hoher Grad an Unsicherheit und Risiko
> - die Balance zwischen Kreativität fördern und Projektvorgaben einhalten
> - Teamarbeit zwischen einzelnen Wissensarbeitenden fördern
> - eigenes Fachwissen nutzen und die Expertise von Teammitgliedern entwickeln
> - Stakeholder offen und transparent informieren und gleichzeitig das Team schützen

Die innovationsorientierte Teamführung stellt die Teamleitenden vor komplexe, vielschichtige und oftmals dilemmatische Aufgaben und erfordert somit neue, breitgefächerte Führungskompetenzen.

Die aktive Gestaltung eines innovationsförderlichen Teamklimas gehört zu den Hauptaufgaben der Teamführung. Führungspraktiken, die ein solches Teamklima begünstigen, schreiben Mitarbeitenden einen hohen Grad an Autonomie zu, anerkennen individuelle und teambasierte Leistungen, betonen den Teamzusammenhalt und gewährleisten den Teammitgliedern kontinuierlich Freiräume (Elkins & Keller, 2003, Johnsson, 2022). Die größte Herausforderung besteht jedoch darin, die Balance zu finden zwischen aufrichtiger, gegenseitiger Unterstützung in der Entwicklung und Umsetzung von neuen Ideen und der gegenseitigen sorgfältigen Beobachtung und kritischen Bewertung von Ideen zur Einhaltung von Projektvorgaben (Hülsheger et al., 2009, S. 1140). Um den hohen Grad an Autonomie zu gewährleisten und Freiräume zu schaffen, müssen Führungskräfte, die zur eigenständigen Ausführung der Aufgabe benötigten Entscheidungskompetenzen an Teammitglieder delegieren (Gebert, 2004).

Eine zentrale Rolle in der innovationsförderlichen Führung kommt dem Vertrauen zwischen den Teammitgliedern untereinander zu (Gebert, 2004; Mann, 2005). Ein von gegenseitigem Vertrauen geprägtes Teamklima ermöglicht erst die zuvor erwähnten Führungspraktiken und fördert die offene Diskussion und die kritische Evaluation von neuen Ideen (Gebert, 2004).

In Innovationsteams gehen die Mitglieder in Führung, die sich durch Zuverlässigkeit und Kompetenz auszeichnen (Mann, 2005). Aufgrund der hohen Komplexität und Unsicherheit der Innovationsaufgabe werden Teamleitenden vielschichtige **Aufgaben** zugeschrieben (Elkins & Keller, 2003; Messinger, 2008):

a) Das Team mit einer motivierenden Vision zu Höchstleistungen antreiben,
b) klare, strategische Ziele definieren und dennoch die nötige Flexibilität beibehalten,
c) Vertrauen und Kollaboration im Team aufbauen,

d) das Team nach außen vertreten und vor externen Einflüssen schützen sowie
e) stets das Projektmanagement im Blick behalten.

Ferner zeichnet sich **die ideale Teamleitung** durch technische Expertise, eine starke Leistungs- und Lernorientierung und eine bescheidene Haltung aus. Erfolgreiche Führungskräfte von Innovationsteams dürfen sich weiterhin nicht nur auf ihre internen Aufgaben fokussieren (d. h. das Inspirieren und Motivieren von Teammitgliedern), sondern müssen auch nach außen gerichteten Rollen gerecht werden. Weiterhin benötigen Innovationsteams eine Führung, die die interne und externe Vernetzung des Innovationsteams mit anderen Teams, Kunden, einzelnen Personen mit guten Ideen und Initiativen laufend sicherstellt (Johnsson, 2022).

9.2.4.6 Rollen im Innovationsteam

Vor dem Hintergrund dieser Komplexität bietet es sich an, die Aufgabe der innovationsförderlichen Teamführung als **Konstrukt aus mehreren Führungsrollen** zu betrachten (Elkins & Keller, 2003; Bain et al., 2005). Bain et al., (2005, S. 55) präsentieren ein empirisch erprobtes Modell mit drei essenziellen Führungsrollen (siehe Abb. 9.7):

- Der **„Knowledge Builder"** zeichnet sich durch ein fundiertes Verständnis der grundlegenden fachspezifischen Herausforderungen des Projekts aus, welches es ihm beziehungsweise ihr ermöglicht, das Projektteam zu beraten, Expertenwissen einzubringen, die Qualität der Teamarbeit zu beurteilen, neue Strategien oder Initiativen zu lancieren und innerhalb wie außerhalb der Organisation nach neuen Ideen zu suchen.
- Die Rolle **„Stakeholder Liaison Handling"** bezweckt, den Informationsfluss und die Kommunikation zwischen dem Projektteam und den internen und externen Stakeholdern sicherzustellen (z. B. Topmanagement, Marketing und Verkauf, Kunden, Investoren). Diese Rolle fordert vom Teamleitenden über die Grenze des Teams hinaus als Botschafter/in, Verfechter/in, Anwältin oder Anwalt und Ressourcen-Beschaffer/in zu agieren und die Unterstützung zu gewährleisten, auch wenn im Prozess Ideen entstehen, die das organisationale Establishment gefährden könnten (Jassawalla & Sashittal, 2002). Diese Aufgabe des „boundary spanning" wird daher von zahlreichen Autoren als Schlüsselkompetenz zur erfolgreichen Führung von Innovationsteams betrachtet, die zudem mit dem Voranschreiten des Projekts stetig an Wichtigkeit gewinnt (Messinger, 2008). Gerade im Hinblick auf die **steigende Bedeutung von Open Innovation** wird diese Rolle in Zukunft sicherlich noch an Gewicht gewinnen, dennoch wird sie allzu oft vernachlässigt und die strategische, langfristige Wirksamkeit von Führungskräften nur selten erkannt (Mann, 2005, S. 306).

9.2 Theoretische Grundlagen

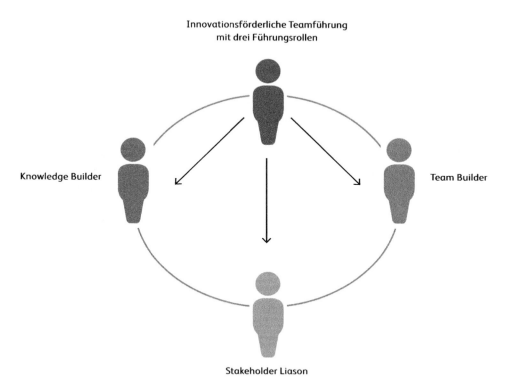

Abb. 9.7 Drei Führungsrollen des erfolgreichen Teamleiters von Innovations-, Forschungs- und Entwicklungsprojekten. (Quelle: in Anlehnung an Mann, 2005)

- Die grundlegende Aufgabe des „**Team Builders**" ist es, eine einwandfreie Teamarbeit zu gewährleisten, ein Umfeld frei von destruktiver Konkurrenz oder emotionalen Konflikten sicherzustellen und ein innovationsförderliches Teamklima zu pflegen.

Von Bedeutung ist auch, dass diese drei Rollen oftmals dieselbe Person ausführt, dies jedoch keine Bedingung für die erfolgreiche Führung von Innovationsteams ist. Führt der Projekt- oder Teamleitende zum Beispiel eine Rolle exzellent aus, übernehmen meist Teammitglieder oder Kollegen die anderen Rollen. Wird die Führungskraft jedoch in keiner der Rollen als kompetent wahrgenommen, kann sie kaum auf den Respekt und den Rückhalt des Teams zählen, und eine erfolgreiche Teamarbeit kann meist nicht mehr gewährleistet werden (Mann, 2005, S. 306).

Mit Blick auf die Komplexität der Innovationsarbeit bietet sich eine Rollenverteilung über die Führungsaufgabe hinaus an. Ein solcher Ansatz bietet die Flexibilität, die Teamrollen den spezifischen Aufgaben und der jeweiligen Projektphase anzupassen. Diese

Flexibilität wird erhöht, wenn man bedenkt, dass die Teammitglieder mehrere und wechselnde Rollen übernehmen können. Beispielsweise erläutern Kelley und Littmann (2006) **zehn Rollen**, die Teammitglieder spielen, beziehungsweise unterschiedliche „Hüte", die sich Teammitglieder aufsetzen können, um kreative Innovationen und Ideen zu fördern (vgl. Abb. 9.8).

Grundsätzlich unterscheiden Kelley und Littmann (2006) dabei zwischen den lernenden, organisierenden und aufbauenden Rollen (S. 8 ff.):

- Die **lernenden Rollen** stehen für das Entdecken von neuen Informationsquellen und für den daraus resultierenden kontinuierlichen Aufbau und die Weiterentwicklung von Wissen. Beispielsweise analysiert der „Cross-Pollinator" andere Branchen oder andere Kulturen und überträgt das gewonnene Wissen auf das eigene Unternehmen.
- Die **organisierenden Rollen** tragen der Erkenntnis Rechnung, dass auch die besten Ideen in einer Organisation um Zeit, Aufmerksamkeit und Ressourcen kämpfen müssen, und werden meistens von Individuen übernommen, die sich mit den politischen Prozessen der Organisation gut auskennen. Ein Beispiel für diese Rolle ist der „Hurdler", der Wege sucht, um Probleme zu lösen und Widerstände zu überwinden.

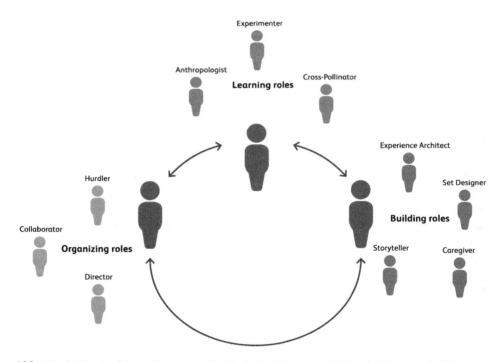

Abb. 9.8 Rollen im Innovationsteam. (Quelle: In Anlehnung an Kelley & Littmann, 2006)

- Die **aufbauenden Rollen** bezeichnen den Beginn der Umsetzung, wo die Ideen und Erkenntnisse der lernenden Rolle und das Empowerment der organisierenden Rolle kanalisiert und in marktfähige Innovationen umgewandelt werden. Der „Storyteller" beispielsweise verpackt Innovationen in authentische Geschichten, die Emotionen und Handlungen hervorrufen, ein gemeinsames Verständnis von Zielen schaffen und die Zusammenarbeit fördern. Der „Storyteller" führt Mitarbeitende und die Organisation mit seinen Geschichten in die Zukunft.

9.2.4.7 Teamführung zwischen Öffnung und Schließung

Die Teamarbeit kann im Spannungsfeld zwischen öffnenden und schließenden Führungslogiken betrachtet werden. Innovationsorientierte Teamführung bedeutet, die **Balance zu finden** zwischen gegenseitiger Unterstützung in der Entwicklung und Umsetzung von neuen Ideen und der gegenseitigen sorgfältigen Beobachtung und kritischen Bewertung von Ideen, um die Projekteingaben einzuhalten (Hülsheger et al., 2009, S. 1140). Die komplexen und unterschiedlichen Kontexte von Innovationsteams erfordern zudem eine Relativierung von Erfolgsfaktoren und Empfehlungen zur innovationsfördernden Teamarbeit (Gebert, 2004, S. 11; Mann, 2005). Zahlreiche Untersuchungen zur Teamleistung beziehen sich auf die Vorstellung von Teams als feste Einheiten. Hier haben Teams die Möglichkeit, gegenseitiges Vertrauen aufzubauen, die Rollenaufteilung unter den Mitgliedern kennenzulernen, klar strukturierte Aufgaben zu entwickeln und somit ein stabiles, leistungsförderliches Umfeld aufzubauen (Hackman, 2002). Im Fall von sich konstant verändernden, oftmals virtuellen Teamkonstellationen, wie sie heute immer häufiger werden, verändern sich auch die Faktoren erfolgreicher Teamarbeit (Edmondson, 2012). Insbesondere die **wachsende Bedeutung des „boundary spanning"** beziehungsweise der Vernetzung nach außen (Fleming & Waguespack, 2007; Keszey, 2018) aber auch im Innern von Organisationen beispielsweise in und zwischen interdisziplinär zusammengesetzten, agilen Teams (Ratcheva, 2009; Piercy, 2009; Beckett & Daberkow, 2020) wird in Zukunft von vielen Führungskräften in Innovations-, Forschungs- und Entwicklungsteams eine veränderte Priorisierung sowie zusätzliche Kompetenzen erfordern. Die Komplexität der Aufgabe zeigt, dass eine sorgfältige und auf die Aufgabe ausgerichtete Selektion von Team- und Projektleitenden sowie deren persönliche Entwicklung eine Herausforderung darstellt, der meist nur wenig Rechnung getragen wird.

Gerade für Führungskräfte in größeren oder virtuellen Organisationseinheiten ist es oft nicht leicht, die passenden Personen für Innovationsprojekte auszuwählen. Die Nutzung von Potenzial- oder Stärken-Assessments kann helfen, geografische Distanzen zu überwinden, und bietet mögliche Anhaltspunkte für die Zusammensetzung von Innovationsteams.

9.3 Dimension Selbstführung und Kompetenzentwicklung

Im Kern des InnoLEAD-Modells steht die Frage: Wie müssen Führungskräfte sich selbst führen, damit sich Handlungsfreiräume vergrößern? Des Weiteren werden in diesem Kapitel basierend auf dem InnoLEAD-Modell die Implikationen für die Kompetenzentwicklung von innovationsfördernden Führungskräften diskutiert.

9.3.1 Selbstführung

Warum die Betonung auf Selbstführung beziehungsweise Selbstregelung? In innovativen Unternehmen ist ein routinierter Umgang mit Zeitplanung, Projektmanagementinstrumenten etc. nicht immer einfach. Die oben beschriebenen Spannungsfelder erfordern das Setzen von Prioritäten, und wenn viele Ideen, das heißt viele Entscheidungsmöglichkeiten vorhanden sind, dann ist das richtige Setzen von Prioritäten eine echte Herausforderung. Dabei spielt die **Fähigkeit zur Selbstbeobachtung** und **Selbstwirksamkeitserwartung** – das ist die Überzeugung, durch eigene Handlungen angestrebte Ziele erreichen zu können –, eine bedeutende Rolle (Stahl, 2013, S. 200). Gerade in **paradoxen Führungskontexten** ist es wichtig, dass Führungskräfte ein tieferes Verständnis ihres Selbst pflegen. Wenn eine Führungsperson bei ihren Mitarbeitenden Lern- und Entwicklungsprozesse fördern möchte, dann muss sie auch an sich selbst hinterfragen, wie ihr Lernen funktioniert und wie sie selbst mit anderen zusammenarbeitet. Gerade wenn wenig klare Vorgaben oder Anweisungen vorliegen, müssen sich Führungskräfte ständig überlegen, wie sie selbst passende Strukturen schaffen und mit ihren Handlungen einen Beitrag zur Zukunftsfähigkeit des Unternehmens leisten können und auch welche Werte sie ihren Entscheidungen zugrunde legen. Peter Drucker hat den Satz geprägt: „Wer andere führen will, muss zunächst imstande sein, sich selbst zu führen" (Drucker, 2005). **Selbstführung** heißt gemäß Stahl (2013, S. 201):

- Das eigene Verhalten beobachten und sich die Konsequenzen aus dieser Beobachtung eingestehen;
- die eigenen Gefühle und Stimmungen zielgerichtet beeinflussen;
- Impulse kontrollieren und aufschieben;
- die eigenen Absichten auch tatsächlich verwirklichen.

Damit ist ein hoher Anspruch an Führungspersonen formuliert, vor allem, weil in einem Selbst, wie es Schulz von Thun (2005) ausdrückt, nicht nur ein ICH wohnt, sondern mehrere ICHs. Die **Kunst der Selbstführung** liegt deshalb nach Schulz von Thun auch in der Kunst, das „innere Team" mit den verschiedenen ICHs zu führen, verschiedene Teamplayer und auch das „Oberhaupt" im Team und vor allem innere Teamkonflikte zu erkennen und ihnen konstruktiv zu begegnen. Das „Oberhaupt" versucht die Beiträge der verschiedenen ICHs zu berücksichtigen und ist der „steuernde Moderator des Geschehens" (Schulz von Thun, 2005, S. 87).

Bei der inneren Konfliktbearbeitung ist es wichtig, dass man sich einerseits mit den unterschiedlichen Ansichten und den Interessen dahinter auseinandersetzt, sich aber bei widersprüchlichen oder paradoxen Beiträgen der „inneren" Teammitglieder auch gleichzeitig die Frage stellt: „Wozu ist es gut, dass du (zuweilen) auch da bist? Was kann ich an dir schätzen? Wozu bedürfen wir einander, damit unsere ‚Gesamtperson' gut leben kann?" (Schulz von Thun, 2005, S. 155). Das „Oberhaupt" der inneren Stimmen muss am Ende entscheiden, wer in welcher **Entscheidungssituation** Vorrang haben und wie die gegenseitige Ergänzung aussehen soll. „Wer soll künftig mehr Raum einnehmen, wer soll sich ‚gesundschrumpfen'?" (Schulz von Thun, 2005, S. 155).

Gerade im Innovationskontext werden sich auf einer solchen **inneren Innovationsteamkonferenz** Figuren wie der/die absatzorientierte Marketingleiter:in, der/die pflichtbewusste Kundenbetreuer:in oder der/die leidenschaftliche Tüftler:in und Tagträumer:in, der/die Kostenminimierer:in oder der/die Visionär:in begegnen und ihre Interessen „äußern". Wichtig ist: Wer sich selbst wirksam führt, lässt eine „Diskussion" zwischen diesen inneren Teammitgliedern zu, schält die Interessen hinter der jeweiligen Position heraus und reflektiert sie. Nur so kommen Führende in komplexen und politisch aufgeladenen Entscheidungssituationen (siehe unten) zu einem ausgewogenen Urteil.

Auf die Frage an einen Technologiemanager, was er macht, wenn der Abteilungsleiter in Bezug auf die innovationsfördernden Maßnahmen nicht mitzieht, antwortet dieser:

> **Perspektive Technologiemanager zur Abteilungsleitung: Ich kann dir nur helfen, aber du musst das machen**
>
> Ich muss zuerst viel Diplomatie machen. Ich mache auch ganz klar: „Du kannst mir das sagen [, dass du das nicht machst], aber am Ende bist du verantwortlich. Du kannst entscheiden, das nicht zu machen, aber du kannst das eigentlich nicht bewusst machen. Ich kann dir nur helfen, das zu machen, aber du kannst nicht sagen: ‚Ich mache das nicht.' Du musst das machen. Das ist dein Job […]" Vielleicht mache ich es flexibel und sage: „Ok, wir machen das nicht diese Woche, wir machen das in zwei Wochen." Aber ich erinnere sie immer, dass sie das machen müssen. (F&E Leader = Technologiemanager). ◄

Das Interview zeigt, dass eine klare Positionierung in den diversen Führungskonstellationen im Bereich der innovationsfördernden Führung häufig nicht einfach ist. Oft ist Diplomatie gefragt und damit verbunden die Fähigkeit, sich selbst zu führen, das heißt **die eigenen Impulse selbstsicher zu kontrollieren** beziehungsweise aufzuschieben, um die langfristigen Ziele zu erreichen.

Welche Kompetenzen sind damit angesprochen?

9.3.2 Kompetenzentwicklung

Es gibt zahlreiche Definitionen zum **Kompetenzbegriff**. Zwei davon werden nachfolgend vorgestellt.

Baitsch (1998) definiert Kompetenz aus einer psychologischen Perspektive als „System innerpsychischer Voraussetzungen, das sich in der Qualität sichtbarer Handlungen niederschlägt und diese reguliert" (S. 93). Bergmann und Daub (2008) definieren Kompetenz als „selbstorganisierte Problemlösefähigkeit" (S. 74), die einer Person jeweils von anderen Personen zugeschrieben wird.

▶**Kompetenz** wird hier ebenfalls als **selbstorganisierte Problemlösefähigkeit** und als relationales Konstrukt verstanden, das heißt, keine Führungsperson kann von sich selbst behaupten: „Ich bin sozialkompetent", sondern Kompetenz ist mit einer Kompetenzzuschreibung in einem sozialen System verbunden, also eine soziale Konstruktion.

Kompetenzentwicklung wird „als eine Befähigung zur Selbstentdeckung und -erprobung" (Bergmann & Daub, 2008, S. 75) verstanden. Die Entwicklung von innovationsfördernden Kompetenzen bei Führungskräften muss diese befähigen, ihre Eigenschaften, Stärken und Schwächen zu erkennen und weiterzuentwickeln (Bergmann & Daub, 2008, S. 75). Persönlichkeiten und Eigenschaften bilden sich schon früh heraus. Die Entwicklung von Persönlichkeit ist die Entdeckung von Persönlichkeitsmerkmalen und je nach Anforderung die Weiterentwicklung von ausgewählten Merkmalen. Was jeweils wichtig ist an einer Führungsperson, welche Kompetenzen sie braucht, welches Verhalten sie zeigen soll, ist immer vom Horizont der Betrachter bestimmt. Führungskompetenzen lassen sich daher nicht „büffeln", sondern viel wichtiger ist es, wenn Führungspersonen gemeinsam im Dialog herausfinden, wie sie selbst führen, wie sie geführt werden wollen und wie sie führen wollen. Lernkonzepte sollten sich auf der Basis dieser Klärung gestalten.

Kompetenzen und Kompetenzprofile orientieren zahlreiche **Personalaktivitäten**. Idealerweise werden sie unternehmensspezifisch formuliert und dienen der Organisationsentwicklung, Personalauswahl und -entwicklung, Einsatzplanung und der Leistungsbewertung. „Soll Kreativität, die über weitere Zwischenstufen zu Innovationsprozessen führen kann, unterstützt werden, dann ist die Bereitstellung kompetenzförderlicher Arbeitssysteme und Organisationsstrukturen unumgänglich" (Baitsch, 1998, S. 102).

▶ Daher ist es von grundlegender Bedeutung für die Führung, **gemeinsam mit der Personalabteilung innovationsfördernde Kompetenzbausteine** in den Kompetenzprofilen der Organisation zu berücksichtigen.

Dafür müssen zuerst einmal **innovationsfördernde Kompetenzaspekte** identifiziert werden. Diese ergeben sich aus den Überlegungen der vorherigen Abschnitte:

9.3 Dimension Selbstführung und Kompetenzentwicklung

Die Fähigkeit, sich selbst zu erkennen und zu führen, wird auch **intrapersonale Kompetenz** genannt (Stahl, 2013, S. 202). Neben einem klaren Strategiebezug, der innovationsfördernden Mitgestaltung der organisationalen Bedingungen (Kontextbezug) und der Beziehungsgestaltung zu Geführten beziehungsweise Innovationsteams (Sozialkompetenz) ist diese Kompetenz zentral. Wie bereits oben erwähnt: Nur wer sich selbst führen kann, ist in komplexen Situationen entscheidungsfähig und kann akzeptierte Entscheidungen treffen und diese auch erfolgreich umsetzen. Wer nicht in der Lage ist, sich selbst ins Bild zu setzen, kann die Konsequenzen der Führungsentscheidungen nicht antizipieren.

Fähigkeiten der Selbstführung, Selbstreflexion und des Selbstvertrauens sind wichtige Schritte zur **heuristischen Kompetenz** (Stahl, 2013). Diese beinhaltet persönliche Problemlöseverfahren, eben Heuristiken, die der Bewältigung neuartiger Situationen dienen. Bergmann und Daub (2008) sprechen in diesem Zusammenhang von **Selbstkompetenz** im Sinne von „Kenntnissen und Fähigkeiten, die es ermöglichen, sich mit neuen Lebenssituationen auseinanderzusetzen" (S. 76). Diese Kompetenz ist beim Eintritt in das Berufsleben weitestgehend gefestigt, kann aber bei einer Bereitschaft zur Selbstreflexion und Stärkung des Vertrauens in die eigene Problemlösefähigkeit weiterentwickelt werden, zum Beispiel durch **Coaching oder Mentoring**.

Ein weiterer Kompetenzbaustein lässt sich aus der Fähigkeit ableiten, kompetent mit nicht eindeutigen Situationen umzugehen. Häufig überbrücken Innovation Leaders das mit einem ausgeprägten **Humor** (zur Überbrückung von Uneindeutigkeit) und einer großen **Gelassenheit**. Häufig übernehmen zum Beispiel F&E-Mitarbeitende erst nach einer langjährigen Fachlaufbahn die Rolle des Innovation Leaders, das heißt, da ist auch viel **Selbstsicherheit** im Umgang mit verschiedenen Stakeholdern gefragt.

Viele innovative Unternehmen setzen auch vor diesem Hintergrund im Rahmen ihrer Personalpolitik auf Mitarbeitende mit nicht typischen oder **„gebrochenen" Lebensläufen**. Damit sollen Mitarbeitende mit einem unabhängigeren, freieren Blick auf Problemstellungen eingestellt werden. Das kann insgesamt die heuristische Kompetenz im Unternehmen anheben. Selbstkompetenz ist stark durch verschiedene Erfahrungen in der Kindheit und im Berufsleben geprägt.

Selbstführung heißt aber auch, wie bereits oben in der Auflistung hervorgehoben, das eigene Verhalten genau zu **beobachten**, das heißt, Führungskräfte sollten zu **„Forschern in eigener Sache"** werden (Burla et al., 1995, S. 133), indem sie ihre Innovationsrealität rekonstruieren, interpretieren und so bewusster (und möglicherweise auch anders) gestalten. Hier geht es also um die **Selbstreflexionskompetenz**, um die Reflexion des eigenen Führungsverständnisses und des eigenen Verständnisses von Innovationsförderung. Dies wird auch seitens der Mitarbeitenden eingefordert:

> **Perspektive Mitarbeitende: Der hinterfragende Chef**
>
> Also in meiner Vorstellung muss es ein Firmenklima sein, hinunter bis zu jedem Abteilungsleiter, zu jedem Teamleiter, dass man sich Leute sucht, die selbstständig denken,

die sich hinterfragen, die ihr Umfeld hinterfragen, inklusive ihrem Chef, und die das auch artikulieren können. Das ist für mich der beste Boden für Innovation. Und es muss dann auch ein Klima sein, wo Entscheidungen infrage gestellt werden dürfen. (F&E MA)◄

Je nachdem, welches Bild sich die Führungskraft zum Beispiel vom Innovationsgegenstand und Innovationsgrad macht, wird sie ihre Aufgabe zur Förderung von Innovation anders definieren, auf andere Dinge achten und zu anderen Instrumenten greifen. Deshalb wurde im Rahmen des empirischen Forschungsprojekts auch ein Aktionsforschungsansatz mit entsprechenden Reflexionsschlaufen im Rahmen von Workshops gewählt – als Form einer Achtsamkeits- und Reflexionsübung und Schärfung der Beobachtung des eigenen Selbstverständnisses und Verhaltens. Durch die Reflexion der im gesamten Buch präsentierten Führungs- und Innovationsmanagementepisoden konnten das eigene Selbstverständnis von Innovation, Innovationsförderung und die dazugehörigen Selbstverständlichkeiten in der Führung betrachtet werden.

Wer **Selbstreflexionskompetenz** mitbringt, der eröffnet Raum für kontroverse Diskussionen, ist andauernd in Interaktion mit den Geführten und kann die Folgen von Führungsentscheidungen gut abschätzen. Eine ausgeprägte Selbstreflexionskompetenz vermehrt die Handlungsalternativen seitens der Geführten, denn diese haben keine „starren" Antwortschemata vor Augen, und so wird insgesamt der Möglichkeitsraum erweitert. Damit verbunden ist auch eine **Integritätskompetenz** im Sinne der Fähigkeit, sich auch einmal außerhalb des Mainstreams zu bewegen und seiner inneren Überzeugung auch gegen Widerstände zu folgen.

Vor dem Hintergrund der Anforderungen an Innovation Leaders, sich in verschiedenen Netzwerken zu bewegen und unterschiedliche Wissensquellen zu erschließen, ist natürlich auch eine hohe **Sozialkompetenz** vonnöten, das heißt Kenntnisse und Fähigkeiten mit Beziehungen zwischen verschiedenen internen und externen Know-how-Trägern unter Einbezug der eigenen Person wahrzunehmen und nachhaltig zu gestalten (Bergmann & Daub, 2008, S. 76).

In diesem Zusammenhang sind auch **intuitive Kompetenzen** gefragt beziehungsweise ein professioneller Umgang mit Intuition. Damit sind Fragen verbunden wie: Wie gründlich reflektiere ich über die Bedeutung der inneren Stimme(n)? Welchen Stellenwert hat das Bauchgefühl für mich, für das Unternehmen, für die Kultur, in der ich arbeite? Unternehmen, die auf Freiräume und damit auf Selbstverantwortung, Selbstorganisation, Fehlertoleranz und Vertrauen setzen, schaffen optimale Bedingungen für die Berücksichtigung intuitiver Körpersignale.

Im Hinblick auf die Berücksichtigung der organisationalen Bedingungen in Bezug auf die Innovationsförderung ist auch eine hohe **Systemkompetenz** gefragt. Innovationsfördernde Führungskräfte müssen wissen, wie die einzelnen organisationalen Elemente, etwa Strategie, Struktur und Kultur, zusammenwirken.

Weiterhin ist eine hohe **Sachkompetenz** und Glaubwürdigkeit gefragt, das heißt, die Führungskräfte müssen sich im Innovationsbereich fachlich auskennen, um Prioritäten zu setzen, Ideen zu selektieren und um Feedback zu geben. Das zeigt sich deutlich in der Praxis: Es gibt selten Technologie- und Innovationsmanager, die nichts von der Materie verstehen, und meistens werden diese Stellen als Teilzeitstellen in Kombination mit einer Fachstelle ausgefüllt.

▶ Im Zentrum der Kompetenzentwicklung für Führungskräfte im Innovationskontext stehen aber, abgeleitet aus unseren empirischen Erhebungen, ganz klar die **Selbstführungs- und die Sozialkompetenz**. Die erstgenannte ist zentral, um mit der Eigendynamik der Organisation, mit Unsicherheit, Widersprüchen und Freiräumen im Zuge der Innovationsförderung umzugehen. Letztgenannte ist zentral, um in einem wissensintensiven Umfeld interne und externe Knowledge-Partner zu finden und kunstvoll miteinander zu vernetzen. Grundbedingung zur Kompetenzentwicklung überhaupt sind die **Reflexionskompetenz** und die **intuitive Kompetenz** sowie die Offenheit, sich mit seinem eigenen Führungsselbstverständnis und seinem intuitiv-emotionalen Sensorium auseinanderzusetzen.

Im Hinblick auf die Entwicklung der Reflexionsfähigkeit für Innovation Leaders ist die nachfolgende Übung von Kuczmarski (1996, S. 115 f.) hilfreich. Diese **Übung** zwingt Führungskräfte, ihr Führungsselbstverständnis und ihre Rolle in Bezug auf die Innovationsförderung zu hinterfragen.

Übung: Was ist mein persönlicher Beitrag zur Innovationsförderung?

1. **Formuliere deinen persönlichen Beitrag** (kurze Statements) zur Innovationsförderung im Unternehmen. Das wird dir helfen, deine Haltung in Bezug auf Innovation zu klären, und es wird auch deinen Kolleginnen und Kollegen helfen, auch daran zu glauben.
2. **Tell me your innovation story:** Lies innerhalb von dreißig Tagen einige Fachartikel über Produkt-, Prozess- und Geschäftsmodellinnovationen aus anderen Unternehmen. Überlege dir, welche Aspekte sich gut auf deine eigene Praxis übertragen lassen (oder nicht), und verfasse deine eigene Geschichte bzw. deinen eigenen Artikel zum Thema „Innovation in meinem Unternehmen".

Das Verfassen einer eigenen „Innovation Story" hilft dabei, sich den Beitrag von Innovationen zur Unternehmensentwicklung und auch seinen eigenen Beitrag zur Innovationsförderung klar vor Augen zu führen.

Zudem sind solche Artikel ein hervorragendes Kommunikationsinstrument. Wenn zum Beispiel mehrere Manager/innen einen solchen Artikel verfassen und diesen in Kleingruppen diskutieren oder auch via Online-Tools wie Intranet, Firmen-Blogs usw., dann kann eine kritische Auseinandersetzung in Bezug auf die jeweiligen Innovation-Mindsets, die Grundeinstellungen zur Bedeutung von Innovation im Betrieb, stattfinden.

Quelle: in Anlehnung an Kuczmarski, 1996, S. 115 f.◄

9.4 Gestaltung von Führungsbeziehungen jenseits der Norm

In den vorangegangenen Kapiteln wurde deutlich, dass innovationsförderliche Arbeitsbedingungen auch bedeuten, dass die Tätigkeiten entsprechend den jeweiligen Persönlichkeiten, deren Interessen und Stärken verteilt werden. Fasst man die Einblicke in die diversen Studien zusammen, so lässt sich folgender Schluss ziehen:

- **Personen, die Freiraum eher ablehnen,** sind konventionell orientiert, bevorzugen Routineaufgaben, sind gewissenhaft, extern orientiert, extrinsisch motiviert, regelbewusst und haben eine niedrige Ambiguitätstoleranz.
- **Personen, die Freiräume bevorzugen,** sind künstlerisch-sprachlich orientiert, intern orientiert, intrinsisch motiviert, unkonventionell, fühlen sich wohl in einem dynamischen Umfeld und haben eine hohe Ambiguitätstoleranz.

Vor diesem Hintergrund stellt sich die Frage, was „Balance-Management" ganz konkret in der alltäglichen Personalführung heißt. Läuft eine Führung von hochkreativen Persönlichkeiten zwangsläufig auf ein **„Leading by Exceptions"** heraus? Müssen bestehende Grenzen (Standards, Richtlinien) für hochtalentierte Forscherinnen und Forscher immer wieder situativ angepasst werden, um diesen ein adäquates Maß an innovatorischen Freiräumen zu gewähren? Welche Folgen hat dies für das gesamte Führungssystem, die Führungs- und Innovationskultur? Wie weit kann die Führung hier gehen? Welche Bedingungen müssen für **Ausnahmeregelungen** geschaffen werden?

Gemäß Holm-Hadulla (2010) lehnen viele kreative Talente Mentoren und Leitbilder ab:

> In ihrem Streben nach Originalität und Unabhängigkeit fällt es ihnen schwer, auch potenziell hilfreiche Autoritäten anzuerkennen. Dabei spielen ungelöste Rivalitätsprobleme eine oft unterschätzte Rolle. Die Annahme von Regeln der Expertengemeinschaft ist für originelle und kreative Persönlichkeiten oft so schwierig, dass Konflikte mit den Kollegen ihr kreatives Potenzial schwer beschädigen. (Holm-Hadulla, 2010, S. 43–44)

Hochkreative Menschen haben große Schwierigkeiten, formale Aufgaben korrekt und zügig zu erledigen und Standards genau einzuhalten. Sie konzentrieren sich sehr auf ihre Stärken. Auch fällt ihnen die eigene Einordnung in ein soziales und hierarchisches

9.4 Gestaltung von Führungsbeziehungen jenseits der Norm

Regelwerk nicht leicht. Das zeigt sich bspw. in Bezug auf die Orientierung an festen Arbeitszeiten und in einer ausgeprägten Skepsis gegenüber Weisungsrichtlinien.

> Hochkreative Mitarbeitende sollte man so weit wie möglich von allen diesen Realitäten fernhalten und nur so weit an diese, für sie problematischen Organisationsmerkmale heranführen, als dies tatsächlich zwingend erforderlich ist. Konkret bedeutet dies, dass diese Menschen relativ viel administrative Unterstützung bekommen und ihre Vorgesetzten recht permissiv mit Regelüberschreitungen umgehen. (Weidmann & Armutat, 2008, S. 92)

Wie bereits oben angemerkt, neigen kreative Personen zu **Nonkonformität** und Ungebundenheit, brechen gerne mal Tabus und lancieren kleine „Rebellionen". Diese Distanz ist funktional im Hinblick auf die Kreativitätsförderung. Distanz erleichtert einen freien und kritischen Blick auf die Umwelt und erhöht die Möglichkeit, Ideen intellektuell zu durchdringen. **Separatismus** von den allgemeinen unternehmens- und führungskulturellen Werten und Normen kann aber auch als problematisch betrachtet werden. Hochkreative, die sich immer weiter von der Alltagsrealität zurückziehen, Firmenanlässe, Mittagessen mit Kollegen, gemeinsame Rituale vernachlässigen und sich ausschließlich auf ihr Spezialgebiet und ihre fachliche Aufgabe konzentrieren, rufen oft eine Ablehnung ihrer Person hervor (Weidmann & Armutat, 2008), sie unterwandern kulturelle Werte und in Unternehmen mit einer starken Kultur (Abschn. 8.1.2) kann das zum Bruch zwischen Organisation und Mitarbeitenden führen.

Wenn es keine Balance mehr gibt zwischen der Fokussierung auf den kreativen Prozess und der betrieblichen Realität, „ist es nicht unwahrscheinlich, dass das eigene kreative Denken, Streben und Handeln von den Kundenbedürfnissen und anderen unternehmensrelevanten Aspekten abgekoppelt wird. Irgendwann kann es für die innovativen Menschen hinreichend gute Gründe für einen dauerhaften Rückzug in den vielzitierten Elfenbeinturm geben" (Weidmann & Armutat, 2008, S. 42). Das heißt, die Personen leben ihr Kreativitätspotenzial aus, aber die Verwertungsmöglichkeiten nehmen mit der Zunahme der Distanz zur Organisation deutlich ab.

Wenn ein/e Abteilungsleiter:in zum Beispiel die Entscheidung trifft, ein Team von drei Ausnahmetalenten mit einem Entwicklungsauftrag sowohl räumlich, strukturell und kulturell für eine gewisse Zeit vom Rest der Organisation abzusondern (z. B. in einem Spin-off- oder Spin-along-Modell), kann das bis zu einem gewissen Grad für die Innovativität der Organisation funktional sein – insbesondere, wenn die Organisation sich zum Ziel gesetzt hat, auch **disruptive Innovationen** hervorzubringen. Die Ausnahmetalente bekommen genügend Freiraum für die Weiterentwicklung von Ideen, bis diese reif genug sind, um wieder in die etablierten Wertschöpfungsprozesse überführt zu werden. Die Irritation, die ihre Verhaltens- und Arbeitsweisen gegenüber Kolleginnen und Kollegen auslösen, wird durch Desintegration in Grenzen gehalten.

Eine **produktive Separationslösung** kann nur dann nachhaltig funktionieren, wenn mindestens eine der beiden folgenden Bedingungen erfüllt ist (Weidmann & Armutat, 2008):

1. Regelabweichungen bzw. Nonkonformität sind Teil der **Unternehmenskultur**. Das heißt, es gibt zwar Regeln, Normen, Standards usw., diese werden aber sehr flexibel ausgelegt und nicht immer so strikt eingehalten. Es herrscht die Grundhaltung, dass ein Ausprobieren neuer Wege wertgeschätzt wird. Es gilt: so viel Regeln wie nötig, so viel Innovativität und Adaptionsfähigkeit wie möglich.
2. Führungskräfte nehmen ihre Verantwortung ernst und schaffen neben den oben skizzierten kulturellen Bedingungen auch **kommunikative Bedingungen** für solche Separationslösungen. Das heißt, sie schaffen Gelegenheit durch Institutionen wie Entwicklertreffen, Tech-Talks, Innovationsfrühstück-Treffen, Communities-of-Practice-Sitzungen, dass diejenigen, die „desintegriert" sind, sich punktuell immer wieder integrieren und den Kolleginnen und Kollegen berichten, was in der Separation abläuft. Die Ideen der von der Führung auserwählten kreativen Personen werden vorgestellt und auch immer wieder an der Alltagsrealität gespiegelt und kritisch hinterfragt. Beide „Welten" müssen sich aufeinander einlassen, und die Führung kann das aktiv unterstützen und fördern, zum Beispiel indem sie auf die unterschiedlichen Erfolgsformeln und auch typischen Projektverläufe eingeht.

In Bezug auf die Projektverläufe muss die Führung zu dem Verständnis beitragen, dass die Erfolge hochkreativer Entwicklungsprozesse unter Umständen sehr viel Zeit in Anspruch nehmen können und nicht kurzfristig zu Produktivitätssteigerungen oder mehr Absatz führen. Für kreative Prozesse sind **andere Zeitstrategien** zu entwickeln und explizit zu vertreten als für Verbesserungsprozesse, damit müssen sich auch bei Desintegrationsstrategien neue Formen des Projektmanagements entwickeln.

9.5 Implikationen für das Personalmanagement

Das Personalmanagement beziehungsweise das Human Resource Management (HRM) unterstützt als Innovationspartner das Technologie- und/oder das Innovationsmanagement und die Linienführungskräfte auf allen InnoLEAD-Ebenen. Voraussetzung dafür ist die Anerkennung der Personalmanagementkompetenzen für die Förderung der organisationalen Innovationskompetenz. Um das Personalmanagementwissen zu nutzen, ist es unabdingbar, dass die Führungsverantwortlichen von sich aus aktiv auf das Personalmanagement zugehen und mit der Abteilung gemeinsam innovationsfördernde Maßnahmen in den fünf in Abb. 9.9 dargestellten Bereichen entwickeln.

9.5 Implikationen für das Personalmanagement

Abb. 9.9 Handlungsfelder des Personalmanagements

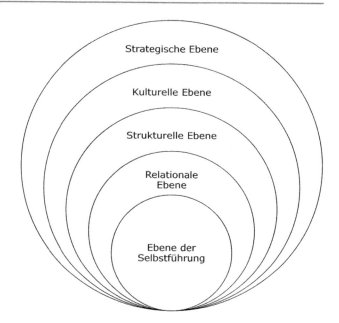

Im Vorwort wurde bereits betont, dass sich dieses Buch vorbehaltlos dem Postulat anschließt, dass der **Mensch im Mittelpunkt der Innovation** steht. In der Praxis wird dieses Postulat zwar ernst genommen, aber oft nicht als gemeinsamer Gestaltungsauftrag von Innovationsmanagement-Professionales, Innovation Leaders und Personalmanagement-Professionals betrachtet. Oft lautet die Grundhaltung seitens des Personalmanagements: *"Wenn ihr Unterstützung benötigt, dann machen wir das gerne, aber das muss von euch kommen."* Die Haltung ist eher dienstleistungsorientiert bis defensiv-abwartend; die Personalleitenden hängen sich nicht ohne klaren Auftrag *"aus dem Fenster"*. Unter der These, dass sich sowohl die Personalleitenden als auch die Innovation Leaders gemeinsam aus dem Fenster lehnen: Um was geht es bei einer **aktiven Rolle der Personalabteilung als Innovationspartner**?

Auf der strategischen Ebene geht es um …

Eine Berücksichtigung der Innovationsstrategie in der Personalstrategie. Die Innovationsfähigkeit eines Unternehmens muss als strategischer Erfolgsfaktor der Personalabteilung offiziell festgelegt und kommuniziert werden. Damit ist auch klar, dass es strategisch gewollt ist, dass das Personalmanagement eine aktive Rolle im Rahmen der Zukunftsentwicklung einnimmt, und die Personal- und Organisationsentwicklung als ineinandergreifende Prozesse verstanden werden. Wichtig ist dabei, dass die **personalstrategischen Ziele** im Hinblick auf die Innovationsförderung auch auf einzelne Abteilungen heruntergebrochen werden, um möglichst konkrete Ansatzpunkte für die Rolle des Personalmanagements zu definieren. HR-Praktiken können die Innovationsfähigkeit eines Unternehmens nur dann gezielt stärken, wenn sie sorgfältig auf die Innovationsstrategie abgestimmt sind (Dorenbosch et al., 2005; Jiménez-Jiménez & Sanz-Valle, 2005).

Auf der strukturellen Ebene geht es um ...
Die Unterstützung der Führungskräfte und Mitarbeitenden in Bezug auf arbeitsorganisatorische Maßnahmen, wie zum Beispiel die Eröffnung von Möglichkeiten des mobilen Arbeitens, Home-Office-Lösungen, flexible Arbeitszeitsysteme, die Implementierung von Freiraum-Prozent-Regeln, die Möglichkeit, längere Kreativpausen einzulegen, Sabbaticals zu beantragen sowie die Unterstützung der Linie bei der **Organisation von „Ausnahmelösungen"**, das heißt der Separation oder Integration von Abteilungen oder Teams, die besonders hochgesteckte Innovationsziele verfolgen. Gerade in Bezug auf die Kommunikationsarbeit im Rahmen der Vermittlung zwischen dem „Business-Betriebssystem" und dem „Innovations-Betriebssystem" (Abschn. 7.2.1) bietet sich eine enge Zusammenarbeit mit Personalexpertinnen beziehungsweise -experten an. Hier liegt der Fokus auf der **Schnittstellenkommunikation** zwischen den Welten der Produktion und der Kreation.

Weiterhin kann sich die Personalabteilung im Bereich „Workspace Innovation" (Toker & Gray, 2008) professionalisieren und sowohl Einfluss auf die Gebäudearchitektur als auch die Struktur des Wissensmanagements sowie die Zusammenarbeit in virtuellen Arbeitsräumen mitgestalten (z. B. Wissensmanagement via R&D-Wikis, Wissensmanagement imm Intranet, Begleitung virtueller Kommunikation bei Entwicklungsprojekten in internationalen F&E-Teams, Förderung der interkulturellen Kompetenz und der Kompetenzen in Bezug auf den Umgang mit Online-Kommunikationslösungen usw.). So können die Fachkräfte aus der Personalabteilung vor allem arbeits- und organisationspsychologische Erkenntnisse in Führungsentscheidungen rund um diese Themenfelder mitbeeinflussen.

Es ist zentral, kreativen Mitarbeitenden physische Räume zur Verfügung zu stellen, in denen sie ungestört kreativ werden können, in denen sie sich optimal vernetzen und ihre Ideen austauschen. Ein innovationsfördernder Arbeitsplatz zeichnet sich aus durch eine hohe Autonomie der Mitarbeitenden in Bezug auf Wahl und Einrichtung des Arbeitsplatzes für eine bestimmte Tätigkeit. Das heißt, ein variables Arbeitsumfeld mit **frei wählbaren Projektflächen** oder einzelnen Arbeitsplätzen, die den jeweiligen Bedürfnissen im Innovationsprozess gerecht werden, eignet sich dafür sehr gut. Je nach Bedarf können Mitarbeitende sich in Kollaborationsräumen austauschen, in **Rückzugsräumen** in Aufgaben vertiefen oder sich entspannen, in **Experimentierräumen** oder Laboren Tests durchführen oder in **„Spielräumen"** ihre spielerische Seite ausleben (Abschn. 5.2). Einzelne Studien versuchen, objektive Richtlinien für kreativitätsfördernde Räume zu etablieren, doch fördern räumliche Faktoren die Kreativität meist auf indirekte Weise (z. B. über die Motivation). Das eigene Büro wurde früher in erster Linie als Statussymbol betrachtet. Heute jedoch wird ein Büro vielmehr als dynamisches Ökosystem verstanden, welches Mitarbeitende befähigt, ihren Arbeitsplatz den eigenen Präferenzen und Bedürfnissen anzupassen (Oksanen & Stahle,

2013). Doch auch hier ist es zentral, räumliche Veränderungen dem organisationsspezifischen Kontext anzupassen, denn das Kopieren von bestehenden Konzepten hat sich in der Vergangenheit oftmals als wenig erfolgreich erwiesen (Morrow et al., 2012).

Innovationsförderung basiert maßgeblich auf einem professionellen Umgang mit Informationen. Das **Wissensmanagement** ist ein wichtiges Gestaltungsfeld für das Personalmanagement. Im Zentrum steht dabei vor allem die Gestaltung von Wissensaustausch auf einer persönlichen Ebene. Im Hinblick auf die Gestaltung von Austauschgelegenheiten wie Communities of Practices oder Fachexperten-Austausch, Entwicklertreffen usw. kann die Personalabteilung wichtige Moderationsfunktionen übernehmen und als „neutrale" Abteilung dabei mitwirken, dass vor allem die **interdisziplinäre Zusammenarbeit** gefördert wird. Besonders funktionsübergreifende Arbeitserfahrungen und laterale Karriereentwicklungen stimulieren Mitarbeitende, ihre Expertise und ihre Erfahrungen zu teilen, neues Wissen zu gewinnen und die Erkenntnisse in ihrer Arbeit zu nutzen. Jiménez-Jiménez und Sanz-Valle (2008) empfehlen daher besonders für innovative Unternehmen breite, **transparente Karrierepfade**. Auch horizontale Prozesse und On-the-job-Entwicklungsmaßnahmen wie funktionsübergreifende Teamarbeit, Job Enlargement, Job Enrichment sowie Job Rotation fördern den funktionsübergreifenden Kontakt zwischen Mitarbeitenden. Weiterhin unterstützen diese Maßnahmen den Aufbau von funktionsübergreifenden Kompetenzen (Levenson, 2012).

In Bezug auf die zunehmende Vernetzung von innovationsgetriebenen Unternehmen mit externen Partnern und der Öffnung bisher geschützter Wissensbereiche gegenüber diesen müssen Veränderungsprozesse im Hinblick auf Risikofreude, Bereitschaft zur Weitergabe von Wissen und Akzeptanz von Ideen von außerhalb der Organisationsgrenzen lanciert, das heißt auch ein kultureller Wandel eingeleitet werden.

Auf der kulturellen Ebene geht es um …
Die Unterstützung der Innovation Leaders sowie der Professionals aus dem Innovations- und Technologiemanagement bei der Gestaltung einer Innovationskultur, die ebenso wie die Struktur einen Beitrag zur Öffnung des Unternehmens und der Wissensbasis leistet. Neben der oben bereits genannten **offenen Kommunikation** und der Förderung des Wissensaustausches unter den Mitarbeitenden ist die Förderung von **Diversität** in der Belegschaft eine zentrale Aufgabe des Personalmanagements. Die Abteilung Human Resources kann einen Beitrag leisten, dass sich die Belegschaft aus Mitarbeitenden zusammensetzt, die entweder über kreativitätsfördernde Eigenschaften oder über umsetzungsorientierte „Macher"-Eigenschaften verfügen. Generell werden Lern- und Effektivitätsvorteile erreicht, wenn Menschen mit unterschiedlichen Problemzugängen zusammenarbeiten; das wirkt sich positiv auf die Innovationsfähigkeit aus (Sepehri & Wagner, 2000). Wie in Abschn. 9.2.4 deutlich wurde, ist die Diversität insbesondere in der Zusammensetzung von Innovationsteams äußerst relevant. Hier kann das Personalmanagement auf einer operativen Ebene sehr konkreten Support leisten und Instrumente (Assessments etc.) zur Selektion von Teammitgliedern bereitstellen.

Bei der **Personalauswahl** können Rekrutierungsexperten *erstens* ein besonderes Augenmerk auf die Stellenbeschreibungen in Stellenanzeigen legen. Hier kommt es darauf an, dass die oben beschriebenen Merkmalsausprägungen sich auch in der Ansprache potenzieller Kandidaten niederschlagen. McEntire und Greene-Shortridge (2011) empfehlen, zur Förderung der organisationalen Innovationsfähigkeit eine spezifische Rekrutierungsstrategie für externe Talente zu entwickeln. Einerseits empfehlen sie dabei die aktive Beteiligung von Mitarbeitenden und Führungskräften im Rekrutierungsprozess sowie andererseits eine aktive Teilnahme von Rekrutierungsspezialisten in professionellen Netzwerken, Verbänden, Communities und Konferenzen.

Zweitens können Personalexpert:innen beim Einsatz von eigenschaftsdiagnostischen Verfahren, Verhaltensdiagnosen durch Arbeitsproben oder biografischen Diagnosen im Rahmen der Rekrutierung unterstützen (Schuler & Görlich, 2007, S. 85 f.).

Gerade in Unternehmen, die sich mit disruptiven Innovationen auseinandersetzen, deren Entwicklungen große Handlungsfreiräume seitens der Mitarbeitenden erfordern, kommt der Personalauswahl eine entscheidende Funktion zu. In einem solchen Innovationskontext benötigt das Unternehmen Mitarbeitende vom Typ „Selbstläufer", die eigeninitiativ arbeiten und sehr gut mit Druck und auch Widerständen umgehen, einen ausgeprägten Durchhaltewillen aufweisen etc.

Die **Rekrutierung** nimmt hier eine Schlüsselfunktion im Innovationsmanagement ein. Im Rahmen der innovationsfördernden Personalauswahl stehen die folgenden Fragen im Vordergrund (Weidmann & Armutat, 2008, S. 108):

1. Welches Innovationspotenzial kennzeichnet die Aufgabe, die erledigt werden soll?
2. Welche innovationsfördernden Kompetenzaspekte spielen im Besonderen eine Rolle?
3. Welche Diversity-Anforderungen sind mit Blick auf das soziale Arbeitsumfeld zu stellen?

Im Rahmen der Auswahl von Innovation Leaders ist es sinnvoll, mit Kompetenzprofilen zu arbeiten, welche die oben skizzierten Sachverhalte berücksichtigen. Das Personalauswahlverfahren ist daher so zu gestalten, dass diese Kompetenzen geprüft werden können. Ferner kann die Auswahl durch unterschiedliche Tests unterstützt werden, beispielsweise ist der *kognitive Fähigkeitstest* bis heute einer der besten Indikatoren für die zukünftige Leistung von Managerinnen und Managern. Im Kontext der Innovation sind insbesondere das bildliche Vorstellungsvermögen, der Redefluss und symbolisches Denken von Bedeutung. Symbolisches Denken bezeichnet die Fähigkeit, abstrakte Symbole zu erkennen, geistig zu verarbeiten und daraus eine logische Beurteilung der Situation sowie Entscheidungen abzuleiten (Cascio & Aguinis, 2008). Der *Innovation Potenzial Indicator* misst die kreativen Fähigkeiten sowie die Fähigkeit, Innovationsideen umzusetzen, und empfiehlt sich vor allem, um die Übereinstimmung von Job und Person zu testen (Burch et al., 2008). Auch die Passung zwischen Person und Organisationskultur und insbesondere die Frage, inwiefern die Werte Kreativität und Innovation den gleichen Stellenwert für den Kandidaten und das Unternehmen haben, ist empfehlenswert (McEntire & Greene-Shortridge, 2011).

9.5 Implikationen für das Personalmanagement

Gmür und Schwerdt (2005) zeigen in ihrer Metaanalyse zum statistischen Zusammenhang zwischen Personalmanagementmaßnahmen und Unternehmenserfolg auf, dass diverse Studien zu Personalauswahlpraktiken zu dem Schluss kommen, dass eine intensive Selektion neuer Mitarbeitender zu einer Optimierung der Humanressourcen und zur Verbesserung der Unternehmensleistung führt. Diesen Studien liegen Hypothesen dieser Art zugrunde: Je größer der Aufwand ist, den ein Unternehmen bei der Auswahl neuer Mitarbeitender betreibt, umso größer ist sein betriebswirtschaftlicher Erfolg. Gmür und Schwerdt (2005) kommen zu dem Ergebnis, dass die Variable „Rekrutierungsaufwand" über alle Studien hinweg einen signifikanten Effekt auf den Unternehmenserfolg hat. Gerade weil vor einem systemtheoretischen Hintergrund deutlich wird, dass die Wirksamkeit einer transformationalen Führungspraxis von zahlreichen Systembedingungen abhängt und sich Menschen in Organisationen nur beschränkt steuern und entwickeln lassen, liegt in der Einstellungsentscheidung ein großes Führungspotenzial. Fehlentscheidungen zum Zeitpunkt der Einstellung lassen sich durch Entwicklungsmaßnahmen und Leistungssteuerung nur noch schwer ausgleichen und können unter Umständen Projektteams auch stark in ihrer Entwicklung hemmen.

▶ Eine weitere **Funktion des Personalmanagements** liegt in der Unterstützung der Führungskräfte, das implizite Wissen der Mitarbeitenden besser zugänglich zu machen. Für alle kontrollorientierten Führungskräfte ist es häufig nur schwer erträglich, kommt aber oft vor: Trotz aller Workshops mit Kreativitätstechniken und Bemühungen seitens Innovations- und Wissensmanagement sowie Beratungsunternehmen in diesem Bereich bleibt der entscheidende „kreative Funke" aus und das für Innovationsvorhaben wertvolle Wissen bleibt in den Köpfen der Mitarbeitenden verborgen. Warum? Dieses Wissen beruht auf allen privaten und beruflichen Erfahrungen, die ein Mitarbeitender in seinem Leben gemacht hat; die Erinnerungen sind nicht nur mit „hard facts" verbunden, sondern auch mit Emotionen, mit Geschichten und Episoden, die tief im Gedächtnis verankert sind. Hier könnten Personal- und Kreativitätsexperten einen Beitrag leisten, indem sie Führungskräfte dabei unterstützten, das implizite Wissen der Mitarbeitenden an die Oberfläche zu holen, und indem sie dabei mitwirken, emotionale Freiräume für Mitarbeitende zu schaffen, das heißt Methoden zu entwickeln, wie in standardisierten Prozessen und zwischen Innovationskennziffern auch eine ganzheitlichere Betrachtung des Kreativitätspotenzials von Mitarbeitenden Raum einnehmen kann.

Aktuelle Studien zu strategischem HRM zeigen, dass sogenannte AMO-Praktiken, welche gleichzeitig und in dynamischer Weise die Fähigkeiten (ability) und die Motivation (motivation) von Mitarbeitenden fördern und ihnen Raum und Möglichkeiten (opportunities) geben, diese Fähigkeiten zu nutzen, sich positiv auf das Verhalten von Mitarbeitenden auswirken: Sie fördern deren Vertrauen in die Organisation, den (Wissens-)Austausch und die Kooperation sowie das Zusammengehörigkeitsgefühl und wirken sich positiv auf das affektive Commitment von Mitarbeitenden aus (Chuang et al., 2013; Gardner et al., 2011).

Grundlage für eine Veränderung der Unternehmenskultur hin zu einer Innovationskultur ist eine **offen kommunizierte Vision** der Unternehmensführung in Bezug auf den Stellenwert von Innovation. Die Vision beziehungsweise das Innovationsselbstverständnis muss die Führung authentisch leben und kommunizieren. Hier kann das Personalmanagement bei der Auswahl von Weiterbildungsmaßnahmen helfen.

Auf der relationalen Ebene geht es um …
Die Personalentwicklung und den Personaleinsatz. Das heißt, die Mitarbeitenden werden mit Unterstützung der Personalabteilung den jeweiligen Kompetenzen entsprechend einer Tätigkeit zugeordnet. Beispielsweise sollten kreative Menschen logischerweise mit einem Aufgabenportfolio betraut werden, das ihnen viele Freiräume gibt.

> Grundlage für eine **kompetenzbasierte Personalentwicklung** ist die Erfassung innovationswirksamer Kompetenzen von Mitarbeitenden und die Zugänglichkeit dieser Daten für Führungskräfte. Bei der Personalentwicklung in hochkreativen Arbeitsfeldern ist es zudem wichtig, dass das Personalmanagement gemeinsam mit dem Topmanagement festlegt, welche Leistungsbewertungskriterien gelten sollen. Erstens ist es in einem kreativen Kontext schwierig, klare Ziele zu formulieren. Im Zusammenhang mit der obigen Ausführung zum „Zukunftsparadox" wurde deutlich, dass gerade bei der Entwicklung von Innovationserfolgen die Ziele nicht vorab definierbar sind. Zweitens kann die bis zum Innovationserfolg erforderliche Arbeitszeit nur schwer abgeschätzt werden. Im Vordergrund der Leistungsbewertung steht also nicht die Zielerreichung, sondern vielmehr eine Fortschrittsbetrachtung. Das ist ein grundlegender Unterschied, und für diese Herausforderung hat das Personalmanagement Lösungen bereitzustellen.

Weiterhin geht es im Rahmen der Unterstützung von Führungskräften bei einer innovationsfördernden Gestaltung von Führungsbeziehungen darum, Arbeitszeitsysteme zu entwickeln, die den Anforderungen der Innovatorinnen und Innovatoren gerecht werden. Diese Systeme müssen zwingend einen **eigenverantwortlichen Umgang mit Arbeitszeit** unterstützen. Dabei muss die Führung in Zusammenarbeit mit dem Personalmanagement präventiv die Mitarbeitenden in Bezug auf **Selbstmanagementpraktiken** schulen und vor allem die hochkreativen Mitarbeitenden vor Überarbeitung (bis hin zur Selbstausbeutung) schützen (Weidmann & Armutat, 2008, S. 111). Dem **Gesundheitsmanagement** kommt hier eine große Bedeutung für die Innovationsförderung zu. Wenn nur 10 bis 15 % aller Mitarbeitenden im hochkreativen Bereich tätig sind und die Führung bei herausfordernden Problemstellungen immer wieder auf die gleichen „High Potentials" zugeht, dann sind

9.5 Implikationen für das Personalmanagement

diese Personen dringend dabei zu unterstützen, bewusst mit ihren Ressourcen beziehungsweise ihrer kreativen Energie umzugehen und gesund zu bleiben. In diesem Bereich kann die Personalabteilung Weiterbildungen anbieten oder den Mitarbeitenden ein Coaching vermitteln.

▶ Personalmanagementexperten können auch eine innovationsfördernde Funktion wahrnehmen, indem sie mit der Führung **Anreizsysteme** für verschiedene Rollenträger im Innovationssystem entwickeln. Wenn kreatives und innovatives Verhalten gefördert werden soll, muss sich das auch in den Anreizsystemen niederschlagen. Anerkennungs- und Belohnungssysteme sollten nicht nur Erfolge, sondern auch Fehlschläge würdigen. Auch Fehlschläge können ein Ergebnis sein und wichtige Lernmomente erzeugen.

Eigentlich ist nur Passivität negativ zu sanktionieren. Wer aktiv und engagiert an einem Ergebnis arbeitet und das sorgfältig dokumentiert und kommuniziert, erarbeitet gemeinsam mit der vorgesetzten Person immer wieder eigene Ziele, diskutiert diese und passt sie immer wieder an. Grundsätzlich wird ein ergebnisorientiertes Entlohnungssystem einem Innovationssystem gerecht, das auf große Handlungsfreiräume bei der Methodenwahl setzt.

Gemäß Shipton et al. (2005) fokussieren sich Mitarbeitende besonders im Rahmen einer leistungsbasierten Entlohnung primär auf das Erreichen von spezifischen, kurzfristigen Zielen und vernachlässigen dabei längerfristige Ziele wie Kreativität und Innovation. Chen und Huang (2009) empfehlen daher besonders bei langfristigen, unsicheren, fachübergreifenden Innovationsprozessen einen formalisierten Leistungsbeurteilungsprozess, der die Wichtigkeit der Innovation als Unternehmenspriorität signalisiert und das Innovationsverhalten fördert. Die Beurteilung der Teamleistung unterstützt zum Beispiel die Entwicklung einer teamorientierten Unternehmenskultur, die wesentlich zum Erfolg von Innovationsprojekten beiträgt. Die teambasierte Leistung in der Beurteilung wird in Abhängigkeit von der Wichtigkeit und Häufigkeit der Teamarbeit gewichtet (Jiménez-Jiménez & Sanz-Valle, 2005; Chen & Huang, 2009).

Monetäre Anreize, die sehr häufig in der Ideengenerierungsphase zum Einsatz kommen, schaden nicht, aber dadurch wird die Motivation nicht beeinflusst. Auch gemäß Amabile (1998) offerieren Manager erfolgreicher, kreativer Unternehmen ihren Mitarbeitenden selten extrinsische Belohnungen für spezifische Resultate, aber sie feiern gemeinsam Erfolge und Misserfolge (Amabile, 1998). Wenn die Vergabe der monetären Mittel sich am Output des Innovationsverhaltens, das heißt an erfolgreichen Produkten oder Patenten orientiert und dies gar noch mit symbolischen Handlungen der Geschäftsleitung im Sinne einer „Inszenierung von Innovationserfolgen" begleitet ist, dann kann sich das durchaus positiv im Sinne einer stärkeren Identifikation mit dem Unternehmen und Stolz auf die geleistete Arbeit niederschlagen. Grundsätzlich werden monetäre Anreize dem **Typus des Selbstläufers** und Freiraumsuchenden nicht gerecht. Für diesen

Mitarbeitenden-Typus sind vielmehr Freiräume die zentrale Währung, das heißt entweder die Befreiung von Zwang (bspw. durch Bürokratieabbau, weniger Standards und Formalia) oder der Vermehrung von Handlungsalternativen, die sich bspw. durch den Besuch von Fortbildungen, Konferenzen usw. ergeben. Alles, was dazu beiträgt, innovatorische Freiräume zu vergrößern und neue Perspektiven im Sinne von zusätzlichen Lern- und Entwicklungsmöglichkeiten bietet, motiviert diesen Typus Mitarbeitenden.

Im Rahmen der Entwicklung von Instrumenten zur Durchführung von Zielvereinbarungsgesprächen liegt ebenfalls ein wichtiges innovationsförderndes Handlungsfeld für das Personalmanagement. Hier können Führungskräfte bei einer angemessenen Formulierung von Zielen beziehungsweise der Unterscheidung zwischen Zielen und Innovationsaufgaben unterstützt werden.

Auf der Ebene der Selbstführung und Kompetenzentwicklung von Führungskräften geht es um ...

Die Rolle des Personalmanagements in Bezug auf die Begleitung der Führungsentwicklung von Führungskräften, die Verantwortung für Innovationsprozesse beziehungsweise -projekte übernehmen und zum Beispiel durch Angebote im Sinne von Erfahrungsaustausch (Intervisionslernen mit anderen Führungskräften im Unternehmen), Coaching, Selbstmanagement, Konfliktmanagement, Umgang mit paradoxen Situationen, professionelle Wahrnehmung von Emotionen und Intuitionen usw. adäquate Unterstützung anzubieten. Im Zentrum steht hier die Eröffnung von Möglichkeiten seitens des HRM, die Fähigkeit zur Selbstbeobachtung und Selbstwirksamkeitserwartung zu schulen. Insbesondere wenn Führungskräfte ein ganzes Portfolio von Hochrisiko-Projekten führen, müssen ausreichend Gelegenheiten für Feedback gegeben und vor allem auch Zwischenschritte gewürdigt werden, damit das Selbstvertrauen in die Führungsaktivitäten nicht abnimmt.

Literatur

Amabile, T. M. (1998). How to kill creativity. *Harvard Business Review, 76*, 77–87.
Amabile, T. B., Hill, K. G., Hennessey, A., & Tighe, E. M. (1994). The work preference inventory: Assessing intrinsic and extrinsic motivational orientations. *Journal of Personality and Social Psychology, 66*(5), 950–967.
Anderson, N., & West, M. A. (1998). Measuring climate for work group innovation: Development and validation of the team climate inventory. *Journal of Organizational Behavior, 19*, 235–258.
Bain, P. G., Mann, L., Atkins, L., & Dunning, J. (2005). R & D project leaders: Roles and responsibilities. In L. Mann & L. Atkins (Hrsg.), *Leadership, management, and innovation in R & D project teams* (S. 49–70). Praeger.
Baitsch, C. (1998). Innovation und Kompetenz – Zur Verknüpfung zweier Chimären. In F. Heideloff & T. Radel (Hrsg.), *Organisation von Innovation. Strukturen, Prozesse, Interventionen* (S. 89–103). Hampp.

Barron, F. (1955). The disposition toward originality. *Journal of Abnormal and Social Psychology, 51*, 478–485.

Bass, B. M. (1981). *Stogdill's handbook of leadership. A survey of theory and research*. Free Press.

Bassett-Jones, N. (2005). The paradox of diversity management, creativity and innovation. *Creativity and Innovation Management, 14*(2), 169–175.

Beckett, R., & Daberkow, T. (2020). Work 4.0 and the Need for Boundary-Spanning. *MWAIS 2020 Proceedings, 5*. https://aisel.aisnet.org/mwais2020/5

Bergmann, G., & Daub, J. (2008). *Systemisches Innovations- und Kompetenzmanagement. Grundlagen – Prozesse – Perspektiven* (2. Aufl.). Gabler.

Bodla, A. A., Tang, N., Jiang, W., & Tian, L. (2018). Diversity and creativity in cross-national teams: The role of team knowledge sharing and inclusive climate. *Journal of Management & Organization, 24*(5), 711–729.

Burch, G. S. J., Pavelis, C., & Port, R. L. (2008). Selecting for creativity and innovation: The relationship between the innovation potential indicator and the team selection inventory. *International Journal of Selection and Assessment, 16*(2), 177–181.

Burla, S., Alioth, A., Frei, F., & Müller, W. R. (1995). *Die Erfindung von Führung. Vom Mythos der Machbarkeit in der Führungsausbildung*. Verlag der Fachvereine.

Cascio, W., & Aguinis, H. (2008). Staffing twenty-first-century organizations. *The Academy of Management Annals, 2*(1), 133–165.

Chen, C. J., & Huang, J. W. (2009). Strategic human resource practices and innovation performance – The mediating role of knowledge management capacity. *Journal of Business Research, 62*(1), 104–114.

Chi, N.-W., Huang, Y.-M., & Lin, S.-C. (2009). A double-edged sword? Exploring the curvilinear relationship between organizational tenure diversity and team innovation: The moderating role of team-oriented HR practices. *Group & Organization Management, 34*(6), 698–726.

Chuang, C.-H., Jackson, S. E., & Jiang, Y. (2013). Can knowledge-intensive teamwork be managed? Examining the roles of HRM systems, leadership, and tacit knowledge. *Journal of Management*. https://doi.org/10.1177/0149206313478189

Cox, T. H., & Blake, S. (1991). Managing cultural diversity: Implications for organizational competitiveness. *Academy of Management Executive, 5*(3), 45–56.

Csikszentmihalyi, M. (2010). *Kreativität. Wie Sie das Unmögliche schaffen und Ihre Grenzen überwinden* (8. Aufl.). Klett-Cotta.

Den Hartog, D. N., & Koopman, P. L. (2002). Leadership in organizations. In N. Anderson et al. (Hrsg.), *Handbook of industrial, work & organizational psychology: Organizational psychology* (Bd. 2, S. 166–187). Sage.

DeRue, D. S., Nahrgang, J. D., Wellman, N., & Humphrey, S. E. (2011). Trait and behavioral theories of leadership: An integration and meta-analytic test of their relative validity. *Personnel Psychology, 64*(1), 7–52.

Dorenbosch, L., van Engen, M., & Verhagen, M. (2005). On-the-job innovation: The impact of job design and human resource management through production ownership. *Creativity and Innovation Management, 14*(2), 129–141.

Drucker, P. (2005). Managing oneself. *Harvard Business Review, 83*(1), 100–109.

Edmondson, A. (1999). Psychological safety and learning behavior in work teams. *Administrative Science Quarterly, 44*, 350–383.

Edmondson, A. (2012). The importance of teaming. *Harvard Business School – Working Knowledge*.http://hbswk.hbs.edu/item/6997.html. Zugegriffen: 8. Mai. 2014.

Eisenbeiss, S. A., van Knippenberg, D., & Boerner, S. (2008). Transformational leadership and team innovation: Integrating team climate principles. *Journal of Applied Psychology, 93*(6), 1438–1446.

Elkins, T., & Keller, R. T. (2003). Leadership in research and development organizations: A literature review and conceptual framework. *The Leadership Quarterly, 14*(4), 587–606.

Eysenck, H. J. (1995). *Genius: The natural history of creativity.* Cambridge University Press.

Fleming, L., & Waguespack, D. M. (2007). Brokerage, boundary spanning, and leadership in open innovation communities. *Organization Science, 18*(2), 165–180.

Galton, F. (1869). *Hereditary genius.* McMillan.

Gardner, H. (1999). *Kreative Intelligenz. Was wir mit Mozart, Freud, Woolf und Gandhi gemeinsam haben.* Campus.

Gardner, T. M., Wright, P. M., & Moynihan, L. M. (2011). The impact of motivation, empowerment, and skill-enhancing practices on aggregate voluntary turnover: The mediating effect of collective affective commitment. *Personnel Psychology, 64,* 315–350.

Gebert, D. (2004). *Innovation durch Teamarbeit.* Kohlhammer.

Gigerenzer, G. (2008). *Bauchentscheidungen. Die Intelligenz des Unbewussten und die Macht der Intuition.* Goldmann.

Gilson, L. L., Shalley, C. E., & Milne, S. H. (2002). *The critical role of creativity in the relationship between team processes and performance.* Paper presented at the Academy of Management Meeting, Denver.

Gmür, M., & Schwerdt, B. (2005). Der Beitrag des Personalmanagements zum Unternehmenserfolg. Eine Metaanalyse nach 20 Jahren Erfolgsfaktorenforschung. *Zeitschrift für Personalforschung, 19*(3), 221–251.

Gonschior, T. (2013). *Auf den Spuren der Intuition.* Herbig.

Guldin, A. (2012). Führung und Innovation. In S. Grote (Hrsg.), *Die Zukunft der Führung* (S. 213–233). Springer.

Hackman, J. R. (2002). *Leading teams. Setting the stage for great performances.* Harvard Business School Press.

Hirshhorn, R., Nadeau, S., & Rao, S. (2002). *Innovation in a knowledge-based economy: The role of government.* University of Calgary Press.

Holm-Hadulla, R. (2010). *Kreativität. Konzept und Lebensstil.* Vandenhoeck & Ruprecht.

Hülsheger, U. R., Anderson, N., & Salgado, J. F. (2009). Team-level predictors of innovation at work: A comprehensive meta-analysis spanning three decades of research. *Journal of Applied psychology, 94*(5), 1128–1145.

Jackson, S. E., & Joshi, A. (2011). Work team diversity. In S. Zedeck (Hrsg.), APA handbooks in psychology. *APA handbook of industrial and organizational psychology: Bd. 1. Building and developing the organization* (S. 651–686). American Psychological Association.

Jassawalla, A. R., & Sashittal, H. C. (2002). Cultures that support product-innovation processes. *The Academy of Management Executive, 16*(3), 42–54.

Jiménez-Jiménez, D., & Sanz-Valle, R. (2005). Innovation and human resource management fit: An empirical study. *International Journal of Manpower, 26*(4), 364–381.

Jiménez-Jiménez, D., & Sanz-Valle, R. (2008). Could HRM support organizational innovation? *International Journal of Human Resource Management, 19*(7), 1208–1221.

Johnsson, M. (2018). The innovation facilitator: Characteristics and importance for innovation teams. *Journal of Innovation Management, 6*(2), 12–44.

Johnsson, M. (2022). *How to create high-performing innovation teams.* De Gruyter.

Keller, R. T. (2001). Cross-functional project groups in research and new product development: Diversity, communications, job stress, and outcomes. *Academy of Management Journal, 44*(3), 547–555.

Kelley, T., & Littman, J. (2006). *The ten faces of innovation: IDEO's strategies for defeating the devil's advocate and driving creativity throughout your organization.* Profile Books.

Kessel, M., Kratzer, J., & Schultz, C. (2012). Psychological safety, knowledge sharing, and creative performance in healthcare teams. *Creativity and Innovation Management, 21*(2), 147–157.

Keszey, T. (2018). Boundary spanners' knowledge sharing for innovation success in turbulent times. *Journal of Knowledge Management, 22*(5), 1061–1081.

Kirkpatick, S. A., & Locke, E. A. (1991). Leadership: Do traits matter? *The Executive, 5*(2), 48–60.

Krause, D., & Gebert, D. (2004). Förderung der Innovationsgeneigtheit und innovationsbezogener Verhaltensweisen. *Wirtschaftspsychologie aktuell, 1*, 56–60.

Kuczmarski, T. (1996). *Innovation. Leadership strategies for the competitive edge.* NTC Business Books.

Levenson, A. (2012). Talent management: Challenges of building cross-functional capability in high-performance work systems environments. *Asia Pacific Journal of Human Resources, 50*, 187–204.

Li, C.-R., Lin, C.-J., Tien, Y.-H., & Chen, C.-M. (2015). A multilevel model of team cultural diversity and creativity: The role of climate for inclusion. *Journal of Creative Behavior, 51*(2), 163–179.

Lord, R. G., & Hall, R. J. (1992). Contemporary views of leadership and individual differences. *Leadership Quarterly, 3*, 137–157.

Lord, R. G., DeVader, C. L., & Alliger, G. M. (1986). A meta-analysis of the relation between personality traits and leadership perceptions: An application of validity generalization procedures. *Journal of Applied Psychology, 71*(3), 402–410.

Lu, L., Li, F., Leung, K., Savani, K., & Morris, M. W. (2018). When can culturally diverse teams be more creative? The role of leaders' benevolent paternalism. *Journal of Organizational Behavior, 39*(4), 402–415.

MacKinnon, D. W. (1965). Personality and the realization of creative potential. *American Psychologist, 20*, 273–281.

Mann, L. (2005). *Leadership, management, and innovation in R & D project teams.* Praeger.

McEntire, L. E., & Greene-Shortridge, T. M. (2011). Recruiting and selecting leaders for innovation: How to find the right leader. *Advances in Developing Human Resources, 13*(3), 266–278.

Messinger, R. H. (2008). *Leadership competencies for effective global innovation teams.* Doctoral Dissertation, Online verfügbar von ProQuest Dissertations and Theses Database (UMI No. 3326217).

Michaelis, B., Stegmaier, R., & Sonntag, K. (2010). Shedding light on followers' innovation implementation behavior: The role of transformational leadership, commitment to change, and climate for initiative. *Journal of Managerial Psychology, 25*(4), 408–429.

Morrow, P., McElroy, J., & Scheibe, K. (2012). Influencing organizational commitment through office redesign. *Journal of Vocational Behavior, 81*, 99–111.

Myers, I. B., & McCaulley, M. H. (1988). *Manual: A guide to the development and use of the Myers-Briggs type indicator.* Consulting Psychologists Press.

Neuberger, O. (2002). *Führen und führen lassen: Ansätze, Ergebnisse und Kritik der Führungsforschung* (6. Aufl.). Lucius & Lucius.

Noé, M. (2013). *Innovation 2.0: Unternehmenserfolg durch intelligentes und effizientes Innovieren.* Springer Gabler.

Oksanen, K., & Stahle, P. (2013). Physical environment as a source for innovation: Investigating the attributes of innovative space. *Journal of Knowledge Management, 17*(6), 815–827.

Piercy, N. F. (2009). Strategic relationships between boundary-spanning functions: Aligning customer relationship management with supplier relationship management. *Industrial Marketing Management, 38*(8), 857–864.

Pirola-Merlo, A., & Mann, L. (2004). The relationship between individual creativity and team creativity: Aggregating across people and time. *Journal of Organizational Behavior, 25*(2), 235–257.

Ratcheva, V. (2009). Integrating diverse knowledge through boundary spanning processes – The case of multidisciplinary project teams. *International Journal of Project Management, 27*(3), 206–215.

Schuler, H., & Görlich, Y. (2007). *Kreativität. Ursachen, Messung, Förderung und Umsetzung in Innovation.* Hogrefe.

Schulz von Thun, F. (2005). *Miteinander reden 3- Das „innere Team" und situationsgerechte Kommunikation* (14. Aufl.). Rowohlt.

Schwennen, C., Streicher, B., Jonas, E., & Krämer, B. (2007). Commitment als Promotor für innovatives Verhalten am Arbeitsplatz. *Wirtschaftspsychologie, 9,* 34–42.

Sepehri, P., & Wagner, D. (2000). Managing Diversity – Eine empirische Bestandsaufnahme. *Personalführung, 7,* 50–59.

Shipton, H., Fay, D., West, M., Patterson, M., & Birdi, K. (2005). Managing people to promote innovation. *Creativity and Innovation Management, 14*(2), 118–128.

Stahl, H. K. (2013). *Führungswissen.* Erich Schmid.

Stoker, J. I., Looise, J. C., Fischer, O. A. M., & Jong, R. D. (2001). Leadership and innovation: Relations between leadership, individual characteristics and the functioning of R & D teams. *International Journal of Human Resource Management, 12*(7), 1141–1151.

Terman, L. (1959). *The gifted group at mid-life: Genetic studies of genius* (Bd. V). Stanford University Press.

Toker, U., & Gray, D. O. (2008). Innovation spaces: Workspace planning and innovation in U.S. university research centers. *Research Research Policy, 37,* 309–329.

Unsworth, K. L., Brown, H., & McGuire, L. (2000). *Employee Innovation: The roles of idea generation and idea implementation.* Paper presented at SIOP Conference April 14–16, New Orleans, Louisiana.

Van Knippenberg, D., & Schippers, M. C. (2007). Work group diversity. *Annual Review of Psychology, 58,* 515–541.

Vetterli, C., Hoffmann, F., Brenner, W., Eppler, M., & Uebernickel, F. (2012). Designing innovation: Prototypes and team performance in design thinking. In *Proceedings of the 23rd International Society of Professional Innovation Management,* Barcelona. https://www.alexandria.unisg.ch/Publikationen/218901. Zugegriffen: 8. Mai. 2014.

Von Zedtwitz, M., Gassmann, O., & Boutellier, R. (2004). Organizing global R & D: Challenges and dilemmas. *Journal of International Management, 10*(1), 21–49.

Wang, J., Cheng, G.H.-L., Chen, T., & Leung, K. (2019). Team creativity/innovation in culturally diverse teams: A meta-analysis. *Journal of Organizational Behavior, 40*(6), 693–708.

Wang, X.-H. (F.), Kim, T.-Y., & Lee, D.-R. (2016). Cognitive diversity and team creativity: Effects of team intrinsic motivation and transformational leadership. *Journal of Business Research, 69*(9), 3231–3239.

Weidmann, R., & Armutat, S. (2008). *Gedankenblitz und Kreativität – Ideen für ein innovationsförderndes Personalmanagement.* Bertelsmann.

West, M. A. (2002). Sparkling fountains or stagnant ponds: An integrative model of creativity and innovation implementation in work groups. *Applied Psychology: An International Review, 51*(3), 355–387.

Wigert, B., & Robison, J. (2018). Fostering creativity at work: Do your managers push or crush innovation? Online: https://www.gallup.com/workplace/245498/fostering-creativity-work-managers-push-crush-innovation.aspx. Zugegriffen 6. Febr. 2023.

Wright, P. M. (1996). *Managerial leadership.* Routledge.

Zeuch, A. (2010). *Feel it! So viel Intuition verträgt ihr Unternehmen!* Wiley.

Die eigene Praxis befragen und selbst beschreiben

10

Zum Schluss wird *einerseits* eine „Checkliste" zur Reflexion der Führungs- und Innovationsrealität im eigenen Unternehmen vorgestellt, die als Diskussionsgrundlage vor der Auswahl potenzieller Führungs- und Managementinstrumente zur Innovationsförderung dient. *Andererseits* werden drei Fallstudien für die Weiterbildung von Führungskräften präsentiert, die eine Grundlage für den Erfahrungsaustausch unter Führungskräften in innovationsorientierten Unternehmen bieten.

10.1 Die eigene Praxis befragen: Das Führungs- und Innovationsverständnis erkunden

Wie in Abschn. 9.3.1 bereits ausgeführt, kommt der Reflexionskompetenz für alle weiteren Gestaltungsfelder eine grundlegende Bedeutung zu. Zusätzlich zu den Episoden, die bisher im Buch dargestellt wurden, wurde eine „Checkliste" für innovationsverantwortliche Führungskräfte entwickelt. Die vorangegangenen Kapitel und vor allem die Episoden aus dem Forschungsprojekt haben gezeigt, wie vielfältig die Führungs- und Innovationsrealitäten sein können, und diese Realitäten beeinflussen die Möglichkeiten zur Umsetzung von Führungsinstrumenten oder auch Trainingskonzepten zur Kompetenzentwicklung von Führungskräften maßgeblich. Bevor also seitens der Führung innovationsfördernde Führungs- und Managementinstrumente ausgewählt werden, sollte sich die Führung beziehungsweise das Führungsgremium mit der Führungs- und Innovationsrealität im eigenen Unternehmen kritisch auseinandersetzen beziehungsweise sich selbst genau erforschen. Zur Unterstützung können die folgenden Aspekte miteinbezogen werden:

Was ist eine Innovation und wie innovieren wir? (Gegenstand)
Je nachdem, welches Bild sich die Führung von Innovation macht, wird sie ihre Aufgabe anders definieren, auf andere Dinge achten und zu anderen Ansätzen gelangen.

Dominieren im Unternehmen Bilder von Innovation als neues Produkt, neue Technologie, neue Dienstleistung, neuer Prozess, neues Geschäftsmodell, Neupositionierung eines Produktes oder einer Dienstleistung oder als ein Paradigmenwechsel? Wird Innovation als radikaler Wurf oder als kontinuierliche Verbesserung gedacht? Werden die Mitarbeitenden, die Kunden oder einzelne Helden als Innovationsquelle beschrieben? Wird Innovation als Selbstverständlichkeit beziehungsweise als natürlicher Drang der Mitarbeitenden beschrieben oder eher als von außen getriebener Zwang? Wird sie als sozialer und damit auch spannungsreicher sowie widersprüchlicher Prozess betrachtet, oder wird sie als rationaler, planbarer Prozess gedacht?

Worum geht es bei der Förderung von Innovation aus Führungssicht? (Die Führungsaufgabe)
Die Bandbreite möglicher Führungsaufgaben orientiert sich meistens am Verständnis des Handlungsgegenstandes – also an der Vorstellung, wie Innovation gefördert werden soll –, und dies ist durch folgende Aspekte determiniert:

Soll mithilfe einer Innovationsstrategie ein strategiegeleiteter Veränderungsprozess über alle Hierarchieebenen eingeleitet werden? Oder sollen mit agilen Strukturen, flacheren Hierarchien und kleineren Unternehmenseinheiten mehr Eigenverantwortung und mehr kohärente, das heißt als sinnvoll erlebte Arbeitsabläufe geschaffen werden? Geht es um mehr Unternehmergeist und Selbstständigkeit? Oder geht es darum, einen Wertewandel einzuleiten, das heißt die Grundhaltung, das Mindset der Mitarbeitenden zu verändern? Geht es darum, Innovationsprozesse transparenter, planbarer, nachvollziehbarer, effizienter zu machen und die Berechenbarkeit beziehungsweise Kontrollmöglichkeit von Innovationsrisiken zu optimieren? Steht die interaktive Wertschöpfung beziehungsweise die Öffnung der Organisationsgrenzen im Innovationsprozess im Vordergrund? Kann die Innovation auch in einem kollaborativen Netzwerk von Partnern, das heißt in einem Innovationsökosystem entwickelt werden? Geht es mehr um die Unterstützung der Lösungsfindung bei vorgegebenen technischen Problemstellungen? Geht es um Marktforschung oder Zukunftsforschung? Geht es um Kreativitätsförderung und Methoden wie Brainstorming? Sind alle Funktionsbereiche in die Innovationsförderung miteinbezogen oder nur eine einzelne Abteilung? Wie breit wird die Führungsaufgabe definiert? Kann die Führungsaufgabe auch auf mehrere Rollenträgerinnen und -träger aufgeteilt werden?

Wer sind meine Geführten? (Die Partner in der Führungsbeziehung)
Geführte Personen oder Personengruppen treten in spezifischer Weise in Beziehung mit Führungspersonen. Es kommt dabei auf subjektive beziehungsweise gruppenbezogene Selbstverständnisse, Wahrnehmungen, Sichtweisen und Reaktionen an und als Führungskraft gilt es, zu diesen Anschluss zu finden beziehungsweise sie zu beeinflussen.

Die Vorstellung vom Geführten und die Aspekte, die die Führungsperson zu dessen Charakterisierung zu verwenden pflegt, manifestieren sich in den Beziehungsbotschaften der Führungsperson und lösen im Zusammenspiel mit dem Selbstverständnis des/der Geführten eine spezifische Beziehungsdynamik aus.

Ist der/die Geführte eine unternehmerisch denkende, Eigeninitiative zeigende, selbstständige, intrinsisch motivierte, vertrauensvolle, kompetente, mitdenkende, kreative, offene, leidenschaftliche Person oder eher eine berechnende, zu opportunistischem Verhalten neigende, extrinsisch motivierte, untergeordnete und misstrauische Person? Das Mitarbeitenden-Bild bestimmt die Vorstellung davon, was zwischen Führenden und Geführten geschehen soll: Ob die Führungskraft bspw. glaubt, dass man, sobald von der Organisation Freiräume geschaffen werden, diese als Spielwiese missbraucht oder dass dabei eine einmalige Chance entsteht, die Innovationskultur zu verändern und das eigene Potenzial in die Innovationsförderung einfließen zu lassen.

Wie funktioniert innovationsfördernde Führung? (Die Methoden)
Die Vorstellung der Führungsperson über die zweckmäßigen Methoden und das Vorgehen zur Förderung von Innovativität sind nicht nur von ihr abhängig, sondern stehen auch im Zusammenhang mit ihrem Bild des Unternehmens, der Kunden, der Lieferanten, der Wettbewerber, der Hochschulen, des Marktes usw.

Wird das Unternehmen durch den Markt getrieben und steht es unter Innovationsdruck? Will es aber eigentlich nicht innovieren? Wartet es bis zum letzten Moment mit der Lancierung von Innovationsinitiativen, bis es nicht mehr anders geht? Oder bestimmt das Unternehmen die Spielregeln auf dem Markt proaktiv mit, setzt mit Innovationen immer wieder neue Maßstäbe und sucht konstant nach Möglichkeiten, um sich weiterzuentwickeln? Innovation ist dann zentraler Teil der unternehmerischen Identität. Oder geht es vor allem um den Zukauf von Kreativität durch die Akquisition neuer Firmen? Um die Zusammenarbeit mit externen Partnern bei der Entwicklung neuer Produkte? Wird die innovationsfördernde Führung als Expertenaufgabe betrachtet oder wird diese Aufgabe vom Topmanagement und den Linienführungskräften wahrgenommen? Welche Funktionsbereiche arbeiten im Rahmen der innovationsfördernden Führung zusammen? Ist die Personalabteilung involviert oder nicht?

Welche Bedeutung spielen Freiräume in der Führung? (Die Voraussetzung für die Umsetzung der Methoden)
Bisher wurde „Innovation Leadership" grundsätzlich aus einer Perspektive der Eröffnung und Gestaltung von Freiräumen zur Innovationsförderung betrachtet. Welche Vorstellungen von Freiräumen herrschen im Unternehmen vor beziehungsweise welches Bild von Freiräumen dominiert aus der Sicht der Organisationsmitglieder?

Geht es hauptsächlich um fremdorganisierte Freiräume, die von der Unternehmensführung für eine größere Gruppe von Mitarbeitenden langfristig eingerichtet werden, das heißt um „verordnete", „aufgesetzte" Freiräume von oben, mit denen die allgemeine Botschaft verbunden ist: Seid innovativ! Oder dominiert das Bild von strategisch relevanten Forschungs- und Entwicklungsaufträgen, für die einer kleineren Gruppe von Mitarbeitenden mittelfristig Freiräume organisiert werden, mit der Botschaft: Kümmert euch darum! Oder taucht vielmehr das Bild von vielen, kleinen, selbstorganisierten Freiräumen auf, die mitten im Alltag immer wieder eingerichtet werden? Freiräume, die eher spontan organisiert werden und in der Verantwortung der Mitarbeitenden selbst liegen? Oder werden Freiräume unmittelbar mit der Erlaubnis und Unterstützung von erfahrenen Fachexperten oder Vorgesetzten verknüpft, die den Mitarbeitenden den Rücken freihalten?

Was ist erfolgreiche Führung im Rahmen der Innovationsförderung? (Das Ziel)
Welche Vorstellungen werden mit Erfolg verknüpft? Wann hat die Führung einen guten Job gemacht?

Ist die Führung erfolgreich, wenn sich niemand gestört fühlt? Zum Beispiel, wenn die Linienverantwortlichen mit Innovationsfragen nichts zu tun haben? Oder eher, wenn die Mitarbeitenden motiviert sind? Wenn Deadlines von Innovationsprojekten eingehalten werden? Wenn Innovationskennziffern wie die Anzahl von Patentanmeldungen erreicht werden? Wenn das Unternehmen wächst und der Umsatz stimmt? Wenn an einem Entwicklertreffen hundert Mitarbeitende teilnehmen und ihre Erfahrungen austauschen? Wenn jeder Mitarbeitende drei neue Ideen auf die KVP-Plattform eingespeist hat? Wenn von hundert neuen Ideen zwei umgesetzt wurden und am Markt erfolgreich sind? Wenn mehr Kundenvorschläge in der Entwicklungsabteilung landen? Wenn die Zusammenarbeit mit einer Hochschule zu bahnbrechend neuen Erkenntnissen geführt hat?

Wer bin ich als Führungsperson? (Das Selbstverständnis)
Zwischen all diesen oben genannten Vorstellungen verortet sich jede Führungsperson – egal auf welcher Hierarchieebene oder mit welchem Funktionsbezug – mit einem spezifischen Selbstverständnis. Jede Führungsperson konstruiert sich als „Führungsperson" aus den Beziehungen, die sie eingeht, und aus den Beziehungsrealitäten, die sie dabei mitgestaltet. So wächst eine spezifische Führungsidentität als reflexives Konzept der Führungsperson selbst.

Je nachdem, wie die Führungskraft den Bezug zur Umwelt knüpft und welche Rolle sie sich zuweisen lässt, versteht sie sich als Entwicklungs- und Dialogpartner, Mentor, Coach, Berater, Innovation Agent, Wissensmanager, Technologiemanager, Innovationsmanager, Process Owner, Qualitätsmanager, Networker, Controller, Innovationsvermarkter etc.

Egal welches Selbstverständnis zum Ausdruck kommt, eines ist klar: Es vermittelt Sicherheit und wird von den Beziehungspartnern als Ausdruck eines professionellen Selbstverständnisses wahrgenommen. Aber dieses Selbstverständnis ist immer auch durch Brüche gekennzeichnet. Manche Selbstverständnisse stehen im Widerspruch zueinander, andere überlappen sich. Die Grenzen sind häufig nicht trennscharf zu ziehen.

10.2 Fallstudien

10.2.1 Das neue Duo

In der Firma MOTORS GLOBAL MARKET (kurz: MOTORS) findet zurzeit ein Generationenwechsel auf verschiedenen Führungsebenen statt. Auch die Leiterin Forschung und Entwicklung (F&E), Dr. Sylvia Meyer, sowie der Leiter Human Resources Management (HRM), Dr. Martin Marx, haben vor einem Jahr bei MOTORS ihre Stellen angetreten. Ihre beiden Vorgänger hatten rund zwanzig Jahre die Leitung der beiden Bereiche inne. Denn die Firma setzte auf Kontinuität und Beständigkeit, auf interne Führungsentwicklung und auf loyale, beständige Beziehungen zu ihren Mitarbeitenden. Diese Haltung spiegelt sich auch in den langjährigen Beziehungen zu ihren Industriekunden wider.

MOTORS ist eine europäische Firma und stellt (in Europa und Asien) Schiffsmotoren her, die sie weltweit vertreibt. Der Wettbewerbsdruck im Markt nimmt spürbar zu. Gefragt sind qualitativ hochwertige, sichere und energieeffiziente Motoren, dies alles zu „Kampfpreisen". Das heißt, dass in dem Unternehmen mit weltweit 2000 Mitarbeitenden einerseits das Qualitätsmanagement und das Nullfehler-Prinzip im Vordergrund stehen. Andererseits ist aber auch die Etablierung von Innovationsteams und -agenten (Führungskräfte und Fachexpertinnen und -experten, die bei F&E-Projekten als interne Fach- und Machtpromotoren hinzugezogen werden), welche die Innovativität fördern (v. a. im Bereich der Energieeffizienz), sowie die Prozess- und Verfahrensinnovationen (zur Kostenreduktion) von großer Bedeutung. Darüber hinaus wurde vor einigen Jahren die erste Produktionsniederlassung inklusive F&E-Abteilung in Asien gegründet, die auch für den asiatischen Markt produziert. Grundsätzlich arbeitet die Fertigung eng mit der Entwicklungsabteilung zusammen. Eine komplett von Geschäftsprozessen losgelöste Grundlagenforschungsabteilung existiert nicht. Vielmehr gibt es verschiedene Entwicklungsteams, die in der Vorentwicklung tätig sind und bisher – stark von der Kundenseite und der Marketingabteilung getrieben – vorgegebene technische Probleme lösen. Dabei sind vor allem die inkrementellen Innovationen von Bedeutung. Zudem entwickelt das Unternehmen in Innovationsnetzwerken zusammen mit verschiedenen Beratungsunternehmen, Partnerunternehmen oder auch Hochschulen neue Ideen im Rahmen von F&E-Projekten. Trotz dieser maßvollen Öffnung nach außen lautet die Innovationsstrategie von MOTORS: „Wir innovieren in Märkten, die wir kennen." Die Entwicklung von Technologien für andere Märkte ist zwar nicht verboten, wird aber nicht proaktiv gefördert und ist auch mittelfristig nicht Teil der Geschäfts- und Innovationsstrategie. Die Geschäftsleitung ist der Ansicht, dass es in den bestehenden Märkten noch genügend Raum für Wachstum und Innovation gibt. Man hatte früher schon einmal „Ausflüge" in andere Märkte gewagt, ist dabei aber gescheitert, und dieses „Versagen" hat sich dem Topmanagement tief im Gedächtnis eingeprägt.

Der Druck, im Bereich Energieeffizienz beziehungsweise „CleanTech" ganz vorne mitzuspielen, ist jedoch enorm. Die Marktseite und auch die verschärften staatlichen

Auflagen im Bereich der Energieeffizienz haben die Geschäftsleitung gezwungen, ihre gängige Innovationspraxis zu hinterfragen und vor allem bei der Besetzung von Schlüsselführungsstellen darauf zu achten, dass die Personen Erfahrung in der Umsetzung von Innovationsstrategien mitbringen. Damit ist der erste Grundstein für eine stärkere Öffnung gelegt und damit die Chance auf radikalere Innovationswege, ohne die bestehende Innovationsstrategie grundlegend infrage zu stellen.

Die Gebäude von MOTORS am Hauptsitz wirken funktional und nüchtern. In den Büros sieht man noch da und dort Regale mit grauen Leitz-Ordnern, und die Vorgesetztenbüros haben „Vorzimmer", in denen die Assistierenden arbeiten.

Dr. Meyer und Dr. Marx haben beide vorher in einem anderen Unternehmen gearbeitet. Die Geschäftsleitung hat sie von außen geholt, um „frischen Wind" in die Firma zu bringen. Außerdem haben beide bei ihren früheren Arbeitgebern größere Innovationsprogramme auf internationaler Ebene begleitet. Martin Marx war vorher in der Funktion als Head Learning & Development in einem großen internationalen Produktionsunternehmen tätig. Er hat sich vor allem mit der erfolgreichen Implementierung von „Action Learning"-Programmen (d. h. eher kurzen und in die alltägliche Arbeit integrierten Weiterbildungseinheiten, die immer wieder Reflexionsschlaufen ermöglichen und mehrheitlich im Unternehmen stattfinden) in der Führungs- und Personalentwicklung einen guten Ruf bei seinem ehemaligen Arbeitgeber erarbeitet. Sylvia Meyer ist 39 Jahre alt und bringt neben ihrer Promotion im Bereich Maschinenbau/Verfahrenstechnik einen Executive MBA in Innovation Engineering and Management mit, den sie erfolgreich in den USA absolviert hat. Des Weiteren hat sie in den letzten zwei Jahren für ihren früheren Arbeitgeber eine F&E-Abteilung in Asien aufgebaut.

Der Vorgänger von Herrn Marx arbeitet immer noch bei MOTORS, er leitet nun die letzten drei Jahre vor seiner Pensionierung die Personalrekrutierung. Der Vorgänger von Frau Meyer ist heute CEO von MOTORS und hat sie bewusst als Fachexpertin und „Innovation Leader" eingestellt.

Frau Meyer hat in enger Abstimmung mit Herrn Marx verschiedene Initiativen zur Innovationsförderung lanciert. Vor sechs Monaten wurde zum Beispiel ein 24-stündiger Innovationsmarathon durchgeführt, währenddessen die Firma geöffnet war. Durch die Nacht hindurch haben die Mitarbeitenden mit Innovation Coaches in verschiedenen Schichten neue Ideen entwickelt und Prototypen gebaut. Sie legten damit einen Baustein zu einer offenen, inspirierenden Innovationskultur. Dabei wurde unter anderem die Methode „Design Thinking" angewandt, wofür sogar ein Professor von einer renommierten Universität aus den USA eingeflogen wurde. Die Aktion kam in der Belegschaft sehr gut an. Einige ältere Ingenieure haben die Aktion zwar ins Lächerliche gezogen und waren nicht bei allen Projekten konzentriert dabei. Aber insgesamt hat der Innovationsmarathon die Glaubwürdigkeit der neuen Öffnungsstrategie in Bezug auf das Innovationsfeld „CleanTech" gestärkt. Daneben wurde ein Innovationsteam ins Leben gerufen, das sich aus Mitgliedern unterschiedlicher Funktionsbereiche zusammensetzt, und verschiedene Innovationsprojekte wurden lanciert. Herr Marx und sein Team unterstützten dabei Frau

Meyer bei der Rekrutierung und Zusammenstellung der Teams sowie bei der Programmentwicklung des Innovationsmarathons, der Suche nach geeigneten Referenten und bei den Kooperationen mit Hochschulen.

Nach dem ersten Jahr bei MOTORS treffen sich Frau Meyer und Herr Marx zu einem Mittagessen. Frau Meyer beklagt sich über das Verhalten diverser F&E-Teamleitenden und auch einzelner F&E-Ingenieure: „Der Innovationsmarathon verlief so vielversprechend. Es wurden so viele gute Ideen entwickelt. Aber irgendwie ist das nun alles versandet. Keiner zieht mehr richtig mit. Der Produktionsleiter sagte kürzlich zu mir, dass er einfach keine Leute für die ‚Hobby-Forschungsprojekte' abstellen kann. Mit ‚Hobby-Forschungsprojekte' meint er die Projekte, die ich mit interdisziplinären Teams am Freitagnachmittag lanciert habe. Und diese Teams ziehen auch nicht richtig mit. Weißt du, ich habe auch bei diesen Friday-Improve-Projekten die Aufgaben so offen formuliert, ich habe so viele externe Personen reingeholt. Ich wollte, dass die Mitarbeitenden sich wirklich mal völlig frei von unseren Standardprozessen, Reglementen, Vorschriften und Kaizen Gedanken machen über echte Zukunftsthemen und Zukunftstechnologien – Blue Horizon! Und was kam dabei raus? Alles völliger Mainstream! Von radikal neuen Ideen keine Spur!"

Martin Marx hört aufmerksam zu und schmunzelt: „Aber, Sylvia, du kannst doch keine Wunder erwarten in so kurzer Zeit. Wir müssen nun einfach diverse Initiativen starten, damit wir Schritt für Schritt mehr Freiräume für kreative Prozesse außerhalb unserer ‚strengen' Prozesse schaffen. Die letzten Jahre hat die Firma alle Freiräume wegoptimiert. Alle sind zu 100 % ausgelastet und werden von Projekt zu Projekt ‚verschoben'. Sei nicht so ungeduldig. Die meisten Mitarbeitenden arbeiten hier seit zwanzig Jahren in der Firma und sind extrem auf die Erfüllung von Kundenwünschen ausgerichtet. Links und rechts daneben haben die fast keinen Kopf für andere Dinge. Auf Knopfdruck kann man keine alten Pfade verlassen. Und außerdem sind unsere Führungs- und Personalinstrumente immer noch die alten. Wir müssen nun parallel sowohl die F&E-Team- und Projektleitenden als auch die Mitarbeitenden weiterbilden, sie für unsere neuen Innovationsziele sensibilisieren und noch unsere Führungstools entsprechend anpassen."

Sylvia Meyer nickt und denkt an den Neubau, der nun bald bezogen werden kann. MOTORS hat vor zwei Jahren begonnen, ein neues F&E-Gebäude zu errichten, mit Großraumbüros, in welchen man Projektflächen einrichten kann und wo mehr Möglichkeiten bestehen, sich spontan in Pausenzonen auszutauschen: ein schönes, offenes und helles Gebäude mit modernen Büromöbeln und auch einer Relax-Zone, wie man das von Google kennt. Sie glaubt: „Eventuell gibt das auch noch mal etwas Rückenwind für unsere Innovationsziele und die Ideen sprudeln ganz automatisch auf dem Gang. Und gerade die jüngeren Ingenieure werden das sicher sehr schätzen."

Zum Schluss stellt sie Martin Marx die Frage: „Was meinst du, was wäre nun ein sinnvolles weiteres Vorgehen, um unsere Leute langfristig stärker für Innovationsthemen zu motivieren und gleichzeitig unseren Kosten- und Qualitätsdruck nicht aus den Augen zu verlieren? Und wie soll ich mich genau verhalten – auch gegenüber der Geschäftsleitung?"

10.2.2 Der freie Halbtag

Missmutig starrt Martin Sulzer an die Wand des Besprechungsraums, während Volker Hell sich über das „Boundary Free Work"(BFW)-Programm aufregt. Sulzer ist ein erfahrener Ingenieur (Senior Expert) und verantwortlich für das gesamte Technologiemanagement der Produktsparte MEASURE der Firma INDUSTRY.

Bei MEASURE arbeiten aktuell rund 1500 Mitarbeitende, davon ca. 250 Mitarbeitende in der Forschung und Entwicklung (F&E). Die Firma INDUSTRY ist ein Schweizer Unternehmen mit 2,5 Mrd. Euro Umsatz, 13.000 Beschäftigten weltweit und macht rund 220 Mio. Euro Gewinn. Das Unternehmen INDUSTRY ist familiengeführt, und die angebotenen Geräte und Systeme sind alle für den Industriegüterbereich bestimmt. Sie haben einen Lebenszyklus von 15 Jahren und mehr. Die Kunden sind Industrieunternehmen aus verschiedenen Branchen (z. B. Chemie, Life Sciences, Öl und Gas). INDUSTRY pflegt zu den meisten Kunden eine langjährige und intensive Geschäftsbeziehung. Die Produkte sind vom Design her wenig spektakulär, aber INDUSTRY innoviert kontinuierlich in kleinen Schritten und ist bei den meisten Produkten Technologieführer. Technologisch sind die Produkte Spitzenklasse, im Technologiescouting ist INDUSTRY äußerst erfolgreich und hat dafür auch schon Preise gewonnen. INDUSTRY kann man als typisches *Hidden Champion*-Unternehmen bezeichnen. Die Kunden wollen sichere und technologisch fortschrittliche Produkte. Radikale Innovationen spielen eher eine untergeordnete Rolle. Dafür werden die Kundenbedürfnisse oft hervorragend in den Innovationsprozess integriert. Die Leistungen von INDUSTRY sind nahe an dem Zustand, den man als perfekt bezeichnet.

Neben technologiebasierten Produktinnovationen ist das Unternehmen mindestens genauso stark im Bereich der Prozessinnovationen. Auch zeichnet sich INDUSTRY dadurch aus, dass ein überdurchschnittlich hoher Anteil des Umsatzes in die Forschung und Entwicklung fließt, und das nicht punktuell, sondern kontinuierlich, Jahr für Jahr. Die Unternehmensführung von INDUSTRY und insbesondere der CEO, Markus Jawkowski, betont immer wieder in Interviews in der Firmenzeitung wie auch auf Firmenanlässen, wie stark der Innovationserfolg von der engen Zusammenarbeit zwischen der F&E-Abteilung und den anderen betrieblichen Funktionen abhängt.

In den forschungsintensiven Abteilungen – die meisten davon befinden sich in Deutschland und in der Schweiz – arbeitet die F&E-Abteilung Hand in Hand mit der Fertigung und häufig sogar an einem zentralen Standort, im gleichen Gebäudekomplex. Eine eigene Grundlagenforschungsabteilung oder Vorentwicklung gibt es bei INDUSTRY nur in sehr wenigen Technologiebereichen, und diese Abteilungen sind sehr klein und nur für eine begrenzte Zeit eingerichtet. Die Innovationsdynamik orientiert sich stark an den Kundenbedürfnissen. Die Marketingabteilung übermittelt jeweils die Kundenwünsche an die F&E-Abteilung und vergibt interne Entwicklungsaufträge. Das Technologieumfeld kann als stabil bezeichnet werden. In vielen Abteilungen haben deshalb die Entwickler ihre Endkunden schon seit Jahren nicht mehr gesehen. Die Marketingabteilung bildet die alleinige Schnittstelle zum Kunden und definiert Problemstellungen. Diese werden dann von der F&E-Abteilung technisch gelöst. Das technologische Know-how ist stark auf das Kerngeschäft fokussiert. Neuartige Technologien können nicht abgedeckt werden, und im Unternehmen sind nur wenige Spezialisten vorhanden, die dann mit externen Forschungsinstituten oder Hochschulen kooperieren. INDUSTRY pflegt die Beziehungen zu externen F&E-Partnern intensiv und ist hervorragend vernetzt. In der F&E- und Marketingabteilung arbeiten mehrheitlich Ingenieure aus verschiedenen Fachrichtungen wie Physik und Informatik. Das Unternehmen hat eine geringe Fluktuationsquote. Die Angestellten haben sich auf die Branche und die dazugehörigen Technologien spezialisiert und entwickeln ihre Karriere meistens intern. Individualismus und Performance-Orientierung zählen weniger als Mitgliedschaft und Vertrauen. INDUSTRY ist ein sehr sozialer Arbeitgeber und engagiert sich an den jeweiligen Standorten in sozialen Projekten. In den letzten sechs Jahren hat INDUSTRY begonnen, vermehrt kleinere, innovative Unternehmen mit wertvollem Know-how hinzuzukaufen und sich dadurch Wettbewerbsvorteile zu verschaffen.

Martin Sulzer hat zusammen mit Katharina Sommer (Ingenieurin und Director Technology für den gesamten Konzern) während der letzten zwei Jahre ein neues Arbeitszeitmodell für F&E-Ingenieurinnen und -ingenieure bei MEASURE entwickelt und eingeführt. Das Kernstück des neuen Arbeitszeitmodells ist das „Boundary Free Work"-Programm: Es handelt sich um eine 15-%-Regel, also um die Organisation von 15 % „freier" Arbeitszeit für innovative Vorentwicklungsprojekte bis hin zu Grundlagenforschungsprojekten. Die Idee ist, dass die Mitarbeitenden sich rund einen halben Tag in der Woche für kreative Nebenprojekte reservieren, also für Aufgaben neben den von der Linie geführten Projekten. Die Führungskräfte sorgen dafür, dass mit den 15 % Arbeitszeit ein sinnvoller Beitrag zur Zukunftssicherung von MEASURE geleistet wird. Katharina Sommer hat das Programm mit dem „Segen" des CEO, Markus Jawkowski, gemeinsam mit Martin Sulzer für die Sparte MEASURE aus der Taufe gehoben.

Martin Sulzer und Katharina Sommer kennen sich seit zehn Jahren und haben schon viele Projekte zur Innovationsförderung im Unternehmen initiiert und umgesetzt. Vor allem zur Förderung der Ideenentwicklung haben sie bereits zahlreiche Maßnahmen entwickelt, die inzwischen auch auf breiter Basis akzeptiert werden. Vor vier Jahren haben die beiden ein F&E-Wiki für den gesamten Konzern gestartet, seither läuft der Austausch über verschiedene F&E-Projekte sehr systematisch ab. Vor allem haben nun alle Tochtergesellschaften Einblick in die laufenden F&E-Aktivitäten. Am Anfang hatten alle Mitarbeitenden zwar noch gestöhnt und moniert, dass sie kaum Zeit hätten, um die Templates für die Datenbank auszufüllen. Es war ein echter Kraftakt, bis eine kritische Masse an Informationen im hausinternen F&E-Wiki abgelegt war. Natürlich gibt es auch heute noch kritische Stimmen und vor allem der Informationsaustausch mit China steckt immer noch in den Kinderschuhen. Aber niemand hat damit gerechnet, dass das Projekt sofort fruchtet. Alle sind zufrieden mit dem Fortschritt. Die Verantwortlichen für das Technologiemanagement im Konzern waren sich auch einig, dass man die Angestellten nicht mit dem Wiki überfahren möchte und dass dieses Wissensmanagement-Instrument eine gewisse Anlaufzeit benötigt. Alle Veränderungsprojekte brauchen ihre Zeit, das ist auch Martin Sulzer klar. Er hat Spaß an Pilotprojekten und packt vor allem zusammen mit Katharina immer wieder völlig neue „Kisten" an. Er vertraut Katharina zu 100 % und scheut sich daher auch nicht, hin und wieder das Risiko in Kauf zu nehmen, mit einem Projekt zu scheitern.

Volker Hell ist Leiter F&E bei MEASURE, und er sitzt an diesem Morgen im Besprechungsraum und fährt Martin Sulzer an: „Ich muss dir echt sagen, Martin, ich habe ja schon einige von deinen Innovations- und Technologiemanagement-Projekten mit dir zusammen umgesetzt, aber dieses 15-%-Projekt geht zu weit. Das tangiert wirklich zu sehr meine Projektplanung, die Projektportfolios. Wir sind doch nicht Google! Wir haben langjährige Industriekunden, Produktlebenszyklen von teilweise über 15 Jahren. Wir innovieren hier in kleinen Schritten, und die Kunden verstehen doch manch neues Produkt nicht einmal. Denen geht es vielmehr um Sicherheit und Qualität. Die Abteilungsleiter ziehen doch bei den Plänen auch nicht mit. Du kannst mir nicht sagen, dass die das alle umsetzen. Was letztlich doch vor allem zählt, ist, dass wir die Entwicklungsaufträge für die zentralen Kundenprojekte fristgerecht und mit innovativen Lösungen abschließen. Und selbst das schaffen wir kaum. Wir rennen den Deadlines seit Jahren hinterher. Und jetzt kommst du mit der Katharina, und ihr macht hier einen auf ‚grüne Wiese' und ‚Entrepreneurship'. So mitten im Alltagsgeschäft, mitten in der ganzen Kaizen-Logik. Das kann doch gar nicht gehen. Also ich finde, das ist nicht zu Ende gedacht."

Volker Hell, 52 Jahre alt, hat an der ETH Zürich studiert und an einer renommierten Universität in Shanghai promoviert. Er ist sehr ehrgeizig und hat schon einige Innovationspreise mit seinen F&E-Teams gewonnen. Er publiziert immer wieder in den Top-Journals in seinem Technologiegebiet, ist auch ein gut gebuchter Referent an Technologieforen und leitet eine internationale Community of Practice in seinem Forschungsfeld. Bevor er zu INDUSTRY kam, hat er mehrere Jahre in den USA, China und Finnland Führungspositionen im Bereich F&E innegehabt.

Katharina Sommer stellt ihre Kaffeetasse ab und unterbricht ihn und wendet sich an Volker Hell: „Volker, du weißt doch, diese 15-% ‚Kreativzeit' sind eine Spende vom CEO für die F&E-Belegschaft. Jawkowski steht da voll dahinter. Auch wenn wir die Produkte und Dienstleistungen für die Kunden die nächsten zehn Jahre noch perfekter entwickeln und die neueste Technologie und Software einbauen, dann kann uns trotzdem irgendwann die Luft ausgehen, wenn die großen Würfe ausbleiben. Und die Frage lautet doch: Wie können wir inmitten von unseren effizienten und qualitätsgetriebenen Prozessen Freiräume für unsere Forschenden und Top-Entwickler schaffen? Freiräume für Querdenker, für Leute, die ganz schräge Ideen haben, die uns aber vielleicht mal richtig in eine Pole-Position bringen? Wir stehen auf dem Markt immer etwas scheu in der zweiten Reihe und gehen überhaupt keine Risiken ein. Sollen wir so weiter machen?" Und sie legt noch nach: „Und ehrlich gesagt, MEASURE hat das kalkulierte F&E-Budget doch die letzten Jahre nie richtig ausgeschöpft. Nur einige wenige Teams haben sich wirklich Zeit für Grundlagen- und Vorentwicklungsprojekte freigeschaufelt, der Rest hat gar keine

Projektanträge eingereicht. Ich habe das Gefühl, hier hetzen alle den Deadlines der Kundenprojekte hinterher, aber langfristige F&E- und Innovationsziele werden seit geraumer Zeit nicht mehr konsequent verfolgt. Wir sitzen auf unserem Geld und schaffen es nicht, die Innovationspipeline konstant zu füllen. Das ist doch unser Problem."

Volker Hell schaut in die Runde und ergreift erneut das Wort: „Machen wir doch eine kurze Bestandsaufnahme. Welche Eindrücke haben unsere Ingenieure und Ingenieurinnen beim letzten Workshop mit diesem Team von der Hochschule über das Programm geschildert? Ich kann das gerne noch mal zusammenfassen." Er holt sein Tablet aus der Tasche und schaltet das Foto vom Flip Chart aus dem Workshop auf. „Okay. Lasst mich das mal durchgehen. 1) Punkt: Wo ist das Kundenproblem?; 2) Punkt: BFW gibt es nicht; 3) Punkt: Knotenpunkt Technologiemanagement = fehlende Kontrolle und Austausch über Kreativprojekte; 4) Überstundenabbau und BFW passen nicht zusammen; 5) BFW ist kein Freiraum, zu viel Bürokratie (Anträge etc.); 6) Unklare strategische Prioritäten, Fertigung geht immer vor; 7) Mitarbeitende wurden nicht gefragt; 8) Kreativ bin ich irgendwann, aber nicht auf Knopfdruck; 9) Verbindung mit KVP muss besser laufen; 10) Trennung Ideenentwicklung und Routinearbeit ist nicht klar; 11) Beim BFW kann man auch Kaizen-Sachen entwickeln; 12) Wenn ihr Kreativzeit reservieren müsst, was machen wir dann in der restlichen Zeit? – Ich meine, da haben wir doch einen bunten Strauß an offenen Fragen. Ihr könnt nicht so tun, als ob das Programm hier voll gefruchtet hätte."

„Dagegen ließe sich ja was unternehmen", sagt Martin Sulzer. „Bis jetzt stehe ich ja ziemlich alleine für das Programm und bin irgendwie der ‚Rufer in der Wüste'. Wenn du und die Abteilungsleitenden nicht mitziehen, dann wird das Programm auch nicht akzeptiert beziehungsweise nicht mit unserer strategischen Intention umgesetzt. Ich möchte dich daran erinnern, dass der Chef das voll pushen will. Ich bin bisher alleine verantwortlich dafür, ob unsere Leute was aus diesen ‚geschenkten' 15 % Arbeitszeit machen. Hier trennt sich doch auch ein bisschen die Spreu vom Weizen. Ich kann ja nicht alle persönlich motivieren, ihr Kreativitäts- und Innovationspotenzial auszuschöpfen. Da liegt es doch nahe, dass es aktuell noch ein bisschen unklar ist, wie wir genau von dieser Maßnahme profitieren. Und wenn mich aus der Linie niemand unterstützt und hinter dem Programm steht, dann wird das auch nichts. Das ist doch klar. Ich habe ein 60-%-Pensum als Technologiemanager. Ich kann das nicht alleine tragen."

„Martin hat recht", kommentiert Katharina Sommer. „Ich finde es auch nachvollziehbar, dass es verschiedene Varianten der Umsetzung dieser 15-%-Regel gibt. So eng wollen wir das gar nicht umsetzen, dass ich jetzt bereits von einem Misserfolg sprechen würde. Wir experimentieren gerade noch etwas, das stimmt schon. Aber ist das nicht auch produktiv, wenn wir die Umsetzung nicht gleich vollkommen fertig gedacht haben? Lass doch die Mitarbeitenden auch ein bisschen mitdenken und mitgestalten. Wie du weißt, Volker, ist das BFW-Programm ein Pilotprojekt bei INDUSTRY. Und es kann ja auch nicht sein, dass man als Vorgesetzte/r in diesem Betrieb immer, wenn man mit einer neuen Idee an einen Mitarbeitenden herantritt, hört: ‚Ne sorry, dafür habe ich leider keine Zeit.' Sobald hier mal was auf dem weißen Blatt Papier entwickelt werden soll, gehen alle auf Tauchstation. Da muss man doch auch mal sagen können, ‚Nein, ich lass das nicht gelten, ich will, dass du das in deinen 15 % machst.' Da unterstütze ich Martin voll und ganz. Die kreativen Köpfe sind völlig überlastet und alle rennen mit den Ideen zu den gleichen Leuten. Die arbeiten auch noch am Feierabend oder am Wochenende. Volker, findest du das okay?"

„Na ja" meint Hell, „ihr macht euch das schon ganz schön einfach. Wir stehen hier total unter Druck. Kommen kaum nach, meine Top-Leute aus der Entwicklung werden ständig für Notfallübungen in die Fertigung abgerufen, und dann sollen sie noch am Mittwoch- oder Freitagnachmittag ein bisschen kreativ sein. Man kann nicht ein bisschen kreativ sein unter der Woche. Dafür haben wir auch nicht die passende Kultur. Dann steckt die Leute lieber mal zwei Wochen in ein Innovation Lab oder eine Summer School, wo zentrale Ideen weiterverfolgt werden. Das ist doch viel produktiver in unserem Laden. In den USA kann man so was machen, dort herrscht eine total andere Kultur, die Leute sind viel ehrgeiziger, leistungsorientierter und auch die Personalbeurteilung stellt total auf die individuelle Leistung ab. Die können vielleicht mit solchen Tools zur Innovationsförderung umgehen. Aber wir hier in der Schweiz und auch in unseren deutschen Niederlassungen können das nicht eins zu eins übernehmen. Unsere Firma gibt es seit über siebzig Jahren, die Fluktuationsrate ist verschwindend gering, die Leute identifizieren sich voll und ganz mit INDUSTRY; die setzen auf Mitgliedschaft und tun so oder so alles für den Betrieb. Und da kommt ihr mit dieser ‚hippen' Maßnahme und jetzt sollen alle noch höher springen? Da dreht ihr am falschen Hebel, entschuldigt bitte."

Martin Sulzer hat während Hells Ausführungen aus dem Fenster geschaut und schaltet sich nun wieder ins Gespräch ein: „Was du vergessen hast zu erwähnen, ist, dass auch viele langjährige Mitarbeitende gesagt haben, dass mit dem BFW-Programm die Glaubwürdigkeit unserer Innovationsbemühungen wirklich gestiegen ist. Zum ersten Mal haben wir echt gehandelt und eine Menge Geld in die Hand genommen, um den Laden hier ein bisschen aus dem Dornröschenschlaf zu wecken. Das darfst du nicht vergessen. Die Symbolkraft dieser 15-%-Regel ist stark, und es geht doch nicht darum, dass alle nun hochtrabende Innovationsprojekte in Angriff nehmen und ihre Kundenprojekte liegenlassen. Es geht doch vielmehr um die Idee, dass wir auf Kreativität angewiesen sind, von morgens bis abends. Dass alle ständig die Augen und Ohren offen halten und sich auf dem Markt und in Bezug auf neue Technologien umschauen. Und das gibt's ja auch nicht gratis. Ich denke, damit musst du schon leben, Volker."

Katharina Sommer blickt auf die Uhr und im Besprechungsraum herrscht Stille. „Also, ich muss jetzt bald los. Was machen wir nun? Ich finde die Verunsicherung und Verärgerung von Volker nachvollziehbar. Ich bin aber auch überzeugt, dass wir das Programm nicht leichtfertig absägen sollten. Das wäre kein gutes Signal. Ich finde das sehr gefährlich. Ich frage mich, ob wir nicht einfach mit diesem Dilemma leben müssen. Einerseits haben wir strenge Kundenprojekte, müssen Null-Fehler-Produkte liefern, garantieren höchste Qualität, optimieren laufend unsere Prozesse und sparen Kosten, und *gleichzeitig* versuchen wir, uns zu öffnen, unsere Fühler auszustrecken und auch mal ein bisschen Zeit für Muße herbeizuzaubern und nicht den gesamten Outlook-Kalender zu verplanen, sondern kleine Innovationsinseln zu schaffen, Zeit zum Nachdenken. Das muss doch irgendwie gehen."

Martin Sulzer stimmt ihr zu. Dieser Prozess kostet Zeit, das muss allen Beteiligten klar sein. Er wendet sich zu Hell und sagt: „Lass uns doch mal mit vier bis fünf Abteilungsleitenden zusammensitzen. Wir denken noch einmal nach, wie wir mit diesen widersprüchlichen Signalen, die aus der erfolgreichen Bearbeitung der Kundenwünsche und der Etablierung eines kreativen Flow entstehen, umgehen können. Wir bereiten das zusammen vor."

Hell nickt verhalten und meint: „Ja, prinzipiell gut", denkt aber, während er so langsam aufsteht und das Meeting sich auflöst, dass keine leichte Aufgabe vor ihnen liegt.

10.2.3 Die Insellösung

Jan Hafner ist Leiter der F&E-Abteilung von SYSTEMS, einem familiengeführten internationalen Maschinenbaukonzern mit Sitz in der Schweiz. SYSTEMS hat eine weltweite Vertriebs- und Service-Organisation. SYSTEMS fertigt vor allem Aufzüge, Rolltreppen sowie Rollbänder und prägt diesen Markt zusammen mit zwei anderen Großunternehmen.

SYSTEMS hat weltweit rund 35.000 Mitarbeitende, am Hauptsitz in der Schweiz arbeiten rund 2500 Personen. Die Produkte haben einen langen Lebenszyklus, die Technologieentwicklung kann als stabil bezeichnet werden. Die Innovationstätigkeit von SYSTEMS bewegt sich schon seit Jahren im Bereich der Entwicklung innovativer Geschäftsmodelle, Dienstleistungsinnovationen und Innovationen im Bereich von technischen Applikationen sowie intelligenter Software, welche die Nutzung der Produkte für die Endkunden verbessert. Aufzüge transportieren seit Jahrzehnten Menschen und Waren hoch und runter, daran hat sich bis heute nicht viel geändert. Auch sehen Rolltreppen heute noch ziemlich so aus wie vor vierzig Jahren – in den vergangenen Jahren gab es also kaum radikale Innovationen und es scheinen auch keine in Sicht zu sein. Dem Unternehmen geht es heute insbesondere darum, die Energieeffizienz und den Komfort technisch ständig zu verbessern. Insgesamt würde SYSTEMS weder sich noch die ganze Branche als hochinnovativ bezeichnen. Vielmehr steht SYSTEMS sowie deren Konkurrenz immer stärker unter Kostendruck. Die Konkurrenz aus China nimmt zu und drängt auf den Markt. Das Motto lautet: höchste Sicherheit und Qualität, aber billig. Die beiden Hauptkonkurrenten haben die F&E-Abteilung bereits nach China verlagert.

Jan Hafner ist sechzig Jahre alt und kennt die Unternehmerfamilie schon sehr lange. Er ist persönlich befreundet mit dem Unternehmensgründer. Die Familie hatte ihn damals direkt angefragt, ob er die Leitung der F&E-Abteilung übernehmen wolle. Er verfügt über eingehende Kenntnisse der Branche und hat große Erfahrung in der Leitung von F&E-Projekten und -Abteilungen. Er ist bestens vernetzt, hat zahlreiche eigene Unternehmen gegründet und verkauft. Kurz: Er ist ein erfahrener F&E-Manager mit einem ausgeprägten Hang zum Unternehmertum.

Nach reiflicher Überlegung hat er dem Angebot der SYSTEMS zugesagt, aber nur befristet auf zwei Jahre. Er arbeitet bewusst als Freelancer und hat sich zahlreiche Freiheiten – auch vertraglich – herausgenommen als Zeichen seiner Unabhängigkeit. Finanziell hat Hafner den Job nicht nötig. Er macht ihn aus Leidenschaft. Er hat nur unter der Bedingung zugesagt, dass er bei der Besetzung von Schlüsselpositionen in seinem Team ein großes Wörtchen mitreden kann. Diese Tatsache führt dazu, dass er immer mit einer gewissen Leichtigkeit (bis zur Überheblichkeit) über die Gänge spaziert; natürlich kommt ab und zu Kritik an seinen Entscheidungen auf, aber alle wissen: Der Hafner macht sowieso, was er will. Also lassen es die meisten Kolleginnen und Kollegen bleiben, Kritik an ihm oder seinen Handlungen zu üben. Und der Erfolg gibt ihm recht.

Seine Abteilung liefert immer wieder herausragende Ideen und Prototypen für zukunftsweisende Innovationsschritte. Des Weiteren schätzen alle Abteilungsleitenden das Technologie-Scouting der Hafner-Gruppe. Die Gruppe kennt sich in der Branche bestens aus und weiß, was weltweit in der F&E läuft. Das Team von Hafner besteht aus 35 Mitarbeitenden, worunter sich auch viele Externe befinden, die nur temporär für Hafner arbeiten. Das sind mehrheitlich Mitarbeitende aus Forschungsinstituten, Universitäten und Fachhochschulen – alles hochqualifizierte Spezialisten, Physiker, Mathematiker, IT-Spezialisten, Elektro-Ingenieure usw. Hafner arbeitet auch mit externen Beraterinnen und Beratern zusammen. Er sagt immer: „Angestellte schlafen mit der Zeit ein, es muss immer wieder frisches Blut reinkommen, sonst läuft nichts." Hafner ist kein Freund von Harmonie und Sonnenschein. Unterschiedliche Grundhaltungen, verschiedene kulturelle Wurzeln, Disziplinen, Widersprüche, paradoxe Situationen sind für ihn ein wichtiger Innovationstreiber und eine entscheidende Energiequelle, um Innovationen voranzutreiben. Sobald es zu harmonisch wird, langweilt Hafner sich und sorgt wieder für „Reibung". Ein Standardspruch von Hafner gegenüber seinen Mitarbeitenden lautet: „Ich erwarte nicht, dass ihr mich liebt für diese Entscheidung."

Räumlich haben sich Hafner und sein Team eine eigene „Insel" auf dem Betriebsgelände geschaffen: Die F&E-Abteilung ist in einer alten Fabrikhalle auf dem Betriebsgelände untergebracht, mit Flohmarktmöbeln, alten Sofas, Designer-Tischen und viel „Frei-Raum" zwischen den Büroplätzen. Die Atmosphäre in der F&E-Abteilung könnte man als kreativ-chaotisch bezeichnen. Es gibt weder eine Kleiderordnung noch eine übliche Büro-Aufteilung. Das gesamte Gebäude ist sanierungsbedürftig, es wirkt insgesamt eher „heruntergekommen". Aber Jan Hafner liebt diese „unvollkommene" Umgebung. Er braucht erstens Abstand zur Fertigung und zweitens zu den Managementetagen der Firma. Durch die räumliche Distanz ist es für ihn auch einfacher, seinen Leuten den Rücken für die Grundlagenforschung freizuhalten. Er will nicht, dass seine Leute jeden Morgen an Stechuhren vorbeilaufen müssen und ständig mit dem hektischen Alltag in der Produktion konfrontiert werden. Es versteht sich von selbst, dass dieses spezielle Setting mit den von der Geschäftsleitung bewilligten Freiheiten enorme finanzielle Ressourcen beansprucht.

Zur Managementetage gehört auch der 37-jährige Marius Wehner, der Controlling-Chef von SYSTEMS. Er kam vor drei Jahren zum Unternehmen und hat vor einem Jahr den Executive MBA an der Hochschule St. Gallen abgeschlossen. Er ist heute mit Jan Hafner verabredet und möchte mit ihm das Budget für die kommenden zwei Jahre anschauen. Die beiden unterscheiden sich nicht nur vom Alter her deutlich. Sie haben auch völlig verschiedene Vorstellungen von F&E-Management und der Budgetierung von Innovationsprojekten, vor allem, was den zeitlichen Horizont angeht.

So herrscht auch heute im Besprechungsraum eine gewisse Spannung zwischen den beiden. Wehner zückt seine Budgetzahlen und sagt zu Hafner: „Du, Jan, wenn ich deinen Headcount über die letzten drei Jahre anschaue, da liegst du wirklich weit über dem Durchschnitt. Es ist ja nicht die erste F&E-Abteilung, für die ich das Controlling mache. Aber du sprengst einfach den Rahmen. Du musst da nachhaltig runterkommen."

Hafner fährt sich mit der Hand durch die Haare und schaut Wehner unwillig an. „Ja, ich wusste, dass du damit kommst. Aber sag mal, wie kommst du eigentlich auf die Vorgaben? Ich habe dem CEO immer gesagt, ich brauche ein Ziel und ein Budget, und dann geht das schon. Es war immer so vereinbart, dass ich keinen Headcount bekomme, jetzt habt ihr das einfach hintenrum wieder eingeführt, und ich muss mich schon wieder mit den Zahlen herumschlagen. Und dann kürzt ihr mir auch noch das Gesamtbudget für die neuen Projekte für die kommenden zwei Jahre. Ihr setzt mich hier mit den Zahlen so unter Druck, dass ich mich irgendwann nicht mehr um die wirklich wesentlichen Dinge kümmern kann. Ich bin hier ständig am Balancieren, anstatt mich um die neuen Entwicklungen und die entsprechenden Mitarbeitenden zu kümmern. Ihr wollt alles immer stärker kontrollieren, das geht in meinem Bereich nicht auf, und das weiß der Chef. Ich glaube, ich muss mal wieder mit ihm zusammen Mittag essen gehen."

Wehner hat mit dieser Reaktion gerechnet, aber er kann Hafner nicht völlig „frei" arbeiten lassen. Hafner darf nicht glauben, dass er in einer komplett controllingfreien Zone arbeitet, und das inmitten einer Reorganisationsphase mit Sparrunden. „Na, ja", entgegnet Wehner, „du hast ziemlich große Freiheiten hier, das weißt du ja. Aber ohne Budget und Headcount geht auch bei dir nichts. Da müssen wir schon durch."

„Weißt du, das Problem ist, dass in letzter Zeit bei SYSTEMS alles nur noch so organisiert wird, dass man alles unter Kontrolle bringen will. Bis zum letzten Prozessschritt wird alles dokumentiert und kontrolliert. Alle Energie wird auf Bereiche gelenkt, die man kontrollieren kann. Aber weißt du was? Innovationsarbeit ist nicht zu kontrollieren. Wir haben an unserem letzten Baby, der SOLUTION Technology, fast zehn Jahre gearbeitet, und niemand konnte genau vorhersagen, wie lange wir brauchen und ob der Markt das Ding annimmt. Aber jetzt haben wir einen Riesenerfolg. Wenn ich da immer den Headcount im Blick gehabt hätte, hätte mir vielleicht gerade der Programmierer gefehlt, der das Ding zum Fliegen gebracht hat. Es tut mir leid, das ist doch absolut dumm. Ich versuche das hier so offen wie möglich zu halten. Und dafür brauche ich einfach ausreichend Mittel und vor allem *Vertrauen*. Sonst kann ich gleich einpacken."

„Du hast im Prinzip recht, aber auch ich muss meinen Job machen", kommentiert Wehner die Ausführungen des F&E-Leiters. „Bevor wir neue Leute anstellen – du hast nun gleich vier neue Stellenanträge eingereicht –, sollten wir das Problem grundsätzlicher zu lösen versuchen. Die F&E-Ausgaben müssen in den nächsten zwei Jahren deutlich runter. Wir haben jetzt einiges auf die Beine gestellt. Aber es kann ja auch nicht sein, dass wir in der Fertigung jeden Prozessablauf hundert Mal auf weitere Einsparungen prüfen und du das Geld aus dem Fenster wirfst. Wir wollen ja weiterhin die Forschung und Entwicklung in der Schweiz behalten, aber dazu müssen auch alle einen Beitrag leisten. Vielleicht kannst du ja auch mal ein paar Projekte an indische oder chinesische Doktoranden auslagern? In meiner früheren Firma haben wir das öfter gemacht. Ich sag dir, ein indischer Doktorand kostet dich 50.000 SFR im Jahr und ein Doktorand von der ETH kostet dich das Dreifache. Leider sehe ich nicht, dass du auch mal über solche Lösungen nachdenkst. Da bist du total unflexibel."

Hafner steht auf und blickt auf das Betriebsgelände. Wie soll er auf die Worte Wehners reagieren? Er hat in den letzten Wochen viel gearbeitet und fühlt sich irgendwie ausgelaugt. Er versteht auch nicht, warum Wehner gerade jetzt kommt und den Sparfuchs heraushängt. Er hält sich mehr oder weniger an die Headcount-Vorgaben, er unterwirft sich den Halbjahresabschlüssen und macht den ganzen Mist mit, aber manchmal hat er einfach die Nase voll. „Muss ich mir das antun?", fragt sich Hafner. „Gerade jetzt, wo SYSTEMS auf der Basis der SOLUTIONS Technology einen Spin-off gegründet hat? Ach, das war ja auch so eine Geschichte. Damals dachten alle, dass man das SOLUTIONS-Angebot in die Produktpalette von SYSTEMS integrieren könne. Aber da kam ja so ein Gegenwind vom Vertrieb, dass sie mit SOLUTIONS am Schluss einen eigenen Weg gegangen sind und ein eigenes Unternehmen gegründet haben. SOLUTIONS Technology erfordert einfach eine ganz neue Denkweise und auch völlig neues Vertriebs-Know-how, das passte einfach nicht mehr zusammen. Eigentlich schade, dass ich das am Ende nicht zurückintegrieren konnte. Es scheint, SYSTEMS ist für radikale Innovationsprojekte einfach nicht geschaffen, das kann nur außerhalb der dicken Betriebsmauern stattfinden. Auch radikal neue Produkte verkraftet SYSTEMS nicht, diese müssen von einem separaten Unternehmen abgewickelt werden. SYSTEMS ist sowas von unbeweglich. Das zeigt sich auch immer wieder in den neuen Angriffen vom Controlling. Diese MBA-Typen gehen mir wirklich auf die Nerven. Die haben verlernt, ganzheitlich zu denken. Und Weitblick haben die schon gar nicht. Alles Kontrollfreaks, die keine Risiken eingehen. Keiner von denen hat je ein Unternehmen gegründet, geschweige denn mal eins in den Sand gesetzt und Geld verloren. Und von denen muss ich mir Vorschriften machen lassen! – Will ich das überhaupt? Basiert Innovation nicht auf Freiheit? Gibt es die in so einem großen Laden überhaupt?"

„Wehner", sagt Jan Hafner. „Ich bin irgendwie unschlüssig, wie ich mit dem gekürzten Budget und den Headcount-Vorgaben umgehen soll. Ich muss da mal eine Nacht drüber schlafen. Und eben mal zusammen mit dem Chef Mittag essen gehen. Habe ich schon lange nicht mehr gemacht. Ich glaube, es wird wieder mal Zeit."

Wehner: „Du tust ja gerade so, als hinge von den beantragten Stellen und der leichten Kürzung deines Budgets die Zukunft unseres gesamten Unternehmens ab. Natürlich ist auch die Geschäftsleitung an neuen Entwicklungen interessiert. Natürlich müssen wir unsere Marktposition behaupten. Aber du weißt selbst, wie knapp die Budgets seit der Umstrukturierung sind. Mir fehlen die Mittel, um dir alle Wünsche zu erfüllen. Willst du wirklich, dass wir weiter das Kerngeschäft schröpfen, nur damit du noch an zwei weiteren neuen Ideen arbeiten kannst, die vielleicht nicht mehr als Seifenblasen sind? Du hast doch schon ein ordentliches Budget, das ist doch nicht so schlecht."

Hafner zögert, bevor er antwortet: „Du magst SOLUTIONS Technology und alles andere, was wir hier machen, bisher vielleicht noch nicht wirklich ernst genommen haben, aber die F&E hat beim CEO höchste Priorität. Und wenn ihr das vom Business her weiterhin blockiert, bleibt mir keine andere Wahl, als das direkt gegenüber dem Chef so zu kommunizieren."

Er legt nach: „Weißt du, wir sind wirklich sehr dicht an den Kunden dran. Weltweit. Wir holen deren Bedürfnisse direkt ab. Und was ist, wenn die in ein paar Jahren völlig neue Mobilitätsbedürfnisse haben und wir verpennen das völlig? Wir haben so viele verschiedene Anspruchsgruppen, die in die Entwicklung miteingebunden werden. Wir haben so viele internationale Kunden mit unterschiedlichen Bedürfnissen. Vor allem in der Softwareentwicklung liegt Potenzial, um unsere Firma radikal neu zu erfinden. Hier müssen wir investieren, und zwar nachhaltig und nicht einfach aufgrund von ein paar Halbjahreszahlen oder Sparübungen zentrale Entwicklungen blockieren. Deshalb habe ich auch die Stellenanträge für die IT-Spezialisten formuliert. Hier liegt die Zukunft, und nicht im Maschinenbau."

Wehner reagierte gelassen. „Ja, das mag vielleicht stimmen. Aber eventuell müssen wir auch mal darüber nachdenken, mehr auf die Akquisition kleinerer Start-up Firmen zu setzen, die das Know-how mitbringen, als alles selbst entwickeln zu wollen. Das kommt uns unter Umständen billiger, als wenn wir unsere Abteilung immer weiter aufblasen und eine 100-%-Stelle nach der anderen schaffen. Das macht die Konkurrenz doch auch."

Printed by Printforce, the Netherlands